In der Ferne

Axel Gotthard, apl. Professor, lehrt Geschichte an der Universität Erlangen-Nürnberg.

Axel Gotthard

In der Ferne

Die Wahrnehmung des Raums in der Vormoderne

Campus Verlag
Frankfurt/New York

Bibliografische Information der Deutschen Nationalbibliothek
Die Deutsche Nationalbibliothek verzeichnet diese Publikation in der Deutschen Nationalbibliografie;
detaillierte bibliografische Daten sind im Internet über http://dnb.d-nb.de abrufbar.
ISBN 978-3-593-38493-1

Copyright © 2007 Campus Verlag, Frankfurt/Main
Umschlaggestaltung: Campus Verlag
Umschlagmotiv: Jan Brueghel d.Ä., Weite Flusslandschaft mit rastenden Wanderern, 1594.
© akg-images
Satz: Campus Verlag
Druck und Bindung: PRISMA Verlagsdruckerei GmbH
Gedruckt auf säurefreiem und chlorfrei gebleichtem Papier.
Printed in Germany

Besuchen Sie uns im Internet: www.campus.de

Inhalt

Einleitung

Viele hoffen, manche befürchten, dass die seit einigen Jahren so häufig beschworene »Globalisierung« die Erde zu einem einzigen homogenen Lebensraum mache, zum *global village*. Ihre räumlichen Binnengliederungen jeglicher Größenordnung verlören rapide an Bedeutung. Personalen und kollektiven Identifikationsprozessen seien kaum noch raumbezogene Elemente eigen. Wir seien dabei, uns von »Bewohnern des Raums« in »Bewohner der Zeit« zu verwandeln. Als wenig differenziertes Gegenbild hat häufig die Vormoderne herzuhalten: Sie sei die »gute, alte Zeit« einer stabilen lebensräumlichen Verankerung gewesen.

Ungefähr seit einem Jahrzehnt beschäftigt mich die Frage, ob diese von Historikern mehr hingenommene denn aktiv hinterfragte Vermutung gegenwartsbezogener Disziplinen stichhaltig ist. Wie nahm der vormoderne Mensch Räume verschiedenen Zuschnitts wahr, für wie relevant hielt er sie, wie konstitutiv könnten sie tatsächlich für seine Identität gewesen sein? Und warum kann der Historiker solche eigentlich doch einfachen Anfragen so schwer beantworten? Sind wir Experten für vergangene Zeiten mit Raumblindheit geschlagen?

Lang hielt ich solche Zweifel und Grübeleien für einen kleinen Spleen, den ich mir durchgehen ließ, solang er sich nicht auswuchs. Von heute aus betrachtet, präsentiert sich meine vermeintlich skurrile Leidenschaft als winziges Mosaiksteinchen aus einem Bild, als dessen Grundmuster wir mittlerweile einen *spatial turn* identifizieren zu können glauben: die zunächst verschämte, erst neuerdings euphorische Öffnung bislang zeitaffiner Wissenschaftsdisziplinen für Fragen der Raumkonstituierung, Raumordnung, Raumwahrnehmung. Vor allem Letzterer ist diese Studie auf der Spur.

Als ich in den 1990er Jahren zwei kleine Studien über »Raum und Identität« veröffentlichte, wusste ich nicht, dass windschnittige Zeitgeistsegler gerade den »Tod des Raumes« ausriefen (offenbar las ich die falschen Feuilletons). Auf diese schrille Raumschrumpfungs-Obsession machten mich erst die Propheten des *spatial turn* aufmerksam. Auch als Vor-*Turner* dieser neuesten intellektuellen Mode will – und darf ich mich gar nicht sehen. Aber es ist doch gerade für einen Historiker interessant zu merken, wie er sich unversehens als Mitläufer einer Bewegung wiederfinden kann, der er lange Zeit gar nicht gewahr wurde. Der ominöse »Zeitgeist«, das umgangssprachliche Diktum, wonach »etwas in der Luft liegt«: Man kann immerhin sagen, es am eigenen Leibe verspürt zu haben!

Wir können Menschen vergangener Epochen nicht mit Fragebögen traktieren. Wo haben ihre Raumbezüge Spuren hinterlassen? Erprobt habe ich viele Textsorten, als besonders ergiebig erwiesen sich Sondierungen in Reiseaufzeichnungen: Auskünfte über die selten problematisierte, deshalb explizierte Kategorie raumbezogener Identität (einfach gesagt: was ist die mich bergende Heimat?) sind nämlich am ehesten im Kontext der Begegnung mit dem Ungewohnten, Fremden zu erhoffen – man bemerkt sein Anderssein durch Vergleich, Abgrenzung und Befremden, erfährt Grenzüberschreitungen. Vielleicht, weil ich mir das Abschweifen erlaubte, weil kein Forschungsprogramm, kein Geldgeber und kein Termindruck die Gedanken in Reih und Glied zwangen, kamen im Lauf der Jahre unerwartete Entdeckungen hinzu: So ist mir irgendwann, eigentlich der emotionalen Gewichtung *bestimmter* Raumeinheiten im Vergleich mit anderen räumlichen Ebenen auf der Spur, zum ersten Mal aufgegangen, dass vormoderne Reisende zwar von vielen Räumen berichten, aber doch nicht eigentlich räumlich denken. Jedenfalls begegnet uns dort vor dem 18. Jahrhundert nicht jener euklidische homogene Raumbehälter, der – wie diese Studie noch deutlich zu machen versucht – unsere moderne Alltagswahrnehmung steuert.

Zur Frage nach Heimat oder Befremden trat also die nach dem Modus der Synthetisierung von Dingen, die dem Reisenden unterwegs begegnen, zu Räumen. Erfuhren vormoderne Menschen ihre räumliche Umwelt viel diskontinuierlicher, punktueller? Mit solchen Überlegungen rückten auch Naturpartikel und Landschaften in den Lichtkegel, Wahrnehmungskategorien, die ich zunächst bei meiner Suche nach Heimaten und Lebensräumen links und rechts der Landstraßen achtlos zurückgelassen hatte. So streift denn diese Studie gewiss nicht alle möglichen, aber verschiedene Facetten vormoderner Raumwahrnehmung. Wer kein Buch ohne Leitfaden in die Hand nehmen möchte, soll den einen, alles zusammenfassenden Satz indes präsentiert bekommen. Wie es sich für eine tastende, räsonnierende, mit letzten Antworten vorsichtige Studie gehört, ist es ein Fragesatz: War die Selbsteinbettung des Menschen in »den Raum« (ein noch zu problematisierender Singular!) im späten Mittelalter und in den ersten beiden neuzeitlichen Jahrhunderten anders als in der Moderne? Da Historiker weder raumblind noch gegenwartsblind sein sollen, will ich auch Vergleiche mit unserer »globalisierten« Postmoderne nicht einseitig dem Leser aufbürden.

1. Aktuelle Kontexte: Der Raum der Globalisierung

Raumschwund? Neue und einige ältere Verlustanzeigen

Hat der Raum Zukunft? Viele Politikwissenschaftler, Ökonomen, Geographen, kurz, Vertreter gegenwartsorientierter Disziplinen, die aktuelle Globalisierungsprozesse diagnostizieren und sich über künftige den Kopf zerbrechen, bezweifeln es ja: Denn heutige Sozialsysteme seien kommunikativ, kaum mehr interaktiv strukturiert. Weitgespannte Vernetzungen sorgten für dichte Kommunikation, Koordination und identitätsstiftende Kohäsion trotz räumlicher Separierung. Die Uniformität globalisierter Lebensstile lasse regionale Besonderheiten erst gar nicht mehr entstehen und ebne bestehende ein. Damit einher geht eine schleichende Abdankung der Politik – jener Politik, die früher die ökonomische (»Nationalökonomie«) und geistige Bedürfnisbefriedigung[1] aktiv gesteuert und parzelliert, dabei mit der Territorialisierung der Wirtschaft und der Kultur auch Loyalitäten, ja, Identitäten territorialisiert hat. Heute operieren wichtige Unternehmen weltweit, von regionalen Politikern, nationalen Politiken nach Bedarf befördert, doch nicht behelligt. Überall locken auf Englisch dieselben Lifestyle-Produkte – beispielsweise im nichtterritorialen *world wide web*. Verkehrs- und Kommunikationsnetze umspannen den Globus, Informations- und Finanzströme machen vor keinen Grenzen halt. Übrigens auch Terroranschläge nicht: Nicht territorialisierte Terrororganisationen könnten die »Landesverteidigung« als nationalstaatliches Relikt fraglich werden lassen.

Hollywood-Filme und Migranten, Flugzeuge und *spam-mails* zirkulieren weltweit. Die einzige verbliebene Supermacht betreibt aktiv die Infiltration der ihr zugänglichen Teile des Globus durch den *american way of life* und damit etwas hierzulande geradezu verpöntes, politisch korrekt kleingehaltenes: nämlich grenzüberschreitende Kulturpolitik. Seit sich dieser schon seit Jahrzehnten höchst erfolgreich ablaufenden Amerikanisierung keine Mauern und Eisernen Vorhänge mehr in den Weg stellen, nennen wir sie

Globalisierung. Über deren neueste Schübe und mögliche Widerlager, über Potentiale neuer Widerborstigkeit nachdenkend, wüssten manche Gegenwartskundler politologischer oder wirtschaftswissenschaftlicher Provenienz gern vom Historiker, ob denn die Zugehörigkeit zu bestimmten Räumen für die Identität[2] des vormodernen Menschen eine große Rolle gespielt hat und was das für Räume gewesen sind. Warum der sich mit Antworten überraschend schwertut und wie sie ihm vielleicht doch gelingen könnten: davon handelt dieses Buch.

Es mag selbst Symptom einer Zeit sein, die den postmodernen Raumverlust zu betrauern beginnt – oder gar keck bestreitet und einen *spatial turn* ausruft. Phantomschmerz oder leibhaftige »Wiederkehr des Raumes«[3]? Jedenfalls prangen die Räume im neuen Jahrtausend wieder, und schöner denn je. Oder sollten es nur finale Beschwörungsrituale sein? Das bleibt vorerst unklar, deutlich wird indes, dass sich der intellektuelle Mainstream in immer aberwitzigerem Tempo zu winden beginnt. Jede seiner letzten Zuckungen scheint einen neuen *turn* erahnbar zu machen, den man ja gewitzt vermarkten könnte, *turn* auf *turn*[4] addiert sich zu einem nervösen Hintergrundrauschen, das ruhiges Nachdenken immer schwerer macht. Der *turn* wird zum *running gag* der Kulturwissenschaften. Was nur noch oszilliert, kennt nicht Richtung noch Wende.

»Wiederkehr des Raumes«? Wir alle haben schon die Todesanzeigen gelesen. In den 1990er Jahren war die Infragestellung räumlicher Identitätskomponenten über die Schranken akademischer Gelehrsamkeit hinweg in die Zeitungsfeuilletons geschwappt. Der einigermaßen aufgeklärte Westeuropäer ging mit der festen Überzeugung ins neue Jahrtausend, Lebensräume wie zu eng gewordene alte Kleider abgestreift zu haben. Zählte nach dem Tod des Raumes nur mehr die Zeit? Eine Zeitrevolution fegte den Raum hinweg, spülte uns »from place to flow, from spaces to streams«[5] und decouvrierte jene »territorial fallacy« der vorglobalen Zeit, die das Selbst an Orte gekettet hatte. Nicht nur euphorisch, aber allzeit hurtig ließen wir uns einreden, »dass wir in einer Transitkultur leben«, die mit »Grenzenlosigkeit« einhergehe, der »Auflösung des Ortes«, dass »die Welt, das Leben, die Kultur im Begriff sind, entterritorialisiert zu werden«[6]: »Our world [...] for the first time in modern history [...] is relatively placeless.«[7] Medienwissenschaftler erklärten uns, warum »in der Medienrealität nichts ›seinen Ort‹, sondern alles ›seine Zeit‹« habe, dass »Grenz-Wahrnehmungen [...] einfach nicht mehr vorkommen«, deshalb »fallen Fremdbilder und Eigenbilder zusammen und neutralisieren sich«.[8] Man beschwor »Ubiquität und Entgrenzung«[9]. *Virtual reality*, *virtual space* und *global-village* wurden geläufige Schlagworte – »die Welt erschliesst[10] sich auf Knopfdruck, und Kontinente werden mühelos überbrückt und überschritten, denn der Raum implodiert im Speicher- und Vernetzungsraum der Computer, und das Universum wird zum Computer selbst«. Etwas nüchterner, noch leidlich erdverhaftet fragte der Wirtschaftsgeograph Wigand Ritter: Wird »Globalisierung ›one world‹ als homogenisierte Superregion hervorbringen?«[11]

Hohepriester der Bewegung war der Essayist und Architekt Paul Virilio, er verkündete die »gelungene Entmachtung des Raumes«, beschwor die »Vernichtung des Raumes durch die Zeit«, oder fand doch, etwas bescheidener: »der irdische Raum tritt vor der Zeit zurück«.[12] In Virilios Augen prägte seine Epoche insbesondere eine enorme Geschwindigkeitssteigerung jener Technologien, die Nachrichten, Bilder, menschliche und unbelebte Fracht über große Entfernungen hinweg transportieren. Die Folgen reichten von einer Veränderung der menschlichen Wahrnehmung bis in die Politik hinein: An die Stelle von »Geopolitik« trete »Chronopolitik«, nicht mehr die Verfügung über den Raum, die Macht über Zeit und Geschwindigkeit zähle. In Comic-Form gegossen wurde diese Phantasie in der frankobelgischen Bildergeschichte »Spirou und Fantasio – Die Rückkehr des Z«.[13] Der Diktator einer zukünftigen Gesellschaft monopolisiert die Verfügung über die Zeit: »Die absolute Zeitkontrolle! Das ist meine Macht!« Als das Jahrtausend fast zu Ende war, sprang auch der witterungsfesteste deutsche Zeitgeistexperte, Peter Sloterdijk, (erstaunlich spät) noch auf den bereits abbremsenden Zug auf, indem er die endlich gelingende Überwindung jener »obsessiven Gleichsetzung von Ort und Selbst« verkündete, die zu den »problematischsten Erbstücken« der vorglobalen Ära zähle. Die »Lizenz zur Verwechslung von Land und Selbst« sei abgelaufen.[14]

Nicht alle bejubelten den rapide rasenden Zeitstrudel, der den siechen Raum vollends einsauge, verschlinge, vernichte. Man konnte auch darüber bestürzt sein, »dass es nur noch Zeit [...] gibt, aber keinen Raum mehr« – Worte des Dramatikers Heiner Müller[15]. Reiseschriftsteller beklagten die »Raumschrumpfung« auf den Punkt des ubiquitären *global village* als Verarmung, grämten sich darüber, dass »der Raum uns jeden Tag ein Stück mehr abhanden kommt«, dass wir uns »aus Bewohnern des Raums in Bewohner der Zeit verwandeln«, und bangten vielleicht auch um ihren noch abwechslungsreichen Beruf, wenn sie beklommen fragten, wie uns geschehe, »wenn der Raum verschwindet«.[16]

Ob man derartige Besorgnisse und Prognosen in zwanzig Jahren als avantgardistisch, gar prophetisch empfinden wird? Oder einfach nur als skurril – so wie diese Mahnung von Johann Gottfried Herder, ausgesprochen in den 1780er Jahren, also im Vorhof des modernen Nationalismus: Wer die »Sitten und Sprachen« der Völker erforschen wolle, habe »die Zeit zu benutzen, in der sie sich noch unterscheiden, denn alles neigt sich in Europa zur allmäligen Auflösung der Nationalcharaktere«[17]? Schon Karl Marx prognostizierte eine bevorstehende »Vernichtung des Raumes durch die Zeit« und antizipierte so die »Globalisierung«, allerdings nur in ihrem engsten (und intellektuell anspruchslosesten) Wortsinn, als kostensparende und gewinnmaximierende Vergrößerung der Absatzmärkte.[18] Der Erfinder des Morse-Alphabets hielt es für ausgemacht, dass der Telegraph den Raum aufhebe und, in einem ersten Schritt, zunächst einmal die USA in »one neighbourhood« verwandle.[19] Im Sommer 1825 mokierte sich Goethe über die Faszination, die »Eisenbahnen, Schnellposten, Dampfschiffe und alle mögliche[n] Fazilitäten der Kommunikation« auf »junge Leute« ausübten, die dadurch »im Zeitstrudel fortgerissen« würden.[20] Heinrich Heine konstatierte 1843 anlässlich der Eröffnung einer der ersten Eisenbahnlinien: »Welche Veränderungen müssen jetzt eintreten in unsrer Anschauungsweise und in unsern Vorstellungen! Sogar die Elementarbegriffe von Zeit und Raum sind schwankend geworden. Durch die Eisenbahnen wird der Raum getötet, und es bleibt uns nur noch die Zeit übrig.«[21] Das war vielleicht nicht grundverkehrt, aber doch ziemlich vorschnell geurteilt. Die nächsten Beschleunigungsschübe konnten ähnliche Diagnosen veranlassen. Der scheinbar topaktuelle Topos vom *global village* wurde tatsächlich 1961 geprägt. Der Medienexperte und Soziologe Herbert Marshall McLuhan wollte, als er, noch ohne Kenntnis eines »Internet«, das medieninduzierte *global village* beschwor, vor einer in seinen Augen gefährlichen Entwicklung warnen. Übrigens war er wenige Jahre später der Ansicht, man habe, »soweit es unseren Planeten betrifft, Raum und Zeit aufgehoben«[22], was er in die Vergangenheitsform setzte, also nicht mehr als unkende Prophetie, sondern als Zeitdiagnose verstanden wissen wollte. Zwei Generationen zuvor konnte noch der harmlose Drahtesel für rapide Raumverschlingung stehen. Stefan Zweig erinnerte sich so an die Jahre vor dem Ersten Weltkrieg: »Das Fahrrad, das Automobil, die elektischen Bahnen hatten die Distanzen verkleinert und der Welt ein neues Raumgefühl gegeben.«[23] Aby Warburg inkriminierte 1923 Flugreisen und die Elektrizität als die »verhängnisvollen Ferngefühl-Zerstörer« seiner Zeit.[24]

Ob diese Empfindungen des Privatgelehrten repräsentativ sind? Gewiss müssen gerade Hochschullehrer, Angehörige eines akademischen Wanderberufes, darauf achten, nicht stets nur die eigenen Befindlichkeiten bei den vermeintlichen Ahnen im Geiste zu bespiegeln – etwa jenen vagabundierenden humanistischen Gelehrten, deren vieltraktierte Kosmographien dieses Buch *nicht* noch einmal hin- und herwenden wird. Ist die »global« genannte, ent-räumlichte Existenz womöglich nur der neurotische Tick heutiger Eliten – die Landschaft für jene Filmkulisse halten, die am ICE-Fenster vorbeifliegt? Ob diesem Lebenszuschnitt wirklich die Zukunft gehört? Da Historiker und nicht Zukunftsforscher, könnte ich über derartige Fragen nur schwadronieren.

Nicht so einfach ausweichen darf der Historiker, wenn er von Geographen, Volkswirten oder Politologen gefragt wird, ob denn die Zugehörigkeit zu bestimmten Räumen für die Identität des vormodernen Menschen eine große Rolle gespielt hat und was das für Räume gewesen sind. Solche Gegenwartskundler haben durchgängig einen Anfangsverdacht: nämlich dass es jene raumbezogenen Identitätssegmente, die sich derzeit verflüchtigten oder schon verschwunden seien, früher durchaus gegeben habe – vor jener Globalisierung, die Gegenwartskundler für einen noch jungen Prozess halten, und ganz gewiss in der vorindustriellen »guten, alten Zeit«. Noch die enthusiastischsten Propheten von *global village* und *virtual reality* gehen davon aus, dass die Frühe Neuzeit eine Zeit stabiler lebensräumlicher Verankerung gewesen sei. Der Geograph Detlev Ipsen spricht von der »naiven Ortsgebundenheit einer vorindustriellen, vormodernen Gesellschaft«.[25] Erst »mit der industriellen Revolution oder dem technischen Zeitalter« seien die Voraussetzungen für vitale nationale und regionale Kulturen weggebrochen.[26] Um noch den Wirtschaftshistoriker Oskar Schwarzer zu zitieren: »Die spezifische Gebundenheit einer bestimmten Lebensform mit einem gegebenen Teritorium sieht man heute zunehmend als Kriterium für vorindustrielle Gesellschaften.«[27] Stimmt dieser Anfangsverdacht? Dieser Frage werden die Kapitel 2 und 3 meines Büchleins auf der Spur sein.

Ich sprach soeben von – vermeintlich raumverschlingenden – Beschleunigungsschüben. Wird denn nicht erst in unserer rastlosen Gegenwart alles immer schneller? Zu ihren Selbstgefälligkeiten gehört diese Überzeugung schon. Dass bereits die Eisenbahn, dann beispielsweise das Flugzeug oder das Telefon einst den Raum einzusaugen schienen, müsste unsere angeblich exklusiv hastende Jetztzeit eigentlich irritieren: Sollte jene

»Globalisierung«, die umgangssprachlich einen traditionslosen Neueinsatz der allerletzten Jahre meint, die man gern als gegenwartsdiagnostischen *dernier cri* im Munde führt, nicht als historischen Prozessbegriff verwendet, tatsächlich nicht der neueste Schrei, sondern als neuzeitlicher *longue-durée*-Trend ein alter Hut sein?

Der moderne Politologe beschreibt Globalisierung als (rasche) Bewegung von Kapital, Konsumprodukten, Menschen, Ideen. Nichts von alledem in der Vormoderne? Tatsächlich bewegte sich schon an der Schwelle zur Neuzeit das Kapital (längst gab es ein überregionales Bankwesen, das beispielsweise Wechsel kannte, die man überall in Europa einlösen konnte), Konsumprodukte begannen über weite Räume hinweg bewegt zu werden (arbeitsteilig organisierte Großunternehmungen für den überregionalen Bedarf traten neben das zünftische Kleingewerbe[28]) wie auch Ideen (der Buchdruck). Und Menschen? Der Hochadel war ein europäischer, der Arbeitsmarkt für die bürgerlichen Funktionseliten international; das Gros der Bevölkerung hingegen war nicht gänzlich (wie wir lange Zeit meinten), aber verglichen mit den Eliten doch ziemlich immobil – und heute? Wiewohl die internationale Vernetzung der modernen Eliten der damals selbstverständlichen nicht gleichkommt, muss man insgesamt natürlich schon konstatieren, dass im Laufe vieler Säkula Geschwindigkeit und Umfang der bewegten Fracht anwuchsen – allmählich, gelegentlich schubweise, wie das bei Prozessen der *longue durée* eben zu sein pflegt, und um einen solchen handelt es sich bei der erst neuerdings viel beschworenen »Globalisierung« offensichtlich.

Das gilt auch dann, wenn uns an der »Globalisierung« weniger ihr ökonomischer Kern, die Ausweitung der Absatzmärkte für Konsumprodukte interessiert, sondern auch oder vor allem eine überterritoriale Homogenisierung von Werten, von Lebensstilen, die Verdichtung übernationaler Kommunikationskreise. Wer in den Zeiten des höfischen Absolutismus mitreden, pardon, mitparlieren wollte, musste es auf Französisch tun; wer *en vogue* war, kleidete sich außerdem *à la mode* und war überhaupt ein honetter Mensch. Länder und Territorien des 17. Jahrhunderts suchten »fremdes« Humankapital: nicht unter den regionalen Honoratioren verankerte Hofräte, fleißige »Hugenotten« und »Salzburger«.[29] Die Schwelle zur Neuzeit war auch eine Wende vom Zeitalter der Fehde zum Zeitalter der Kriege, militärische Auseinandersetzungen wurden viel großflächiger, und das 17. Jahrhundert sah die Globalisierung des Krieges – koloniale Rivalitäten und europäische Machtkämpfe standen seitdem nicht mehr wie zwei autonome Subsysteme unverbunden nebeneinander.

Wenn »Raumschrumpfung«, wie uns vor und um 2000 so oft erklärt wurde, mit Beschleunigung einhergeht (und Globalisierung nicht nur die Verdichtung, ferner die Beschleunigung transnationaler Verknüpfungen meint), muss auch die Ereignisdichte vergangener Jahrhunderte interessieren. Klaffen zwischen ihren wenigen – heutzutage noch bekannten! – Haupt- und Staatsaktionen nicht breite ereignisarme Leerzeiten, gewissermaßen historische Fehlzeiten? Der Eindruck, früher sei alles viel, viel langsamer zugegangen, ist erklärbar: Man weiß eben so wenig! Wird sich schon auch nicht so viel getan haben ... Besagter Eindruck verflüchtigt sich erfahrungsgemäß im Lauf eines Geschichtsstudiums, vor allem, wenn man nicht faul ist. Übrigens sind die Akten des 16. Jahrhunderts voll von Klagen über die »geschwinden läufte«[30], die damaligen Menschen wähnten sich in eine Zeit hineingeboren, die alles in immer rascherer Abfolge umwälzte. Erlebte man nicht sogar bei der Bewegung im Raum rasante Beschleunigung, nämlich in Gestalt der neuen Postreiterstafetten? Auf dem Titelblatt der ersten römischen Ausgabe des »Itinerario delle Poste« von Giovanni da l'Herba und Cherubinus da Stella prangte unter einem in Holz geschnittenen galoppierenden Postreiter die am Verlagsort wohl schwerlich verständliche Aufforderung »Rait flucx«[31], »reite flugs« – die Reiterstafetten waren für Zeitgenossen derart rapide, dass sie hierfür gern Flugmetaphern verwandten: von »fliegend« rasanter Fortbewegung sprachen, das Bild des Flügelpferdes Pegasus oder des erdenthobenen Götterboten Merkur[32] beschworen. Francis Godwin prägte in seiner Satire »The Man in the Moone« mit »Domingo Gonsales, the speedy messenger« eine Parodie auf den rastlosen Götterboten, die noch heute in der Comicfigur »Speedy Gonsales« fortlebt.[33] Die Erfahrung, beschleunigtem Wandel beizuwohnen, ist kein Privileg oder Fluch der Moderne. Lediglich technologische Umbrüche folgten vordem noch nicht so rasch aufeinander wie in den beiden letzten Jahrhunderten, auch das Bevölkerungswachstum – freilich eine für das subjektive Empfinden von Wandlungsprozessen unerhebliche Größe – war in der Vormoderne viel geringer.

Mit Columbus wurde aus dem Abendland Europa: ein kleiner unter verschiedenen die Erdkugel bedeckenden Kontinenten. Schon Jahrhunderte vor den ersten fotographischen Weltraumaufnahmen konnten sich wohlhabende Bürger diese Erdkugel auf Globen anschauen. Die bis vor kurzem schicken »Raumschrumpfungs«-Diskurse flankierte demonstratives

Unbehagen an modernen Fernreisen – man mache dabei gar keine Erfahrungen mehr, finde nur noch den öden Abklatsch dessen, was medial und virtuell längst brillanter in Szene gesetzt sei. Typisch postmoderner Überdruss? Wer vormoderne Reiseberichte, zumal aus der späteren Frühneuzeit, in großer Anzahl durchliest, hat vergleichbare Déjà-vu-Erlebnisse. Die anfangs aufregenden Texte langweilen mit der Zeit, man stößt mit geringen Abweichungen auf immer wieder Ähnliches, ungefähr so schon anderswo Gesagtes. Offenbar haben auch vormoderne Reisende Reiseberichte gelesen, entsprechend belesen aufgesucht, was sie von vornherein wiederzufinden hofften.[34] Wenn es »Globalisierung« ausmacht, dass »die Erde [...] selbst auf den fernsten Schauplätzen nur noch ein Inbegriff von Situationen und Bildern« ist, »von denen die Tageszeitungen, die Reiseschriftsteller und die Enzyklopädien längst ein kompletteres Bild geliefert haben«[35], dann muss sie schon sehr alt sein. Denn bereits in der Frühen Neuzeit grassierten[36] Reiseberichte geradezu, auch solche über exotische Länder, waren Bücher erfolgreich, die dem Reisenden genau sagten, was er vor Ort entdecken werde.

Änderte sich zuletzt weniger die Intensität überregionaler Vernetzung und Homogenisierung denn die Prägerichtung? Die vormoderne Globalisierung war ja Europäisierung, noch nicht Amerikanisierung. Gleich war wiederum der Antrieb; schnöden Profit veredelte und überhöht noch immer eine Sendung, einst Christianisierung und Zivilisierung, jetzt der Export von Liberty[37] und American Way of Life. Seelenheil wird durch Lifestyle substituiert, was die zu rezipierenden Leitlinien nicht etwa unverbindlich macht, ihre Internalisierung war und ist vermeintlich alternativloser Zivilisierungsprozess. Natürlich wurden im Zeichen fortgeschrittener Massenkommunikation jesuitische Missionare und calvinistische Kanzelprediger durch Auslandsradiosender abgelöst.

Nun ist dieses Buch keine Geschichte der Globalisierung, es will lediglich darauf aufmerksam machen, dass dieser neuzeitliche Fundamentalprozess, vergleichbar beispielsweise der Säkularisierung, schon sehr lang stattfindet. Sein Autor muss gestehen, dass er sich keinen rechten Reim darauf machen kann, warum alle anderen just seit ein paar Jahren wähnen, in einem Zeitalter der »Globalisierung« zu leben. Was an den jahrhundertealten Globalisierungstendenzen ist jählings so übermächtig geworden, so qualitativ neuartig, dass es im Bewusstsein der Zeitgenossen epochales Ausmaß gewann? Können solche Tendenzen hinreichend erklären, warum mancher just in den letzten Jahren des zweiten Jahrtausends einer »Raumschrumpfung« beizuwohnen meinte? Warum sollte das Internet den Raum töten, wenn der zuvor Poststafette und Telegraph[38], Eisenbahn und Flugzeug, Telefon und Radio – unerachtet der Kassandrarufe, die schon diese Innovationen flankierten – putzmunter überlebt hat?

Und nun die »Renaissance des Raums«?

Das Blatt hat sich ja auch schon wieder gewendet. Nachdem man mit dem alten Jahrtausend auch den Raum verabschiedet hatte, wandte man sich ihm im neuen umstandslos wieder mit einiger Verve zu, jedenfalls in den Kulturwissenschaften und den Feuilletons. Der Historiker und Essayist Karl Schlögel, der dem Zeitgeist schon seit geraumer Zeit kongenial, nämlich wendig und geistreich auf der Spur ist, legte 2003 gleich zwei Monographien vor, die den »Raum« im Titel tragen.[39] Es genügt ihm dort nicht, eine »Erneuerung der geschichtlichen Erzählung« zu proklamieren, die »die kulturalistischen Engführungen hinter sich« lassen werde, ihm sind »Räumlichkeit und Verräumlichung menschlicher Geschichte« sogar der »Punkt der Reorganisation« und »Neu-Konfiguration« des nichtnaturwissenschaftlichen Fächerspektrums, »von Geographie bis Semiotik, von Geschichte bis Kunst, von Literatur bis Politik«.[40]

Die ersten Impulse kamen aus gegenwartskundlichen Disziplinen, und vielleicht am lautesten riefen die nordamerikanischen *urban studies* zum Raume. Erfolgreich, glaubt einer ihrer Protagonisten, Edward G. Soja, denn »mittlerweile« werde »die dem menschlichen Dasein vielfältig inhärente ›Räumlichkeit‹ sehr viel stärker erkannt als jemals zuvor«. Es gebe »eine *tiefgreifende* Veränderung in der Art, die Welt zu sehen«, was man »als eine *ontologische* Wende bezeichnen« müsse.[41] »Zweifellos verschiebt sich im Augenblick insbesondere in wissenschaftlich-konzeptionellen Ansätzen quer durch die Kultur-, Sozial- und Geschichtswissenschaften die alte Dominanz der Zeit über den Raum«, meinte der Geograph Paul Reuber jüngst konstatieren zu können.[42] »Es ist weder zu leugnen noch zu übersehen. Der ›Raum‹ ist wieder da«: So begrüßten den lang abwesenden uralten Bekannten Rudolf Maresch und Niels Werber. Wir erlebten eine »Renaissance des Raums«.[43]

Lässt man Suchmaschinen das Internet, den vermeintlichen großen Raumverschlinger der 1990er Jahre, nach dem *spatial turn* durchforsten, fluten die Räume nur so heran. Der Werbetext für ein »Topologie

WeltRaumDenken« betiteltes Symposium im November 2005 glaubte, viel mehr als nur einen weiteren *turn*, nämlich den Fluchtpunkt der allfälligen *turns* anpreisen zu können:

»Im Zuge der ›turns‹, die vor allem die Geistes- und Kulturwissenschaften seit den 90er Jahren regelrecht heimgesucht haben, ist eine besondere Linie zu erkennen, die verschiedene der diagnostizierten Umkehrungen miteinander verbindet. Es ist der Raum, genauer: das Thema der ›Räumlichkeit‹, welches in verschiedenen Gestalten fächerübergreifender Reformationsversuche im Zentrum steht.«[44]

Die Internet-Ankündigung einer »The Spatial Turn in History« überschriebenen Tagung am German Historical Institute in Washington im Februar 2004 begann so: »In recent years, historians have turned towards the spatial dimensions of history«.[45] Aber weil jeder unschwer die Probe auf viel mehr Exempel machen kann und wahrscheinlich jeden Tag neue Raum-Anzeigen hinzukommen, müssen wir uns damit hier nicht weiter aufhalten.

Es räumelt allenthalben. Oft bleibt unklar, was für Räume da auf uns einstürzen: der formale der Mathematik? Der physikalische, die naturräumliche Rahmung menschlichen Handelns? Oder vom Menschen nach seinen Bedürfnissen zugerichtete Lebensräume? Der Raum als Voraussetzung geschichtlicher Prozesse oder als deren Produkt? Gar nur das popularmetaphorische Gerede von »Grenzüberschreitungen«, von interkulturellen »Zwischenräumen«? Der Chor der *Turner* singt diffus, aber laut. Die *Frankfurter Allgemeine Zeitung* attestierte der Geschichtswissenschaft im Oktober 2003 »eine Wende, die man als spatial turn bezeichnet«, und ein knappes Vierteljahr danach gleich »den Geisteswissenschaften« überhaupt ihren »cartographical turn«.[46]

»Eine Wende, die man als spatial turn bezeichnet«: Aber worin nur besteht diese »Wende«? Führt man sich die Vielfalt jener Erscheinungen[47] vor Augen, die nach Ansicht der Raumeuphoriker eine neue oder nie geahnte Bedeutung für uns oder doch jedenfalls für die Kulturwissenschaften besäßen oder gewännen, kann einen der Verdacht beschleichen, der Bedeutungskern einer »Hinwendung zum Raum« oder, um es mit Karl Schlögel und Jürgen Osterhammel[48] zu sagen, einer »Wiederkehr des Raumes« liege noch nicht gänzlich klar zutage. Fragt man Kollegen, was sie denn unter dem »spatial turn« verstünden, kann man öfters hören, dabei handle es sich weniger um eine Hinwendung zum Raum denn um eine Wendung in der Betrachtung des Raumes. Der Raum werde nicht mehr als ontologische, allem menschlichen Tun vorgängige Größe erachtet, sondern als vom Menschen gemacht, er erwüchse »sozialen Praktiken« und könne deshalb auch als Indikator für soziale Sachverhalte analytisch genutzt werden. Wie wahr! Freilich sind, so gesehen, nicht Raumvorstellungen vergangener Generationen das Erkenntnisziel historischer Schürfarbeiten, solche Sondierungen dienen vielmehr der Erhellung elementarer sozialer Sachverhalte wie der Machtverteilung oder dem Prestigegefälle; die räumliche Anordnung von Personen (etwa ihre Plazierung in einem Saal) wie Dingen (beispielsweise Gebäuden) kann hierfür aussagekräftig sein. Jede Gesellschaft verräumlicht ihre Ordnungsvorstellungen, am offensichtlichsten und dauerhaftesten in Architektur und Städtebau. Räume (zumeist kann man präziser sagen: räumliche Anordnungen, Plazierungen) auf die in ihnen visualisierten gesellschaftlichen Ordnungsvorstellungen hin zu analysieren, ist legitim und plausibel, nur: Räume sind dann Mittel zum Zweck. Sie sind Hilfsinstrumente neben vielen anderen, die zur Erhellung vormoderner sozialer Formationen beitragen sollen. Machte es wirklich Sinn, dieses eine Analyseinstrument, dieses Mittel zu einem anderen Zweck, titelgebend einem angeblichen *turn* einzuschreiben?

Und brauchen wir einen so verstandenen *turn*? Wir wissen seit Jahrzehnten, wie sich beispielsweise absolutistische Herrschaftstopologien über die räumliche Leitdifferenz Nähe (in Versailles: zu den wärmenden Strahlen des *roi soleil*) und Ferne aufbauten, wie das Hofleben jeden Tag aufs Neue Prestigegefälle in Szene setzte, visualisierte, stabilisierte oder auch modifizierte. Noch die scheinbar unverfängliche Gartenanlage war materialisierte Ordnungsvorstellung, weil ihre Sichtachsen alle auf das ideelle Zentrum des Staates zuliefen. Künftige Historiker werden aus unseren nichtschriftlichen materiellen Hinterlassenschaften nicht keine, sondern andere Ordnungsvorstellungen herauslesen. In der Soziologie, zwar oft mehr an ihrem Rande als im Zentrum des Faches, gibt es eine lange, mindestens bis Émile Durkheim zurückreichende Tradition, danach zu fragen, wie sich gesellschaftliche Wertsysteme in den Raum projizieren und was man deshalb aus räumlichen Anordnungen oder Ausdifferenzierungen über die Strukturen einer Gesellschaft erfahren kann; Durkheim selbst nannte das »soziale Morphologie«, und unter diesem Stichwort kann man es in manchen, auch alten Soziologielexika finden.[49] Wie sich soziale Gegensätze in Bebauungsstrukturen und Architektur, gewissermaßen im Stadtplan niederschlagen, hat beispielhaft 1991 Pierre Bourdieu in einem Aufsatz über »physischen, sozialen und angeeigneten physischen Raum«[50] analysiert. Dass die Positionierung des Menschen in Räumen jeglichen Zuschnitts – vom Stadtviertel bis hin zu Räumen, die sich aus vorübergehenden Arrangements körperlicher Präsenz ergeben, durch eine Art Choreographie der Körper geschaffen werden und sich mit dem Ende der Aufführung wieder auflösen[51] – etwas über die soziale Position dieses Menschen aussagt, dass räumliche Anordnungen auf ihre sozialen Botschaften hin lesbar sind: Das kann und soll man durch neue Fallstudien noch besser illustrieren und nuancieren, ist aber prinzipiell altbekannt. Es fehlte sogar der Anschein jenes »Neuen«, von dessen Reiz jeder *turn* lebt. So also kann das mit dem *spatial turn* nicht gemeint sein.

Ist er vor allem eine *Weg*wendung – vom Raumabsolutismus der »Geopolitik«? In der Tat, es gab ja schon einmal eine Zeit der Raumeuphorie! Die deutsche Katastrophe von 1945 beendete ein Vierteljahrhundert der Raumobsession. So ausgeprägt, so eng in einen anderen, den »völkischen« Diskurs verwoben war sie ein Spezifikum des deutschen Geisteslebens, der deutschen Politik, deutscher Schriftstellerei und Tagespublizistik.[52] Die Kollektivtraumata, die die Verlustdiktate des »Schandfriedens« von Versailles dem jungen, erfolgsverwöhnten deutschen Nationalstaat zufügten, sollten damals – heute rituell anmutende – Beschwörungen »des Raumes« kompensieren. Die politische Sprache wurde ins Räumliche gewendet, wurde gleichsam einer Geographisierung unterzogen.[53]

Der »geopolitische« Diskurs war nicht schlechterdings das Machwerk von Faschisten, wurde aber für deren Aufstieg wichtig. Weil die gewohnheitsmäßige Beschwörung »des Raums« die verschiedenen konservativen Milieus der Weimarer Republik semantisch zusammenführte, konnte er den intellektuell nicht satisfaktionsfähigen Nationalsozialisten als Eintrittskarte in diese besseren Kreise dienen. Ihr Raunen vom Raum schien die Führer dieser kleinbürgerlich-schäbigen, peinlich krakeelenden Bewegung geistig zu adeln. »Der Raum« und einige Zwillingsschlagwörter (wie »Lebensraum« und »Großwirtschaftsraum«) spannten »das gemeinsame programmatische Dach« auf, »unter dem sich 1933 der Übergang von der Weimarer Republik zum Dritten Reich relativ gleitend und reibungslos vollziehen ließ«.[54] Danach sollten mit dem politischen Leitbegriff »Raum« jonglierende, sich ambitioniert gebende »raumwissenschaftliche« Konzepte das nationalsozialistische Expansionsprogramm pseudophilosophisch sublimieren.[55]

Gebieterisch seine Forderungen an »die Politik« und an »gesundes Volkstum« stellend war dabei stets *der Raum*, es ging nicht um verschiedene, unterschiedlich konstituierte oder wahrgenommene »Räume«. Moderne Sozial- und Kulturwissenschaftler gehen, meist wenig reflektiert, eben wie selbstverständlich davon aus, dass Räume durch »soziale Praktiken« konstituiert werden bzw. – das ist der Ansatz dieser Studie – individueller, indes über die Sozialisation zeitgebundener Syntheseleistung erwachsen (materiell existent sind ja nur die einzelnen, zum Raum synthetisierten Elemente, also Dinge, Menschen, Orte, das Syntheseprodukt »Raum« ist eine Kopfgeburt[56]). Genauso selbstverständlich ontologisierten hingegen »Geopolitiker« der Weimarer Jahre und des Dritten Reiches *den Raum*. Ihr »Raum« war kein soziales Konstrukt und keine subjektive Aneignungsweise physikalischer Gegebenheiten, sondern dinghaft gegeben, gesellschaftlicher Verfügbarkeit enthoben.

Der Raum als allem individuellen und gesellschaftlichen Handeln vorgängige Rahmenbedingung: Das zunächst ist noch nicht sehr spezifisch, gar Ausweis faschistischen Denkens. Stark schematisierend[57], kann man philosophische wie naturwissenschaftliche Raumbetrachtungen von der griechischen Antike bis weit ins 20. Jahrhundert hinein[58] in zwei Denkschulen auseinandersortieren, die man, mit Carl Friedrich von Weizsäcker, als »absolutistisch« bzw. »relativistisch« etikettieren mag. Der Raum der Absolutisten ist von den Körpern, also auch sozialem Handeln unabhängig, ist ihr Gefäß, seine Bühne. Für Relativisten ergibt sich Raum aus Lagebeziehungen, Raum ist eine Relation; da Körper in Bewegung sind, verändern sich Räume permanent. Relativisten berufen sich gern auf den bewegten und inhomogenen Raum Einsteins (wiewohl doch für die Erklärung makroskopischer physikalischer Geschehnisse auf der Erde die Gesetze Newtons, des Gewährsmanns der Absolutisten, vollauf hinreichen). Täte es der »Geopolitik« der Jahrzehnte vor 1945 nicht zu viel Ehre an, könnte man sagen, dass Geopolitiker Raumabsolutisten waren. Raum ergab sich nicht aus sozialen Handlungen, setzte vielmehr jedem sozialen Handeln gebieterisch den (engen) Rahmen. Insofern also neigten Geopolitiker entschieden dazu, *den Raum* zu ontologisieren, und wir werden sehen, dass manche Propheten einer »Wiederkehr des Raumes« derzeit ebenfalls dazu neigen. Anders als diese postmodernen, Raumatmosphären einsaugenden Großstadtflaneure zeichneten aber »Geopolitiker« *den Raum* als etwas höchst Aktives. *Der Raum* war eine selbständig agierende Entität, eine Größe, die von sich aus Forderungen an die Politik stellte und sich bei deren Nichterfüllung rächte. Gerhard Storz hat es nach Kriegsende[59] so karikiert: »Jetzt waren nicht mehr bloß Bauteile, Werkleute, Architekturen seine Opfer, sondern Staatsmänner und ganze Völker: was dieser Raum wollte, mussten sie tun oder erleiden.«

Emanzipieren wir uns erst mit dem *spatial turn* von dieser Erblast? Davon, ein so verblichenes Gespenst abzuschütteln, kann kein *turn* leben. Der geopolitische Diskurs war 1945 so gründlich zertrümmert wie Alteuropa, die wenigen ehrbaren[60] Versuche einer Wiederannäherung an diese verrufene Denktradition verpufften wirkungslos. Und dann war der Raum in theoretischen Arbeiten längst entsubstantialisiert worden, als die Geopolitiker überhaupt erst auf den Plan traten. Bereits Georg Simmel konstatierte, die Grenze sei »nicht eine räumliche Tatsache mit soziologischen Wirkungen [...], sondern eine soziologische Tatsache, die sich räumlich formt«.[61] So gesehen, war der geopolitische Diskurs eine Resubstantialisierungsstrategie – eine kurzfristig sehr erfolgreiche, aber eben doch eine vorübergehende. Wir brauchen keine konstruktivistische Wende in der Betrachtung des Raumes, denn anders hat man ihn in den letzten beiden Jahrzehnten, so er denn einmal in den Blick kam, nie betrachtet. Irritierenderweise scheinen ausgerechnet einige derjenigen Autoren, die jüngst öffentlichkeitswirksam eine »Wiederkehr des Raumes« proklamiert haben, diesen Forschungskonsens aufkündigen zu wollen.[62] Sie plädieren gerade *nicht* dafür, Räume zu dekonstruieren. Sie wollen Räume gerade *nicht* wie Texte lesen.

Ob der *spatial turn* so lang währen wird, bis ein Konsens über seinen Gehalt herangereift ist? Wende oder neue Mode? Das bleibt vorerst unklar. Dem Historiker fehlt der klärende zeitliche Abstand. Momentan kann er nur versuchen, Zeitstimmungen seiner eigenen Gegenwart zu wittern, disparat anmutende Symptome sichten. Zu ihnen gehört, dass man jener Geschichtswissenschaft, in deren Texten doch schon immer viele Räume vorkamen, auf einmal zum Vorwurf macht, sie denke zu wenig über ihr Verhältnis zur Räumlichkeit nach; und dass historiographische Arbeiten, die sich programmatisch zur Bedeutung von »Raum« äußern, nicht mehr als peinliche, politisch unkorrekte Ausrutscher gewertet werden, auf die vielsagendes fachweites Totschweigen zu antworten hat, sondern als willkommene Anstöße zu einer ehrenwerten Theoriedebatte.

In Nachbardisziplinen lässt sich Ähnliches beobachten. So wurde jüngst in der Zeitschrift für kulturgeschichtliche Literaturwissenschaft[63] der Vollzug eines *topographical turn* verkündet, der »als theoretischer Fluchtpunkt der immer wieder beschworenen ›linguistic‹ und ›pictorial turns‹ betrachtet werden« könne. Dem Bericht über eine Tagung im Literarischen Colloquium Berlin über »Topographie und Literatur« im März 2006 konnte man entnehmen, dass dort offenbar »die Rückkehr der physischen Landkarte beschworen«[64] und eine »Neue Geopoesie« ausgerufen wurde, »der Raumbegriff kehre zurück«. Andere Philologen betrachten die »Wendung zum Raum« etwas unbehaglich als »eine Herausforderung der Kulturwissenschaft(en)«.[65] Und die Geographie? Angeblich wissen ihre Vertreter vor lauter Raumeuphorie nicht, wie ihnen geschieht, »insgesamt reichen die geographischen Reaktionen auf den *spatial turn* von der Freude über die neue Popularität des eigenen Gegenstandes bis hin zur Sorge um das Alleinstellungsmerkmal der geographischen Fachwissenschaft«.[66]

Der Filmregisseur Wim Wenders beklagte in einem Vortrag im Oktober 2002 einerseits wortreich den »Ortsverlust« – »wenn die Dinge verschwinden und man sich beeilen muss, sie noch zu sehen [...]« Natürlich argumentierte er vor allem vom Kinofilm her, amerikanische Filme mieden es »meist wie die Pest, irgendwie lokal eingefärbt zu erscheinen«, und neuerdings beginne man sogar, »Orte einfach ganz zu verbannen. Viele Filme werden zu einem großen Teil ohnehin nur noch im völligen Niemandsland gedreht: vor dem Blue Screen.« Was sich bis dahin wie eine späte Variante der »Raumschrumpfungs«-Diskurse des alten Jahrtausends liest, wendet sich dann zum Raum-Manifest. Wenders ruft zur Gegenwehr auf, empfiehlt »dringend den Orts-Sinn: Wo alles beliebig wird, sollte man das einzige, was spezifisch bleiben kann, nicht achtlos abtun.«[67] Partikel einer Zeitstimmung ...

Warum ist der Raum im neuen Jahrtausend so schnell wiederauferstanden? Haben die Propheten raumverschlingender »Beschleunigung« den Weltenlauf am Ende mit der Taktfrequenz von Personalcomputern verwechselt?[68] Ist die Raumschrumpung mit der Nachfrage nach High Tech ins Stocken geraten? Warum prangen die Räume nun unversehens wieder, und schöner denn je?

Warum lockt der Raum? Sind Bescheidung, Erdverhaftung, genügsame Behausung angesagt, seit wir merken, dass die Fünfjahrespläne der Ära des Kalten Krieges die letzten Utopien gewesen sind, die noch ernsthaft Wirklichkeit gestalten wollten, und weil am Beginn des neuen Jahrtausends nach allen hochfliegenden Plänen auch noch die hochfliegenden Aktienkurse abgestürzt sind? Gehört es, seit wir die »Grenzen des Wachstums« nicht mehr lustvoll beschwören, sondern leidvoll erleben, zur Trauerarbeit, hingebungsvoll Grenzlinien zu inspizieren?

Was rückte, nachdem wir uns eine Zeitlang in den unendlichen Weiten elektronischer Netze zu verlieren suchten, die schicksalhafte Bindung unserer Geisteskräfte an sich erschöpfende Physis, so vergängliche wie endliche Natur wieder in den Blick? Gewiss, wenn wir den großen Globus kleinreden, gibt es keinen Raum mehr für die Illusion nie versiegender Ressourcen, keine ökologischen Residuen mehr.[69] Übrigens ist ja der Raum dem neuesten zeitdiagnostischen Zauberwort eingeschrieben: Definierte sich die »Moderne« in ihrem prallen Fortschrittsglauben und Zukunftsoptimismus über die Zeitachse, wobei es die Postmoderne, auch hier wenig originell, durch ein bloßes »nachher« beließ, gilt nun: »Global is above it all a space reference«.[70] Die herkömmlichen, vergleichsweise simplen, wohl auch deshalb selten reflektierten räumlichen Grundkategorien wie nah und fern, lokal und überregional helfen immer weniger dabei, Ordnung in unsere vielfältig vernetzte gesellschaftliche Wirklichkeit zu bringen. Die neuerdings vielbeschworenen *global cities* sind weltweit vernetzt und lokal fraktioniert, zwischen edlen und verrottenden Stadtteilen; sind weltweit vernetzt und isoliert – ihre Verbindungen zu fernen Metropolen sind in manchen Hinsichten intensiver als die zu zurückbleibenden Nachbarregionen. Offenbar tun sich zwischen »global« und »lokal«, »virtuell« und »real« viele neue Spannungsfelder auf, vielfältige neue Geographien, die es zu vermessen gilt.

Auch sogenannte oder bekennende »Globalisierungsgegner« können sich demonstrativ auf Räume berufen, die sich dem befürchteten Universalisierungs-, Nivellierungs-, Amerikanisierungsdruck sperrig entgegenstellen sollen. Die weltweite regionale Vielfalt dürfe sich nicht vom Globalisierungsprozess ausräumen lassen, die Erde sei mehr als ein Marktplatz. Doreen Massey hat darauf hingewiesen, dass der hegemoniale Diskurs der fortschrittsgläubigen Moderne zeitaffin gewesen sei, Differenzen zwischen Gesellschaften und Räumen zu Entwicklungsunterschieden erklärt und so in eine zeitliche Sequenz gebracht habe: »Such variations are often conceived as temporal rather than spatial [...] The stories of progress, of development, of modernization, of the evolution [...] share a geographical imagination which rearranges spatial differences into temporal sequence«.[71] Übrigens geht so ja traditionell die Geschichtswissenschaft vor, nicht nur, wenn sie auflistet, wann welches Land in sein Stadium des industriellen *take off* eingetreten sei und wann sich in welcher Gesellschaft die Natalitätsrate wieder der Mortalitätskurve angenähert habe. Doch um vergangene »Entwicklungen« (ein Wort, dem die zeitliche Sequenzierung eingeschrieben ist) geht es selten, wenn ein Wandel im Denkstil »from a temporal to an more spatial mode, from a linear or diachronic sequencing to [...] configurative simultaneities«[72] gefordert wird, sondern um die Dignität gegenwärtiger regionaler Eigenheiten, die nicht als Entwicklungsrückstände diffamiert werden dürften.

Um Geschichte also geht es nicht. Und geht es wirklich um Räume? Eigentlich geht es um Unterschiede zwischen (natürlich verortbaren) Gesellschaften, geht es um willfährige Anpassung oder aber Widerborstigkeit sozialer und volkswirtschaftlicher Aggregatzustände, die sich dem nordamerikanisch geprägten Mainstream nicht gänzlich einfügen – aber sowohl der zeitaffinen Fortschrittsgläubigkeit als auch dem räumeverschlingenden *global village* der Gegenseite kann man die Vielfalt der »Räume« schön plakativ entgegenstellen, die eine Chiffre signalisiert doppelte Opposition. »Raum« wird in diesen Zusammenhängen zumeist metaphorisch verwendet. »Raum« ist Chiffre für Vielfalt, für gleichberechtigte Koexistenz des Differenten.[73] Immerhin, auch deshalb kamen Räume zuletzt wieder derart ins Gerede, dass sich findige Begriffeschmiede ermuntert sahen, einen *spatial turn* auszurufen. Zur Konjunktur des Raumbegriffs trug bei, dass die Beschwörung von Räumen nicht nur Konservative, auch Sympathisanten von »Attac« und »Green Peace« anheimeln kann.

Zwei viel beachtete Bücher Karl Schlögels über die »Wiederkehr des Raumes« begründeten diese indes ganz anders. Zum einen greift Schlögel bis 1989 zurück. Damals habe sich »über Nacht« eine »Raumrevolution« ereignet, »1989 bezeichnete nicht nur das Ende der Nachkriegszeit, sondern auch den Zusammenbruch des Raumes, in dem die Welt und insbesondere Europa mehr als ein halbes Jahrhundert gelebt hatten« – eine jahrzehntelang alles und alle trennende Grenzlinie verschwindet, »der europäische Raum wird neu geordnet«.[74] Der Rostfraß am Eisernen Vorhang also ist schuld. Oder liegt es am Auseinanderfallen Jugoslawiens? Schlögel führt die Raumrenaissance nämlich an anderer Stelle auch auf aufsehenerregende Konflikte zurück, die in »Weltgegenden« spielten, »die wir vor nicht allzu langer Zeit bestenfalls dem Namen nach kannten«. »Seit den Balkankriegen beschäftigen wir uns mit Bodenreliefs und der Lage von Städten, so als wären wir Militärtopographen. Kaum einer von uns hat sich je mit Geopolitik beschäftigt, nun aber kommt die politische Berichterstattung der Zeitungen nicht mehr aus ohne die Karte, die illustriert, wo was geschieht.«[75] Da seit dem 11. November 2001 angeblich nichts mehr so ist wie vordem, bietet es sich an[76], auch ihn dem *spatial turn* einzuschreiben. Das Datum steht Schlögel nicht für eine Entterritorialisierung von Freund und Feind (Größen, die bislang, und zumal bis 1990, unschwer zu verorten waren), eine Entterritorialisierung des Terrors, die auch die »Landesverteidigung«

aus ihrem angestammten Raum vertreiben könnte, vielmehr habe der Anschlag von Ground Zero vor Augen geführt, »daß Räume zerfallen können, wenn ›Nervenstränge‹ oder Verkehrslinien unterbrochen werden«.
Fernsehbilder aus Afghanistan und dem Irak riefen diesem Autor wieder
ins Bewusstsein, dass »auch in Zeiten von Cyberspace Ortskenntnis und
Terrainerkundung nicht überflüssig geworden sind«, »wir werden daran
erinnert, daß nicht alles Medium und Simulation ist, daß Körper zermalmt
und Häuser zerstört werden«.[77] Wie hatten es die Kulturwissenschaften nur
vergessen können! Schlögel führt die Große Politik ins Feld, geostrategi-
sche Interessen, territoriale Lagebeziehungen, Kriege: Themen, mit denen
sich einst die Geopolitik gern befasst hat, und für Schlögel hat dieser Begriff denn auch keinen schlechten Klang. Der allenthalben behaupteten
»Renaissance des Raums« liegen nicht nur sehr unterschiedliche Raumkonzepte zugrunde, sie wird auch ganz verschieden motiviert. Es gibt offensichtlich viele gute Gründe für die »Hinwendung zum Raum«.

2. Problemaufriss: Was wir so alles nicht genau wissen

2.1 Vormoderne Räume – und was sie uns für Fragen aufgeben

Soziale und räumliche Verortungen

In welchen Räumen verorteten vormoderne Menschen sich selbst und andere, und welche Bedeutung hatten solche Räume für ihre Orientierung in der Welt, für ihr Selbstverständnis, kurz: ihre Identität? Es drängen sich vorerst vor allem Fragen auf.

Sah der spätmittelalterliche oder frühneuzeitliche Mensch sich selbst und andere vor allem oder auch als typische Vertreter einer Siedlung, einer Gegend, einer Landschaft, eines Staates, waren wie auch immer definierte Räume für vormoderne Auto- und Heterostereotypen[1] konstitutiv? Welche emotionale Kraft ging von kleinen und großen, politisch, kultur- oder aber naturräumlich definierten Räumen aus, wodurch unterschied sich das vormoderne Tableau räumlicher und nichträumlicher Identitätsangebote vom heutigen? Wie flächendeckend sind überfamiliäre oder überlokale Identitäten in der Vormoderne überhaupt gewesen? Umgriffen Gemeinsamkeitsbewusstsein, Zusammengehörigkeitgefühle, die Hege derselben Autostereotypen *alle* Menschen eines Raumes – oder aber stets nur mobile und gebildete Eliten? Umgriffen sie die Menschen eines *exakt bestimmten*, klar abgegrenzten Raumes (oder aber Gemeinschaften mit regionalen Knotenpunkten und breiten Grenzsäumen darum herum)? Umgriffen sie überhaupt Menschen eines bestimmten *Raumes* (oder eher Personenverbände, Stände, Korporationen)? Wie bedeutsam waren also dem vormodernen Menschen überhaupt politische oder kulturräumliche Bezüge neben dem sozialen Status, neben Standesbewusstsein? Welche räumliche war für welche soziale Ebene die zentrale? Plakativ zugespitzt: europäische Adelskultur – Kirchturmshorizont des Gemeinen Mannes?

Um all den vielen Fragen noch eine weitere anzufügen: Warum können wir das Bedürfnis der Gegenwart nach Auskünften über die Fremd- und Selbstverortung vormoderner Menschen nur sehr unvollkommen befriedigen? Das ist gar nicht so einfach zu sagen, und schon gar nicht unumwunden in wenigen Sätzen. Es gibt Gründe, die in der Natur der Sache liegen und mit unseren Quellen zu tun haben – darauf wird unten Kapitel 2.4 eingehen. Gibt es auch forschungsgeschichtliche Hintergründe? Eigentlich hätte ich meinem Kapitel über den »Raum der Globalisierung« eines über den »Raum der Geschichtswissenschaft« folgen lassen müssen, aber weil solche forschungsgeschichtliche Betrachtungen alle Nichthistoriker langweilen würden, müssen hier einige Andeutungen hinreichen.

Um erneut mit einer Frage zu beginnen: Könnten historische Textwissenschaften auch deshalb traditionell zeitaffin sein, weil Zeit ordnet – eine Richtung hat, alles in ein Vorher und Nachher einsortiert? Raumbildung ist Organisation des Nebeneinander, während Zeit in ein Nacheinander einreiht. Räume kennen keine Teleologie. Räume werden aus vielen gleichzeitig vorhandenen Menschen und Dingen, Orten und Punkten synthetisiert, erwachsen dem Nebeneinander vieler sinnlicher Eindrücke – nur, sobald wir versuchen, das Augenscheinliche zu versprachlichen, ergibt sich wieder eine zeitliche Reihenfolge, die der Buchstaben und Sätze.

Die beheimatende und identitätsstiftende Kraft von Räumen jeglichen Zuschnitts hat nie zu den großen, traditionsreichen Themen der Geschichtswissenschaft gehört. Haben Historiker die Räumlichkeit der von ihnen analysierten Ereignisse und Prozesse überhaupt gern an den Rand gedrängt? Man konnte zuletzt auf solche Selbstbezichtigungen stoßen. »Die Kategorie des ›Raumes‹« sei für Historiker »lange Zeit [...] diskreditiert« gewesen, bedauerten beispielsweise Marian Füssel und Stefanie Rüther, »wenn über Räume geredet wurde, geschah dies meist eher in wissenschaftlichen Nischen, wie der historischen Geographie oder der Theaterwissenschaft.«[2] Karl Ditt monierte jüngst, »der Raum als Einflussfaktor sui generis« habe in der Geschichtswissenschaft stets »nur eine geringe Rolle gespielt«: »Das Gros der Historiker betonte vielmehr [...] die ausschlaggebende Bedeutung von Ideen, Persönlichkeiten und politischen Interessen, dann den Vorrang der wirtschaftlichen und sozialen Verhältnisse.« Zuletzt seien »schließlich Erfahrungen, Wahrnehmungen und Ideologien als Einflusskräfte der Geschichte in den Vordergrund gerückt. Der Raum fungierte demgegenüber meist nur als Hintergrund.«[3]

Solche Vorwürfe müssen sich Europas Geschichtswissenschaften in unterschiedlichem Ausmaß gefallen lassen, die französische wohl am wenigsten,[4] unsere deutsche schon eher. Sie konstituierte sich in ihrer Formationsphase bewusst – um eine wohl von Droysens »Historik« inspirierte[5], pointierte, aber treffende Charakterisierung Alfred Heits aufzugreifen – als »immaterielle Zeitwissenschaft«[6]. Dabei streifte sie Tätigkeitsfelder ab, die die Vormoderne selbstverständlich den historischen Disziplinen subsumiert hatte, insbesondere, als deren älteste, die Geographie. Wie die Historie überhaupt, gliederte man auch die Geographie im 18. Jahrhundert in eine alte, eine mittlere und eine neue;[7] offenbar war der Satz verbreitet, die Chronologie sei das eine, die Geographie aber das andere Auge der Historie.[8] Sich als Wissenschaft mit eigener Methodik konturierend, zur Universitätsdisziplin erhebend, wurde sie auf diesem anderen Auge blind. Raum verblasste zu jenem kaum ausgeleuchteten Hintergrund, vor dem Männer Geschichte machten, ihre Heldenrollen entwickelten oder den Schurken gaben. Es war nicht zuletzt eine Abwehrstrategie gegen den Expansionsdrang der Naturwissenschaften, die »vitale Erscheinungen in die Klasse der physikalischen«[9] zu versetzen suchten, um sie dann ihren Instrumentarien zu unterwerfen. Gegen den selbstbewusster werdenden Anspruch der Physiker, Chemiker, Mathematiker, alles Mess- und Berechenbare nach ihren Methoden zu traktieren, schien gefeit, wer seinen Untersuchungsgegenstand von vornherein als nichtphysikalisch auswies. Insofern war eine gewisse Raumferne der Geschichtswissenschaft ursprünglich auch taktisch motiviert, man suchte sich demonstrativ von den ebenfalls aufstrebenden Naturwissenschaften abzugrenzen.

Dass man den interdisziplinären, aber unter heftiger Beteiligung mancher Historiker grassierenden »geopolitischen« Diskurs der beiden fatalen Jahrzehnte vor 1945 danach natürlich als Abirrung bedauerte, zementierte die traditionelle, bis in die Gründerzeit des Faches zurückreichende Raumskepsis. Jene Bundesrepublik Deutschland, die kein Nationalstaat sein noch werden wollte, vielmehr davon träumte, sich bald »in Europa« verlieren zu dürfen: sie stellte den Raum unter Generalverdacht – und ganz besonders »heimatliche« Bindungen an den Raum dieses Möchtegernprovisoriums. Wer sich freiwillig in diesem Land aufhielt, indem er auch noch seine Ferien an der Nordsee oder im Bayerischen Wald verbrachte, litt offenbar anstößig wenig an der deutschen Geschichte und neigte zu muffiger Kumpanei mit einer Schicksalsgemeinschaft, zu der der aufgeklärte Weltbürger auf Distanz blieb. »Heimat« wurde zum Schlachtruf der Vertriebenenverbände. Er kam zumeist hitzig daher, schwülstig, wenig anheimelnd, und meinte ja übrigens auch nicht die Bundesrepublik – denn in der offiziell ungeliebten Neuen Heimat war man höchstens verschämt angekommen. Nein, die »Neue Heimat« der Nachkriegszeit barg nicht heimatlich, sondern fabrizierte die Unwirtlichkeit der Städte, indem sie anonyme Häuserzeilen hochzog.[10]

Offensichtlich fiel nicht nur Historikern ein unbefangener Umgang mit der Räumlichkeit der von ihnen analysierten Vorgänge fortan schwer. Dieter Läpple monierte 1991, die Gesellschaftswissenschaften seien von »Raumblindheit« geschlagen.[11] Daniela Ahrens beklagte zehn Jahre später die »Marginalisierung der Raumkatetorie seitens der modernen Soziologie«.[12] Sogar von Berufs wegen nüchterne Juristen schauderte vor dem Terminus »Raum«. Noch 2002 prangerte Horst Dreier einige Untersuchungen von Kollegen an, die dieses Unwort im Titel trügen und sich nicht der Pflichtübung unterzögen, auf die »Vorbelastung« des prekären Begriffs hinzuweisen. Für Dreier scheint das unbegreiflich zu sein. Er meint nicht etwa den »Lebensraum« (wo ich auch schwanke – aber sollen wir ein so schönes Wort den Reaktionären überlassen?), nein, der bloße »Raum« ist ihm ohne entschuldigenden und erklärenden Hinweis nicht verwendbar, wiewohl er einräumt, »dass ›Raum‹ nicht *sogleich* und *zwingend* ein mit *ausschließlich* nationalsozialistischen Konnotationen verbundener Terminus sein *muss*«.[13]

In der Geschichtswissenschaft gesellte sich nach 1945 zur Internalisierung einer fachspezifischen historistischen Beschränktheit, die ursprünglich einmal, in der Auseinandersetzung mit den Naturwissenschaften, auch taktisch motiviert gewesen war, das Bemühen um politische Korrektheit. Anders als die Kollegen von der Geographie, verlockte es uns Historiker nicht in menschenleere Topographien, hin zu unverdorbenen Höhenzügen und unschuldigen Bachläufen, sondern zur Zurückhaltung gegenüber dem Raum als wissenschaftlicher Leitkategorie. Noch jüngst konnte Reinhart Koselleck konstatieren: »Vor die formale Alternative Raum oder Zeit gestellt, optierte die überwältigende Mehrheit aller Historiker für eine theoretisch nur schwach begründete Dominanz der Zeit.«[14] Man zählte »Raum« oder »Räumlichkeit« nicht zu den »geschichtlichen Grundbegriffen«.[15] Natürlich spielten die *grand narratives*, die großen Meistererzählungen des Faches, in Räumen, aber diese blieben Kulisse, Rahmung, wurden nicht in den Vordergrund gerückt, waren nicht selbst Gegenstand wissenschaftlicher Beleuchtung. Geschichte spielte auch in irgendwelchen Räumen, aber die Räumlichkeit historischer Prozesse war kein Untersuchungsgegenstand sui generis, schon gar nicht wurde nach der Raumwahrnehmung[16] vergangener Generationen gefragt. Man war nicht schlechterdings raumblind, machte aber tunlichst nicht viel Aufhebens um den Raum. Er hatte in den großen, nationalen Konsens stiftenden Meistererzählungen beiläufig zu bleiben. Schwang bei Raumbezügen nicht immer »Volk ohne Raum« mit, war auf eine prekäre deutsche »Mittellage« zu verweisen nicht haltlose Ausflucht aus einer verkorksten Nationalgeschichte?

Und so blieb es denn alles in allem bei einer gewissen historiographischen Raumskepsis – nicht in den einzelnen deutschen Landesgeschichten, nicht in Aberhunderten detailgenauer Spezialuntersuchungen, aber in den öffentlichen Konsens stiftenden Meistererzählungen und den elektrisierenden, öffentliche Aufmerksamkeit erregenden Theoriedebatten des Faches. Seriöse Geschichtsschreibung mied den Schulterschluss mit der problematischen eigenen Vergangenheit, indem sie den Raum als wissenschaftliche Leitkategorie mied, jetzt, seit 1945, erst recht. Vom »Raum« zu raunen, entlarvte als reaktionär – im Binnenraum des Faches. Das menschliche Alltagsempfinden ist ja durchaus raumaffin: Wir dimensionieren unsere Gefühle alltagssprachlich gern räumlich, empfinden »riesige« Freude oder »abgrundtiefe« Verachtung, sind »himmelhoch jauchzend« oder werden von »grenzenlosem Erstaunen« ergriffen, und verräumlichen auch die zeitliche Er*streck*ung, indem wir *Zeiträume* abstecken. Während umgangs- und modesprachlich gerade in den letzten Jahren mit den Landschaften (neben Stadtlandschaften gibt es längst auch Geschichtslandschaften) die Räume inflationär anwuchsen – zu Erlebnisräumen und Gedächtnisräumen gesellten sich mittlerweile der »Abenteuerraum«, »Zukunfträume« ohnehin, der Zeitgeist schätzt den »Hyperraum«, den »Designraum«, weniger als den »Funraum« mag er »Angst-Räume«[17] –, blieb der Raum seriöser Geschichtsschreibung suspekt.[18]

Ich will meine Tour d'horizon durch die Geschichte der Geschichtswissenschaft schon abbrechen. Wenn es stimmt, dass wir in den nächsten Jahren hingebungsvoll Räume vermessen werden, trifft uns dieser Trend natürlich nicht gänzlich unvorbereitet. Aber ob wir optimal gerüstet sind, um die Debatte über eine neue Balance von Weltläufigkeit und heimatlicher Geborgenheit kompetent begleiten zu können?

Siedlungen

Spielten mittlere und größere Räume lediglich für die kognitive und emotionale Verankerung der Eliten eine Rolle? Dieser Versuch eines Problemaufrisses wird im Folgenden nicht nach sozialen Zugehörigkeiten staffeln, sondern von engen zu weiteren Räumen ausschreiten. Aber natürlich kann man beide Abstufungen nur künstlich, aus darstellerischen Gründen voneinander trennen. Die räumlich am wenigsten ausgreifenden überfamiliären Loyalitäten, Grundherrschaft und Dorf, dürften nicht für den vormodernen sozialen Bodensatz[19], aber für eine breite Basis der ländlichen Gesellschaft die vorrangig prägenden gewesen sein. Waren sie derart dominant, dass für großräumige Loyalitäten gar kein emotionaler Rest mehr ausgespart blieb?

Man muss sich vor Augen halten, dass manche Bewohner des Dorfes dessen Kirchturmshorizont fast nie überschritten haben – außer, wenn jener Nachbarort, den man gern zur Kirchweih aufsuchte, knapp hinter dem nächsten Bergrücken lag. Prägten solche Menschen reichspatriotische Empfindungen? Wir sind spontan geneigt, das für unmöglich zu erklären, doch bewirkte eine Art von offenbar vor Ort sehr wirkkräftigem Kaisermythos, dass man bei besonders hartnäckigen Konflikten mit der lokalen oder regionalen Obrigkeit gar nicht so selten unter großen Opfern seinen Weg nach Wien fand, um den guten Kaiser über die Schlechtigkeit der regionalen Herrschaftsträger ins Bild zu setzen. Andererseits tritt einem der Vorwurf, die Teutschen scherten sich nicht um Reichsangelegenheiten, um Fragen von nationalem Interesse, in vergleichenden Passagen von aufklärerischen Reiseberichten recht häufig und stereotyp entgegen. Und es war ein Standartvorwurf der Aufklärer des späten 18. Jahrhunderts an »unaufgeklärte« Obrigkeiten, ihr Regiment« zerstöre jedes »Gefühl des Patriotismus«; man möge doch endlich so regieren, dass der (nun Bürger genannte) Untertan Loyalität zu seinem Territorium entwickeln könne[20] – heißt das, dass er es in voraufklärerischer Zeit sowieso nicht getan hat? Friedrich Karl von Moser klagte 1766, dass »bey dem grossem Haufen des gemeinen deutschen Mannes« nur der »Strich Erde, worauf er gebohren und erzogen ist, vor sein wahres und alleiniges Vaterland« gelte, vermisste »bey dem gemeinen Deutschen eine [...] National-Denkungsart, eine allgemeine Vaterlandsliebe«.[21] Gab es die in älteren Jahrhunderten erst recht nicht, oder zerrüttete erst die innere Reichskrise des 18. Jahrhunderts[22] die reichspatriotische Gesinnung auch einfacher Menschen?

Gab es im Dorf ein Landesbewusstsein? Jan Peters, ein Kenner der brandenburgischen Geschichte, beteuerte kürzlich, er habe in »Quellen dörflicher Provenienz in keinem einzigen Fall eine Selbstbezeichnung als ›Brandenburger‹ gefunden«.[23] Ist es vor allem eine emotionale Defizitanzeige oder auch eine kognitive? Kannte der Gemeine Mann gerade einmal einige Flurgrenzen? Wie präzise waren die Vorstellungen eines Bauern oder Handwerkers des 16. oder 17. Jahrhunderts von den Grenzen, die das Herzogtum, sein Dialektgebiet, das Reich umgaben?

Territorien

Wenn ich behaupte, daß auch die emotionale Bindewirkung der Reichsterritorien nicht klar zutageliegt, scheine ich die redlichen Bemühungen all der vielen Landesgeschichten[24] und Landeskunden mit ihren vielen speziellen Denominationen, Buchreihen, teilweise vorzüglichen Zeitschriften zu missachten, einen *bestimmten*, ihnen von Amts wegen vorgegebenen Raum auszuleuchten. Während die große nationale Geschichtsdeutung, ob sie nun politikgeschichtlich, sozialwissenschaftlich oder kulturalistisch daherkam, objektive Prägekraft wie subjektive Wahrnehmung von Räumen seit jeher (außer in den beiden fatalen Jahrzehnten vor 1945) eher am Rand ihres Lichtkegels beließ, ist doch lang schon an vielen Universitäten zumal Süddeutschlands die Beschäftigung mit einem *bestimmten* Raum institutionalisiert. Landeshistoriker haben sich schon immer mit der Beziehung vormoderner Menschen zu *dem* Raum beschäftigt, der ihrem Lehrstuhl von Amts wegen zur Beobachtung vorgegeben war, und in diesem Rahmen manch Bedenkenswertes über die *Art* solcher Beziehungen überhaupt gesagt.[25]

Aber eben doch meist beiläufig.[26] Landesgeschichte steht, ihres betulichen Images unerachtet, deshalb »gut« da in unserer schrumpfenden Forschungslandschaft, weil sie aktuelle »gesellschaftliche Orientierungsbedürfnisse« bedient, letztlich ein »Bundeslandbewusstsein«.[27] Ihr von vornherein gegebener Rahmen ist ein ganz bestimmter Raum, und zwar ein nach aktuellen Gegebenheiten bestimmter, beispielsweise ein modernes Bundesland – das führt von der in dieser Studie interessierenden (und angesichts aktueller »Globalisierungsprozesse« vielleicht auch besonders interessanten) Frage, wie frühere Menschen Räume unterschiedlichen Zuschnitts wahrgenommen haben, zunächst einmal weit weg. Das »Land« des »Landeshistorikers« ist ein forschungsleitender Begriff, der von modernen politischen Bedürfnissen, nicht von Forschungsfragen, gar der Raumwahrnehmung vergangener Zeiten vorgegeben ist. Lässt sich ein – meistens im Spätmittelalter gesichtetes – »Kernterritorium« ausmachen, dem jenes moderne Bundesland, dem der Landeshistoriker seine Dienstleistungen zu erbringen, seine Tiefendimension herbeizuschreiben hat, aufruhe: dann[28] steht traditionell dessen innere Staatswerdung im Zentrum der Aufmerksamkeit – also der obrigkeitliche administrative Zugriff auf einen Raum, nicht die Wahrnehmung von Räumen durch die Verwalteten. Neuere kulturalistische Anreicherungen des traditionellen Fragenrepertoires (beispielsweise nach der Inszenierung »des Staates«, fürstlicher Herrschaft) haben daran merkwürdigerweise nichts geändert. Jüngst bezichtigte ein prominenter Landeshistoriker »die Landesgeschichte« (er schreibt sich diesem Singular zu), sie habe sich »nicht nur um den grundsätzlichen Begriff ›Land‹ wenig gekümmert«, sondern auch »dem je eigenen ›Land‹, das sie zum Untersuchungsgegenstand macht, recht wenig Aufmerksamkeit geschenkt [...] Bestenfalls werden in einem einleitenden Beitrag die natürlichen Grundlagen behandelt, aber worum es ja eigentlich gehen sollte, ist das Verhältnis von geographischem und geschichtlichem Raum. Selten wird darüber reflektiert [...] Zumeist wird Landesgeschichte [...] pragmatisch verstanden – in den modernen Landesgrenzen und als Summe der Territorien dieses Raumes.«[29]

Soviel Kritikfähigkeit adelt, und so belegt diese Äußerung auf ihre Art auch, dass wir an Selbstreflexivität wie Problembewusstsein vieler deutscher Landesgeschichten wahrlich nicht herumzumäkeln brauchen. Trotzdem bleiben Fragen im Umkreis von »Raum und Identität« offen. War das vormoderne Territorium mehr als administrativer Tatbestand, führten Versuche, so etwas wie ein Landesbewusstsein zu schaffen, zu praktischen Erfolgen? Oder fühlten sich selbst die Belesenen, die Gebildeten (von den anderen war im letzten Kapitel die Rede) unter den Untertanen eines Landesherrn eher als Bewohner einer bestimmten Kommune? Sicher ist, dass sich ein Großteil der im vormodernen Europa üblichen Staatlichkeit in der Mitte des Kontinents auf Territorialebene entfaltete. Am »Staat« ansetzend, müssten wir also eher als nach »teutschem« nach baden-durlachischem Patriotismus fragen oder nach wied-runkelschem. Aber war »der Staat« damals schon eine bewusstseinsprägende Kraft?

Wo liegen Probleme, die ausgerechnet und genau frühneuzeitlich sind? Zunächst einmal zeichnete vormoderne Gemeinwesen sehr viel weniger

Staatlichkeit aus, als wir das heutzutage für selbstverständlich halten. Man könnte deshalb trefflich darüber streiten, ob der Historiker überhaupt von vormodernen »Staaten« sprechen oder aber den Begriff vor 1800 meiden soll.[30] Der vormoderne »Staat« begann gerade erst, an der Einschmelzung des Disparaten zu arbeiten, zu homogenisieren, zu disziplinieren; übrigens hatte er ja auch an der Schwelle zur Neuzeit noch keinesfalls das Gewaltmonopol durchgesetzt. Den einzelnen Bewohner irgendwo draußen im Lande erreichte »der Staat« noch lange nicht, erreichte er so richtig erst im 19. Jahrhundert. Übersehe ich da nicht die geradezu totalitär anmutenden Staatslehren einiger absolutistischer Chefideologen? Es blieb eben Ideologie, blieb unter den damaligen Kommunikationsbedingungen und ohne entsprechende »staatliche« Manpower papierne Absichtserklärung. Neue Veröffentlichungen reduzieren den Absolutismus[31] immer mehr auf ein Phänomen der Regierungszentralen, der Residenzen – das Ludwig XIV. zugeschriebene Diktum »l'Etat, c'est moi« (der Staat, das bin ich!) bekommt so einen ganz neuen, unfreiwillig komischen Sinn.

Müssen wir überhaupt viel mehr personalisieren, war vor allem die Dynastie ein identitätsstiftender Anker, der »Landesvater« wirkmächtiges Idol? Der »gemeine Mann« scheint damals eine – nicht unerschütterliche, aber doch häufig tiefempfundene – Anhänglichkeit an den »Landesvater« empfunden zu haben. Das gilt sogar für Ulrich von Württemberg, einen Regenten fragwürdigen Charakters, ja, fragwürdigen Geisteszustands, den diverse Verbrechen um sein Land brachten. Doch versuchte er es immer wieder zurückzubekommen, weshalb die Statthalterregierung 1525 den Landtag um Geld bat, weil man landfremde Söldner anzuwerben habe; auf Landeskinder nämlich könne man nicht bauen, da »gemeiner landschaft spieß die hern von Württemberg nit stechen, wie sie selbst sagen.« Der Landtag sah es ähnlich – es sei »das gemein unverständig landvolk wider herzog Ulrichen zue fechten nit so hoch begirhig oder lustig«.[32] Dabei stand man damals erst am Anfang einer von der lutherischen Reformation forcierten Entwicklung, die zur Anreicherung des Landesfürstentums mit vielfältigen neuen Amtspflichten führte und es dabei quasi-religiös überhöhte. Hat der reformatorische »Landesvater«, dann der »Betefürst« des Konfessionalismus eher als Orientierungspunkt gedient; oder doch vor allem der absolutistische Herrscher, der oft intensiv (wenn auch, wie wir neuerdings einzusehen beginnen, mäßig erfolgreich[33]) an gesellschaftlicher Homogenisierung und »Sozialdisziplinierung« arbeitete, den Zugriff auf Köpfe und Herzen seiner Untertanen suchte und so etwas wie Landesbewusstsein, territorialen Patriotismus gezielt anstrebte? Freilich blieb es auch jetzt dabei, dass jene kleine Funktionselite, die »den Staat« zusammen mit dem Adel trug, ohne Beachtung nationaler oder landsmannschaftlicher Kriterien angestellt wurde, den Dienstherrn nach Karrieregesichtspunkten wechselte.[34]

»Stämme«?

Ob das Reichsterritorium in Mitteleuropa der maßgebliche subnationale Identitätsanker war, ist also nicht ausgemacht. Sind jene ursprünglich (auch) gentilen Einheiten zu beachten, die die deutsche Mittelalterforschung traditionell als »Stämme« apostrophiert hat? Wer die mediävistischen Bemühungen der letzten beiden Jahrzehnte um »Stämme« und »Stammesherzogtümer« verfolgt hat, wird nicht für möglich halten, dass diese in intensiven Forschungsdebatten fast zur Schimäre aufgeriebenen Phänomene ausgerechnet in der *neuzeitlichen* Raumwahrnehmung, bei neuzeitlichen Versuchen subjektiver Raumordnung eine Rolle spielen könnten.

Inwiefern föderative Potenzen der deutschen Geschichte am Mit- und Gegeneinander einiger die Völkerwanderungszeit prägender oder ihr erwachsender »Stämme« anknüpfen, ist zuletzt ganz unklar geworden. Manche Mediävisten mögen den Forschungsterminus »Stamm« gar nicht mehr verwenden, weil dieser Begriff eine nicht vorhandene Stabilität und ethnische Geschlossenheit evoziere, auch, weil, wer so rede, unwillkürlich die historiographische Fiktion einer seit Urzeiten vorgegebenen, in »Stämme« als ihre Untergliederungen aufgefächerten deutschen Nation[35] reproduziere. Wir sehen in den vorgeblichen »Stämmen« heute politische Verbände, die sich zunächst in der Völkerwanderungszeit[36] aus zahlreichen kleineren ethnischen Gruppierungen formiert hatten, sich ferner, nach Wanderung, Verschiebung oder Expansion, im schließlich dauerhaft beibehaltenen neuen (oder auch nur erweiterten) Siedlungsgebiet wiederum mit den schon länger dort Ansässigen vermischten – zu einer Bevölkerung, deren Eigenbewusstsein dann nicht zuletzt auf der Annahme einer gemeinsamen, lang zurückreichenden Vergangenheit, nämlich der alle einenden Abstammungssage beruht. Hoch- und spätmittelalterliche Quellen bezeichnen, was die Forschung bis vor kurzem als »Stamm« zu apostrophieren pflegte, lateinisch als *regnum*, deutsch als *lant*. Manche Mediävisten sprechen derzeit statt von »Stämmen« lieber von »Völkern«, doch ist auch der

Volksbegriff natürlich nicht unproblematisch, und die unverfänglichere Formel »gentile Einheiten« akademisch blass.

Und »Stammesherzogtümer«? Wir haben uns angewöhnt, die maßgeblichen Mitakteure wie Konkurrenten der ostfränkischen Könige, die mächtigen Führer der Franken, Alamannen, Bayern und Sachsen, als »Stammesherzöge« zu bezeichnen. Herzogtümer mit kräftigem Eigenleben hatte es schon in der Merowingerzeit gegeben, ehe sie sich unter dem Druck der karolingischen Krone auflösten, um sich seit der zweiten Hälfte des 9. Jahrhunderts in veränderter Form wieder auszubilden. Erneut gilt: Der Sprachgebrauch, das Kompositum mit dem problematisch gewordenen Begriff »Stamm«, suggeriert eine Kontinuitätslinie seit frühesten germanischen Zeiten; freilich, historische Herleitung und verfassungsrechtliche Einordnung der ostfränkischen »Stammesherzogtümer« sind seit geraumer Zeit höchst umstritten. Erwuchs das Herzogtum tatsächlich der genuinen Herrschaft über einen »Stamm«, wurde es durch königliche Berufung geschaffen? Knüpfte es an alte »Stammesgebiete« an oder eher an die alten karolingischen Teilkönigreiche? Stützte sich die Herzogsgewalt mehr auf den Rückhalt im Stammesadel, gar auf ein »Stammesbewusstsein«, oder vor allem auf Königsnähe?

Der Mediävist könnte die Fragenkaskade bedeutend verlängern. Hier ist wichtiger, dass die Berufung auf Stammesnamen – wie substanziell sie im Frühen oder Hohen Mittelalter auch immer gewesen sein mag – der politischen Realität schon des Spätmittelalters keinesfalls mehr entsprach. »Sachsen« war bereits seit dem Sturz Heinrichs des Löwen im ausgehenden 12. Jahrhundert kein politischer Verband mehr; »Schwaben« verblasste seit der Katastrophe des staufischen Kaisertums im dritten Viertel des 13. Jahrhunderts zur juristischen Fiktion, zu Anspruch und Mythos; »Franken« höhlten vor allem bischöfliche Herrschaftsbildungen aus. Den größten Realitätsgehalt besaß damals – und besitzt noch heute – die Berufung auf »Bayern«[37], denn mit viel Glück und einigem Geschick vermochte ein und dieselbe Dynastie, die der Wittelsbacher, von 1180 bis 1918 über »bayerisch« genanntes Gebiet zu regieren; doch war dieses Territorium wesentlich kleiner als die weit ausgreifende einstige »Stammesprovinz«.

Dass der Humanismus, neben deutscher Geschichte und deutschem Nationalstolz, auch bayerische Geschichte oder friesischen Patriotismus propagierte, ist hinlänglich bekannt und erforscht,[38] doch mag man das als gelehrtes Elitephänomen abtun, und für die beiden Jahrhunderte nach dem Versickern des Humanismus sagt uns die Forschung über die mentale

Präsenz der altüberkommenen gentilen Einheiten so gut wie nichts. Einzelne politische Instrumentalisierungsversuche lassen sich ausmachen. Ich konnte kürzlich zeigen, dass von Würzburg ausgehende gegenreformatorische Ansprüche ungeniert mit der »Lands-Fürstlichen Obrigkeit des Hertzogthums zu Francken«[39] argumentierten. Wäre es nach der fürstbischöflichen Regierung gegangen, hätte sie überall in »Franken«[40] das Ius reformandi besessen. Das Gründungsmandat Friedrichs III. für den Schwäbischen Bund vom 4. Oktober 1487 aktualisierte das hochmittelalterliche Herzogtum Schwaben, indem es auf ein »Land zu Schwaben« rekurrierte, wenig später betonte ein Mandat desselben Kaisers, dieses längst untergegangene, aber nun dem Schwäbischen Landfriedensbund unterlegte »Land« sei das »recht vatterlandt« der Adressaten.[41] Dass entsprechende »Landesdiskurse« populär gewesen sein könnten, belegen solche punktuelle politische Aktualisierungen so wenig wie Insidergerüchte über eine »Swabian Conspiracy« am Reichskammergericht.[42] Politik-, verfassungs-, sozialgeschichtlich waren die alten gentilen Einheiten (wie auch immer sie einmal strukturiert gewesen sein mögen) an der Schwelle zur Neuzeit längst obsolet, von daher müssen wir eine nennenswerte mentale Präsenz dieser Bezugsgrößen bei der Masse der neuzeitlichen Menschen für recht unwahrscheinlich halten; doch mögen unsere Reiseaufzeichnungen ja noch Überraschungen bereithalten.

Europa

So anachronistisch uns heute »Stämme« anmuten, so topaktuell scheint das Thema »Europa« zu sein. »Europa« hat sich im Verlauf der Frühen Neuzeit ausgeweitet, Russland und das Osmanische Reich öffneten sich erst im 18. Jahrhundert westlichen Einflüssen, wurden erst im 18. Jahrhundert von den Mitakteuren als Glieder des europäischen Staatensystems wahrgenommen. Zum »christlichen Abendland« des ausgehenden Mittelalters und der ersten beiden neuzeitlichen Jahrhunderte haben sie nicht gehört. Aus politik- und diplomatiegeschichtlicher Warte gesehen, verflüchtigte sich der Gedanke einer geschlossen formierten, hierarchisch Papst und Kaiser zugeordneten abendländischen Christianitas nach dem Hohen Mittelalter sukzessive, wobei alle Einzelheiten erstaunlich unklar sind – eines von vielen Indizien dafür, dass die forschungsstrategisch motivierte Kampfparole, um Diplomatie und Staatenordnung kreisende historiographische

Fragen von Gewicht seien doch seit Generationen durchgehend komplett gelöst, dringend dekonstruiert werden muss.[43] Wir wissen nicht genau, wie sich die hochmittelalterliche Christianitas in eine horizontale Ordnung souveräner Völkerrechtssubjekte transformierte. Die Verlaufskurve, etwaige Schübe, gar Zäsuren sind höchst – nein, umstritten kann man nicht eigentlich sagen, es wird zu solchen Fragen ja kaum mehr geforscht. Sie sind höchst unklar. Aber die Richtung scheint festzustehen: Die Kraft des Christianitas-Gedankens verblasste (wohl wehten Reste bisweilen noch im Osten, an der »Türkenfront«), Europa wurde ein Kontinent sich »souverän« gerierender Nationalstaaten und Composite Monarchies[44].

Alle diplomatiegeschichtlichen Einzelheiten, so dringend ihnen die Forschung mit neuem Schwung und modifizierten Fragen wieder Aufmerksamkeit schenken müsste, brauchen diese Studie nicht zu interessieren. Wohl sollte sie eigentlich eine Antwort auf die Frage geben, wie bewusstseinsprägend und identitätsstiftend Europa beim Gros der vormodernen Menschen denn gewesen ist. Was wusste man außerhalb der überschaubaren Zirkel politisch Handelnder, des etwas größeren Kreises politisch interessierter Publizisten[45] überhaupt von Europa, vom »christlichen Abendland«? Wie präsent, emotional bergend war Europa bei einfachen Menschen des 15. oder des 17. Jahrhunderts? Das ist sehr schwer zu sagen, eine triftige Antwort werden auch meine Sondierungen in Reiseaufzeichnungen nicht ergeben.[46] Dürfen wir den modernen Befund, dass »Europa«, aller Propagandakampagnen Brüsseler und Straßburger Provenienz unerachtet, außerhalb einer extrem kleinen politikberatenden Elite keinesfalls identitätsstiftend wirkt, überhaupt keinen emotionalen Bezugspunkt bietet, unbesehen in die Vormoderne transportieren? Davor warnen könnte schon die Beobachtung, dass das stabilste und grellste Feindbild des 16. und 17. Jahrhunderts[47] kein nationales war – denn »der Türke« war »Erzfeind« und »Erbfeind«[48] des christlichen Abendlandes, nicht einer bestimmten Nation. Das »christliche Abendland« hat als Orientierungsrahmen schon eine gewisse Rolle gespielt; man merkt es sogar bei der Lektüre von Reiseberichten[49] – nach noch so abenteuerlichen, weiten, langjährigen Reisen war die Rückkehr in die christliche Welt doch etwas ganz besonderes, das ausdrücklich festgehalten wurde. Auf dass ich endlich einmal etwas Gereimtes bieten kann, erteile ich Paul Fleming das Wort. Nach einer mehrjährigen Fernreise, zuletzt durch Russland und Persien, kommentierte er die Grenzüberschreitung zurück ins christliche Abendland so: »Ihr Heyden, gute Nacht; erkennt einst wer ihr seyd. Wir setzen nun den Fuß in unsre

Christenheit.«[50] Mit diesen Versen ist das Problem natürlich nicht adäquat abgehandelt.

Gab es einen vormodernen Nationalismus?

Zwischen uralten gentilen Einheiten und dem Abendland habe ich etwas übersprungen: die Nation. Habe ich damit nicht weniger als die Hauptsache übersehen? Der Forschungsstand könnte diesen Verdacht schon nahelegen. Geschichte etablierte sich im nationalstaatlichen 19. Jahrhundert als universitäre Wissenschaftsdisziplin. Europas Historiker genossen Reputation, weil sie die nationalstaatliche Gegenwart legitimierten und als Krönung einer jahrhundertealten Entwicklung auswiesen. Sie stabilisierten den Raum der Nation, indem sie ihm eine lange Tradition schenkten. Bis weit in die zweite Hälfte des 20. Jahrhunderts hinein prägte das die nationalen Meistererzählungen über die je eigene Vergangenheit der europäischer Völker zutiefst. Selbst eine Untersuchung der »hegemonialen« Versionen offiziellen und öffentlichen Erinnerns in der sprachlich, ethnisch, kulturell zerklüfteten Schweiz hat jüngst wieder genau diesen Befund erbracht: Der schweizerische Nationalstaat war in Monographien und Schulbüchern bis vor kurzem keinesfalls ein Produkt des 19. Jahrhunderts, sondern Fluchtpunkt eines langen historischen Prozesses. Schweizer Geschichte spielte sich seit Menschengedenken im Raum der heutigen Schweiz ab: Ungeniert trug man die modernen Grenzen an vergangene Epochen heran, zumal es sich dabei um »frontières naturelles« handle, wie noch ein Schulbuch von 1980 behauptet, also um von der Natur vorgegebene Grenzverläufe.[51] Die Grenzen der modernen Schweiz konturieren einen homogenen Raumcontainer, den inhaltlich schon immer »Schweizer Nationalgeschichte« gefüllt hat.

»Deutschland« ist erst seit 1871 nationalstaatlich verfasst. Unser Fach hatte es in seiner wissenschaftlichen Formationsphase als seine vornehmste Pflicht erachtet, *cum ira et studio* einen Nationalstaat überhaupt erst herbeizuschreiben. Dass eine bestimmte (nämlich die »kleindeutsche«) Schule der Geschichtswissenschaft die intellektuelle Hegemonie errang, gehört in Deutschland in den Prozess der Nationalstaatsgründung hinein. Die damals in Mitteleuropa tonangebenden Historiker mussten nicht Deutschland, sondern Preußen eine lange deutschnationale Vergangenheit schenken, um die Nation überhaupt erst für eine bestimmte Form staatlicher

Zusammenführung: nämlich über »Realpolitik« (mit »Blut und Eisen«) und »unter den Fittichen des schwarzen Adlers« (also unter preußischer Vorherrschaft) bereitzumachen. Nachdem das geschafft war, galt es, die jähe und gewalttätig errunge nationalstaatlichen Einigung mit einer historischen Tiefendimension auszustatten. Das hat das Fachprofil bis weit ins letzte Jahrhundert hinein kräftig geprägt.[52] Wenn an der Vormoderne außer Preußens Glanz und Gloria etwas zählte, waren es geistige Antizipationen von 1871. Man fahndete nach Wurzeln des noch herbeizuschreibenden oder endlich, endlich errungenen Nationalstaats – Zeugnisse für eine »deutsche Identität« wie kostbare Trophäen hochhaltend oder aber fehlendes Nationalbewusstsein bemängelnd.

Wir müssen nicht reihum auch noch die anderen europäischen Länder aufsuchen, um zusammenfassend festhalten zu können, dass der Weg zu nationalstaatlicher Formation traditionell, über viele Generationen hinweg, zu den großen, zentralen Themen der Geschichtswissenschaft gehört hat. Aus heutiger Sicht hat das nicht zuletzt die Zahl der offenen Fragen vermehrt. Die Befunde zu dieser einzigen überfamiliären identitätsstiftenden Einheit, über deren bewusstseinsprägende Kraft Historiker schon häufig nachgedacht haben, sind reichlich verwirrend.

Was steht denn überhaupt fest? Zunächst einmal, dass die Nation im 19. Jahrhundert ein starker identitätsstiftender Anker gewesen ist, auch hat sich das nationale Kriterium bei der Organisation von Großgruppen nun gegenüber sub- und supranationalen flächendeckend in Europa durchgesetzt, durch Fusionen und Sezessionen. Solche waren nicht notwendig, wo der vormoderne staatliche Rahmen ungefähr »gepasst« hatte (also in Nord-, West- und Südwesteuropa); Sezessionen fielen die Composite Monarchies des Ostens zum Opfer, Fusionen sahen Mitteleuropa und die Apenninhalbinsel. Das ist Allgemeinbildung, ist unstrittig, interessanter die Beobachtung, dass fast alle derzeitigen Kenner der modernen Geschichte betonen, der Nationalismus sein ein spezifisches Phänomen »ihrer« Epoche, der Moderne, sei eine Folge der Französischen Revolution, ein Produkt des Empire:[53] »am Anfang war Napoleon«.[54] Fest steht sodann, dass manche Mediävisten nationale Vorurteile, Klischees, auch Feindbilder entschieden schon für ihren Zeitraum reklamieren.[55] Unübersehbar ist, drittens, dass die Nation ein beliebtes Thema des gelehrten Diskurses der Humanisten an der Schwelle zur Neuzeit gewesen ist.[56] Der Frühneuzeitler steht ratlos dazwischen und weiß nicht, wie ihm geschieht.

Zumal er sogar hinsichtlich nationaler Klischees, gewisssermaßen im Vorhof des Nationalismus, für seinen Zeitraum bislang an beiläufige Fehlanzeigen gewohnt war: Das 16. und 17. Jahrhundert hätten nicht einmal »Ansätze eines Bewusstseins von [...] dem unterschiedlichen ›Nationalcharakter‹« der europäischen Völker besessen, will beispielsweise Michael Harbsmeier beobachtet haben,[57] und Julia Bientjes vermag bei Reisenden Interesse für die »Wesensart des fremden Volkes« erst in der zweiten Hälfte des 18. Jahrhunderts auszumachen.[58] Es ist mutatis mutandis wie bei der »Grenzlinie«, die wir gleich noch inspizieren werden – betonen die meisten Kenner des 16. oder 17. Jahrhunderts, wie anders, altertümlich, unmodern »ihr« Zeitraum in diesen Hinsichten gewesen sei, beteuern manche Mediävisten, das gar nicht finstere Mittelalter präsentiere sich da doch schon ganz modern.

Einige Frühneuzeitler nahmen das als Steilvorlage auf, um auch für ihren Zuständigkeitsbereich auf »national consciousness« zu rekurrieren, ja, einen »nationalism« zu behaupten,[59] dem das 19. Jahrhundert nichts qualitativ Neues hinzugefügt habe. Sie strichen heraus, dass diverse Bausteine des modernen Nationalismus aus ihrer Zeit stammten. In der Tat, die Humanisten bastelten an Herkunftsmythen (Nation als »Erinnerungsgemeinschaft«); Kosmographien, Erdkunden, Apodemiken und Völkertafeln transportierten nationale Klischees; gelegentlich flackerten auch Feindbilder auf. Macht es also Sinn, von einem »frühneuzeitlichen Nationalismus« zu sprechen? Ein Konsens darüber ist derzeit nicht in Sicht, übrigens scheint mir auch der Streit über einzelne Ingredienzien unangemessen im Vordergrund zu stehen. Müsste nicht eher als an der Phänomenologie an der Funktion des modernen Nationalismus angesetzt werden? Dürfen wir tatsächlich, triumphierend auf einzelne Bausteine verweisend, schon die Existenz des ganzen Gebäudes behaupten? So dieses behaglich vor neu aufgekommenen Stürmen schützen, so der Nationalismus die Vereinzelung des seiner Standesschranken ledig gewordenen, zu seines eigenen Glückes Schmied erklärten Citoyen kompensieren oder religiöse Gemeinschaftserfahrung[60] ersetzen sollte, war er im Ancien Régime obsolet; zu politischen Partizipationsansprüchen angestachelt hat er dort ohnehin nicht.

Sicher ist nach vormodernen nationalen Zusammengehörigkeitsgefühlen für Regionen, in denen der staatliche Rahmen schon ungefähr »gepasst« hat (wie England, Spanien oder möglicherweise[61] Frankreich), anders zu fragen als für dynastische Großreiche, die Menschen ganz unterschiedli-

cher Tradition und Kultur zusammenspannten. Die Mitte, das Heilige
Römische Reich deutscher Nation, war – wir müssen diese politisch unkorrekte historische Wahrheit einfach aussprechen – ein europäischer
Sonderfall: Ein Dachverband überspannte Hunderte von Territorien, die
wesentliche Teile der Staatlichkeit an sich gezogen hatten. Die Mitte des
Kontinents wird deshalb eine von zwei europäischen Großregionen sein
(neben der überhaupt nicht staatlich zusammengefassten Apenninhalbin-
sel), die im 19. Jahrhundert durch Fusion zu nationalstaatlicher Organisa-
tion finden – es war schon kurz davon die Rede. Inwiefern war auch der
Dachverband emotionaler Bezugspunkt, wie verbreitet war so etwas wie
»Reichspatriotismus«, und darf man diesen unbesehen als »deutsches
Nationalbewusstsein« apostrophieren?

Obwohl sich Nationalbewusstsein in der Mitte des Kontinents, anders
als im Norden oder Westen, in der Vormoderne nicht ohne große Um-
schweife auf ein organisatorisches und räumliches[62] Äquivalent projizieren
ließ, behaupten seit den 1990er Jahren manche Historiker entschieden,
sogar einen *deutschen* Nationalismus habe es bereits in den frühneuzeitlichen
Jahrhunderten gegeben – ob forsch oder abwägend, ob mit oder ohne das
schicke Präfix »Proto«. Galt vordem seriösen monographischen Bemühungen ums Thema »Nationalismus« (also solchen, die nicht im borussophilen
Taumel der Gründzeit zuckten oder gar der Wurzelsucherei des Nationalsozialismus erwuchsen) als endlich erreichte Gewissheit, endlich errunge-
ner Forschungsstand, dass das deutsche Nationalbewusstsein als Abwehr-
reflex gegen die als Fremdherrschaft empfundene Bevormundung durchs
bonapartistische Frankreich entstanden, teilweise auch im Vorfeld der
Befreiungskriege von interessierten Eliten geschürt worden sei – ein einmal
entfesselter Geist, den dann auch Metternich nicht mehr in die Flasche
zurücktreiben konnte –, schrieb man ihn nun mehr oder weniger entschieden dem 18. oder gar noch früheren Jahrhunderten ein.

Um solche Ansichten forschungsgeschichtlich einordnen zu können,
muss ich einen Faden wiederaufnehmen, den ich soeben vorschnell hatte
fallen lassen, und ein zweites kurzes Mal auf den borussischen Geschichtsmythos der Gründerzeit unseres Faches rekurrieren. Manche seiner
Mytheme wurden bis weit in die zweite Hälfte des letzten Jahrhunderts
hinein weitertradiert, allemal bis in die 1960er Jahre hinein. Man kreidete
der eigenen Vergangenheit, anstatt ihre föderativen und »libertären« Potentiale herauszustreichen, ihre »nationalen« Defizite an, ohne deshalb
noch von »Preußens deutscher Sendung« zu schwadronieren. Dass »Wirt-

schaftswunderland« mit Preußen nicht mehr allzu viel anzufangen wusste, braucht nicht zu überraschen. Warum ein föderatives Gebilde, das kein Nationalstaat sein wollte und davon träumte, bald in Europa aufgehen zu dürfen, jenes pointiert föderative Alte Reich so spät für sich entdeckt hat, das kein Nationalstaat gewesen ist: Das ist dem Autor dieser Zeilen, wie er rundweg eingestehen muss, ziemlich schleierhaft. Kann man sagen, dass die »realpolitische« die »borussische« Orientierung der deutschen Geschichtswissenschaft überdauert hat? Dass man sich deshalb auch in der Nachkriegszeit zunächst schwer mit jenem Alten Reich getan hat, das als föderativer[63] Rechtsschutzverband gerade vor dem Übermut der Macht zu schützen hatte[64]? Nicht, dass Deutschland nicht viele fleißige und detailverliebte Rechtshistoriker hervorgebracht hätte – zumal, doch nicht ausschließlich in der Mediävistik. Aber für jene Galionsfiguren des Faches, die das Geschichtsbild der bildungsbürgerlichen Eliten und letztlich, über Schulbücher vermittelt, auch der Massen prägten, drapierten Rechtspositionen traditionell nur die tatsächlichen Motive allen geschichtlichen Handelns, nämlich Machthunger. Macht war Selbstzweck, ihre Vergrößerung Lebensprinzip nicht degenerierter Staaten, Macht schuf sich selbst ihr Recht. Diese gleichsam »realpolitische« Machtfixiertheit verstellte lang den Blick auf die spezifischen Stärken des Reichsverbands, und so etwas wie einen kleinen Boom erlebte Reichsgeschichte denn auch erst seit den 1970er Jahren: eine kurze Blütezeit. Für zwei kurze Jahrzehnte redete der historiographische Mainstream nicht mehr bevorzugt von der bedauerlich schwachen vormodernen »Nation«, pries er die friedfördernden Wirkungen eines politischen Systems, das Machtstreben und Interessenkonflikte erfolgreich verrechtlicht, dabei regionaler Eigenbrötelei weite Spielräume belassen habe.[65] Endlich war Reichsgeschichte mehr als überlange defizitäre Vorgeschichte. Der in der Vormoderne zu Zeiten auflodernde Reichspatriotismus blieb am Rand, die nationale Obsession schien zum Verstummen gebracht.

Dann kam die »Wiedervereinigung«, neue Hauptstadt wurde die Kapitale des alten Preußen, und das Fanal für all das waren Menschenaufläufe gewesen, die »wir sind das Volk« skandiert hatten. War das nicht eine Herausforderung für zeitsensible Historiker? »Wir sind das Volk – schon immer gewesen«? In den 1990er Jahren rückte jedenfalls wieder die »Nation« in den Vordergrund. Wer sich überhaupt um die Erhellung der überfamiliären Loyalitäten des vormodernen Menschen bemühte, leuchtete, erneut und wie seit dem 19. Jahrhundert sowieso selbstverständlich, bevorzugt den nationalen Rahmen vergangenen Lebens und Wirkens aus.[66] Man war nun viel optimistischer als die Altvorderen seit 1850, glaubte der preußischen Hilfskrücke gar nicht mehr zu bedürfen. Spätestens seit 1500 habe es nämlich eine vitale deutschnationale Werte- und Schicksalsgemeinschaft gegeben. Man könne bis ungefähr 1500 zurückreichende deutsche Nationalgeschichte schreiben.

Entschieden an die Schwelle zur Neuzeit zurückdatiert hat deutsches Nationalbewusstsein – nicht etwa nur Vorformen und Protoismen – Wolfgang Hardtwig: »Nationalismus, selbst wesentliche Elemente eines spezifisch ›modernen‹ Nationalismus, gab es in Deutschland schon seit der Wende vom 15. zum 16. Jahrhundert«; »alle Merkmale eines modernen nationalen Bewusstseins traten bereits bei Anbruch der Neuzeit auf«. Hardtwig lässt nur eine Einschränkung gelten: »Allerdings blieb dieser Nationalismus ein Elitephänomen.«[67] »Elite« – das war im Ancien Régime der Adel. Gerade er war ausgesprochen international ausgerichtet, dafür sorgten schon Bildungsgang und Verwandtschaftsbande. Frühneuzeitliche »Elite« sein hieß: an einer überstaatlichen alteuropäischen Adelskultur teilzuhaben. Mag sein, dass daneben Bindungen an jenes Reichsterritorium bestanden haben, dessen Politik man in schwankendem Ausmaß mitbestimmt hat: ans Herzogtum Württemberg oder ans Kurfürstentum Sachsen; aber an »Teutschland«, das Reich? Zählte für den landsässigen Adel außer seinem Grundbesitz und den europäischen Verwandtschaftsbanden überhaupt die gewissermaßen mittlere Ebene Nation? Aber natürlich, Hardtwig meint mit seiner Einschränkung auch gar nicht die tatsächliche soziale Elite der Vormoderne, hebt aufs Bildungsbürgertum ab: eine Art intellektueller Elite also, eine geistesgeschichtlich hochbedeutsame, aber doch zahlenmäßig sehr schmale[68] Gruppe von Autoren und Viellesern. Bei der Wahl des Arbeitgebers haben diese Herren übrigens auf nationale Bezüge kaum geachtet. Andererseits, wer außer dem Adel und der kleinen bürgerlichen Funktionselite hätte vor der Moderne (also vor Industrialisierung, Urbanisierung, damit verbreiteter massenhafter geographischer Mobilität) so etwas wie »Nation« erfahren sollen?

Am exponiertesten hat sich Georg Schmidt für einen vormodernen deutschen Nationalismus stark gemacht. Er legte eine entsprechende, so ambitionierte wie unbedingt lesenswerte Monographie vor: 460 Seiten über »Staat und Nation in der Frühen Neuzeit«.[69] Für Schmidt war der »komplementäre Reichs-Staat« das politische Gehäuse der »deutschen Nation«.

Im kleinen Kreis der Reichskenner waren seine Kernthesen von Anfang an umstritten. Wiewohl man wissenschaftliche Argumente auf hohem Niveau austauschte, spielten offenbar nicht nur solche eine Rolle, schwangen wohl auch tagesaktuelle Subdiskurse mit. Half man dem europäischen Einigungsprozess auf die Sprünge, wenn man das Reich, dieses verfassungsgeschichtliche Unikat, »normalisierte«, in die westeuropäische Staatenentwicklung integrierte? Erleichterte man den Deutschen einen unverkrampften Umgang mit der eigenen Vergangenheit, damit »gesunden« Patriotismus, wenn man durch eine solche »Normalisierung« der Reichsgeschichte dem törichten Ansinnen halbgebildeter Kreise, im Zeichen fehlgeleiteter »Vergangenheitsbewältigung« die ganze deutsche Geschichte zur Abirrung zu verzerren und auf das Jahr 1933 zuzuspitzen, das Wasser abgrub? Und: Hatte nicht auch die Frühe Neuzeit das »Recht, politisch interessant zu sein«[70]? Ließ sich etwas von der ungeheuren außerwissenschaftlichen Wertschätzung der Geschichtsschreibung im Kaiserreich, auch noch der Weimarer Republik zurückgewinnen, indem man den Borussophilen abschaute, wie geschickt sie damaligen gesellschaftlichen Orientierungsbedarf bedient hatten, natürlich nicht durch plumpe Kopien, nun mit anderen, moderneren, politisch korrekten (und hoffentlich wissenschaftlich stringenteren) Meistererzählungen? Ließ sich das neuzeitliche Reich breitenwirksamer interessant machen, wenn man mit den mediävistischen Kollegen in einen Wettlauf um das exotischere Sortiment eintrat (nämlich die altertümliche Fremdheit des Alten Reiches unterstrich), oder aber wenn man die Aktualität des Reichsverbands als fried- und freiheitsförderndes Gehäuse der deutschen Nation herausstellte? Das Alte Reich – Modell für ein besseres Deutschland? Oder[71] gar eine frühe Europäische Union im Kleinen?

Nicht, dass die facettenreiche Debatte alle Fachvertreter bewegt hätte! Die seit den späten 1980er Jahren[72] florierende »Neue Kulturgeschichte«[73] wandte sich von der Erforschung politischer Organisationsformen entschieden ab, womit ihr auch Nation und Nationalstaat völlig aus dem Blick gerieten. Jüngst wurde der »kulturalistische« Boom von berufener Seite sogar genau darauf zurückgeführt – die Neue Kulturgeschichte sei »attraktiv, weil sie an die Stelle der Nation sowohl als historisch-interpretatorischer Letztbezugsgröße als auch als Adressat aller geschichtswissenschaftlichen Arbeit diejenige Vielfalt sozialer Gruppen und das Individuum setzt, welche die heutige Gesellschaft auszumachen scheinen«.[74] Die identitätsstiftende Wirkung von Räumen subnationalen Zuschnitts hat die New

Cultural History freilich bislang ebenfalls nicht beschäftigt. Ihre außer-
universitäre Wirkung ist schwer einzuschätzen; an der Fabrikation »neuer«
nationaler Meistererzählungen jedenfalls ist sie schon wegen des durchgängig konstruktivistischen, häufig dekonstruktivistischen Ansatzes ihrer
Protagonisten noch nicht einmal interessiert.

Es ist nur noch eine Minderheit, die politische Handlungsmuster und
Strukturen überhaupt umtreiben – insofern kann man wirklich nicht behaupten, dass »die deutsche Geschichtswissenschaft« seit 15 Jahren wieder
den Wurzeln des Nationalstaats auf der Spur wäre. Und selbst im
schrumpfenden Lager derer, die sich politische Geschichte noch zumuten
und zutrauen, stand ja um die Jahrtausendwende »Europa«, danach der
angeblich schrumpfende Globus auf der Agenda. Reichsgeschichte ist
wieder provinziell.

Nur bei jenen, die es besser wissen – diese Einschränkung ist notwendig, will man die Dimensionen nicht verzeichnen –, stand zuletzt wieder
die Frage nach protonationalstaatlichen Potentialen der vormodernen
mitteleuropäischen Geschichte weit vorn auf der Prioritätenliste. Macht es
denn nun Sinn, vormoderne deutsche Nationalgeschichte zu schreiben?
Lassen wir Schmidt einige seiner wichtigsten Thesen selbst zusammenfas-
sen: »Der Reichs-Staat[!] wurde zum Vaterland, zum politischen Raum der
deutschen Nation [...] Nation definierte sich nicht nur durch gemeinsame
Sprache[!], Herkunft und Feindbilder, sondern durch ständisch[!], regional
und konfessionell[!] verbindende Werte.«[75] War dem so? Juristen vermochten diesem »Reichs-Staat« nur abschnittsweise klare Grenzlinien zu geben,[76] auch wenn moderne Geschichtsatlanten – die Einziehung von Grenzen auf Karten erfordert klare Entscheidungen – etwas anderes suggerieren. Das Reich war politisches System und Lehnsverbund,[77] aber beide
waren räumlich inkongruent. Das Reich bestand aus einem Kern von
Territorien, die sich stetig und intensiv am politischen Leben des Reichssystems beteiligt haben, und großen Grenzsäumen. Der Reichskern ver-
dichtete sich im Südwesten; eine Reiseaufzeichnung des Benediktiners
Plazidus Scharl von 1757[78] hebt so an: »Ich erzähle noch eine ›Vakanz reis‹,
welche ich während meiner zweijährigen Freisinger Professur in das Reich
gemacht habe« – nämlich nach Schwaben, Freising zählte Scharl nicht zum
Reich. Friedrich Karl von Moser erinnerte sich 1766:

»Als ich vor ein paar Jahren aus dem Braunschweigischen auf der ersten Poststa-
tion im Fuldischen anlangte, sagte mein aus dem Hollsteinischen mitgekommener
Reisegefährte mit einer betretenen Mine: Nun hat uns der Kayser zu befehlen. So

naif die Einfalt dieses Gedankens ware, so allgemein [sc. verbreitet] ist solcher durch jenen [sc. norddeutschen] Theil von Deutschland.«[79]

Neben einem Integrationsgefälle vom Südwesten hinab in den Nordosten gab es, wie gesagt, Grenzsäume – so ließe sich, beispielsweise, über die Zugehörigkeit Savoyens oder Böhmens zum Reichssystem trefflich streiten. Das Reich hatte den Weg vom mittelalterlichen Personenverband zum modernen Flächenstaat nicht sehr weit beschritten.

Nicht nur wegen der angedeuteten Grenzziehungsprobleme war das Reich kein Nationalstaat. Selbst der Lehnsverband umfasste nicht alle europäischen Regionen, in denen deutsch gesprochen wurde, er reichte andererseits natürlich weit über das Gebiet »tiutscher zunge« hinaus. Man sprach im Reich beispielsweise italienisch, rätoromanisch oder ladinisch, redete (wenn wir Böhmen und seine Nebenländer dazuzählen) tschechisch und slowenisch, auch polnisch; sogar sorbisch und wendisch kamen vor, man unterhielt sich dänisch oder niederländisch, parlierte französisch. Und man sprach auch anderswo deutsch. Grimmelshausens Simplicissimus wundert sich in der Schweiz: »Das Land kam mir so frembd vor gegen anderen teutschen Ländern, als wann ich in brasilia oder in China gewesen wäre. Da sahe ich die Leute in dem Frieden handlen und wandlen [...]«[80] Die Schweiz gehörte objektiv längst nicht mehr zum politischen System des Reiches,[81] kam Simplicissimus, weil befriedet und deshalb wohlhabend, auch subjektiv »frembd« vor – und war ihm doch, wohl der Sprache wegen, wie selbstverständlich eines von den »teutschen Ländern«. Deutsche Dynastien erwarben ausländische Kronen (und residierten, beispielsweise, in London), umgekehrt regierten ausländische Kronen (die schwedische beispielsweise) auch Reichsterritorien. Zwar wölbte sich das Dach des Reiches vor allem über Gebiete »teutscher nation«, aber die Nationalität war offenkundig kein zentrales Konstruktionsprinzip jenes Reichsverbands, dessen politisch, ökonomisch, lange Zeit auch kulturell maßgebliche adelige Elite international sozialisiert und in internationale Heiratskreise einbezogen war.

Das Reich war kein Nationalstaat. War es überhaupt ein »Staat«?[82] Zu einem »Staat« gehören für uns Heutige ein klar abgrenzbares Staatsvolk; ein nicht minder präzise definiertes Staatsgebiet; sowie eine effektive und überall auf diesem Gebiet durchsetzungsfähige Staatsgewalt. Schon die ersten beiden Kriterien führen beim Reichsverband in komplizierte Probleme, aber selbst wenn wir ihn auf das (engräumigere) politische System verkürzen, war die »Reichsgewalt« doch viel weniger effektiv und durchsetzungsfähig als die Regierungszentralen ringsum, in den werdenden Nationalstaaten. In der Mitte Europas vollzog sich die typische Entwicklung frühmoderner Staatlichkeit gewissermaßen eine Ebene tiefer als anderswo, im regionalen Rahmen nämlich, in den einzelnen Reichsterritorien. Das Reich als Ganzes ließ wichtige Bereiche staatlichen Handelns verwaist, es gab keine nennenswerte »Reichsverwaltung«, keine »Reichspolizei« – der Reichsverband war bei der konkreten Umsetzung seiner Rahmengesetzgebung, für die Exekution der in Reiches Namen gefällten Gerichtsurteile auf die Mitwirkung der einzelnen Glieder, der Reichsterritorien angewiesen.[83] Das Reich war kein »Staat«, es überwölbte Territorien, die viele Merkmale der damals üblichen Staatlichkeit ausgebildet, sozusagen an sich gezogen hatten. Das Reich sorgte als Dachverband für ein Minimum an Interessenkoordination, schützte die Kleinen vor der Respektlosigkeit derjenigen Großen, die notfalls auch allein, ohne Kaiser und Reich, auf der Bühne des Theatrum Europaeum hätten bestehen können (was man den Grafen von Wied-Runkel oder der Reichsstadt Schweinfurt schwerlich zubilligen wird).

Wie verhielt es sich mit der von Schmidt beschworenen »gemeinsamen Sprache«? Gab es eine Reichssprache? Für Martin Luther hatte Deutschland »mancherley Dialectos art zu reden, also das die Leute in xxx. Meilen wegs einander nicht wol können verstehen«.[84] Ein Kenner der brandenburgischen Geschichte erwähnte jüngst beiläufig, dass »der deutsche Dialekt eines Märkers, Preußen oder Klevers außerhalb seiner Region kaum verstanden wurde«.[85] Noch 1789, nach einem Jahrhundert geistiger Hegemonie jener Aufklärer, die neben Unwissenheit und »Schwärmerei« auch die Dialekte ausrotten wollten, wusste die Erdkunde Anton Friedrich Büschings, »dass ein Deutscher oftmals den anderen nicht versteht«.[86] Die Gebildeten überwölbten das seit dem 16. Jahrhundert, außer durch Latein, durch ihr Buchdeutsch,[87] Berufsdiplomaten durch Französisch, aber zu den »ständisch verbindenden« Werten gehörte die Sprache gewiss nicht. Wie hätten Sprachgesellschaften oder patriotische Druckerzeugnisse ständisch übergreifend wirken sollen, da doch die meisten Reichsbewohner gar nicht lesen konnten? Bildete ein deutscher Adeliger, der auf sich hielt (also französisch parlierte[88]), womöglich eher mit seinen fanzösischen oder spanischen Standesgenossen eine Sprachgemeinschaft als mit seinen ländlichen Hintersassen?

Was die Bewohner Mitteleuropas vollends nicht miteinander »verband«, war die Konfession. In Zeiten zugespitzter konfessioneller Konfrontation konnte *patria* geradezu eine Reichshälfte, das evangelische oder das katholi-

sche Deutschland meinen. »Salus patriae bestehe fast allein uf den wafen«[89]
– so und ähnlich hat man es immer wieder begründet, warum man das
andere konfessionelle Lager, den anderen Reichsteil mit Krieg überziehen
müsse; das sei patriotische Pflicht, schließlich sei man »bei dem vatterland
guett und bluett aufzusetzen ganz willig«.[90] Schon im 16. Jahrhundert hatten sich verschiedene konfessionell geprägte Kulturkreise ausgebildet[91] –
ihre Fernwirkungen sind verblasst ja noch heute fassbar, an typischen
Stadtbildern, auch an so banalen Sachverhalten wie der Brauereidichte oder
der Festfreudigkeit einer Region. Die sinnenfrohe süddeutsche Frömmigkeit prägte die Künste dort nicht minder als die eher nüchterne, intellektuelle, wortverhaftete evangelische Religiosität den Norden. Beide Lager
waren international eingebunden, man schaute an katholisch gebliebenen
Residenzen eher als ins benachbarte evangelische Territorium nach Rom,
Madrid oder Brüssel, für lutherische Eliten war Skandinavien wichtig, Calvinisten blickten nach Genf oder Den Haag.[92] Die Kommunikations-
ströme verwiesen gewissermaßen nach außen, aus dem Reich hinaus, und
verkümmerten reichsintern. Man kann es auch so formulieren: Mehrere
internationale Kulturkreise und Kommunikationszusammenhänge überkreuzten sich in der Mitte Europas, ohne dass es dort zum wechselseitigen
Austausch gekommen wäre. Nicht Befruchtung, sondern Abgrenzung und
zu Zeiten Konfrontation prägten das interkonfessionelle Zusammenle-
ben[93] – übrigens bis weit ins vermeintliche Jahrhundert der Aufklärung
hinein! Man befrage nur einmal den bedeutendsten satirischen Roman
deutscher Sprache vor Heinrich Manns »Untertan«. Sein Autor, Christoph
Martin Wieland, behauptet zwar, die Abderiten seien ein »unzerstörbares,
unsterbliches Völkchen; ohne irgendwo einen festen Sitz zu haben, findet
man sie allenthalben«[94] – aber nachgemalt hat der Autor doch unverkennbar Menschen, die seinen Wohnsitz teilten: Biberach. Wielands Abdera ist
dem bikonfessionellen, zwangsparitätischen Biberach nachgestaltet, und
die »so oft beseufzte Parität«, diese Quelle »so manchen verderblichen Ha-
ders«, wurde auch von Wieland selbst, nicht nur der Erzählerfigur,
beseufzt. Friedrich Karl von Moser urteilte noch 1766, die »Trennung [...]
der Religionen im Reich« habe »seit zwey Jahrhunderten den nicht mehr zu
hebenden Grund gelegt, dass Deutschland sich in zwo Hauptparthien
getheilet«; der »Begriff von einem gedoppelten Vaterland, von einem
Catholischen und Evangelischen Deutschland« sei »den Gemüthern [...] tief
eingepräget«.[95]

Gab es ihn nun, den vormodernen deutschen Nationalismus? Wir merken, dass schon auf der Ebene der einzelnen Ingredienzien kein Konens in Sicht ist. Sprach- und Kulturgemeinschaft, Erinnerungs- und Werteverbund: das sind zweifelsohne wichtige Elemente des modernen Nationalismus, und alle sind sie ansatzweise schon im Heiligen Römischen Reich deutscher Nation anzutreffen. Doch sahen wir auch, dass wir große Abstriche machen müssen: beispielsweise, weil im Reich viele Sprachen zuhause waren, die deutschsprachige Mehrheit aber keinesfalls Buchdeutsch sprach, sondern stark divergierende Dialekte, wohingegen die soziale und politische Elite französisch parlierte. Beispielsweise, weil sich nicht nur regionale, sondern ferner konfessionell geprägte Kulturkreise ausbildeten – über die Konfessionsgrenzen hinweg gab es auch so gut wie keine Heiratsbeziehungen. Zwar kannten die Deutschen einen häufig beschworenen überkonfessionellen Wert, die »teutsche libertät«, doch meint diese Formel, wenn sie nicht feierlich in patriotischen Traktaten beschworen wird, sondern in politischen Akten vorkommt (wo sie geradezu grassiert), nicht etwa individuelle Selbstverwirklichung aller Teutschen, sondern politische Freiräume für die Reichsstände (war das Reich mehr als dieser überschaubare Personenverband?). In der Regel ist sie mit »Föderalismus« treffender in moderne Sprachlichkeit übersetzt denn mit »Freiheit«, sie zielte auf die einzigartige, locker gefugte Verfassung des politischen Systems Reich, seine gar nicht als defizitär empfundenen Erzwingungs- und Vollzugsschwächen. Wer sich auf seine »Libertät« versteifte, lehnte damit kaiserliche Zudringlichkeiten, eine starke Reichsregierung ab, rief gerade nicht nach dem Zentralstaat der Teutschen.

Sind unsere Probleme gelöst, so wir nur, anstatt auf einen vorgeblichen »deutschen Nationalismus«, auf »Reichspatriotismus« abheben? Eine spezifisch deutsche Spielart von Wir-Gruppen-Bewusstsein, die nicht den nationalen Einheitsstaat meinte, aber auch weniger auf Sprache und Kultur im engeren Sinne abhob denn auf die singuläre Verfassung des Reiches, auf föderative politische Mechanismen und das Recht hegende Organe, auf jene »teutsche libertät«, die den Einzelterritorien gerade ihre einzigartigen Spielräume beließ? Das Verhältnis zwischen solchem Verfassungspatriotismus und dem vielgesuchten »Nationalbewusstsein« bleibt in der Literatur unklar. Die sehr volatile Konjunkturkurve[96] des Reichspatriotismus wäre noch nachzuzeichnen, es gibt dazu keinen Forschungsstand. Lediglich der Reichspatriotismus des 18. Jahrhunderts hat größere Aufmerksamkeit gefunden, doch ist ausgerechnet die Frage nach seiner sozialen Reichweite so etwas wie der blinde Fleck der bisherigen Bemühungen, das »handicap«, wie jüngst immerhin konstatiert wurde.[97] Um den Reichspatriotismus des 16. und 17. Jahrhunderts ist es noch schlechter bestellt. Bis zum Beweis des Gegenteils dürfte Skepsis angebracht sein, denn organisatorischer Rahmen genau und nur der teutschen Nation sollte und wollte das Reich keinesfalls sein, so etwas wie »Schicksalsgemeinschaft« war es nur sporadisch, in Momenten existentieller Bedrohung; das Reich war kein »Staat«, auch kein halber oder komplementärer, sondern als Dachverband über Territorien, die einen Großteil der zeitüblichen Staatlichkeit an sich gezogen hatten, für den einzelnen Mitteleuropäer gewiss nicht die primäre, alltagsprägende, alltäglich erfahrene politische Gemeinschaft.

Sprachgemeinschaft, erinnerte »Schicksalsgemeinschaft« – diese Zusammengehörigkeiten waren auf regionaler Ebene viel ausgeprägter: der gemeinsame Dialekt, die gemeinsam durchlebte Hungersnot (etwas vor dem Aufkommen moderner Transportmittel sehr kleinräumiges!), der städtische oder territoriale Politiker zu steuern suchten. Nun schaffen Gemeinsamkeiten nicht per se, unvermittelt oder gar automatisch handlungsleitendes Gemeinschaftsbewusstsein; aber Letzteres zu kreieren, ohne auf Erstere zurückgreifen zu können, das dürfte doch höchstens retrospektiv am Schreibtisch theoriefreudiger Historiker funktionieren – ein Gemälde ohne Farben, eine tonlose Melodie.

Nun versteht sich diese Studie, bei aller Skepsis, durchaus nicht als Suada gegen den Versuch, Reichsgeschichte als vormoderne deutsche Nationalgeschichte zu schreiben. Denn machen wir uns nichts vor: Letzte Worte sind in der Diskussion über einen vermeintlichen vormodernen deutschen Nationalismus noch lang nicht gesprochen. Sie wurde hier auch genau deshalb angeschnitten – um zu zeigen, dass selbst das mit Abstand am besten erforschte Segment des Themas dieser Studie vor allem Fragen aufwirft.

Übrigens hat schon vor Jahrzehnten der Mediävist Johan Huizinga den Nationalismus weiter noch und entschiedener selbst als Wolfgang Hardtwig zurückdatiert: »So weit man auch ins Mittelalter zurückblickt, gewahrt man zahlreiche Äußerungen [...] eines regelrechten Nationalismus«, ja, dieser habe »im Laufe der Zeiten eigentlich nur etwas schärfer umrissene Linien erhalten [...], nichts weiter«.[98] Man ist verblüfft – bis man merkt, dass Huizinga »Nationalismus« anders füllt, als dies der Geschichtswissenschaft zur Konvention geworden ist; er versteht es als Äquivalent für Gemeinschaftsgefühle, Gruppenbewusstsein (anthropologische Konstanten, über die man tatsächlich überall in der Weltgeschichte stolpern mag), subsumiert gleich auch noch alle Anzeichen von Xenophobie oder Ethnozentrismus darunter, so dass wir am Ende vor einem Catch-all-Begriff stehen. Warum verfällt ihm Huizinga? Weil er, wenn er von Nationalismus spricht, offenkundig nicht diesen meint, sondern den Quellenbegriff der »natio«. »Natio« aber bezeichnete lange Zeit[99] alle möglichen größeren identitätsstiftenden Einheiten, die wir heute zum Beispiel als Landschaft, Gegend, Heimatstadt usw. titulieren würden, um von »Stämmen« hier nicht noch einmal zu reden.

Wir lernen immerhin daraus, dass für den Nationalismus nichts gewonnen ist, wenn wir systematisch die vormodernen Quellen nach Belegen für »natio« bzw. »nation« durchforsten. Wir würden auf sehr Disparates stoßen, vermutlich ziemlich selten auf die moderne »Nation«. Die Quellenbegriffe »natio« und »nation« signalisieren keinesfalls Nationalbewusstsein bzw. Nationalismus[100], die zuletzt genannten Termini selbst aber tauchen in der Frühen Neuzeit nicht auf. Nun ist damit für die Forschung an sich noch nicht alles verloren: Denn natürlich ist es im Allgemeinen »sehr wohl möglich, mit Wörtern unserer modernen Sprache Erscheinungen oder Gruppen von Erscheinungen der Vergangenheit zu bezeichnen, die zwar wirklich vorhanden waren, für die aber quellenmäßige Ausdrücke fehlen, weil sie nicht in das Selbstbewusstsein ihrer Zeit eingegangen sind«.[101] Im Allgemeinen – aber beim National*bewusstsein*? Hier interessiert ja gerade, per definitionem, das »Selbst*bewusstsein*« der Zeitgenossen! Ich will dieses Vexierspiel beenden – wollte ja lediglich illustrieren, dass trotz einer langen und breiten Forschungstradition zum »Nationalismus« jedenfalls für die Vormoderne doch manches, vieles klärungsbedürftig ist.

Wurde die »Nation« wieder und wieder, wenn auch ziemlich ratlos, umkreist, hat sich mit der beheimatenden, bergenden Kraft subnationaler Einheiten wie Reichsterritorium, Landstrich, Stadt, Dorf kaum je einmal ein Historiker beschäftigt, hier ist noch nicht einmal ein Forschungsstand in Sicht. Mit anderen Worten: Die Frage nach überfamiliären, aber unterhalb der Nation bzw., in Mitteleuropa, des Reichsganzen angesiedelten emotionalen Bezugspunkten und Identitätsangeboten ist besonders schlecht untersucht, also besonders lohnend. Übrigens beteuern Regionalforscher, Landeskundler, Raumplaner, dass das Gewicht der gewissermaßen mittleren, vulgo regionalen Ebenen auch heutzutage besonders problematisch sei, aber sie können wenigstens Umfragen veranstalten und raffinierte Fragebögen entwerfen. Trotzdem schwanken ihre Ergebnisse zwischen Befunden, die von einem »Europa der Regionen« träumen lassen, und der Leugnung der Region – insbesondere manche Geographen beteuern, die Region sei eine Erfindung von Provinzpolitikern, es gebe keine Regionen, nur Regionsmarketing.[102] Der Historiker wird sich also mit der Frage nach dem vormodernen Regionalbewusstsein schwertun.

2.2 Vormoderne Grenzfälle – und was sie uns für Fragen aufgeben

Welche Grenzen umgürteten frühere Wir-Gruppen? Sollen wir uns die Frage wirklich zumuten? »Grenzüberschreitungen« kamen zuletzt in Mode – so schrankenlos, dass man das Wort gar nicht mehr hören mag. Die notorischen, häufig ritualisierten »Grenzüberschreitungen« des neuen Jahrtausends nehmen die Grenze freilich fast immer metaphorisch. *Räumliche* Begrenzungen, administrative Grenzlinien sind dabei selten im Blick. Und sie gehörten nie zu den großen, vieldiskutierten Themen der Geschichtswissenschaft. Es gibt bezeichnenderweise keinen entsprechenden Artikel in den *Geschichtlichen Grundbegriffen*[103], aber doch hie und da recht disparate Bemühungen um die vormoderne Grenze. Nur lassen sie sich nicht zusammenreimen.

Sie lassen sich noch nicht einmal dann zusammenreimen, wenn wir uns auf politische Grenzen konzentrieren. Andernfalls schon gar nicht: Oder sollten dem mittelalterlichen Menschen, weil über kein »geschlossenes Raumbewusstsein« verfügend, lineare Umgrenzungen generell nicht denkbar gewesen sein – auch, beispielsweise, zwischen zwei Äckern? Das glauben Mediävisten widerlegen zu können: Guy P. Marchal wies auf detaillierte Beschreibungen von Flurgrenzen hin, die ihm eine »fortgeschrittene zweidimensionale Raumperzeption« nahelegen; Hansmartin Schwarzmaier auf genaue Beschreibungen hochmittelalterlicher Jagd- und Forstbänne; Charles Higounet auf Klosterurbare, in denen die Güteraufzeichnungen eine Systematik erkennen ließen, die einen kartographisch nachvollziehbaren Umritt der Registratoren belegten und von guten Raumkenntnissen zeugten.[104]

Aber wie verhält es sich mit politischen Grenzen, um Königreiche, Herzogtümer, das Alte Reich, seine Territorien? Dass die »Gaue« und »Marken« grauer Vorzeiten von breiten Grenzsäumen eingefasst wurden, ist in der Geschichtswissenschaft seit einem Jahrhundert unstrittig. Aber wann wurde die scharf durchgezogene Grenzlinie der Normalfall? Frühneuzeitler gingen immer wie selbstverständlich, also beiläufig und ziemlich unbegründet, davon aus, die Verdichtung des Grenzsaums zur Demarkationslinie sei um 1500 herum erfolgt, im Gefolge der Ausformung »frühmoderner Staatlichkeit«, als geographisches Äquivalent zum staatlichen Gewaltmonopol; seither seien die Grenzlinien der Geschichtsatlanten mehr als Abstraktionen moderner Kartographen.[105] Nur reklamieren auch manche Mediävisten lineare Grenzlinien durchaus für ihren Zeitraum, für Hans-Jürgen Karp beispielsweise[106] fand die »Entwicklung vom Grenzsaum zur Grenzlinie« seit dem 12. Jahrhundert statt[107]; vor einigen Jahren wurde konstatiert, der Trend gehe in neueren mediävistischen Arbeiten dahin, die »Wahrnehmung linearer [sc. politischer] Grenzen bereits früh anzunehmen«.[108]

Auf der anderen Seite gibt es – lange Zeit kaum beachtete oder gern verdrängte – Indizien, die scharf konturierte politische Einheiten erst an der Schwelle zur Moderne, also in der zweiten Hälfte des 18. Jahrhunderts wahrscheinlich machen, sie gar erst dem 19. Jahrhundert zubilligen: Sollten jene Ländergrenzen, die in Europa gerade ihre Relevanz einzubüßen beginnen, gar nicht sehr alt sein? Sollte die Parzellierung der Lebenswelten nach territorialen Grenzlinien eine recht kurze Episode der Geschichte kennzeichnen? Schon 1928 vermutete Lucien Febvre, die Verdichtung der »breiten, wüsten und leeren Trennstreifen« zur »durchgezogene[n] Demarkationslinie« sei ungefähr zur Zeit der Französischen Revolution erfolgt.[109] Halbsätze und Fußnoten in Völkerrechtsgeschichten hätten uns dasselbe lehren können: Die vielen Grenzregulierungsverträge des 18. Jahrhunderts künden davon, dass es noch an der Schwelle zur Moderne Säume, Problemzonen, Überlappungen gegeben hat. Zu diesen lange schon bekannten, aber wenig beachteten Indizien kamen nun in den letzten Jahren die Erträge einiger Mikrostudien über einzelne Grenzregionen oder Grenzabschnitte, die instruktiv zeigen, dass die lineare Außengrenze das Ideal der hauptstädtischen Eliten war, nicht die Realität vor Ort – bahnbrechend war 1989 die Arbeit von Peter Sahlins über die Pyrenäengrenze. Zu einer genau definierten, ausgesteinten Grenzlinie wurde diese im Gefolge des Vertrags von Bayonne im Jahr 1868.[110] Eine Untersuchung des pommersch-polnischen Grenzgürtels seit seiner Besiedlung im 16. Jahrhundert kam jüngst zu im Ganzen vergleichbaren Resultaten: Bis ins frühe 19. Jahrhundert hinein war »Grenze‹ [...] weit von ihrem linearen Charakter entfernt«, »gestritten wurde nicht um die konkrete Ausdehnung im Raum, sondern um das Recht über Siedler und Bauern«, weshalb auch keine »Vermesser, Kartographen und Kommissare zur Benennung einer Grenzlinie« auftraten. »Die Grenzen waren instabil, weil sie schwankenden lokalen Kräfteverhältnissen unterworfen waren.« Wiewohl sich dann im späten 17. und im 18. Jahrhundert »landesherrliche Interventionen an der Grenze« häuften, stellte sich doch weiterhin keine »geradlinige Entwicklung [...] von einem Grenzsaum zur Grenzlinie« ein, vielmehr schrieben verschiedene, sich überlappende und schwankende Besitzansprüche »die Offenheit der Grenzfrage langfristig fort«.[111] Zu den meisten Reichsterritorien liegen meines Wissens keine Untersuchungen vor, doch weiß jeder Archivbenützer, wie ausufernd die frühneuzeitlichen Bestände über »Grenzstreitigkeiten« sind.

Ist die Rückprojektion linearer Staatsgrenzen bis an die Schwelle zur Neuzeit oder gar ins Mittelalter Traditionssuggestion – der Nationalstaat legt sich eine ihm frommende Vorgeschichte zu? Ist die Verdichtung des Grenzsaums zur Demarkationslinie ein Vorgang, der sich über viele Jahrhunderte hinweg ganz allmählich vollzog – Arrondierungen, Grenzbereinigungen, Durchsetzung der Priorität der politischen Abgrenzung auf Kosten zahlreicher anderer, modern gesprochen lediglich besitzrechtlicher Zugehörigkeiten als frühneuzeitliche Fundamentalvorgänge, die Jahrhunderte ausfüllten? Wir können es vorerst nur vermuten. Regionalstudien lassen sich bislang auf keinen gemeinsamen Nenner bringen: Konnte das Hochstift Würzburg alle nennenswerten Grenzkonflikte mit Nachbarterritorien in den Jahrzehnten um 1600 bereinigen,[112] wurde eine lineare Grenzlinie zwischen Bayern und den fränkischen Hohenzollernterritorien 1803 geschaffen;[113] im Salzburgischen fanden solche Grenzfestlegungen, ihnen folgende Markierungsarbeiten offenbar, je nach Grenzabschnitt, zwischen dem 13. und dem 20. Jahrhundert statt.[114]

Vergleichsweise am klarsten ist noch der juristischen Traktaten ablesbare Befund. Die Akkumulation von Herrschaftsrechten zum flächendeckenden Herrschaftsmonopol war am Beginn der Neuzeit weder in der öffentlichrechtlichen Praxis vollzogen noch gedanklich erarbeitet. Doch änderte sich Letzteres im frühen 17. Jahrhundert. Juristen der Jahrzehnte um und nach 1600 schlugen endlich Schneisen ins »verworrene Geflecht sich überschneidender Territorialrechte«,[115] brachten das Nebeneinander verschiedener Gerechtsamen, aus denen sich landesherrliche Gewalt ableiten ließ, in einen vertikalen Delegationszusammenhang. »Superioritas«

wurde von der Fähigkeit, alle möglichen Rechtsansprüche lokaler Hoheits-
träger zu koordinieren, zum exklusiven Herrschaftsrecht mit dem Anspruch auf territoriale Ausschließlichkeit. Es wurde nunmehr »mit der abstrakt formulierten Territorialgewalt die Herrschaft über ein ebenso abstrakt
definiertes Territorium beansprucht«.[116] Einer der ersten Autoren, die ein
kohärentes Konzept von Landesobrigkeit vorlegten, war Paul Matthias
Wehner. Er postulierte, dass »die landesfürstliche Obrigkeit dem *ganzen
Territorium* untrennbar anhaftet, so dass der Landesfürst, ohne dass es
diesbezüglich einen Unterschied zwischen seinem landsässigen Adel und
den Untertanen gäbe, [sc. eben überall in diesem »ganzen Territorium«!] die
gleiche [man könnte wohl auch übersetzen: gleichmäßige] Gerichts- und
Zwinggewalt besitzt«.[117] Es wurde danach rasch üblich, Landesherren die
»superioritas *territorialis*« zu attestieren, und diese war per definitionem
flächendeckend. Über die politische Praxis ist damit freilich noch nicht
alles gesagt, und über die Wahrnehmung politischer Räume, ihrer Grenzen
durch all jene Zeitgenossen, die keine juristischen Spezialabhandlungen
lasen, ziemlich wenig.

Was lehrt uns übrigens die Kartographie? Bekanntlich hat das Mittelalter keine empirischer Nachprüfung standhaltenden Karten produziert,
Räume und ihre Umrisse haben wenig Anhalt an der Wirklichkeit (wie wir
sie wahrnehmen). Weil mittelalterliche Menschen nicht räumlich denken
konnten? Weil mittelalterliche Kartographen gar nicht irdische Realität
wiedergeben, sondern den Heilsplan verkünden wollten? Suchten sie womöglich anstatt wirklichkeitsgetreuer Abbildung Ordnung, Besserung,
Sinnschöpfung?[118] Von den nach modernen Kriterien reichlich ungenauen
Karten des Mittelalters auf ein schlechtes räumliches Vorstellungsvermö-
gen zu schließen, könnte durchaus kurzschlüssig sein. Aber uns interessieren ja vor allem Territorialgrenzen. Solche in Karten einzuzeichnen, wurde
erst im 17. Jahrhundert üblich. Vorher zeigen uns Karten Städte und Län-
dernamen, aber keine Grenzlinien – lediglich belanglose Gewohnheit, nur
eine ästhetische Frage? Ludwig XIV. soll, mit der »Carte de la France cor-
rigée« seiner Academie des Sciences konfrontiert, geseufzt haben: »Vos
travaux m'ont couté le tiers de mon royaume«.[119]

Erfuhr der Prozess der Verdichtung des Grenzsaums zur Demarkationslinie demnach im 17. Jahrhundert einen bedeutenden Schub? Merio
Scattola fiel auf, dass gelehrte Traktate über das Thema Grenze vor allem
in diesem Säkulum geschrieben worden sind.[120] Aber auch auf einen
Durchbruch im 18. Jahrhundert mit seiner Vorliebe für Vermessungskam-

pagnen[121] könnte man tippen; beförderte damals womöglich die »Etatisierung des Reiseverkehrs«[122] die Territorialisierung, die Auffassung, Herrschaft erstrecke sich weniger über Personen und Institutionen denn über einen abgezirkelten Raum? Reiseberichte des späten 18. Jahrhunderts hielten es für einen überall leicht nachprüfbaren Gemeinplatz, dass man »von guten Landstraßen [...] auf eine gute Regierung schließen« könne:[123] So wurde denn sogar die wechselnde, also nicht mehr gleichmäßig erbärmliche Straßenqualität zum Indikator für Grenzen.

Bringt nun der Herbst des Mittelalters den entscheidenden Schub hin zur Ausbildung der linearen Ländergrenze, die Zeit um 1500 herum, das 17., das 18. Jahrhundert, dessen Ende? Wir können die vermeintlich simple Frage nach dem Alter der linearen Ländergrenze nicht bündig beantworten.

2.3 Welche Fragen sind besonders interessant?

Neben raumbezogenen Fragen, die wir derzeit nur schwer beantworten *können*, gibt es solche, denen jedenfalls dieses Büchlein gar nicht nähertreten *will*. Es versteht sich nicht als Studie zur staatlichen Außenpolitik, schon gar nicht plädiert es für eine Renaissance geodeterministischen Denkens in diesem Politiksegment. In Mittel- und Westeuropa gibt es derzeit keine maßgeblichen Stimmen, die das befürworteten, aus guten Gründen; ob es genauso gut begründet ist, dass wir die Renaissance »geopolitischen« Denkens weiter im Osten, zumal in Russland,[124] kaum zur Kenntnis nehmen, steht auf einem anderen Blatt. Diese Studie schlägt es nicht auf.

Sie will der Frage, wie physikalisch-geographisch definierte Räume, ihre Morphologie, ihr Klima Menschen verschiedener Zeitalter geprägt haben könnten, *nicht* nachgehen. Immerhin mag es eine Erwähnung wert sein, wie sich vormoderne Traktate diese Korrelation vorgestellt haben.[125] Frühneuzeitliche Spekulationen über die Verschiedenheit der Völker plagen uns noch nicht mit rassekundlichen Ergüssen, aber mit heute skurril anmutenden Ableitungen ethnographischer Unterschiede aus klimatischen Einwirkungen. Der Kern des Konstrukts war dieser: Die bewohnte Erde weist drei Klimazonen auf, eine heiße südliche, eine kalte nördliche und dazwischen eine gemäßigte Mittelzone – in ihr vereinen sich die Segnungen, die Norden und Süden bescheren, aber nicht die jeweiligen Nachteile. Dieses

Grundgerüst wurde natürlich differenziert und variiert, durch geographische Gemeinplätze (»omnes insulares bestiales«) angereichert. Frühneuzeitliche Gelehrte konnten von der Klimazonen-Lehre fasziniert sein und ihr große Erklärungskraft zuschreiben – so war der achtzigjährige Sezessionskrieg der Holländer gegen die Madrider Zentralregierung seit 1568 natürlich leicht zu verstehen, wenn man sich vor Augen führte, dass die Spanier zwölf Grad südlicher lebten: klar, dass sich beide Völker nicht leiden konnten![126] Für heutige Leser sind die gelehrten Ergüsse zur Klimatheorie außerordentlich steril, eigentlich unerträglich; amüsant ist allenfalls der Kampf um die Mitte: natürlich lagen die britischen Inseln den englischen Traktaten in der gemäßigten Zone, für einen wackeren Teutschen indes waltete dort schon der kalte Norden ... Ergänzend griff man gern zu Astrologie und Dämonologie – die verschiedenen Länder lagen im Einflussbereich je anderer Gestirne, so wurden die Franzosen von Merkur regiert, manche Gegenden waren den Unholden mehr ausgesetzt als andere.

Solche frühneuzeitlichen Traktate neigten, in modernen Begriffen ausgedrückt, nicht zur biologischen, sondern zur Milieutheorie, und sie schauten bei der Suche nach diesem Milieu gen Himmel – alles Gute kommt von oben (und weniger Erfreuliches auch). Agrippa hat es so formuliert: »Und hat eine jedwede Nation ihre absonderliche Sitten und Gebräuche, nachdem ihnen von der Influentz des Himmels ist eingegeben worden, jedoch eine von der andern gantz divers, welche unter keine Philosophische Kunst fallen, oder gerechnet werden können, sondern werden durch die natürliche Krafft ohne einige Disziplin dem Menschen gleichsam eingepräget.«[127] »Philosophische Kunst« – Studium, Bildungseifer, Gelehrsamkeit – prägt den Charakter der jeweiligen Völker also wenig, auch »disciplina«, Anstrengung, vermag nichts auszurichten. Wäre der Charakter eines Volkes demnach immerwährend und unverbesserlich?

Die Auffassung, Menschen würden zuvörderst vom »genius loci« geprägt, musste im Zeitalter der werdenden Nationalstaaten die Annahme konstanter Nationalcharaktere verfestigen. Übrigens mag auch der Buchdruck neben der Verbreitung der einschlägigen Stereotypen ihre Klischeehaftigkeit befördert haben, durch die in Enzyplopädien, Sprichwortsammlungen, Poetiken oder Erziehungsbüchern stattfindende Entkontextualisierung von einmal aus konkreten Anlässen gefällten Urteilen. Dennoch scheint mir der Befund schon vor der Hochaufklärung (mit ihrem Machbarkeitsglauben, ihrem pädagogischen Optimismus, der Temporalisierung des zuvor spatialisierten Schöpfungsplans) durchaus bunt zu sein – neben der sterilen Zuteilung ewig gültiger Tugenden und Laster finden wir in einschlägigen Traktaten auch den festen Glauben an die Erzieh- und Besserbarkeit.[128] Ferner allerlei auf den ersten Blick überraschende Kombinationen: etwa die Auffassung, gerade die Erziehung mache den jeweiligen Nationalcharakter so langlebig, während sich die Zusammensetzung des Blutes durch Heiraten doch fortlaufend ändere[129]; manche Autoren erklären mit der Astrologie, prognostizieren aber optimistisch allerlei Besserungen, führen ursächlich die Gestirne ins Feld und propagieren doch anstatt des Versuchs, ihren Himmelslauf zu ändern, bescheidener Bildungsanstrengungen, ohne zwischen Diagnose und Therapieempfehlung einen Widerspruch zu bemerken.[130] Und, merkwürdig genug: So häufig uns derartige Spekulationen aus gelehrter Feder begegnen, in Reiseberichten kommen sie nicht vor. Vormoderne Reisende versuchten erst gar nicht, sie befremdende Beobachtungen derart zu erklären. Die Breitenwirkung der gelehrten Klimatheorien war selbst im 16. und 17. Jahrhundert gering. Es handelt sich bei den klimatheoretischen Diskursen, wie beim humanistischen Nationsdiskurs, offensichtlich um schmale Elitenphänomene.

Um bei der gegenwärtigen Debatte über Globalismus oder neuen Regionalismus, Ent- oder Renationalisierung kompetent mitreden zu können, brauchen wir Historiker keinen neuen klimatischen oder landschaftsmorphologischen Naturalismus, sondern eine erfahrungsgeschichtliche Wendung der Regionalforschung. Wir müssen systematisch untersuchen, in welchen Räumen sich die vormodernen Menschen zuhause fühlten, was sie als ihre Heimaten erachtet haben. Wir müssen von diesen Menschen, und zwar aller sozialer Milieus, auf die sie bergenden Räume schauen.

Sprach ich soeben von Heimaten? Wieder so ein verdächtiger Begriff! Macht ihn der Plural, den ich im Vorgriff auf Ergebnisse der nächsten Kapitel verwende, wirklich harmlos, heuchle ich damit nur politische Korrektheit? Die »Heimat« scheint fast so vergiftet zu sein wie das schöne Wort vom »Lebensraum«, aber warum sollen wir den Begriff der Kitschindustrie und den Reaktionären überlassen?

Ich plädiere dafür, von Menschen aller sozialen Milieus auf die sie beheimatenden (oder befremdenden) Räume zu schauen. Wollen wir mit unseren Leitfragen doch an Räumen anstatt an Menschen ansetzen, können wir sie vielleicht so formulieren: Wie groß war die Bindekraft der verschiedenen, wie auch immer entstandenen oder konstruierten vormodernen Regionen, welche Räume waren für Menschen welchen Lebenszu-

schnitts wichtige identitätsstiftende Anker? Von der begründeten Annahme ausgehend, dass auf Menschen aller Zeiten eine Gemengelage unterschiedlicher räumlicher wie nicht territorialisierter Identitätsangebote
einwirkt und dass diese geographischen, politischen, kulturellen Identitätsanker für verschiedene gesellschaftliche Gruppen unterschiedlich wichtig
sind, dass es also ein soziales Gefälle gibt (heute: englischsprechende,
hochmobile, »globalisierte« Eliten versus wenig mobile Massen), muss der
Frühneuzeitler nach der spezifisch vormodernen Gemengelage solcher
Identitätsangebote fragen. Wodurch unterschied sie sich von der modernen? Wie intensiv und mit welcher sozialen Reichweite wirkten ihre wichtigsten Elemente?

Welche vormodernen Texte könnten uns Auskunft geben? Oder müssen wir den Schreibpult verlassen, unsere Untersuchungsräume leibhaftig
ausschreiten? »So metaphorisch sie auch erscheinen mögen, Orte sind
immer ganz *wirklich*. Du kannst darin herumgehen oder dich auf den Boden legen. Du kannst einen Stein mitnehmen oder eine Handvoll Sand«,
jubelt Wim Wenders, den Terminus »Ort« wohl für etwas verwendend, das
diese Studie »Raum« nennt, für einen kleinen Raum, ein städtisches Weichbild, eine Landschaft. »Orte haben ein Gedächtnis. Sie erinnern sich an
alles, als sei es in Stein gemeißelt, tiefer als der tiefste Ozean«. Wenders will
»Geschichten« offenlegen, »die Orte uns erzählen können«.[131] Kehrt, wenn
da Räume mit Erinnerung und Sprachvermögen ausgestattet werden,
durch eine unauffällige Hintertür der aktive, gebieterisch seine Forderungen erhebende Raum der Geopolitik zurück? Bei Rudolf Maresch und
Niels Werber können wir das nachlesen: »Als Anderes und *schlichtweg Gege-
benes* schreibt *der Raum* immer auch am Gedanken, an der Beobachtung
oder an Programmen *aktiv* mit«.[132] Solche Abwehrreflexe gegen ein Über-
maß an »Virtualisierung« und »Simulation«, vielleicht auch gegen die wolkig-
metaphorische Verschwendung topographischer Termini in den »Zwischenräumen« der postkolonialen »Cultural Studies« sind ja verständlich,
doch sollten wir darauf beharren, dass »der Raum« als Kopfgeburt weder
seine Stimme erhebt noch aus diesem oder jenem Grund aktiv wird.

Welche vormodernen Texte könnten uns Auskunft geben? Oder sollen
wir, um Räume zu gewinnen, unsere Texte preisgeben? Auch Karl Schlögel
will uns vom Schreibtisch verjagen, dem »genius loci« aussetzen, die Welt
lasse sich nicht vom Gelehrtenstübchen aus dechiffrieren. Aktiv werden
seine Räume wenigstens nicht, oder doch nur im Nebulös-Atmosphäri-
schen. Es soll uns in unmittelbarer Anschauung dieses oder jenes Raumes

»wie Schuppen von den Augen fallen«, weil uns städtische Weichbilder, Staßenpassagen oder Bahnhofshallen, unter Umgehung der Textförmigkeit aller menschlichen Erkenntnis, etwas von ihrem Wesen einflößen oder einsaugen lassen. Jedenfalls sucht dieser Autor nicht nach der Raumwahrnehmung vergangener Zeiten in deren schriftlichen Hinterlassenschaften, er ist vielmehr der Ansicht, dass Texte nur den Blick auf »die räumliche Welt« verstellten.[133] Da mag der Überdruss an theoretisierenden Vexierspielen von Kollegen mitschwingen und am kulturalistischen »Spiel mit flottierenden Signifikanten«.[134] Man sehnt sich wieder nach Materialität hinter den Diskursen. Im uralten Realienstreit, in dem auch die Platoniker und die Nominalisten nicht das letzte Wort behielten, scheint wieder einmal eine semiotische Phase ihren Höhepunkt überschritten zu haben. Aber ob Schlögels Plädoyer für einen »kräftigen Schuß Materialismus« beim Wort genommen werden will? Die Beschwörung der »Dinge«, das Jauchzen über die »Unmittelbarkeit des Eindrucks«[135] – all das vermag nette Miniaturen hervorzubringen, die Flaneursperspektive des Essayisten (eine durchaus sympathische urbane Anverwandlung der Attitüde, mit der einst Wandersmann Friedrich Ratzel in den deutschen Gauen das Volkswesen schaute) wird die Frühneuzeitforschung aber nicht zu neuen Ufern führen. Der Essayist darf sich mit leichtem Gepäck dorthin aufmachen. Der Wissenschaftsbetrieb wird, so er ihm folgen sollte, nicht sein Wertvollstes über Bord werfen. Wir werden uns wohl auch weiterhin, anstatt dem Raunen der Dinge zu lauschen, an unsere Texte halten müssen.[136] Aber vielleicht ist es ja an der Zeit, wieder einmal neue Fragerichtungen an ihnen zu erproben.

2.4 Welche Sonden könnten uns helfen?

Wo nur erhalten wir über die Raumwahrnehmung des vormodernen Menschen und seine Selbsteinbettung in Räume Auskunft? Es sind damals ja keine Raumplaner mit ihren Fragebögen ausgeschwärmt. Gewiss kam es vor, dass frühneuzeitliche Menschen nach ihrer Herkunft gefragt wurden. Bürgerbücher hielten bei Neueinträgen fest, von wo der Aufgenommene zuzog, Universitätsmatrikeln bieten Herkunftsangaben. Franz Irsigler ist ihnen einmal nachgegangen,[137] in Bürger(aufnahme)büchern dominierten Städtenamen, so sein Befund, in den Matrikeln Diözesen.[138] Hingegen fiel

Hans Heinrich Blotevogel auf, dass Universitätsmatrikeln vor allem Herkunftsterritorien, häufig auch Städte auflisteten.[139] Uns helfen solche Beobachtungen nicht weiter. Es gab für diese Einträge gewisse Usancen; welche Räume oder nicht räumlich verorteten überfamiliären Loyalitäten die in solche Listen Eingetragenen als die sie bislang oder noch immer bergenden Heimat(en) empfunden haben, erfahren wir dort nicht. So ihre spontane Selbstauskunft überhaupt eine Rolle gespielt hat, mag der Wunsch nach überregionaler Bekanntheit (wie sie nicht jeder fernen Reichsgrafschaft, jedem abgelegenen Landstrich eigen war) und Unverwechselbarkeit eine Rolle gespielt haben. Vor allem aber: Es zählten bei solchen Prozeduren die Bedürfnisse der Verwaltungen, nicht die Empfindungen der Administrierten. Wir müssen deshalb nach nicht amtlich abgefragten Selbstzuschreibungen fahnden. Aber wo?

Mit raffinierten, psychologisch ausgefeilten Fragebögen müssen wir bis zur Erfindung der Zeitmaschine warten, amtliche Herkunftsverzeichnisse sagen uns mehr über bürokratische Gepflogenheiten als über das subjektive Empfinden der so Erfassten und Verwalteten. Überhaupt werden heimatliche Gefühle eben empfunden, selten bewusst gemacht. Das Gefühl heimatlicher Geborgenheit stellt sich ein (oder nicht), ist aber selten Gegenstand selbstreflexiver Denkanstrengungen und wird nie ungefragt, ohne besonderen Anlass, ausgebreitet. Man spricht nicht darüber, meistens noch nicht einmal mit sich selbst. Ist es demnach aussichtslos, den vormodernen Raumbezügen näherzutreten?

Sie werden uns nicht auf dem Tablett serviert. Aber gegen den Strich gelesen, geben schriftliche Hinterlassenschaften frühneuzeitlicher Menschen gar nicht so selten Auskunft über ihre Selbstverortung im Raum. Weil sie sich unsere Fragen nicht gestellt haben, müssen wir sie an ihre Texte herantragen. Man hat es mit Verhörprotokollen versucht, die bei Prozessen vor den Reichsgerichten anfielen. Auch Historiker, die »soziales Wissen nach Reichskammergerichts-Zeugenverhören«[140] interessiert, registrieren, wie bei Bürgerbüchern und Matrikeln, die *amtlich abgefragte* Selbstverortung im Raum, doch sind hier schon etwas differenziertere Befunde zu erhoffen als in bloßen Namenslisten. Oder doch nicht? Es scheint dornenreich zu sein, den Protokollen viel über den Raumbezug der Verhörten zu entlocken. Am auffallendsten sind vorerst Verlustanzeigen: Es fällt den Zeugen »schwer, sich an die genaue Grenzlinie« selbst zwischen Jurisdiktionsbezirken »zu erinnern«, offenbar wusste sogar »kaum jemand genau«, »welche Bewandnis« etwa vorhandene Grenzsteine »überhaupt hatten«, konnte man »die herrschaftlichen Anlieger in seinem Gebiet nicht alle benennen«.[141] Es scheint den Verhörten »eine stabile Raumvorstellung« abzugehen und auch »ihre Herrschaftswahrnehmung manchmal verworren oder fragmentarisch« zu sein, sie hatten »kein Gedächtnis an Räume, die nach administrativen Kriterien umrissen wären« (was Mediävisten freilich schon anders sahen[142]); Fragen nach dem »district«, in dem sie wohnten, fanden sie absonderlich »oder sogar komisch«, überstiegen offenbar ihren Horizont,[143] oder sie taten jedenfalls so, weil sie die juristischen Geplänkel der hohen Herrschaften lästig fanden und sich nicht den Mund verbrennen wollten.

Besonders ergiebig für die Frage nach den vormodernen Menschen bergenden überfamiliären Loyalitäten scheinen mir Reiseberichte zu sein, auch Lebensaufzeichnungen von Personen, die aus beruflichen Gründen[144] häufig unterwegs gewesen sind. Solche Texte wurden zwar keinesfalls in der Absicht verfasst, uns etwa über die Heimat(en) des Umherziehenden zu belehren, sie renommieren vielmehr mit Erlebnissen in der Fremde. Aber gerade die Begegnung mit dem Ungewohnten provoziert Aussagen, die sich für unsere Suche nach raumbezogener Identität fruchtbar machen lassen: Indem man das andere als fremd, gar befremdlich wahrnimmt, wird Eigenes, Eigenart spürbar; das Eigenbild ist zunächst einmal Negativ des Fremdbildes. Man entdeckt sein Anderssein durch Vergleich, Abgrenzung und Befremden. Welches Proprium setzt man dem Chaos der anstürmenden neuartigen Eindrücke entgegen, welche Vergleichspunkte werden fokussiert,[145] wie werden Grenzüberschreitungen erfahren? Wer ist warum fremd, wer hingegen »landsmann«, nach welchen Attributen werden die zahlreichen unterwegs begegnenden Menschen einsortiert? Erst, wenn wir vormoderne Reiseberichte besser kennengelernt haben, wird deutlich werden, dass solche Fragen bei Aufzeichnungen des 14. und 15. Jahrhunderts noch nicht so recht greifen. Meine Sondierungen nach vormodernen Heimaten, nach Grenz- und Fremdheitserfahrungen[146] konzentrieren sich auf das 16. und 17. Jahrhundert,[147] während die danach aufgeworfene Frage nach vormodernen Modi der »Raumwahrnehmung«[148] auch ins späte Mittelalter zurückgreift. Das hat mit Besonderheiten[149] meiner bevorzugten Quellengattung, eben der Reiseaufzeichnungen, zu tun.

Reiseaufzeichnungen stammen von Menschen sehr unterschiedlicher Herkunft, das soziale Spektrum ist viel breiter als bei den schon öfters auf ihre Nationsdiskurse hin durchkämmten humanistischen Traktaten, Kosmographien, Erdkunden. Die Reisezwecke waren ganz verschieden, man konnte berufliche Ziele verfolgen (vom Patrizier, der Geschäftsbeziehungen knüpfen oder vertiefen wollte, bis hin zum nolens volens mobilen Handwerksgesellen oder Söldner), seiner Bildung aufhelfen (Gelehrte, Studenten, auf andere Weise adelige »Kavaliere«), fürs Seelenheil vorsorgen (Pilger). Zugegeben, die Raumvorstellungen von selbst ihr Land bearbeitenden Bauern können wir so nicht erkunden; zugegeben, die Mehrzahl der Autoren, die uns in dieser Studie begegnen werden, stammt aus dem wohlhabenden Bürgertum oder dem niederen Adel. Doch besitzen wir auch Lebensaufzeichnungen und »Tagebücher« von Söldnern, Texte von schriftstellernden Abenteurern bzw. Mischtypen zwischen beiden Professionen; von kleinen Handwerkern liegen verschiedene Lebensberichte vor, die auch oder vor allem das Wanderleben des Gesellen schildern und durchaus kultur-, nicht nur sozialgeschichtlich aufschlussreich sind. Moderne Verleger bemessen ihr Interesse an diesem Sujet leider nach der dokumentierten Entfernung, Neudrucke von Berichten über exotische Reiseziele florieren. Für diese Studie sind schriftliche Hinterlassenschaftern von Menschen, die in kleineren Radien regelmäßig mobil waren, mindestens so aussagekräftig, hier wären weitere Textfunde und Quellenpublikationen sehr willkommen.

Es wurde schon skeptisch die Ansicht geäußert, dass »Reiseberichte [...] deshalb lange Zeit eher ein Stiefkind wissenschaftlicher Auseinandersetzung« gewesen seien, »weil sich hier Fakt und Fiktion« kaum »scheiden« ließen.[150] Dieser Sorge muss sich meine Studie nicht hingeben, denn sie bürstet solche Aufzeichnungen ja gegen den Strich, liest zwischen den Zeilen, sucht nach Wahrnehmungsweisen und Denkstrukturen, die die Autoren gar nicht zu Markte trugen. Und dann war dieser Markt der Eitelkeiten meistens sehr klein. Der Reisebericht avancierte erst im 18. Jahrhundert zur beliebten Literaturgattung, fast hat man nun den Eindruck, es werde gereist, um hinterher vor der sich ausformenden literarischen Öffentlichkeit damit renommieren zu können.[151] Die Mehrzahl der für diese Studie ausgewerteten Aufzeichnungen, aus dem 14. bis 17. Jahrhundert, sollte zu engen Freunden und Nachkommen sprechen, wurde im 19. Jahrhundert in die Druckerei getragen.[152] Das lässt sich unschwer inneren Buchtiteln und Herausgebervorworten ablesen, manchmal wenden sich die schreibenden Reisenden aber auch selbst in Vor- oder Nachreden an die ihnen vorschwebenden Adressaten. Hans Ulrich Krafft bittet, wiewohl er noch einen der sprachmächtigsten und farbigsten Reiseberichte unseres Zeitraums geschrieben hat,[153] eingangs seine »Liebe Sön« um Nachsicht für manchen »Eror«, der sich wohl in die Aufzeichnung seiner Reise eingeschlichen habe, zumal »Inn Erwegung, dass [sc. ich] solche Allein nach meiner gutten gelegenhaitt euch zum bösten vnd sunsten Niemandten Zugefallen zubeschreyben gemaint«.[154] Übrigens wurden auch die sprachlich und intellektuell hochstehendsten Reiseaufzeichnungen der ersten Hälfte der Frühen Neuzeit überhaupt, die des Philosophen und Essayisten Michel de Montaigne, keinesfalls im Hinblick auf eine Publikation niedergeschrieben; vom Autor nach der Rückkehr achtlos beiseite gelegt und offenbar nie mehr zur Hand benommen, hat man sie, schlecht erhalten und fast unleserlich, auch nicht ganz vollständig, zweihundert Jahre nach seinem Tod in einer staubigen Truhe gefunden, zufällig, der erstaunte Entdecker hatte eigentlich nach Quellen zur Geschichte des Périgord gefahndet.[155]

Natürlich verfolgten auch diejenigen Autoren, die ihre Aufzeichnungen nicht in die Druckerei trugen, rudimentäre Schreibstrategien. Suchten Sekretäre, Hofmeister oder Berufsschriftsteller, Kavaliersreisen für die Publikation aufbereitend, ihrem hochherrschaftlichen Auftraggeber und möglichst auch noch einem gebildeten Publikum zu gefallen, so wollten all die anderen, weniger schreibgeübten Reisenden, die uns auf den folgenden Seiten begegnen werden, doch immerhin einem Freundeskreis oder den Nachkommen imponieren. Man wollte in der Familientradition als besonders frommer Pilger, besonders bewanderter Handwerker, besonders mutiger Wegbereiter weitgeknüpfter Handelsbeziehungen unsterblich werden. »Authentische« Alltagsquellen, in denen die Raumwahrnehmungen eines Individuums des 15. oder 17. Jahrhunderts empirisch dokumentiert wären, haben wir noch aus einem anderen Grunde nicht vor uns: Unsere Reisenden bereiteten sich zunehmend auf ihre Reisen vor, indem sie Reiseberichte anderer lasen oder aber doch Reisehandbücher. Sie wussten von vornherein, was sie wo erleben würden und wie das andere schon in Worte gefasst hatten. Wir werden immer mit einem nicht genau quantifizierbaren Mischungsverhältnis von individuellem und präformiertem Erleben konfrontiert. Die sich uns erschließenden Wahrnehmungsweisen sind immer auch kulturell vorgeprägt, insofern zeittypisch. Um so besser!

Die Fragenkaskaden dieses Kapitels lassen sich nicht in einem Anlauf in unproblematische Wissensbestände verwandeln. Schon, weil sie sich zwar jahrelangen interessierten Seitenblicken, aber nicht dem generalstabsmäßig durchgeplanten flächendeckenden Großangriff auf vormoderne Texte durch ein vielköpfiges »Projekt-Team« verdanken, können die folgenden Seiten lediglich erste Sondierungen (und hoffentlich auch Anregungen zum Weiterbohren und Weiterdenken), aber sicher keine letzten Antworten geben.

2.5 »Raum« und »Raumwahrnehmung«

Der Raum als Identitätsangebot

In den bisherigen Kapiteln begegneten uns sehr verschiedene »Räume« und unterschiedliche Modi ihrer Aneignung durch die Geistes- und Kulturwissenschaften. Wir sahen, dass und warum naturräumliche Rahmenbedingungen menschlichen Tuns – also einerseits Lageverhältnisse, staatliche Nachbarschaftskonstellationen, Nähe oder Ferne zum Meer usw., andererseits Faktoren wie Klima, Landschaftsreliefs oder Ressourcenreichtum – die meisten Historiker, außer in den beiden prekären Jahrzehnten vor 1945, traditionell allenfalls am Rande interessiert haben. Manche derer, die einen *spatial turn* oder die »Renaissance des Raumes« beschwören, wollen daran etwas ändern, sehnen sich nach neuer »Materialität« hinter den Diskursen.[156] Das lasse ich in dieser Studie auf sich beruhen. In ihr will ich auf eine andere partielle Raumblindheit des Faches aufmerksam machen: Die beheimatende, bergende, identitätsstiftende Kraft von sub- wie supranationalen Räumen systematisch zu untersuchen, hielt man nämlich vor dem Zeitalter jenes »Globalismus«, der nach Ansicht mancher Zeitdiagnostiker den Nationalstaat marginalisieren könnte, nie für vordringlich – weil die großen, nationalen Konsens stiftenden Meistererzählungen nach Wurzelgründen der »Nation« fahndeten, während die zahlreichen Landesgeschichten je ein *bestimmtes*, nach aktuellen Kriterien gezirkeltes Stück Erdoberfläche mit Leben erfüllten. Wie aber verhielt es sich mit der vormodernen *Gemengelage* verschiedener räumlicher Identitätsangebote? Wie konstituierte Räume welchen Zuschnitts waren für damalige Menschengruppen wichtige Identitätsanker? Uns solchen Fragen zuwendend, könnten wir für Nachbarwissenschaften interessant werden, die gegenwärtige Globalisierungsprozesse diagnostizieren und sich über künftige den Kopf zerbrechen.

Warum soll sich denn die vormoderne Gemengelage räumlicher und nichträumlicher Identitätsangebote von unserer unterschieden haben? Nun, zum einen sind Loyalitäten einzukalkulieren, die heutzutage offenkundig keine Rolle mehr spielen, der Kaiser beispielsweise oder die das Land regierende Dynastie oder das Nachwirken frühmittelalterlicher gentiler

Zusammenhänge. Die Konfession begann erst seit dem 18. Jahrhundert in den Bereich privater Kontingenzbewältigung abgedrängt zu werden, sie also ist bei der Suche nach überfamiliären prägekräftigen Loyalitäten der Vormoderne sicher mit ins Visier zu nehmen. Was beispielsweise auch anders war als heute, ist das (viel geringere) Kommunikations- und Reisetempo.

Dass an der Schwelle zur Neuzeit von gewissen elitären Minderheiten viel über nationale Geschichte und nationale Eigenart nachgedacht wurde, haben die klassischen Arbeiten zum Nationalismus[157] damit begründet, dass damals mit den großen Städten das Bürgertum floriert habe und der Frühkapitalismus entstand, sodass Kaufleute mobil wurden[158] und als Fremde anderswo ihr Selbstbewusstsein behaupten mussten. Ist Mobilität die Voraussetzung dafür, überhaupt überfamiliäre Loyalitäten entwickeln zu können? Das würde ja heißen, man entdeckt sein Anderssein in der Fremde, durch Vergleich und Befremden. Andererseits soll die im Zuge der Industrialisierung grassierende Mobilität und Beschleunigung Raumbezüge zersetzt, Lebensstile eingeebnet haben. Über die offensichtlich zwiespältige Rolle der Mobilität für die raumbezogene Identität (gibt es einen für sie optimalen Mobilitätsgrad?) müsste also noch genauer nachgedacht werden – übrigens wohl nicht nur von Historikern.

Der frühneuzeitliche Reisende brachte es auf drei bis sieben Stundenkilometer, auf Tagesleistungen von 40 bis 90 Kilometern, die vielen Beschwernissen und Unwägbarkeiten abzuringen waren, auch stark mit deren Ausmaß schwankten – er musste sich Räume mühsam »erarbeiten«, hat Entfernungen viel massiver »erlebt« als der Insasse eines modernen Hochgeschwindigkeitszuges, und dass die »Grenzerfahrung« dessen, der einer Raumbegrenzung zuvor tage- oder wochenlang Meile für Meile nähergerückt ist, eine andere war als beim zügigen Überfliegen, darf unterstellt werden. *Dass* die identitätsstiftende Kraft von Räumen unter den Mobilitätsbedingungen der Vormoderne anders waren als heute, ist evident, aber nicht quantifizierbar. Wir können *keine Summe* ziehen und in Balkengraphiken bannen, die uns das Ausmaß »des« Heimatgefühls »der« vormodernen Menschen für bestimmte Jahre oder Jahrzehnte anzeigten.

Realistischer dürfte der Vorsatz sein, etwas Licht in die spezifisch frühneuzeitliche Gemengelage politischer, geographischer, kultureller Identitätsangebote zu bringen. *Welche Ebene* war gemeinhin die dominierende – inwiefern sah sich, beispielsweise, ein Bewohner der Reichsstadt Augsburg als Reichsstädter, Schwaben, Teutschen? Ein Bewohner Ansbachs als Ansbacher, Bewohner eines Hohenzollernfürstentums, Franken? Allgemeiner formuliert: Wie groß war jener Raum, der sich als hauptsächlicher Bezugspunkt herausstellt, und wie war er umgrenzt – politisch (Territorium, Reichskreis) oder anders (Naturraum, »Kulturraum«, Dialekt)? Wie gewichtig waren Loyalitäten, die unter den Mobilitäts- und Kommunikationsbedingungen der Vormoderne zwangsläufig territorialisiert waren, im Verhältnis zu solchen, die kein räumliches Äquivalent besaßen – der Konfession, in Teilen Europas (so in der Mitte dieses Kontinents) auch der Nation?

Der Raum, eine Kopfgeburt

Meine Fragen dürften schon deutlich gemacht haben, dass diese Studie nicht Benedict Andersons Nationalismus-Verständnis[159] in die Niederungen der Regionalforschung herunterholen will, was übrigens auch nicht mehr besonders innovativ wäre. Ich verändere die Fragerichtung etwas, man könnte auch sagen: richte den Fokus meiner Aufmerksamkeit auf den anderen Pol der Ellipse. Nicht, wie Regionalkonzepte von welchen Eliten mit welchen Interessen mittels welcher Diskursstrategien *entwickelt und propagiert* wurden, frage ich im Folgenden, und erst recht nicht, welche der bei solcher Kompositionsarbeit mehr oder weniger geschickt zu verwertenden kohäsiven Faktoren (politische bzw. administrative Strukturen; oder erdräumliche Gemeinsamkeiten bzw. Barrieren; oder Sogkräfte eines attraktiven Zentrums bzw. kommunikative Vernetzungen durch gemeinsames Wirtschaften ...) einer Region denn *objektiv* inneren Halt und äußere Begrenzung verliehen haben. Mich interessiert hier mehr, wie – wodurch und in wessen Interesse auch immer konstituierte – Regionen unterschiedlichen Zuschnitts *subjektiv* von sie durchquerenden oder auch in der Ferne an sie zurückdenkenden Menschen empfunden wurden. Ich erprobe also eine wahrnehmungsgeschichtliche Wendung der Regionalforschung.

Einem naiven Naturalismus will ich damit nicht das Wort reden, schon gar keine Ontologisierung »des Raums« betreiben. Es mag den modernen, hochmobilen Bewohner einer Metropole mit Nebenwohnsitzen in anderen Großstädten zunächst einmal provozieren, wenn nach dem Zusammenhang von »Raum« und »Identität« gefragt wird. Sind Wir-Gefühle und spezifische Wertvorstellungen nicht an – heutzutage selbstverständlich räumlich disparate und »vernetzte« – soziale Primärgruppen anstatt an

Räume gebunden? Ich denke, dass räumliche Lebenszusammenhänge auch heute noch gewissermaßen »symbolische Gemeinschaften« konstituieren können. Die Sozialwissenschaften kennen längst die *symbolic ethnicity*: Ein Individuum entwickelt Zugehörigkeitsgefühle, internalisiert spezifische Wertvorstellungen, ohne dass ein nennenswerter Interaktionszusammenhang überhaupt noch bestünde. Man empfindet ein gewisses Maß an Loyalität, bezieht »Wir-Gefühle« aus einer nur symbolisch präsenten Bezugsgröße, tut einfach so, als ob ein Primärgruppenzusammenhang existierte. Könnte es sich heutzutage mit Lebensräumen ähnlich verhalten: symbolische Gemeinschaften mit eher unverbindlichen, oft ritualisierten Beziehungen, die trotzdem Gruppenloyalität einfordern, dafür ohne große Kosten (etwa ans Zeitbudget) emotionale Geborgenheit bieten?

Von naivem Naturalismus (bzw. erkenntnistheoretischem Realismus) kündet die Frage nach der historischen Raumwahrnehmung schon deshalb nicht, weil Räume ja, recht besehen, keinesfalls materiell vorgegeben sind. Von materieller Qualität sind lediglich die Elemente (Punkte der Erdoberfläche, Dinge, Lebewesen), die der Mensch durch Syntheseleistung zu einem Raum verknüpft. »Raum« ist nichts objektiv, unabhängig vom Menschen Existentes. Gerade deshalb lohnt es, danach zu fragen, wie Eliten aller Zeitalter durch welche Praktiken welche Räume konstituiert bzw. – das ist die zentrale Fragestellung dieser Studie – wie Menschen vormoderner Zeiten aufgrund welcher individuellen Syntheseleistungen welche Ensembles von Dingen, Mitmenschen und Orten als Räume wahrgenommen haben. Zweifelsohne war die individuelle Syntheseleistung wiederum von der zeittypischen Sozialisation abhängig, insofern gesellschaftlich vorgeprägt, gewiss erfolgte sie in der Regel wenig reflektiert – der Einzelne empfand die von ihm synthetisierten Räume subjektiv als historisch oder naturräumlich vorgegeben, objektiv betrachtet sind sie es nicht.

Wenn ich im Folgenden immer wieder, abkürzend, von »Raumwahrnehmung« spreche, ist genau das gemeint: nicht die Wahrnehmung eines objektiv, ohne alles menschliche Zutun eben vorhandenen Raumes, sondern die Synthetisierung materiell vorhandener, beispielsweise vom Reisenden vorgefundener Dinge zu Räumen. Natürlich entstanden diese Räume im Kopf des Beobachters. Individuelle und doch zeitgebundene Syntheseleistung, Kopfgeburt: all das mag man mitdenken, wenn im Folgenden immer wieder von »Raumwahrnehmung« die Rede ist – bei der ich es denn der sprachlichen Einfachheit halber bewenden lasse.

3. Vormoderne Lebensräume

3.1 Heimatliches, Befremdliches

»Patriotische« Propaganda

Nicht nur die »natio« war einst Bezeichnung für alle möglichen überfamiliären identitätsstiftenden Einheiten.[1] Auch die »patria« hat eine bewegte Wortgeschichte. Beispielsweise konnte sie im Imperium Romanum nicht dieses, wohl aber die Stadt Rom, erst seit den Tagen Ciceros und Cäsars darüber hinaus auch die Apenninhalbinsel meinen.[2] Ernst H. Kantorowicz konnte zeigen, wie sich der antike Inbegriff aller politischen und sittlichen Werte, für die zu leben und auch zu sterben lohnte, an den politischen Realitäten des früh- und hochmittelalterlichen feudalen Personenverbands rieb; es war nun glaubwürdiger, Opfer im Zeichen der »fidelitas« oder »pro domino« einzufordern,[3] ehe Juristen des späten Mittelalters wieder die Pflicht zur Verteidigung der »patria« preisen und den feudalen Vasallenpflichten voranstellen konnten:[4] Indiz fortschreitender Territorialisierung politischer Herrschaft!

»Patria« konnte auch für den frühneuzeitlichen Menschen sehr Verschiedenes meinen – konnte sogar die Welt schlechthin sein[5] oder aber vermeintlich gar nicht existent.[6] Und das Vaterland »teutscher Nation«? Am häufigsten beschwor es, am Ende unseres Untersuchungszeitraums, seit den 1670er Jahren, die antiludovizianische Publizistik. Dass Ludwig XIV. von Frankreich bei seinen notorischen Kriegen auf Reichsinteressen wenig Rücksicht nahm, dann sogar unverkennbar dem Rhein zu expandieren wollte, löste rechtsrheinisch patriotische Fieberschübe aus. Ob von ihnen selbst infiziert, auf entsprechende Absatzchancen spekulierend oder aber offiziös: Jedenfalls rief nun eine Reihe von Autoren zum patriotischen Widerstand auf, »vor die Gottesfurcht gegen das Vatterland, vor die Liebe gegen die Vorfahren und Nachkömmlinge, vor den Ruhm des Volcks, vor die Freyheit, und freyem Fürstl[ichen] Stand«, man dürfe sich nicht »einem

Außländischen, der seinen eygenen Nutzen prüffet, zum unwiederbringlichen Verderben ergeben«.[7] Die Erregung legte sich wieder, der zeitweilig emsigen Produktion gedruckter Feindbilder zum Trotz blieb das Nachbarland bündnisfähig.

Eigens zum Zwecke der Erhellung vormoderner Raumbezüge und gezielt mit »Suchworten« wie »patria« an umfangreiche Archivbestände heranzugehen, ist leider nicht praktikabel; doch kenne ich nach langjähriger Beschäftigung mit dem Dreißigjährigen Krieg und seiner Vorgeschichte die Akten der ersten Hälfte des 17. Jahrhunderts leidlich gut. Was meint in ihnen das – übrigens häufig beschworene – »vatterland«? Fast immer ein bestimmtes Reichsterritorium, das von Einquartierungen bedroht sei, das Hilfe brauche, Rettung suche: Die allfälligen Suppliken und Bittbriefe an den Kaiser, Wallenstein, vermeintliche große Schutzmächte (wie zum Beispiel Kursachsen) verwenden den Terminus dutzend- und hundertfach so; in diesem Sinne war zum Beispiel die Reichsstadt Nürnberg das »geliebte Vaterland«, das in Gefahr war, und »Amor patriae« führte dem Magistrat die Feder.[8]

Dass im Konfessionellen Zeitalter häufig religiöse Solidaritäten alle anderen überfamiliären, regionale wie nationale, überlagerten, haben wir schon gesehen.[9] »Salus patriae bestehe fast allein uf den wafen«[10] – so und ähnlich hat man es immer wieder begründet, warum man das andere konfessionelle Lager, den anderen Reichsteil mit Krieg überziehen müsse. Manchmal scheint der Ausdruck auch irgendwo zwischen »Gesamtreich« und »evangelischem Reichsteil« angesiedelt zu sein, so in diesem beeindruckenden Plädoyer Benjamin Bouwinghausens für die Aufrichtung einer bewaffneten Friedenspartei: »Wann dann wir [...] uns, wie wir alhier durchaus resolvirt, auf keine seiten lenken [...] sonder tertiam partem machen kendten, pro sola libertate patriae et religionis [...], kendten wir villeicht mit Gott uns noch ab interitu vindiciern [...] und es nit ad extrema kommen lassen, das die fremde nationen in unsern landen ihre passiones ausfiehrn«.[11] Oder der Begriff changiert zwischen »protestantischer[12] Reichshälfte« und »Einzelterritorium« – beispielsweise, wenn die württembergischen Hofräte am 12. März 1620 mit folgender Begründung davon abrieten, sein Schicksal an das des nach Böhmen verzogenen »Winterkönigs« zu knüpfen: Es stehe »uf der einen seiten promissio Böhemis, uf der andern salus patriae«.[13]

Das bedrängte Vaterland war meistens ein Reichsterritorium, manchmal ein konfessionelles Lager. Viel seltener[14], zumeist in pathetischen Aufrufen, meint »patria« das von Kriegswirren geplagte Reich – Gott möge »heylsame mittel und wege zeygen, damit unser geliebtes vatterland, das reich teutscher nation und alle länder und völker darinnen, welche bishero wie ein ungestummes meer von grossen winden getrieben, und von einer unruh in die andere gejagt worden, wider gänzlich gestillet und zu bestendigem frieden gebracht werden mögen«, fleht ein wohl hessisches Gebet.[15] Sonntags also konnte man sich auch einmal des größeren Vaterlandes, des Reichsverbands erinnern;[16] alltäglich waren viel kleinräumigere Bezüge. Ich kenne nur einen einzigen, gerade in seiner Beiläufigkeit beeindruckenden Gegenbeleg, aus dem Tagebuch eines Söldners. Eine vollkommen entwurzelte Existenz spricht dort zu uns, lediglich sprachliche Indizien ergeben, dass es sich wohl um einen gebürtigen Rheinländer handeln muss. Er kämpft überall in Mitteleuropa und auch auf der Apenninhalbinsel für alle möglichen Dienstherren, registriert die ihm alltägliche Gewalttätigkeit vollkommen ungerührt, und dann das – angesichts der Zerstörung Magdeburgs durch Ligatruppen:»Ist mir doch von Herzen leid gewesen, dass die Stadt so schrecklich gebrannt hat, wegen der schönen Stadt und weil es meines Vaterlandes ist.«[17]

Gelegentliche feierliche Appelle an die »teutsche Nation«, viel kleinere Alltagsbezüge – der Befund könnte in anderen Jahrzehnten und anderen Kontexten[18] ähnlich sein. In *Teutscher Nation Heldenbuch* Heinrich Pantaleons von 1570 finden wir in der Vorrede salbungsvolle Appelle an Wehrhaftigkeit und innere Einheit der Nation, hier heißt »vnser Vatterland« (wie das ja auch der Titel erwarten lässt) Deutschland. In den einzelnen Lebensbildern buchstabiert es sich ganz anders – da gilt beispielsweise ein Züricher »nit allein für ein geziert deß Vatterland, sonder der gantzen Teutschen Nation«; oder es kehrt ein Augsburger nach seinem Studium »in das Vatterland« zurück, um dort, nämlich in Augsburg, Stadtsyndikus zu werden.[19]

Nochmals ein Vierteljahrhundert früher hatte das Reich seinen ersten Konfessionskrieg durchlebt. Er wurde auf evangelischer Seite als solcher empfunden (und in der Erinnerung von Generation zu Generation weitergegeben[20]), aber aus verschiedenen Gründen, zum Beispiel weil Luther stets auf den Gehorsam gegenüber der rechtmäßigen Obrigkeit gepocht hatte, hielt man es auch für wichtig, den Kriegsgegner, Kaiser Karl V., propagandistisch als Tyrannen zu denunzieren: nämlich als Feind »teutscher Libertät«, damit überhaupt des weiteren, des »teutschen« Vaterlands. Die Sprachregelung breitete sich bis zu den eigentlich am Strauß unbeteiligten Eidgenossen aus: In einem Schreiben, das der Rat von Bern am 3. Juli 1546 an seine Vertreter bei der Tagsatzung in Baden abgehen ließ, heißt es, Karl versuche die Fürsten und Reichsstädte zu unterjochen; gelinge ihm dies,»so wäre es ouch nit allein umb das gmein Vaterland und Fryheiten tütscher Nation, sonders ouch gemeiner loblicher Eydgnoschaft, so darin vergriffen ist, beschächen«[21] – nebenbei bemerkt ist das Zitat auch für das Problem der Zugehörigkeit der Eidgenossenschaft zur frühneuzeitlichen »teutschen nation« interessant. Karl lernte und konnte in ähnlicher Diktion dagegenhalten; als 1552 eine Fürstenkoalition zum Kampf gegen den Tyrannen blies, ließ er in München und Stuttgart seiner Hoffnung Ausdruck geben,»es werde in der loblichen Teutschen nation [...] jemands nit leichtlich befunden werden, der sich von sollichem falschem verblümbten schein wider sein aigen vatterland, und also wider sich selbs, werd verfüren« lassen.[22] Das multivalente Bindemittel »teutsche nation« sollte Kaisertreue und Eigeninteresse rhetorisch ineinssetzen.

Häufiger haben sich aber, wenn mich nicht alles täuscht, Protestanten feierlich auf ein»deutsches« Vaterland berufen. Den Katholiken genügten ihre im politischen System angelegten strukturellen Vorteile; wer gegen das katholische Reichsoberhaupt, die katholische Reichstagsmehrheit etwas durchsetzen wollte, benötigte hierfür Respektableres als Interessen: nämlich bevorzugt den weltlichem Räsonnement entzogenen Ruf des »gewissens«[23], Appelle ans Wohl des deutschen Vaterlandes durften ihn gern flankieren. »Wouer den Stenden jhres gemainen Vatterlands Hail vnd Wolfahrt von Hertzen angelegen«, sollten sie endlich aufhören, Protestanten zu verfolgen, können wir beispielsweise in einem Traktat von 1576 nachlesen.[24] Schon Luther selbst konnte sich den weiten Mantel eines deutschen Vaterlandes überstreifen:»Ich kans ia nicht lassen, ich muoß auch sorgen für das arm, elend, verlassen, veracht, verrathen und verkaufft Deudsch land, dem ich ia kein arges, sonder alles guotes gönne, als ich schuldig bin meinem lieben vatterlande.«[25]

Selbst in dem Alltagsempfinden weit entrückten, nämlich feierlichen und salbungsvollen Beschwörungen konnte das Vaterland indes auch im 16. Jahrhundert viel kleiner sein. Fränkische Niederadelige mit ihren nach halben Dörfern zu bemessenden Miniherrschaften stellten ihren Selbstbehauptungskampf gegen das erstarkende Fürstentum an der Schwelle zur Neuzeit unter das Motto einer »pugna pro patria«, also eines »Kampfes fürs Vaterland«.[26] Die evangelischen Teilnehmer am Reichstag von 1582 lamentierten darüber, dass so mancher brave Protestant, der sich »sonsten in politischen Sachen gegen seiner Obrigkeit gebürlichen Gehorsams befleisset aus seinem Vatterland, oder da er mit leiblicher Nahrung versorget ist, verstossen wird, und sich an fremde Orte begeben muss«.[27] »Vatterland« ist in diesem Appell das katholische Reichsterritorium. Im Mai 1552 ließ Christoph von Württemberg dem Reichsoberhaupt erklären, die Fürstenallianz um Moritz von Sachsen fordere seinen Anschluss – sonst drohe die Verheerung des Herzogtums und dass er dieses sein »vatterland elendigklich zu verlassen« habe.[28] Wenn Karl, wie gezeigt, auf die gebieterischen patriotischen Appelle der »Teutschen nation« rekurrierte, antwortete das auf solche Erklärungen – der damalige Propagandakrieg war auch einer zwischen verschiedenen »Vaterländern«.

Heimweh

Das Getöse politischer Propaganda sagt uns über das Alltagsempfinden, über alltägliche Lebensbezüge der vormodernen Menschen außerhalb der Rats- und Gelehrtenstuben ungefähr so viel wie salbungsvolle Aufrufe in patriotischen Traktaten[29] oder Liedern: nämlich wenig. Und trotzdem will ich einen letzten salbungsvollen Aufruf zitieren, den ganz am Ende der Frühen Neuzeit Ernst Moritz Arndt gedrechselt hat, in seinem hochpolitischen Gegenstück zur Marseillaise – weil er uns nämlich über den Breitenerfolg all solcher Appelle in den vorangehenden Jahrhunderten aufklärt:

»Was ist des Deutschen Vaterland?
Ist's Preußenland, ist's Schwabenland?
Ist's, wo am Rhein die Rebe blüht?
Ist's, wo am Belt die Möve zieht?
O nein! nein! nein!
Sein Vaterland muss größer sein.«[30]

Das ist Aufforderung, Soll-Aussage – demnach nicht Ist-Zustand! War das Vaterland der meisten Menschen denn noch immer nicht größer? Dafür ließen sich zahlreiche Belege noch aus den letzten Jahrzehnten der Frühen Neuzeit aufbieten. Justus Möser stand einer Buchpublikation seiner (in der Lokalzeitung erschienenen) *Patriotischen Phantasien* skeptisch gegenüber, weil sie sich auf »einheimische« Verhältnisse bezögen und deshalb »auswärts« nicht passten[31] – das »patriotische« Engagement Mösers meinte das Hochstift Osnabrück. Friedrich Nicolai kokettiert im Vorwort seiner *Beschreibung einer Reise durch Deutschland und die Schweiz* mit der Erwartung, für seine kritischen Bemerkungen zu verschiedenen Städten gescholten zu werden, aus falsch verstandener »Vaterlandsliebe«, die sich nichts von einem »Ausländer« sagen lassen wolle.[32] »Vaterland« scheint noch gegen 1800 selten Teutschland gemeint zu haben. Im Jahr 1793 erinnerte sich Christoph Martin Wieland, auf seine Biberacher Kindheit zurückblickend, dass man ihm beiläufig mit Loyalitätspflichten »gegen die Obrigkeit, gegen Ihro Römisch-Kaiserliche Majestät als das allerhöchste Reichs-Oberhaupt, und *insonderheit* gegen Herren Burgermeister und Rath«, also den Magistrat der engeren Heimat, der Reichsstadt Biberach gekommen sei. »Aber von der Pflicht, ein teutscher Patriot zu seyn, war so wenig die Rede, dass ich mich nicht entsinnen kann, das Wort Teutsch oder Deutsch [...] jemals ehrenhalber nennen gehört zu haben.«[33] Wenn die nationalisierte Literatur der Napoleonzeit gegen eine Haltung anrannte, die »die Vaterlandsliebe des Teutschen auf seinen Geburtsort einschränket«,[34] dokumentiert sie damit unfreiwillig vor allem eines: dass diese Haltung eben offensichtlich noch am Ende der Vormoderne verbreitet, den meisten Menschen tief eingewurzelt war.

In welche Heimat sehnten sich denn frühneuzeitliche Reisende zurück, wohin kehrten sie heim? So, wie diese wahrnehmungsgeschichtlich ausgerichtete Studie nach emotionalen Bekenntnissen zur Nation, nicht nach dem juristischen Pendant, der Ausbildung eines einheitlichen Staatsbürgerschaftsrechts fragt,[35] interessiert sie das subjektive Empfinden heimatlicher Geborgenheit oder momentaner Heimatlosigkeit, nicht das vormoderne Heimatrecht.[36] Nach dem Terminus »Heimweh« darf sie dabei übrigens nicht fahnden, wiewohl man der Sache nach natürlich darauf stößt. So fühlte sich der Knabe Felix Platter in einer Herberge in Avignon plötzlich unerträglich »verloßen«: »wer gern hinweg gsin, fieng mich an alß ein iungen ein solch verlangen, in mein vatterlandt wider zereißen, ankommen, das ich in stal gieng zuo meinem rößlin, umfieng es und weinet«.[37] Hier tat Sehnsucht nach der Heimat wirklich weh, aber »Heimweh« galt »bis zu Goethe als mundartlicher, nicht schriftfähiger Ausdruck«.[38]

Wird »Heimat« erst bei ihrem Verlust reflektiert, in der Ferne des Weitgereisten, im Asyl des Vertriebenen? Terminologische Pendants zu »Heim« und »Heimat« sollen häufig in der Völkerwanderungszeit verwendet worden sein, danach abklingen.[39] »Heimatromane« kompensierten Verlusterfahrungen einer sich industrialisierenden Gesellschaft, flankierten die Migration großer, ihrer seitherigen lokalen (eigentlich grundherrlichen) Verankerung ledig werdenden Menschenmassen in die boomenden industriellen

Verdichtungsräume – man erinnert sich an die erst in nostalgischer Distanz
verklärten ländlichen Herkunfsregionen der eigenen Kindheit (oder der in
der eigenen Kindheit gehörten Heimatgeschichten), und eben weil sich
diese ländlichen Peripherien entvölkern, kommen sie bei gelegentlichen
Besuchen »in der alten Heimat« dem Bedürfnis der neuen Städter nach
»unberührter Natur« entgegen, so dass solche Heimat immer heimeliger
wird. Dass der deutsche »Heimatfilm« der 1950er Jahre Verlusterfahrungen
der »Vertriebenen« ökonomisch verwertbar machte, dürfte keine gewagte
These sein. »Nur die Poesie der Ausfahrer, Exilierten und Vertriebenen
kann adäquat beschreiben, was Heimat ist«, meinte Walter Jens einmal.[40]
Für den Landeshistoriker Werner K. Blessing »scheint in der Regel Heimat,
eben weil sie als alltäglich gewohnte Umwelt distanzlos erlebt wird, in ihren
wesentlichen Zügen erst von außen voll sichtbar zu werden – dann, wenn
man sie verlassen oder durch Zwang verloren hat«.[41] Und, machen wir uns
da nichts vor: Kein Mensch wäre heutzutage ernsthaft bereit, seinen Le-
benshorizont freiwillig, ohne ökonomische oder gesundheitliche Zwänge,
auf ein Dorf, ein Stadtviertel einzuengen, nur noch über den Gartenzaun
zu blicken, nur noch Ortsgespräche zu führen, um so, über eine Reterri-
torialisierung von Kommunikation und Interaktion, zerschlissene »heimatliche« Bindungen wieder zu stärken. »Es ist aufschlußreich, dass wir die
verlorene Heimat nur als Topos unserer Sehnsüchte haben wollen, nicht
aber als konkretes Territorium mit konkreten Menschen, als Umgebung,
die uns geographisch und sozial einschließt. So schön, wie man sich die
Heimat vorstellt, wenn man sie nicht mehr hat, kann sie in Wirklichkeit gar
nicht sein.«[42]

Andrea Komlozy kam, Schriftgut aus dem österreichisch-tschechischen
Grenzgebiet (speziell untersuchte sie das Waldviertel) sichtend, zum Ergebnis, erst das Wegbrechen einer stabilen Basis für regionales Wirtschaften und die dadurch erzwungenen Migrationswellen der Jahrzehnte um
1800[43] hätten dort das Bedürfnis geweckt, über heimatliche Bezüge nachzudenken. Erst diese (häufig nach Wien führenden) Migrationsbewegungen
hätten die Menschen dazu gebracht, »ihre Zugehörigkeit in territorialer
Hinsicht zu definieren. Zuvor waren sie Untertanen ihrer Herrschaft gewesen, und wenn ihnen dies im Konflikt mit dem Grundherrn zupass kam,
beriefen sie sich schon auch einmal auf den Kaiser in Wien. Ansonsten
bedurften Heimat und regionale Identität keiner weiteren Spezifikation; für
Menschen, die ihre Heimat ohnehin nicht verlassen konnten, war diese wie
eine zweite Haut.«[44]

Nun war freilich die vormoderne Gesellschaft nicht so immobil, wie (nicht nur) diese Kennerin des 19. Jahrhunderts meint. Pilger haben ihre »Heimat« für oft lange Zeit »verlassen«, tourende Kavaliere[45] taten es, womöglich mit großer Entourage, in kleineren Reisegruppen wohlhabende Patriziersöhne. Söldner durften bei der Wahl ihres Arbeitsplatzes nicht wählerisch sein, aber angesichts der hohen Bellizität der Frühen Neuzeit gab es doch fast immer irgendwo in Europa den erhofften Krieg. Händler und Handwerksgesellen zogen umher, »Schwabenkinder« und »Holland-gänger«.[46] Wanderarbeiter haben ihre Bewegung im Raum nicht verschrift-licht, im Heer der »Fahrenden«[47] werden wir gelegentlich fündig. Nicht selten hielten Pilger und Patriziersöhne ihre Erlebnisse für Freunde, Finanziers und Nachkommen fest, und häufig befand sich in der En-tourage des adeligen Kavaliers jemand, der die hochherrschaftliche Reise protokollierte. Kurz, zahlreiche vormoderne Reisende haben ihre Stadt, ihre Region, ihr Land mehr oder weniger freiwillig »verlassen«, und nicht wenige gaben sich selbst und anderen dabei mitschreibend Rechenschaft. Hier also müssten wir, abseits der Bühne dröhnender politischer Propa-ganda und viel authentischer, fündig werden: Was befremdet nach Ausweis solcher Texte, an welche Heimat denken sie zurück, an welchen Grenzen reiben sie sich, wen akzeptieren sie als Landsmann und warum?

Kleine Heimaten

Der junge Felix Platter, den wir in Avignon antrafen, als er sich bei seinem »rößlin« ausweinte, weilte insgesamt fünf Jahre lang, zwischen 1552 und 1557, in Frankreich. Er suchte dort gern Kontakt zu »Deutschen«, wie es wiederholt heißt, doch war Deutschland sein Heimatland? Endlich nach Basel zurückkreisend, notiert er 20 Kilometer vor der Stadt, er freue sich auf die Ankunft im »vatterlandt«.[48] Noch länger als Platter ist eine Generation später der bei Sterzing geborene, in Augsburg aufgewachsene Lukas Geiz-kofler unterwegs gewesen, auch er vor allem in Frankreich; zurückkreisend, erwähnt er weder Reichsgrenze noch deutsche Sprache, doch durch Augs-burg kommend, nennt er die Stadt gerührt seine »zweite Heimat«; eigent-lich freilich geht es Sterzing zu, wo er jubelnd »die süße Heimarerde«[49] wiedersieht, der er so lange fern gewesen sei, doch, wie ausdrücklich fest-gehalten wird, »stets sich ihrer erinnernd«.

Wenn schon die Vaterländer mobiler Eliten viel kleiner waren als Reich oder »Nation«, stellen wir uns die Heimaten jener überwiegend sesshaften Bevölkerungsmehrheit, die weder weite Berufs- oder Bildungsreisen zu unternehmen pflegte noch zum »fahrenden« sozialen Bodensatz gehörte, nicht eben riesig vor. Nur, wo sprechen diese Menschen darüber? Ein durch und durch sesshafter einfacher Mann, der Schuhmacher und Kleinbauer Hans Heberle aus dem Dorf Neenstetten bei der Reichsstadt Ulm, schrieb von 1618 bis 1672 sein »Zeytregister«, eine Art Chronik. Sind Reich und deutsche Nation für ihn emotionale Bezugspunkte? Gerade einen Beleg dafür kann man ausmachen: Heberle betet für »Teütschlandt und das ganze Römische Reich«, weil diese vom »erbfeindt dem Türken« bedroht sind.[50] Wie »Teütschland«, ist Heberle auch das »Schwabenland« ein Begriff.[51] »Vatterland« hingegen ist durchgehend, mal beiläufig, mal mit emphatischem Beiklang, das Territorium der Reichsstadt Ulm – gleich zweimal beteuert das der folgende Satz: Es hätten »unsere gnedigen herren und oberfürgesetzten der statt und gemeinen vatterlands auch mittel und weg gesucht, wie es dem gemeinen vaterland aller ihrer underthanen mecht geholffen« sein.[52] Heberle ist diesem »vaterland« gegenüber überaus loyal und zweifelt offenbar keine Sekunde daran, dass das reichsstädtische Territorium die ihn bergende Heimat ist. Doch während des ganzen Dreißigjährigen Krieges ist eine andere Loyalität noch viel auffälliger: die zur eigenen Konfession, zum evangelischen Glauben. Als Augsburg, Reichsstadt wie Ulm, von den Schwedischen genommen wird, hält Heberle das triumphierend fest, »Gott« habe »der statt, wie auch der gantze evangälisch religion geholffen durch den hoch und löblichen könig in Schweden«.[53] Gustav Adolf ist nicht Ausländer, ist Glaubensgenosse. Als Ulm dem Prager Frieden beitritt, sich damit (nolens volens) gegen Schweden stellen muss, bedauert Heberle das – als braver Untertan der Ulmer Obrigkeit nimmt er es hin, aber er stellt doch zugleich richtig: »Mit deme mundt seyen wir keysserisch gewessen und mit dem hertzen schwedisch. Dan mir haben den Schweden lieber sehen sigen dan den Keysser, von wegen der Religion und deß glaubens halber.«[54] Die teutsche Nation ist Heberle nicht gleichgültig, aber als identitätsstiftener Rahmen verblasst sie vor den viel tiefer gründenden emotionalen Ankerpunkten Reichsstadt und Protestantismus, der engeren und der geistigen Heimat.

Dass Reichsstädte von ihren Bewohnern als Vaterländer erachtet wurden, ließe sich mit einer Reihe frühneuzeitlicher Bekundungen aufzeigen, prominenten[55] und ganz unbekannten Namen belegen – da preist einer

»die hochlöbliche Reichsstadt Köln mein geliebtes Vaterland«[56], stöhnt der andere über die vielen Baustellen im »lieben Vatterland«, der Reichsstadt Augsburg.[57] Eine konventionelle Zuschreibung ohne jeden positiven emotionalen Gehalt bietet Martin Wintergerst: Nach 22 Jahren als vormoderner Globetrotter zurück in Mitteleuropa (die Heimkehr ins Reich wird mit keinem Wort gewürdigt), kommt er am 8. Februar 1710 »in meinem Vatterland und Geburts-Stadt Memmingen wieder an«, doch hält ihn dort nichts: »Nun muss ich bekennen, dass es mir von Anfang unaussprechlich fremd und ungewohnt in Europa vorkam, und stund mein Sinn immer eher wieder nach Ceylon als nach Schwaben«.[58] Die »fremde« Heimat – allein mit stupiden Suchwortfunktionen ist es nicht getan! Doch sind Wintergersts Konnotationen zum »Vaterland« in Reiseaufzeichnungen singulär, die sprichwörtlich irreguläre Ausnahme. Dieser Dauerreisende war in der Fremde heimisch geworden.

Ob auch Landstädte ihren Bewohnern »vatterland« sein konnten oder ob sie dieses Attribut durchgehend dem jeweiligen Fürstentum beilegten? Hier sprudeln die Quellen nicht so reichhaltig, doch lassen einzelne recht instruktive Zeugnisse auch für landesherrliche Städte einen sehr kleinräumigen Heimatbezug vermuten. So provozierten am Wirtshaustisch ausgestoßene Schmähungen eines Lippstädters auf seinen Wohnort den Vorwurf der »atrocissimae et gravissimae injuriae contra patriam«[59], war dem in Böhmen weilenden Johannes Butzbach Miltenberg die häufig beschworene und vermisste Heimat.[60] Den Goldschmiedegesellen Wolfgang Vincentz trieb »große Sehnsucht nach Breslau, meinem Vaterland« auf der Apenninhalbinsel und in Süddeutschland offenbar ständig um,[61] nach seiner ersten Gesellenreise zog er »durch Deutschland über Sachsen nach Schlesien ins Vaterland«[62]. »Deutschland« hieß das »Vaterland« dieses Handwerkers nicht, was auch die folgende Passage seiner Lebensaufzeichnungen deutlich macht: Mit unhaltbaren Versprechungen in die amerikanischen Silberminen gelockte schlesische, böhmische und sächsische Bergleute »mussten als die allererbärmlichsten Bettler von Spanien über Welschland und Deutschland ins Vaterland zurück«[63]. Auch Hans Georg Ernstinger hatte ein kleines »vatterland« – hieß es Tirol, war es der Talkessel von Innsbruck? Wohl letzteres, und sicher gehörten die österreichischen Erzherzogtümer nicht mehr dazu, wie uns diese Passage seines *Raisbuchs* zeigt: »Den 16 Martii obgemelts 1579 jar bin ich sambt meinem bruedern Sigmund Christoffen Ernstinger von Insprugg unserem vatterlant weckhgezogen gehen Lintz in Österreich ob der Enns auf die lantschaft schuel alda«.[64]

In dieser Studie werden keine fiktionalen Texte ausgewertet, und aus der Analyse von Reiseberichten blende ich mich aus, wenn sich diese, dem 18. Jahrhundert zu, zu literarisieren beginnen. Damit will ich nicht sagen, der Blick auf poetische Heimaten sei belanglos. Mario Vargas Llosa interessierten kürzlich die Heimaten von Don Quijote und Sancho Pansa, im berühmtesten Roman von Cervantes – übrigens gewiss keinem »Heimatroman« –, und siehe da, seine Resultate ähneln denen dieser Studie! Das Spanien des Miguel de Cervantes sei »ein Archipel von Gemeinden, Dörfern und Weilern, welche die Personen als ›Heimaten‹ bezeichnen [...] Die Romangestalten reisen durch die Welt, sozusagen mit ihren Dörfern und Weilern im Gepäck. Wenn sie sich vorstellen, geben sie ihre ›Heimat‹ als Referenz an [...] Wenn Sancho Pansa am Ende der dritten Reise, nach vielen Abenteuern, sein Dorf erblickt, fällt er in die Knie und ruft gerührt aus: ›Öffne die Augen, ersehnte Heimat, und sieh Sancho Pansa, deinen Sohn, zu dir zurückkehren‹.« Die Heimaten des Don Quijote hätten »nichts zu tun mit diesem allgemeinen, abstrakten, schematisierten und vorrangig politischen Konzept der Nation, das die Wurzel aller Nationalismen ist«.[65]

Soweit erste Sondierungen aus dem Umfeld von »patria«, »vatterland« – in Reiseberichten begegnen die Termini nicht eben häufig, in den meisten Aufzeichnungen gar nicht, doch wenn wir darauf stoßen, meinen sie ausnahmslos kleine Räume, nie Reich oder Nation.[66] Davon, dass in der anhebenden Neuzeit »auch im breiten Volk das Wort ›Vaterland‹ sich gerade durch das Erlebnis des Grenzkampfs mit nationaldeutschem Inhalt erfüllt« habe,[67] kann offensichtlich keine Rede sein.

Diffuse Fremde

Wer gehört in vormodernen Texten ausdrücklich nicht zum »vatterland«, weil er »frembder«, »extraneus«, »auslendisch« ist? Wie die »Nation« (Ausbildung eines einheitlichen Staatsbürgerschaftsrechts) oder die »Heimat« (Ort der Versorgung Bedürftig gewordener, »Heimatrecht«) könnte man auch das Thema des »Fremden« rechtsgeschichtlich behandeln,[68] doch nicht hier. In politischen Dokumenten und Akten ließe sich eine breite Bedeutungsskala aufzeigen. In der Wahlkapitulation von 1519 ist »fremd«, wer nicht dem Reich zugehört,[69] im Tübinger Vertrag von 1514, wer kein Württemberger ist (das Indigenatsprinzip). Eine systematische Auswertung der Verwendung einschlägiger Termini in Akten ist natürlich aussichtslos.[70]

Wenn der württembergische Herzog Johann Friedrich 1610 fürchtete, König Jakob I. könnte über das Ausbleiben von Bündnisofferten seitens der evangelischen Union beleidigt sein, da doch »Engelland dem Reich mehr zugethan als andere frembede«[71], entspricht der Wortgebrauch wohl dem der Wahlkapitulation; wenn derselbe Reichsfürst davor warnte, man dürfe das Herzogtum nicht »umb frembder interessen willen (in ersehung diß wesen alles von dem Gilchischen [Jülichschen][72] werk entsproßen)« in Gefahr bringen, waren die an Jülich interessierten Unionsländer Brandenburg und Pfalz-Neuburg »frembd«, weshalb man für ihre territorialen Ambitionen keine eigenen Mittel aufzuwenden gedachte. Wenn Johann Friedrichs Räte mahnten, der Herzog müsse sich »deren von dem almechtigen Got anvertrawten land und leut willen ungeacht anderer persuasion und frembden geniest [...] wol versehen«[73], zielte diese Anspielung auf die damals starke Position eines bestimmten, nicht in Württemberg geborenen Rates bei Hofe ab,[74] aber wir finden auch das feierliche Pendant zum »teutschen vatterland« der Sonntagsreden: Man darf es »nit ad extrema kommen lassen, das die fremde nationen in unsern landen ihre passiones ausfiehrn«.

Mit einzelnen Zitaten belegen ließe sich also eine breite Bedeutungsskala. Doch können wir, die ganze Palette überblickend und mit modernen Erwartungen vergleichend, schon zwei frühneuzeitliche Besonderheiten ausmachen: Der heutzutage übliche »nationale« oder ethnische Hauptsinn des Terminus schwingt kaum je mit; und es dominieren zahlenmäßig eindeutig sehr kleinräumige Bezüge. In Composite Monarchies wie Brandenburg-Preußen oder den Habsburgerlanden war »Extraneus«, wer nicht derselben historischen Landschaft angehörte; als der Große Kurfürst 1650 von den märkischen Ständen Geld erbat, weil Hinterpommern an Schweden verloren zu gehen drohe, bekam er zur Antwort, man möge die Mark Brandenburg nicht mit den Problemen dieser »Ausländischen Provincien« behelligen.[75] Der große Kenner der kurbrandenburgischen Staatsverwaltung, Otto Hintze, hat nicht nur beobachtet, dass »Grenzsachen [...] damals noch eine nie versiegende Quelle von Streitigkeiten und Verhandlungen bildeten«, er konstatiert auch, dass »zwischen den drei Arten von Grenzsachen«, nämlich Problemen von Landschaft zu Landschaft, mit anderen Reichsständen oder aber mit außerreichischem Gebiet, noch um die Mitte des 18. Jahrhunderts »ein prinzipieller Unterschied [...] nicht gemacht wurde«.[76] Aus der Sicht einer bestimmten Landschaft war eben alles außerhalb derselben gleichermaßen Ausland. Als man »in Frankreich zur Zeit

der Jakobinerherrschaft Listen anlegen ließ, um angesichts der Gefahr
ausländischer Umtriebe die Fremden, die étrangers, festzustellen, verzeich-
nete man in vielen Departements noch alle nicht in der alten Landschaft
Geborenen«.[77] Neben dem regionalen (eigentlich »provinziellen«, weniger missverständlich: »landschaftlichen«) Wortgebrauch gibt es einen kommunalen. In
den Lebensaufzeichnungen des Kupferschmiedemeisters Ludwig Kleinhempel können wir nachlesen, wie der Geselle aus Annaberg sein Meister-
stück anfertigte. Kontrollierend und begutachtend anwesend waren einige
Annaberger sowie »die Fremden Hans König und Michel Storch von
Kemnitz und Peter Auermann von Altenburg und Daniel Siegel von Ma-
rienberg und Paul Relig von Schneeberg«[78] – Sachsen sie alle, waren es
doch keine Mitglieder des örtlichen Handwerks, somit »Fremde«. Ein
Augsburger Ratsdekret, das den Neubau des Rathauses anordnet, verlangt,
dass die Honorare für die entsprechenden Arbeiten »gemainer burgerschafft vor anderen[,] fremben« zugute kommen müssten.[79] Die Zugehörigkeit zur Bürgerschaft trennte scharf vom Umland, der primäre identitätsstiftende Rahmen war nicht weit gespannt.

Unser Befund bei der Fremdheitszuschreibung ist, trotz des eindeutigen Überwiegens kleinräumiger Bezüge, nicht sehr prägnant. Überraschen
muss das nicht. Wie sollte eine ziemlich inhomogene, hierarchisch wie
horizontal fragmentierte Gesellschaft scharfe Konturen um den Begriff des
»Fremden« ziehen können? Und vermochte sie überhaupt scharf auszu-
grenzen? War die Einstellung zum Fremden sozial gestaffelt, und wie? Rieb
sich die von mobilen Eliten verordnete Duldsamkeit an der Engstirnigkeit
der face-to-face-Soziotope in Dörfern und Stadtvierteln? Oder fällt eher
auf, wie obrigkeitliche Grenzen der Duldsamkeit Fremden gegenüber
selbst an ihre Grenzen stießen, weil nämlich in den gesellschaftlichen Niederungen die soziale andere Loyalitäten überwog, so dass der nicht offiziell
Geduldete unauffällig überleben konnte? Für alles ließen sich Belege anführen, quantifizierend gewichten können wir sie nicht. Zu idyllisch zeichnen dürfen wir die in ihrer Zerklüftung vermeintlich offene und humane,
sozusagen überlebensfreundliche frühneuzeitliche Gesellschaft sicher
nicht, davor warnt uns schon die immer wieder einmal beiläufig geäußerte
Beobachtung, dass der Hexereivorwurf überproportional Zugezogene
getroffen habe.[80] Gab es neben sozialen Staffelungen auffallende diachrone
Wandlungen? Von einer nur bedingt sesshaften, relativ offenen mittelalterlichen Gesellschaft[81] zu einer sesshafteren und fremdenskeptischeren früh-

neuzeitlichen? Folgten in jeder Hinsicht offenen mittelalterlichen Verhält-
nissen in der Frühen Neuzeit einerseits kleinräumige normative Abschot-
tungen, während andererseits Fremdsein damals in der Lebenswirklichkeit
durch die vielen sozialen Zerklüftungen abgemildert wurde – wohingegen
modernes Fremdsein bei offizieller Freizügigkeit eben auf homogenere
Gesellschaften prallte, ehe die Postmoderne unserer Tage nach dem Schei-
tern der »multikulturellen« Utopie jedenfalls im »Großstadtdschungel« wieder andere Fremdheitserfahrungen bereithält? So könnte es sich verhalten,
aber beweisen kann das diese Studie mit ihren Instrumentarien nicht.

Zumal Reiseberichte nicht mit dem Begriff der »Fremde« operieren.
Warum eigentlich? Man ist versucht, zu sagen: Weil eben alles außerhalb
des Startortes Fremde war. Am Ende dieses Büchleins werden wir andere
Antworten plausibler finden, ja, würden wir die Vermisstenanzeige gar
nicht mehr aufgeben. Denn dann wissen wir beispielsweise, dass die damaligen Reisenden Grenzen wenig beachtet haben, »nationale« oder die das
Reich umgebenden so gut wie überhaupt nicht; dass die damaligen Aufzeichnungen eine eher punktuelle, wenig »flächige« Raumwahrnehmung
verraten, insbesondere aber überhaupt nicht großräumig denken. Große
homogene Räume begegnen erst in Aufzeichnungen des nationalstaatlichen 19. Jahrhunderts. Wie die scharf durchgezogene Grenzlinie ist auch
die Antinomie eigen–fremd ein Kennzeichen moderner Reiseberichte
(nicht mehr der postmodernen). Das »lange 19. Jahrhundert« hat weit ins
20. hineingeragt, aber gewiss noch nicht im 16. oder 17. begonnen. So
könnte auch das Fehlen der »Fremde« in unseren Reiseaufzeichnungen[82]
etwas besagen.

Vormoderne Reisende begegnen keinen »Fremden«, wohl vereinzelt einem »Landsmann«. Aber wer zeichnet sich wodurch als solcher aus? Lukas
Geizkofler erwähnt zahlreiche Deutsche in Paris, »Landsmann« ist ihm nur
ein einziger von ihnen, ein »Paul von Welsperg«[83]. Die Welspergs besaßen
bei Bruneck ein Dorf und ein Schloss gleichen Namens, waren im Hochstift Brixen ökonomisch und politisch aktiv;[84] da Geizkofler aus Sterzing
stammte, qualifizierte seinen einzigen »Landsmann« an der Seine hierzu
sicherlich anderes und Kleinräumigeres denn die Zugehörigkeit zur »teutschen nation«. Der in Tripolis inhaftierte Ulmer Hans Ulrich Krafft bekam
unerwartet Besuch, von einem Juden, wie er, durchaus indigniert, fest-
stellte. »Der Mörckt auch bald, dass Ich ein schwab werd sein, mit vermelden, er hallte darfür, wir seyen Landtsleüth.« Er verspricht, sich »als ein
Trewer Landtsman« für Krafft einzusetzen, diesen Mitschwaben, der ihm

»als meinem leiblichen bruder vertrawen« könne,[85] und verwendet sich tatsächlich für seine Freilassung. Die deutsche Nation ist es nicht, die da emotional gezündet hat, selbst der (trennende) Glaube tritt zurück, in Tripolis hilft der Schwabe dem Schwaben.

3.2 Wer einem so begegnet

Wüdertäufer, Zwingliano und Juden

Vaterland, Landsmann – das sind einfach handhabbare Zugriffe, gewissermaßen »Suchworte«. Nicht so griffig ist die Frage, wie Begegnende rubriziert werden, welche einsortierenden Attribute ihnen beigelegt, welchen Gruppen sie somit zugeordnet werden. Der Ulmer Patrizier Samuel Kiechel registriert auf einem die Donau befahrenden Floß »allerley volck [...] als wüdertäuffer, Jesuitten, Martinisten und Papisten, auch allerley handwercksburst und frauen, wüe [...] allerley gesind«.[86] Konfession vor Beruf und Geschlecht – ein bemerkenswerter Befund! Als typisch möchte ich ihn freilich nicht bezeichnen. Samuel Kiechel zwar, er hat auch sonst genau hingeschaut; im litauischen Vilnius fiel ihm Folgendes auf:

»Neben den Martinisten hat es noch vielerlei Religionen und Sekten, die alle ihre Kirchen und öffentliche Exercitia haben wie Papisten, Calvinisten, Jesuitten, Reüssen oder Moscovitter, Wüdertäufer, Zwingliano und Juden, die auch ihre Synagoge und Zusammenkunft haben. Dann gibt es auch die Heiden oder Tartaren.«[87]

Wir können schon eine Reihe weiterer Reiseaufzeichnungen ausfindig machen, die konfessionelle Verhältnisse genau registrieren. Immer wieder informiert uns beispielsweise der Bologneser Advokat Fulvio Ruggieri über die konfessionelle Zusammensetzung der Einwohnerschaft einer von ihm besuchten Stadt oder eines Territoriums, so irritierten ihn in Münster viele »Heretici«.[88] Nun gut, er reiste in den frühen 1560er Jahren an der Seite eines Nuntius durch das Reich.[89] Dass Vincenzo Laurefici Augsburg mit seinen vielen katholischen Kirchen über »la perversa Norimberga«[90] stellt, erschreckt uns weniger, wenn wir wissen, dass der italienische Priester den Kardinallegaten Ludovico Madruzzo zum Regensburger Reichstag von 1613 begleitete. Und Johannes Butzbach, der schon vor dem Reformationszeitalter geradezu penetrant festhielt, wo überall in Böhmen »Ketzer«

ihr Unwesen trieben,[91] bereitete sich zur Zeit der Niederschrift seines *Wanderbüchleins* im Kloster Maria Laach auf den Priesterberuf vor.

Wenn Augustin Güntzer in seinen wohl 1657 verfassten Erinnerungen an ein im doppelten Wortsinn bewegtes Leben wiederholt auf die Konfessionszugehörigkeit von Reisebekanntschaften eingeht, muss das ebenfalls nicht überraschen: Sein sozialer Abstieg vom Kannengießer zum wandernden Zuckerbäcker begann damit, dass er sich 1628 gegen die Rekatholisierung Colmars sträubte, schließlich lieber als aufrechter Calvinist emigrierte. Im Jahr 1618 will er in Loreto aus Neugierde katholischen Gottesdienst studiert haben:

»Darmit ich aber auch von ihrem Götzenwerck etwaß konde sagen, ging ich in der Maria Capel, höhrete darinen 2 Meß an, aber wenig Trost und Krafft darbey gesehen. Ich stund aufrecht, daz ander Volck aber ale kneyent vohr dem Mariabilt. Außerhalb um die Capel gingen die Leidt auff den Kneyen herumber und lecketn die Capel in alen Orten, gleich wie die Geißen die Mauren.«

In Rom besichtigte er »die Statt, ihr Gebey und abgöttische Kirchen. In dem ging ich in S. Petterskirch. Die Menschen, jung und alt, gingen auff den Knyen die 25 Staffel hinauff und leketn deß Babst Biltnuß die Fieß«:[92] Hier schaute einer auf die Kapitale des Weltkatholizismus wie Ethnologen auf sonderbare Bräuche von Urwaldbewohnern.[93]

Auch Thomas Coryate studierte im frühen 17. Jahrhundert auf der Apenninhalbinsel katholischen Kultus wie moderne Forscher »primitive« Rituale in einem Urwalddorf. Anders als ein guter Ethnologe (und ganz anders, als es die damaligen Reiseführer empfahlen), mischte sich Coryate gern ein. Er knöpfte sich die vielen Irrgläubigen bei jeder vermeintlich guten Gelegenheit vor und bewies den Katholiken durch einfache Fangfragen, dass sie keine guten Protestanten waren. Dass die stets recht gefasst (und bei ihrem »superstition«) blieben, machte Coryate fassungslos. So wurde die Italienreise ziemlich aufreibend, und der verschmähte Besserwisser war dann doch, nordwärts nach Graubünden davonziehend, erleichtert, in Chiavenna feststellen zu dürfen: »This towne ministred some occasion of comfort unto me, because it was the first Protestant town that I entered since I went out of Italy.«[94] Der spätere langjährige Bürgermeister von Greifswald, Bartholomäus Sastrow, wollte die unselig vielen Kirchen Roms in seinen Lebenserinnerungen nur erwähnen, um seinen Nachkommen »ein Stuck des papistischen Fabelwesens, Aberglaubens und greulichster Verschmelerung des höchsten Verdienstes des Sohnes Gottes« vor Augen zu führen. Von Tag zu Tag wurde ihm an diesem fatalen Ort unheimlicher:

»Zwei volle Bruder diversae religionis haben einander nicht zu trawen, viell weniger die einander nicht verwandt«. Auch dieser voreingenommene[95] Reisende war erleichtert, als er seine Geschäfte hastig hinter sich gebracht, die Mutprobe überstanden hatte.

Durchgehend registriert und sorgfältig recherchiert hat die konfessionellen Verhältnisse der Philosoph und Essayist Michel de Montaigne: »In Lindau gibt es nur zwei, drei Katholiken.« Oder:

»So kamen wir zum Mittagessen nach Isny, eine sehr hübsch gelegne kleine Reichsstadt. Seiner Gewohnheit folgend, suchte der Herr de Montaigne dort sogleich einen Doktor der Theologie auf, um sich kundig zu machen, und gemeinsam nahm man das Essen ein. Hierbei erfuhr der Herr de Montaigne, dass die ganze Bevölkerung lutherisch sei; später besichtigte er auch die lutherische Kirche«.[96]

Montaignes Beobachtungen gehen weit über Äußerlichkeiten wie ungefähre Zahlenverhältnisse hinaus, er interessiert sich völlig unvoreingenommen und höchst neugierig für die Glaubenspraktiken auf beiden Seiten und das Verhältnis der Konfessionen *zueinander* – doch ist das, wie so vieles an diesen ungewöhnlichen Reiseaufzeichnungen, singulär.

Montaignes Neugierde mag damit zu tun haben, dass er aus einem von Glaubenskämpfen zerwühlten Land kam. Bei einem anderen Franzosen, Gilles de Faing, können wir das nachlesen: »Von da kommt man nach Leipheim, letzte Stadt der Lutheraner [...] Von hier weg eine halbe Meile und man durchreist Günzburg [...] Eine Meile ab Günzburg erscheint zur Linken Schloß und Ort des genannten Burgau [...] Die Einwohner sind katholisch, es gibt aber auch einige Juden.« Oder:

»Am 3. Oktober zu Augsburg, drei Meilen, etliche fünf Wegstunden. Hier Aufenthalt bis zum siebten Oktober. Eine freie Reichsstadt mit einem Bischof, der sich gewöhnlich zu Dillingen aufhält, Sitz einer Akademie. Die Religionsübung ist freigestellt. Doch ist nahe an die Hälfte noch katholisch wie auch die ganze Stadtverwaltung, die der Kaiser einsetzt«.[97]

Das tat der natürlich nicht, aber hier interessieren nicht die verfassungspolitischen Trugbilder des reisenden Franzosen von einer Reichsstadt, interessiert sein Blick auf Konfessionsverhältnisse. Um noch die Gegenprobe zu machen: Vielschreiber Johann Wilhelm Neumayr von Ramsla enthält sich, in der Entourage eines jungen Wettiners Frankreich durchreisend, zwar antikatholischer Spitzen, notiert aber penibel, in welchem der durchreisten Orte es Jesuitenkollegs gibt, wieviele Schüler sie jeweils betreuen, wie sie ausgestattet sind – oft auf mehreren Seiten, als sei es die jeweilige lokale Hauptsehenswürdigkeit.[98]

Eine kuriose Geschichte erzählt uns Hans Ulrich Krafft aus Nordafrika: Da ein Gesprächspartner »vermörckt«, dass es in Kraffts Heimat offenbar »zu wintters Zeitt sehr kaltt darInnen sey, sagtt er kriech, er hette verstanden, in der Lutteraner Land soll es kaltt sein, vnd ob Ich die Lutteraner kenn. Sagte: Ja, ken dern gahr vil. Der grobe Dölpel fragt mich, wie sy Aussehen; Bald Ich Ime Anttwortt, sy hetten schnöbel, bald einer span lang, vnd thett Ims mit den henden in form eines schnabels weysen. Der glaubt es föstiglich, mitt vermelden, er habe von den welschen gehörtt, dass die Lutteraner ein böß Teufflisch volckh sey.«[99] Aufschlussreicher als diese Schnurre des untypisch redseligen Krafftschen Reiseberichts ist das Gewicht, das der reisende Weißgerbergeselle Samuel Klenner noch im Zeitalter der Aufklärung den Konfessionen zumisst. In Görtz will er bemerkt haben, dass die Einwohner ihn und einen Reisegefährten, »wenn sie höreten, dass wir Lutheraner wären, als Meerwunder ansahen [...] Es giebt viel unter ihnen, die nicht geglaubet, dass die Lutheraner Menschen, wie sie wären.«[100] Nahezu für jede durchreiste Stadt wird genau festgehalten, wer in welchen Kirchen oder Klöstern wie seinem Glauben nachging, empfindlich werden konfessionell motivierte Sticheleien wahrgenommen, ein Kirchengemälde mit antilutherischer Polemik entgeht der Aufmerksamkeit des Gesellen so wenig wie genaue Zahlenverhältnisse: »Es sind 6 Kaufleut alhier, die evangelisch sind.«[101]

Manche Beobachter also haben auch im »christlichen Abendland« genau hingesehen. Andererseits ist die Konfessionszugehörigkeit nicht wenigen innerhalb der Christianitas verbleibenden Reiseberichten keine Zeile wert. Was fehlt, kann nicht mit Zitaten belegt werden. So muss ich mich mit dieser vielleicht besonders auffallenden Fehlanzeige begnügen: Der Lutheraner Hans von Schweinichen ging in der bikonfessionellen Reichsstadt Augsburg, wie ausdrücklich festgehalten wird, »in die Kirchen-, Zeug- und Proviant-Häuser«, aber welcher Konfession besagte »Kirchenhäuser« waren, erfahren wir keinesfalls, nur, dass sich die Mitglieder dieser fidelen Reisegesellschaft allerorten (auch in den Kirchen?) »nach schönen Jungfern umsahen«. An Hochzeiten interessieren ebenfalls Trinkgewohnheiten und lärmende Geselligkeit, nicht, in welchem Ritus die Trauung vollzogen wird.[102]

Um sich an quantitative Aussagen heranwagen zu können, ist ein Studium der nur beim ersten Hinschauen skurril anmutenden[103] Ausschnitt-

sammlungen nützlich, in denen Herbert und Inge Schwarzwälder die
»Nordwestdeutschland«, Hildebrand Dussler die »Bayerisch-Schwaben und
seinen Randgebieten« gewidmeten Passagen von Reiseberichten mehrerer
Jahrhunderte aneinanderreihen. Bei den Schwarzwälders stachen mir nur
zwei Beobachtungen zur Konfessionsverteilung im erreisten Gebiet in die
Augen: Der Utrechter Jurist Arnoldus Buchelius registrierte, dass Verden
von Lutheranern bewohnt werde.[104] Die studierten Gutsbesitzer Otto und
Ludolf von Münchhausen verorteten in Leer »viell [...] Widerteuffer«.[105]
Bei Dussler wird man leichter fündig. Einige italienische Autoren (und, so
weit ich sehe, nur sie)[106] brandmarken die Protestanten als Häretiker, an
einer Stelle finden wir sogar, was wir im Konfessionellen Zeitalter eigentlich selbst bei dieser Textsorte häufiger erwartet hätten: Lamentos über
konfessionell motivierte Pöbeleien, in diesem Fall gegen reisende Angehörige des Kapuzinerordens.[107] Doch spielt die Konfession in deutlich mehr
als der Hälfte der bei Dussler auszugsweise abgedruckten Berichte überhaupt keine Rolle. Helmut Gier hat kürzlich fünf Dutzend Augsburg
streifende Reiseaufzeichnungen daraufhin durchgesehen, ob sie darüber
berichten, dass diese Reichsstadt infolge des Religionsfriedens von 1555 in
einer spannungsvollen Zwangsbikonfessionalität lebte, und wurde in
gerade einmal vier Texten fündig.[108] Es könnte freilich eine auf den ersten
Blick verblüffende Teilerklärung hierfür geben: Gerade weil die heute modern anmutende, aber damals eben nicht zeitgemäße Zwangsbikonfessionalität nie in breitgestreute Vermischung oder auch nur ein freundlich-
beiläufiges Miteinander mündete,[109] konnten sich Reisende wenig behelligt,
wenig (und sei es auch nur in ihrer konfessionsspezifischen Wahrnehmung) abgelenkt im eigenen Glaubensmilieu bewegen.

Es bleibt ein unerklärter Rest. Wer weiß, wie Glaubensbekenntnis und
Konfessionszwiespalt das aus guten Gründen seit einiger Zeit so genannte
Konfessionelle Zeitalter im Griff hatten, muss sich darüber wundern, dass
die Mehrzahl der Reiseaufzeichnungen Konfessionsverhältnissen noch nicht
einmal einen Seitenblick gönnt. Über Glaubensbekenntnis und -ausübung
zu berichten, gehörte offensichtlich nicht zu den gewissermaßen obligatorischen Themen der Gattung,[110] zum Standartrepertoire der zu regis-
trierenden Beobachtungen. Weil mich eingehende Beschäftigung mit politischen Akten (beispielsweise auch Hofratsprotokollen) davor gefeiht hat,
den kapitalistischen Homo oeconomicus zur anthropologischen Grundkonstante zu erklären, die »Konfession« aber zur Ideologie, die die damaligen Eliten kühl kalkulierend instrumentell eingesetzt hätten, beispiels-

weise um materielle Interessen zu vernebeln: Deshalb vermag ich an meinen Befund in Reiseaufzeichnungen vorerst nur Fragen zu knüpfen. Haben wir wirklich Anlass, über die konfessionelle Imprägnierung aller Lebensbereiche in den beiden ersten frühneuzeitlichen Jahrhunderten neu nachzudenken? Hat die Fehlanzeige mit den zeitgenössischen Reiseführern und -kunden zu tun? Ihre Autoren wollten präsumtive Käufer in der Regel nicht dadurch abschrecken, dass sie deutliches konfessionelles Profil zeigten, sie behandelten religiöse Aspekte zurückhaltend, erkennbar vorsichtig.[111] Sahen die Reisenden dann auch nur, worauf zu achten sie durch vorbereitende Lektüre geeicht waren? Oder setzten sie die konfessionelle Besitzstandsverteilung einfach als sattsam bekannt voraus? Werden die Grenzen der Christianitas überschritten, wird das durchgehend hervorgehoben; auf Pilgerreisen wird der »Heide« mit misstrauischer Aufmerksamkeit beobachtet, bei diplomatischen Missionen ins Osmanische Reich detailliert festgehalten, wo Christen leben.[112] Religion ja, Konfession manchmal – insgesamt ist der Befund für die Rasterung der erreisten Wirklichkeit nach Frömmigkeitsgesichtspunkten also uneinheitlich.

Teutsche und Saxen

In Berichten über weite Reisen, ferne Länder kommt der »Teutsche« schon des Öfteren vor. Am häufigsten erwähnt werden »teutsche« Wirtshäuser – sie haben offenbar viele Reisende gesucht bzw. gezielt angesteuert, auch wenn nicht alle so viele Worte darüber verloren wie der pilgernde Dominikanermönch Felix Faber, mit seinem Lobpreis auf das venezianische Gasthaus »Sanctus Geosius vulgariter theutonice zu den Fleuten« unter der Leitung von Magister Johannes und Domina Margareta, die dafür sorgten, dass einfach alles deutsch anmutete »und dass in jenem Gebäude kein italienisches Wort zu hören war«.[113] Aber auch Personengruppen werden als »teutsch« charakterisiert (wobei meistens eine Auffächerung nach subnationalen Großräumen wie »Svaben«, »Beigern« oder »Franken« nachfolgt). Ob man dem Befund besondere Aussagekraft zumessen soll? Es war naheliegender kleinster gemeinsamer Nenner in fernen Ländern. Und schaut man genau hin, konnte das Adjektiv »teutsch« recht Unterschiedliches meinen. Österreich muss vor dem Aufkommen der »Kleindeutschen« hurrapreußischer Provenienz selbstverständlich zu »Teutschland« gehört haben – sollte man meinen; also wird man die irritierenden Worte Lupold

von Wedels, er habe in Neapel »etzliche Teutschen, Schwitzer, Ostericher
und 2 Sacksen« getroffen,[114] nicht auf die Goldwaage legen. Für Lukas
Geizkofler waren Österreicher (wie er selbst) selbstverständlich Deutsche,
in Paris begegnete er vielen »Teutschen, darunter nit wenig österreichische
Unterthanen waren«, und 1572 »rüsteten sich auf einmal bey 80 Teutsche,
darunter viel Österreicher, Schlesier, Saxen und Fränkische Edelleut« zur
Rückreise.[115] Übrigens illustriert diese Reihung wie hundert ähnliche die
Geläufigkeit der Zuschreibung zu bestimmten subnationalen Großregionen, die teilweise die eigentlich doch längst archaischen hochmittelalterlichen Gentilnamen tragen: »Schwob« inflationär, »Franke«, »Sax« und »Bayer«
sehr häufig. Daneben kennt man, beispielsweise, »Frisen« oder »Schlesüer«.
Ludig von Eyb schiffte 1476 nicht etwa mit anderen pilgernden »Teutschen« in Venedig ein, sondern »mit andern brudern auß Schwobn vnd
Beyren, des gleichen von Maylandt«.[116]

Aber zurück zu den »Teutschen«: Zählten die Bewohner jener Eidgenossenschaft dazu, die sich an der Schwelle zum 16. Jahrhundert dem
Reichsverband entwunden hatte, nicht zum politischen System des neuzeitlichen Reiches gehörte? Fragten wir uns im letzten Abschnitt, ob
»Ostericher« für Lupold von Wedel wohl Deutsche gewesen sind, können
wir das für Schweizer ausschließen. Eine Zeitlang, beispielsweise auf Malta,
seien seine Gefährten »Deutsche« gewesen sowie ein »Schwitzer«, notiert er
wiederholt,[117] die Formulierung ist nun eindeutig additiv, »Schwitzer« keine
Unterkategorie des »Deutschen«. »Hir Ist alles wieder deutz«, registriert der
schon erwähnte namenlose Söldner des Dreißigjährigen Krieges, *nachdem* er
die Schweiz nordwärts durchzogen hat.[118] Von einer merkwürdigen Passage in Grimmelshausens »Simplicissimus« war in anderen Zusammenhängen schon die Rede: Dem Romanhelden kommt die Schweiz »so
frembd vor gegen anderen teutschen Ländern, als wenn ich in brasilia oder
in China gewesen wäre«.[119] Simplicissimi Befremden rührt von gefüllten
Viehställen her und von herumlaufenden Hühnern – allgemeiner ausgedrückt von Wohlstand und schweizerischem Wohlbehagen, anspruchs-
voller formuliert: davon, dass die Schweiz zur Zeit der Romanhandlung
mit dem Rest »Teutschlands« keine Schicksalsgemeinschaft gebildet hat.
Trotzdem zählt Grimmelshausen die Eidgenossenschaft zu den »Teutschen Ländern« – der Sprache wegen? Kriterien und Begründungen finden
wir in Reiseaufzeichnungen natürlich erst recht keine. Für Samuel Kiechel
gehörten die Schweizer dazu: Zur See begegnete ihm ein »Theütscher mit
Namen Conrat Meckle von sanct Gall aus dem Schweüzerland«, und

Kiechel hält ausdrücklich fest, er gehöre zu »unserer Nation«.[120] Der Basler Felix Platter spricht wiederholt von »uns Teutschen«, in Montpellier trifft er »ettliche Teutschen, dorunder Jacobus Baldenbergius von sanct Gallen«.[121] Lukas Geizkofler nennt sogar »zween Niderländer« unter den »Teutschen«.[122] Dieser Zuordnung hätte Ottheinrich von Pfalz-Neuburg vermutlich wiedersprochen. Seine Schiffsgefährten auf dem Weg nach Palästina aufzählend, nennt er zuerst, mit genauen Herkunftsangaben, Süddeutsche – Zweibrücken zählt noch dazu. Als Überleitung zum Rest folgt dieses: »Sunst waren auch viel Niederländer, Frantzosen undt Hispanier« im Schiff. Erst danach wird »ein junger freiherr aus dem landt zu Gülch« genannt: Jülich also ist Ausland. Den Schluss der »Ausländerabteilung« bilden »zwen Schlesinger, undt ein gestandener gesell aus Böheim, also dass unser bilgern zusammen us allen nationen waren 113«.[123] Schlesien und Böhmen scheinen für Ottheinrich nicht zur deutschen Nation gehört zu haben.

3.3 Verortungen

»In Bayern, Francken und am Rein«

Nicht nur Personen, auch Städte hat der Reisende verortet – aber in welchen Räumen? Frankreichreisende werden wir später noch begleiten, blicken wir also hier zunächst einmal mit unseren Autoren auf Mitteleuropa! Wie bei der Rubrizierung unterwegs begegnender Menschen werden auch im Zusammenhang mit Städtenamen gar nicht selten die altüberkommenen Stammesräume[124] genannt: »Ulm liegt in Schwaben oder Suevia«,[125] Augsburg »ist ein reichsstatt, leidt im Schwobenlandt«.[126] Man glaubte sogar genau zu wissen, wie solche Großräume umgrenzt waren: »Endet sich Francken und geet Schwaben an«, »fleust hisilbest der Lech, welcher Schwaben und Beigern schedet«.[127] »1 m. Fridberg ain lustiges stättl und wolerbaut, nit fehr von der Aha glegen. Von dannen khombt man zum Lech ainem schifreichen wasser, darüber ain hülzene bruggen, alda schaidet sich Bayrn und faht Schwaben an.«[128] Hans Georg Ernstingers *Raisbuch* beschließt ein »Verzeichnuss der Länder des Teutschlands, durch welche ich geraist«. Wir finden dort politische Einheiten, die auch moderne Geschichtsatlanten ihrem Mitteleuropa des 16. Jahrhunderts einzeichnen, »die graffschaft Hannau« beispielsweise, »die marggraffschafft Durlach«, »des

pfalzgraffen von Haydlberg landt«, übrigens auch »das schweizer landt«;
auf »das herzogtumb Wuertemberg«, diese zu Ernstingers Zeiten gleichsam
aktuelle politische Raumeinheit, folgen unmittelbar: »das fürstentumb
Schwaben« und »das herzogtumb Franckhen«. Ich kann es sogar gereimt
bieten – Hans Sachs resümiert die Reichweite seiner mehrjährigen Gesellenreise so: »Arbeit also das handwerck mein/ In Bayern, Francken und am
Rein«.[129]

Von den Problemen heutiger Mediävistikprofessoren mit den »Stämmen« und »Stammesherzogtümern« ihrer Lehrstuhlvorgänger war schon
die Rede. Bei dieser mediävistischen Diskussion wird der Neuzeitler nicht
mitreden wollen, auch nicht, was die wahrnehmungsgeschichtliche Seite
des Problems anlangt. Werner Goez bezeichnete vor einigen Jahren
»Deutschland« für seinen Zeitraum als »Reizwort«, und zwar deshalb: »An-
fänglich hieß so weder ein Staatswesen, noch gab es ein Volk dieses Namens. Hätte man im zehnten Jahrhundert jemand deshalb befragt, so hätte
er geantwortet: Ich bin Friese oder Sachse [...], Thüringer, Franke, Bayer,
Alemanne«.[130] Nun ließen sich damals freilich – wie auch immer im Einzelnen wirksame – aktuelle politische Strukturen mit derartigen Rubrizierun-
gen verbinden. Dem war schon im späten Mittelalter nicht mehr so. Josef
Köhler hat denn auch die Bedeutung der alten Stammesnamen für diese
Zeit auf archaisierende Reminiszenz, bildungsbürgerliche »laudatio tempo-
ris acti« reduziert.[131] Die recht häufige Erwähnung solcher alter Gentilnamen in neuzeitlichen Reiseberichten spricht eine andere Sprache. Die Verbreitung derartiger, in ihrer Beiläufigkeit gleichsam selbstverständlicher
Zuordnungen legt die Vermutung nahe, dass die der territorialen Wirklichkeit des 16. oder 17. Jahrhunderts kaum entsprechenden, objektiv gesehen
archaischen altgermanischen Stammesnamen den frühneuzeitlichen Menschen subjektiv lebendige Realität gewesen sind – vielen von ihnen halfen
sie dabei, fremde Erfahrungen ordnungsstiftend zu rastern.

Nun schieben sich zwischen den von Köhler untersuchten Zeitraum
und die zitierten Reiseaufzeichnungen bekanntlich die Bemühungen der
Humanisten nicht nur um das wiederentdeckte glorreiche antike »Germa-
nien«, sondern auch um dessen vermeintliche Untergliederungen, die vor-
geblich »germanischen« Stämme. Humanistische Kosmographien zeichneten Großräume wie »Franken« oder »Schwaben« nach historiographischen
Leitbildern, nicht aktuell wirksamen politischen Strukturen, solche Räume
sind Derivate der vermeintlich wiederentdeckten antiken Stämme.[132] In
gelehrten Abhandlungen der Jahrzehnte um 1500 begegnen die alten Gen-

tilnamen häufig – und keinesfalls als historische Reminiszenz, als zwar wiedergefundener, doch die Gegenwart nicht mehr prägender Wissensbestand.[133] Marinus de Fregeno ordnet in seiner *Descriptio provinciarum Alamanorum* von 1479[134] die Reichsterritorien wie selbstverständlich bestimmten »terrae« und »provinciae« namens Bayern, Schwaben, Franken, Sachsen, Thüringen oder Friesland zu. Joannes Boemus beschreibt 1520 die einzelnen »Stämme« (Franken, Sachsen, Schwaben usw.) Deutschlands ausführlich und sehr prägnant; verglichen damit, hat »der Deutsche« bei ihm ein eher flaches Profil.[135] Auch in der *Brevis Germaniae Descriptio* des Johannes Cochläus ist immer wieder von »gentes« wie Schwaben oder Bayern die Rede.[136] Wie zur Entschuldigung für die vielen Völkerklischees im Hauptteil bemerkt Sebastian Franck in der Vorrede zum seinem *Weltbuch*:

»Wann ich Armeniam, Egiptum, Indiam, Tartariam, oder Türckey beschreib, soltu nit achten, das durchauß ein volck, glaub, land, Künig, sitten, regiment sey, sunder in vil zertheylt. Ein exempel von Teütschlanden, das gleich wol ein nammen, und nur ein klein teyl Germanie ist [...] hat es so vilerley völcker, glauben, sprach und länder[137] in sich, als Bayern, Schwaben, Francken, Hessen, Sachsen, Niderländern etc., das wer ein ding durchauß von teutschen saget, offt der warheyt fälen muss.«[138]

In derartigem gelehrtem Schriftgut könnte man ein Fortleben der früh- und hochmittelalterlichen Gentilnamen bis an die Schwelle zur Moderne aufzeigen. Aus jenem 17. Jahrhundert, das für die Persistenz der alten gentilen Einheiten besonders »sous-étudié« ist,[139] stammt eine sehr Andechs-zentrierte Klosterchronik, die, außer der näheren Umgebung, ein sie bergendes »Bayern« kennt sowie »Schwaben« (wo eine Viehseuche ausgebrochen sei) und »Franken« (beispielsweise wenden sich schwedische Truppen dorthin).[140] Heinrich Coccejus lässt das Reich 1695 aus sieben germanischen Provinzen erwachsen:[141] den notorischen »Bavaria«, »Svevia«, »Sassonia« und »Francia seu Franconia«, dem in Reiseaufzeichnungen selteneren »Moravia«, einem dort unbekannten Vandalenland (»Vandalia«) und einer »provincia Rhenensis«, die solche Aufzeichnungen ebenfalls nicht bieten – frühneuzeitliche Reiseberichte kennen keine »Rheinlande«. Zur selben Zeit erschienen August Bohses *Curieuse und Historische Reisen durch Europa* – keine Reiseaufzeichnung, eher epigonaler Nachfahre der humanistischen Kosmographien, weil Buch aus Büchern. Es gliedert den mitteleuropäischen Raum wieder und wieder nach den überlieferten Großräumen, so grenzt das Kurfürstentum Bayern im Westen an »Schwaben«, im Norden an »Francken«, Nürnberg liegt »zwischen Francken und Bayern«.[142]

Ob solche gelehrte Arbeiten dazu beigetragen haben, dass Reisende der Frühen Neuzeit ihre Erfahrungen unter anderem nach den Gentilnamen frühmittelalterlicher Provenienz gerastert haben? Weil die humanistischen Nationsdiskurse, auch nach Ausweis unserer Reiseaufzeichnungen, so gänzlich elitär, in die soziale Breite hinein völlig wirkungslos geblieben sind,[143] ist wohl auch bei den altgermanischen »Stämmen« Skepsis angebracht – warum sollten ausgerechnet die humanistischen Gentildiskurse die so enge wie hohe soziale Barriere übersprungen haben?

Dass administrativ obsolet gewordene politische Räume die *mental maps* breiter Volksschichten weiterhin prägen können, wissen wir ja seit der deutsch-deutschen »Wiedervereinigung« von 1990. Wiewohl die Doktrin des »demokratischen Zentralismus« in der DDR keinen kraftvollen Föderalismus erlaubt hatte und die von der Sowjetischen Militäradministration in Deutschland eingerichteten Länder im Zuge der Verwaltungsreform von 1952 schon wieder aufgelöst wurden,[144] waren die wenigen Jahre der DDR-Länder doch mehr als kurzes Intermezzo: Denn mit dem Ländereinführungsgesetz vom 22. Juli 1990 wurden sie (weitgehend) in den alten Grenzen wiedererrichtet. Das war noch nicht einmal umstritten, für Volkes Stimme eine bare Selbstverständlichkeit, vier Jahrzehnte Bezirkseinteilung hatten die Erinnerung an die alten Länder nicht ausgelöscht. In einer Situation umstürzender Neuerfahrungen sollten ausgerechnet sie Halt schenken, Orientierung am Vertrauten.

Dennoch: Die Kontinuität der früh- und hochmittelalterlichen Gentilnamen über viele Jahrhunderte, zahlreiche dynastische Wechselfälle und sich ändernde politische Rahmenbedingungen hinweg ist erstaunlich. Vielleicht käme der Historiker durch geeignete andere Probebohrungen zu Resultaten, die dem Befund in Reiseberichten ähneln. Michaela Schmölz-Häberlein zeigte jüngst in einer Arbeit über Beleidigungsprozesse in der badischen Kleinstadt Emmendingen, dass man dort einen besonders missliebigen Zeitgenossen im Augenblick höchster Erregung, also gewissermaßen spontan und mutmaßlich, ohne dabei gerade über Völkerwanderungen und mittelalterliche Stammesgebiete nachzusinnen, als »unvernünftigen Schwaben« oder »verfluchten tausendSacraments Schwab« perhorreszieren konnte.[145]

Werfen wir noch einen Blick auf frühe Landkarten! Eine für die Kartographie des 16. Jahrhunderts wichtige Mitteleuropa-Kupferstichkarte mit dem Druckvermerk »Eichstätt 1491«[146] bezeichnet weite Teile Norddeutschlands – es ist dreimal groß über die norddeutsche Tiefebene ge-

schrieben – als »Saxonia«; »Franconia« liegt am Main, bei und um Würzburg; östlich von »Brisgavdia« und »Badenia« erstreckt sich »Svevia«; und es
ist zweimal, beidseits der Donau, »Bavaria« vermerkt (was aber auch das
Herzogtum meinen könnte). Die Landstraßenkarte Erhard Etzlaubs von
1501 bietet, neben Landschaftsnamen wie »Elsas«, »Pomern«, »Frisland«
oder »Mark«, auch »Saxen«, »Svaben«, »Beiern« und »Franken«. Übrigens
erstreckt sich »Saxen« erneut in der norddeutschen Tiefebene, es ist das
Sachsen Karls des Großen, nicht des Obersächsischen Reichskreises;
»Franken« ist Mainfranken.[147] Auch die »Carta itineraria europae« Martin
Waldseemüllers[148] kennt, neben Derivaten spätmittelalterlicher Ethnogene-
sen wie »Pomeria«, die noch älteren Namen: ein großflächiges »Saxonia«,
»Franconia«, »Svevia«, »Bavaria«.

Zur »Wiedergeburt« der Antike in der Renaissance, zur Wiederentdeckung antiker Wissensbestände durch humanistische Gelehrte gehörte
auch die Ptolemaios-Rezeption.[149] Haben weniger humanistische Ge-
schichtsschreiber denn humanistische Kartographen dazu beigetragen, dass
unsere Reisenden die unterwegs begegnende Realität in gentilen Kategorien rasterten? Dagegen spricht, dass die erwähnten und vergleichbare
Karten zwischen den von ihnen vermerkten »Stammesgebieten« keine
Grenzen ziehen – wie sie indes unsere Reisenden genau zu kennen meinen.
Und diese schreibenden Reisenden erwähnen durchgehend keine Karten;
nichts spricht dafür, dass sie solche mit sich führten.

Es blieb dabei, bei den Gentilnamen, beim Fehlen von Grenzlinien.
Der älteste Weltatlas,[150] das 1570 in Antwerpen verlegte »Theatrum Orbis
Terrarum« des Abraham Ortelius,[151] kündigt im Index Tabularum Karten
von Bavaria, Franconia, Frisia, Saxonia an – übrigens kein Rheinland, diese
heute gängige regionale Bezeichnung hat eben keine alten Wurzeln. Der
begründete Verdacht, das »Rheinland« sei als festumrissene Raumeinheit
eine preußische Erfindung,[152] muss sich nicht am Befund in vormodernen
Reiseaufzeichnungen oder Karten reiben. Die Kartographen des ausgehenden Mittelalters[153] und der Frühen Neuzeit zirkelten kein »Rheinland«.
Alle möglichen Räume schieben sich an den Rhein heran, wir können wohl
auch so formulieren: Der Mittelrhein durchfließt zahlreiche Räume, aber er
konstituiert selbst keinen Raum. Dabei kennen diese Karten schon ein
Flussland – nämlich »Francken«, oft steht das über dem Geschlängel des
Mains. Vormoderne Karten kennen ein Mainland, aber kein Rheinland. Im
schon erwähnten »Verzeichnuss der Länder des Teutschlands, durch welche ich geraist«, reiht Hans Georg Ernstinger in auf den ersten Blick über-

raschender, aber damals eben typischer Vermischung politische Räume und objektiv archaische Gentilräume aneinander; in seiner Auflistung von Raumeinheiten fällt ein Flussname auf: »Reinstrom«. Ernstinger war schon am Rhein, aber sich an den Rheinstrom anlagernde, dadurch in irgendeiner Weise charakterisierte Länder, kurz, ein wie auch immer umrissenes »Rhein*land*« kennt er nicht. Der Rhein ist nicht raumgreifend, er darf Flusslinie bleiben.

Bei Ortelius finden wir, was heute unter »Rheinland« firmiert, großteils auf einer Karte, die so überschrieben ist: »ganz wahrhaftige Beschreibung Gelderns, Kleves und benachbarter Gegenden«.[154] Sie bietet, neben viel Holland, ein »Herzogtum Kleve«, ein »Herzogtum Jülich«, angeschnitten Teile eines »Herzogtums Berg«, ferner »einen Teil des Erzstifts Köln«.[155] Sodann befindet sich unser heutiges Rheinland irgendwie auf einer Karte namens »Germania Inferior«: erneut viel Holland, auch viel Frankreich; in diesen Kartenwerken spielen nationalstaatliche Grenzen ja, wie in den zeitgenössischen Reiseaufzeichnungen auch,[156] so gut wie keine Rolle. Über spezifische Kolorierungen werden vier Raumeinheiten beidseits des Rheins konturiert – es sind die eben schon genannten, Kleve, Jülich, angeschnitten Berg und Kurköln. Mein letztes Beispiel stammt aus dem Jahr 1579: Der manchmal so genannte »älteste *deutsche*[157] Reiseatlas«, das »Itinerarium orbis Christiani«,[158] wurde zwar vermutlich in Köln verlegt, kennt aber kein »Rheinland«. Wohl finden wir, neben Einzelkarten wie »Holstein«, »Preußen«, »Kleve« usw.,[159] eine Karte, die »Franconia« zeigt, das »Franckenlandtt«. Ferner bietet der Atlas eine Kreiskarte: »Sveviae Circulus. Schwabische Kraiß. Swabe«.[160]

»Capitale del Circolo di Svevia«

In der Tat, das politische System des Reiches offerierte ungefähr seit 1500 eine überterritoriale Zugehörigkeit, eine Binnengliederung der »teutschen nation«, die im Gegensatz zu den Gentilräumen topaktuell war und bis 1555 immer weiter an verfassungspolitischem Gewicht zunahm: die Kreiseinteilung.[161] Gelehrte Literatur für Reisende konnte schon darauf hinweisen. So geht der von »Talander« übersetzte »neue frantzösische Scribent« gleich nach der Geschichte »Deutschlands«, also an prominenter Stelle, auf die zehn Reichskreise ein – dass im Fränkischen Kreis ein »Herzogthum Francken« vorkommt, wird uns gar nicht mehr überraschen, dass einer der

Kreisdirektoren der »Churfürst von Brandenburg« sei,[162] gehört indes schon zu den teils skurrilen Irrtümern dieser weitschweifigen, für Reisende »vor Ort« kaum sonderlich nützlichen Arbeit.

Reiseaufzeichnungen entsprechen der Erwartung des modernen Historikers, dem Hinweise auf Kreise und Kreisgrenzen eher einleuchten würden als die archaischen Gentilnamen, keinesfalls. Sie sortieren nie konsequent nach diesem Raster, sogar punktuelle Rekurse auf einen bestimmten Reichskreis sind ganz sporadisch. Immerhin, wenn Hieronymus Scheidt 1614 von Delfzijl »nach Embden in Westphalen« segelt, meint er wohl den Niederrheinisch-westfälischen Reichskreis.[163] Sogar ein anonymer Venezianer weiß, dass Augsburg »Capitale del Circolo di Svevia« sei.[164] Und wenn der Bologneser Fulvio Ruggieri festhält, die Weser »divide la Sassonia de la Westfalia«[165], könnte das meinen: sie trennt (so ungefähr) den Niedersächsischen vom Niederrheinisch-westfälischen Reichskreis.

»Sein dem Markgraven van Anßbach zustendich«

Unsere Texte kennen Gentilnamen wie (viel seltener) Reichskreise, und doch sind beide Zuordnungen relativ nebensächlich. Vor allem werden Siedlungen nämlich in Reichsterritorien verortet. In den zumeist von Pilgerfahrten kündenden Reiseaufzeichnungen des späten Mittelalters setzt das zwar sehr zögerlich ein – ihre spezifische, gleichsam punktuelle Raumwahrnehmung wird noch unser Thema sein. Noch im Bericht Jörg Pfinzings von 1436[166] fehlen Zuordnungen zu politischen Räumen vollständig, das Reich durchziehend, hält dieser Reisende ein einziges Mal fest: »Weydenheim« (Weilheim?) liege »in Payren«. Aufzeichnungen des 16. Jahrhunderts hingegen prunken geradezu mit Territorialnamen, viele fügen sie jedem durchreisten Flecken hinzu, oder sie sagen in ermüdender Gründlichkeit, welchem Fürsten bzw. welcher Dynastie die allfälligen Ortschaften gehörten. Man möge es dem Verfasser, der bei Erlangen am Rand des Nürnberger »Reichswalds« lebt und beim Niederschreiben dieser Zeilen hinter dem Computerbildschirm einige Wildenten auf der Schwabach landen sah, durchgehen lassen, dass er von aberhunderten denkbarer Beispiele dieses anführt: »Den 4. sein mir van hier auf Beirstorpf zogen, ist ein Flecken, 1 Ml. Van da bis Erlang, 1 Ml., sein beide marggreves. Es fleust hier die Schwabach. Van da durch den Nurenberger Walt bis jen Nurenberk 3 Meil, ist eine Richstat.« Dort gibt es einen besonders tiefen Brunnen und eine besonders alte, von Kaiser Maximilian I. gepflanzte Linde, man bleibt über Nacht.»Den 5. sein mir auf Schwabach kummen 2 Ml. Van da auf Rott 2 Ml., beide Stete sein dem Markgraven van Anßbach zustendich.«[167] Bei Reisen durch territorial nicht exzessiv zerklüftete Teile des Reiches addieren sich solche Zuschreibungen häufig zu ermüdenden Reihungen: Dieser Markt untersteht dem Fürsten X (der auch schon bei den letzten sieben Orten genannt worden war), das nächste Dorf untersteht ihm ebenso und noch jene Stadt … Selbst ausländische Reisende renommieren mit entsprechenden Kenntnissen:»außerhalb der Stadttore Bremens stößt man sogleich auf die Grafschaft Hoya«.[168] Irrtümer kommen vor,[169] aber sporadisch. Grundsätzlich waren unsere Autoren mit der vormodernen Herrschaftstopographie vertraut.

Warum eigentlich? Die Reisenden sagen uns nicht, woran sie sich orientierten, sie wollen ihre präsumtiven Leser (auch wenn es sich dabei zumeist»nur« um Freunde und Nachkommen handelte) offenbar gerade durch die selbstverständliche Beiläufigkeit ihrer Kenntnis der politischen Verhältnisse beeindrucken. Landkarten[170] erwähnen Reiseaufzeichnungen des 16. und 17. Jahrhunderts ausnahmslos keine, ich habe das schon erwähnt: Nichts spricht dafür, dass es üblich war, solche dabeizuhaben. Orientierte man sich an Herrschaftszeichen auf Landstraßen und an Stadttoren? Gab es schon in größerer Anzahl Hinweisschilder? Wir wissen nur, dass Hinweise und Markierungen damals noch nicht an jedem zweiten Baum prangten, beispielsweise dieser Episode wegen: Dem Benediktiner Placidus Scharl wies 1757 ein offenbar gut evangelischer Bauer in Mittelfranken den falschen Weg,»lange irrten wir im Wald umher, verloren einen Holzweg nach dem anderen, kamen in Verhaue, gegen Zäune, in moosige Gründe, in Felsenmassen hinein, dass wir uns oft nur mit Mühe durchzuschlagen im Stande waren«.[171] Lupold von Wedel notierte, im Juli 1592 auf der Rückreise aus Frankreich, dieses:»Den 14. sein mir aufgezogen 3 Ml. in ein Quarter, Sinoin genant, hisilbest fleust ein Fluß, de Semel genant. Uber densultigen Paß oder Fluß mir den 15. gezogen 7 Ml. in ein Quarter, welches Nam ich nicht erfaren kunnen, weil hisilbest kein Paur anzutreffen gewesen.«[172] Pässe gab es längst, doch kann von einer systematischen Passkontrolle an Grenzen jedweder Art vor dem späten 18. Jahrhundert keine Rede sein.[173]

Trotzdem war die damalige Herrschaftstopographie unseren Reisenden geläufig. Sie reisten zwar nicht primär durch Räume, sondern von diesem zu jenem Punkt,[174] aber *die* Räume, die doch angedeutet werden, über Zuschreibungen zu Punkten, sind ausschließlich politischer Natur und fast immer recht klein: Herzogtümer, Grafschaften, in Mitteleuropa die Reichsterritorien. Vormoderne Reisende durchzogen kein »Teutschland« (wie wir noch sehen werden, auch kein »Franckreich«), sondern zahllose kleine Territorien.

Wenn Reiseaufzeichnungen schon und gerade[175] des ersten neuzeitlichen Jahrhunderts in oft ermüdender Gründlichkeit durchreiste Orte bestimmten Territorien zuschrieben, die besuchten Punkte genau und ganz unskrupulös politisch zuordneten, könnte das ein alltagsgeschichtliches Indiz dafür sein, dass der *longue-durée*-Trend der Territorialisierung politischer Herrschaft seinen entscheidenden Schub bereits an der Schwelle zur Neuzeit erfahren hat. Entspricht der guten Kenntnis der Herrschaftstopographie eine sorgsame Registrierung von Grenzen?

3.4 Grenzgänge

Zum Beispiel Lupold von Wedel

Rechts- und wirtschaftsgeschichtliche Bemühungen um vormoderne Grenzen produzierten schillernde Resultate, wie wir sahen.[176] Für jedes spätmittelalterliche und frühneuzeitliche Jahrhundert ließen sich Indizien anführen, die einen Schub bei der Entwicklung »vom Grenzsaum zur Grenzlinie« gerade in diesem Säkulum nahelegen könnten. Sind Ländergrenzen bereits um 1500 mehr als Abstraktionen moderner Kartographen, realisiert erst das 18., gar das 19. Jahrhundert lineare Umgrenzungen?

Wie erfahren unsere Reisenden Grenzen, werden sie markant hervorgehoben, sind sie mit Erfahrungen verbunden, die wir heutzutage als »Kulturschock« apostrophieren würden? Welche Grenzen finden die Aufmerksamkeit dessen, der sie passiert – die des christlichen Abendlandes, die des Reiches, die Sprachgrenze, die den eigenen Dialekt birgt?

Wie verhält es sich damit bei Lupold von Wedel, der zwischen 1561 und 1606 eigentlich immer auf Reisen war und dessen Aufzeichnungen über 600 Druckseiten füllen? Penibel genau registriert er die regional obwaltenden politischen Herrschaftsverhältnisse, indem er den von ihm angesteuerten Ortschaften die Namen von Ducs, Bischöfen oder Reichsgrafen beigibt. Neben diesem erst sekundär, über politische Zuschreibungen, verräumlichten Punkteraster begegnen schon auch Trennlinien – Wedel gehört zu jener Minderheit von schreibfreudigen Reisenden, die solche gelegentlich erwähnen. Er kann sogar Grenzzeichen vermerken:»1M[ei]l[e] van disser Statt, da ich herkummen«, nämlich von Lyon,»ist eine steinerne Seule aufgerichtt, dasilbest endet sich Zoffoi«, also Savoyen,»und fanget Frankrich an«. An der Maas Rast machend, bemerkt er:»Es fleust hisilbest die Mase, daran mir uns gelagert und schedet Frankrich und Luthringen«.[177] Doch fällt die einstellige Zahl solcher Halbsatznotierungen in dem langen Text kaum auf, nie ist so eine Grenze Einschnitt; davon, dass die Darstellung irgend nach Ländern gegliedert wäre, kann schon gar keine Rede sein. Grenzlinien, auch solche zwischen»Francken« und»Beigern« beispielsweise, werden bei Wedel, anders als in vielen anderen Aufzeichnungen, zwar sporadisch erwähnt – aber unter hundert anderen Nebensächlichkeiten. Sogar bei ihm ist der – durch einzelne Zitate nicht beweisbare – Gesamteindruck der eines Nacheinanders von Orten, nicht von Grenzüberschreitungen.

Auf die räumliche Erstreckung des Reichsverbands geht Wedel ein einziges Mal beiläufig und gewissermaßen indirekt ein:»gehoret disse Grafschaft schon zum Rich«, erwähnt er, als er von Holland kommend Ostfriesland durchzieht.[178] Ob für diese singuläre Zuschreibung aktuelle politische Umstände, Unsicherheiten über die Zugehörigkeit der separatistischen niederländischen Nordprovinzen zum Reichsverband eine Rolle spielten?[179] Wahrscheinlich hieße das die nebensächliche Bemerkung schon überinterpretieren. Eigens vermerkt wird das Überschreiten der Reichsgrenze nirgends. Am Covolo-Pass»endet sich des Erzherzok Ferdinande Lant Tirol und get der Fenediger Gebeite an«[180] – das ist nicht anders, als wenn Wedel das Territorium dieser oder jener Reichsstadt verlässt, um in dieses Herzogtum oder jene Grafschaft des Reiches weiterzuziehen. Viel wichtiger als die Reichsgrenzen sind dem Reisenden die Parameter für seine Mobilität – von England absegelnd, hält er fest:»Hier enden sich die engelischen Meilen und fangen die teutschen an.«[181] Nach mehr als einem Jahr aus dem Orient zurückkehrend, notiert er, nach Basel:»Hier enden sich die schwitzer Meilen und gehn die teutschen an«.[182]

Ist der bei Lupold von Wedel erhobene Befund typisch? Ich denke schon.[183] Die Reisenden wussten, in welchen kleineren Räumen sie unterwegs waren. Deren Begrenzungen hielten sie nur sporadisch für nennenswert, aber sie waren offenbar prinzipiell bekannt:»Eine Meile nach Mittenwald endiget die Freisingsche Jurisdiktion.«[184] Auf eine fragliche Zugehörigkeit, auf Grenzstreitigkeiten stieß ich ein einziges Mal, beim Utrechter Juristen Arnoldus Buchelius, der von Querelen um einen Fluss-abschnitt der Weser weiß.[185] Wie Wedel kennen auch manche andere Rei-sende eine Grenze um »Beigern«, »Duringen« oder »Souave«; in merkwür-diger Verbindung von Territorial- und Stammesnamen berichtet Anton von Lalaing, er habe eine Brücke über den Lech passiert, die »die Graf-schaft Tirol und das Land Schwaben« trenne.[186] Besagter Lech »scheidet Schwaben und Bayern«, weiß Felix Faber, »und beide Stämme vertragen es schlecht, wenn der eine auf dem Gebiete des anderen einen Besitz hat«.[187]

Ländergrenzen

Herzogtum, Grafschaft, alte Stammesbezeichnung – das alles war ganz geläufig, auch die jeweiligen Begrenzungen kannte man prinzipiell, hielt man aber im Normalfall nicht für erwähnenswert, weil irgend wichtig oder gar einschneidend. Grenzen zwischen »Nationen«, den werdenden Natio-nalstaaten, sind in solchen Texten noch rarer. Nun gut, solche überschrit-ten ihre Verfasser ja auch in der Tat seltener als kleinräumige Begrenzun-gen, so ist der folgende Befund interessanter: Ländergrenzen sind unseren Reiseaufzeichnungen keinesfalls wichtiger als andere, auch sie werden, so überhaupt, beiläufig erwähnt.

In Texten des 15. Jahrhunderts präsentiert sich Europa ohnehin als grenzenloses Netz von geselligen und politischen Knotenpunkten: »Von Perpian«, dem damals spanischen Perpignan, »ritt mein herr auf Munphalir«, also nach Montpellier, »das ist ein schone stat. Und wolten do nit bleiben, wann es starb gar ser zu dem mal. Do von dann ritt wir auf Avian«, nach Avignon, »ist gar ein schone grosse stat«, was einige »schone ding« aus dem Stadtbild illustrieren. »Da von auss ritt wir auf Susa zu [...] ist ein schone stat, und leit unter einem berg. Von dann ritt wir auf Meilant zu [...]«[188] Der noch wenig kontinuierliche, wenig homogene Raum solcher früher Reiseaufzeichnungen wird uns in Kapitel 3.6 beschäftigen. Grenzen spielen in diesen Texten keine Rolle.

Neuzeitliche Aufzeichnungen sind durchgehend viel detaillierter, prun-ken mit Entfernungs- und Richtungsangaben sowie mit kleinräumigen politischen Zuschreibungen, aber hinsichtlich der Abgrenzung von Völ-kern oder Nationen ändert sich nichts. Frankreichreisende geraten gewis-sermaßen sukzessive in dieses Land hinein – nein, das ist missverständlich formuliert, weil es so etwas wie ein »Kernfrankreich« voraussetzt, auf das wir in der ersten Hälfte der Frühen Neuzeit noch gar nicht stoßen. Man besucht ein Städtlein des Herzogs von Clairmont oder von Bourbon, reist durch die Champagne. Wir werden weder mit französischer Sprache noch französischem Wesen konfrontiert, sowieso nicht plötzlich, vor dem 18. Jahrhundert auch nicht sukzessive, es werden eben nach und nach deutsch klingende Ortsnamen seltener. Doch werden wir uns auch Frankreichreisen – und in diesem Rahmen die französische Staatsgrenze – weiter unten, in Kapitel 3.7, noch genauer anschauen. So mag hier, gleichsam in der Vorwegnahme, ein einziger Reisebericht genügen.

Der Kulmbacher Erbprinz Christian Ernst,[189] der seine Reisenotizen vom damals namhaften Dichter Sigmund Birken in Buchform bringen ließ, durchzog in den späten 1650er Jahren wiederholt den französisch-deutschen Grenzsaum, auf die Zuschreibung »französisch« stoßen wir indes nur an dieser Stelle: »Den 15 diß, kamen Sie zu Mittag nach Sekt, ein Dorf unter das Französische Parlement zu Ensisheim im Elsaß gehörig, fütterten daselbst, und gelangten Abends nach Mömpelgart, die Haupt- und Residenz-Stadt dieses Würtenbergischen Fürstentums.« Das Adjektiv will nicht einem großen homogenen Raum namens »Frankreich« zuordnen, sondern einem Parlamentsbezirk, immerhin, über diese administrative Untergliederung werden wir gleichsam indirekt darauf gestoßen, dass die Reisegesellschaft nicht auf »deutscher« Scholle unterwegs war, jedenfalls nicht um die Mittagszeit. Geschlafen hat man dann schon wieder auf Reichsboden, was für den Autor indes nicht bemerkenswert ist. Große, homogene Nationalräume konturiert er sowieso nicht gegeneinander; aber auch andere politische Grenzen wurden offensichtlich nur selten für bemerkenswert gehalten.

Wie wenig einschneidend politische Grenzen wirkten, zeigt vielleicht noch schlagender diese Passage, die festhält, dass sich die vornehme Reisegesellschaft im September 1660 ostwärts der Schweiz näherte:

»Den 24 diß nahmen Sie ihren Weg nach Champagnole: allwo Sie weder Speis noch Trank gefunden, und von dem Pater des Orts, mit Geld und guten Wortten [...] etwas Fleisch und Eyer erhalten konden. Zu Morillon, weil auch der Schmalhans Wirt daselbst ware, musten Sie gleichfalls Nacht über sich armselig behelfen. Endlich, nachdem Sie S. George den 25 diß zurücke gelegt, kamen Sie, folgenden Mittags um 10 Uhr, glücklich nach Geneve.«[190]

Das Unterwegssein ist Mühsal, noch immer, in der Mitte des 17. Jahrhunderts nicht anders als zwei Jahrhunderte zuvor[191] – da locken nicht Vogesen oder Französischer Jura, drohen Mangelerscheinungen. Werden sie als besonders einschneidend erlebt (objektiv wird man wohl zur Ansicht neigen, unser Bericht jammere auf hohem Niveau), ist das eine Erwähnung wert. Grenzen sind keine Erwähnung wert.

Eine Reichsgrenze?

Vollends keine Rolle spielen Reichs- und deutsche Sprachgrenze.[192] Die vielen südwärts ziehenden Pilger kümmern sich keinen Deut darum, wie weit sich das Reich in die Alpen oder gar nach Oberitalien hinein erstreckt.[193] Auch, als Bernhard von Breitenbach 1483 den jungen Grafen von Hanau-Lichtenberg durch eine Reiseinstruktion auf seine Pilgerreise vorbereiten wollte, hielt er es durchaus nicht für geboten, ihn darauf hinzuweisen, wo das Reich oder der deutsche Sprachraum aufhörten:

»Dan nach geynn Brüneck, III myle vonn Meilbach, das ist des bischoffs vonn Brixenn [...] dar nach geynn Niderdorff, III myle vonn Bruneck, gudt herberge. Dar nach vonn Niderdorff zum Heydenn [Cortina-Ampezzo] in der Venediger lant, III myle. Dan nach II myle geynn Maynet, gut herberge. Dar nach von Meynet zum Spittale [Ospedale], IIII myle. Dar nach vonn Spittale zum heylligen Crutze [Santa Croce], IIII myle, gudt herberge«.[194]

Von irgendeiner Zäsur ist hier keine Rede.

Sahen reisende Diplomaten genauer hin? Die Autobiographie Siegmund von Herbersteins häuft Reise auf Reise, der Mann war, fast wie Lupold von Wedel, eigentlich immer unterwegs, beste geographische Kenntnisse dürfen wir ihm unbesehen zubilligen. Von Grenzen aber will er kein Aufhebens machen, schon gar nicht spricht er von einer Reichsgrenze – weil er so beredt schweigt, kann ich gar kein griffiges Zitat aus seiner Hand anführen. Er reiht eben Städte aneinander, auch Fürsten (denen diese gehören); Reich, deutsche Sprache oder deutsche Kultur sind nicht nennenswert.[195] Der schon im letzten Textausschnitt anvisierte Alpentransfer gen Süden liest sich bei Herbstein beispielsweise so: »Am fünff vnnd zwaintzigsten [...] verruckhten wir geen der khlain Tervis, vier meill.« Herberge, »Früemall«, »dann wir ritten gegen der Pantafl, ist ain marckht, dardurch rindt der pach Felach, vnnd schaidt Khärndten vom Fryaul oder dem Venedigischen. Sein zwo meill. Vnnd fürter ist ain meill an der Venediger Clausen, vnnd noch ain meill in marckht Felach, da wir vbernacht beliben«.[196] Oder, um mit dem ebenfalls weitgereisten Hans Georg Ernstinger die umgekehrte Richtung einzuschlagen: »Von dannen auf ainem landtgut-

schi gehen Terviso, ain veste statt«, weshalb sie denn auch eine kurze Charakterisierung wert ist, die so endet:»[...] ist die statt auch wolerbaut und
den Venedigern gehörig. Carnudo ain dorf. Feltre ain statt und bistumb an
der Sona glegen, auch wolerbautes ort, venedigisch. Gringo und auf Trient,
von dannen nach Insprugg«.[197] Solche Berichte registrieren häufig, welche
Ortschaften noch oder schon in der Grafschaft Tirol lägen, welche schon
oder noch den»Vönedigern« gehörten, ohne doch je auf den Reichsverband zu rekurrieren; sie kennen – bisweilen – eine»tyrolische Gräniz«, nie
eine des Reiches oder»teutscher nation«. Das heißt, einmal kommt das
»Reich« bei Herberstein schon vor, wenn auch nicht im Kontext der Al-
penüberquerung nach Oberitalien hinein und sichtlich nicht, um eine
Grenzerfahrung zu markieren:»Hamberg, ain schöne Stat [...] ist etlicher-
massen dem Hertzogen zw Hollnstain verwandt [...] Sy Ruemen sich, ein
Reichs Stat sein, gleichwol ist das ganntz Fürsstenthumb Hollstain lehen
vom Römischen Reich«.[198]

Auch Michel de Montaigne kennt keine Begrenzung Deutschlands oder
des Reiches, nicht, als er Frankreich ostwärts verlässt, nicht in den eidge-
nössischen Grenzregionen am Bodensee, doch an einer Stelle registriert er
so etwas wie einen (kulturellen) Grenz*saum*:

»Bozen, vier Meilen. Stadt von der Größe Libournes, am erwähnten Fluss gelegen,
im Vergleich mit den anderen deutschen Städten wenig einnehmend – so dass
Herr de Montaigne ausrief, unverkennbar *beginne* man Deutschland zu verlassen:
Zwar gebe es noch Bäche, Springbrunnen, Glasfenster und bemalte Häuser, doch
die Straßen würden enger, und man finde keinen einzigen schönen Platz.«[199]

Aber von einer Reichsgrenze weiß Montaigne, wie gesagt, nichts.

Die kennt auch Adam Ebert nicht, immerhin notiert er, fast schon ungewöhnlich aufmerksam, nach einer dreijährigen Europareise 1680 in
Trient das:»Hier war zuerst Teutsch Traktament und Bier, von welchem
man fast neu geboren.«[200] Bezeugt diese Bierseligkeit vormodernen deutschen Nationalismus? Dem schon erwähnten Samuel Kiechel fällt, von
Skandinavien ins Reich zurückkehrend, in Warnemünde aussteigend nicht
etwa auf, dass er jetzt wieder auf deutschem Boden stehe, er notiert Folgendes:»Schlug die Glocke zwölf. Nun waren wir sehr hungrig.«[201] Reichspatriotismus trieb den Mann offensichtlich nicht um,[202] von teutschem
Nationalbewusstsein findet sich in den zwischen Humanismus und
Aufklärung niedergeschriebenen Reiseaufzeichnungen durchweg keine
Spur – nicht in denen, die für Freunde und Nachkommen angefertigt worden sind, nicht in den wenigen zur Publikation bestimmten.

Mit dem hungrigen Samuel Kiechel habe ich zuletzt schon die zu Testzwecken ausgewählten südlichen Grenzregionen des Reiches verlassen. Der Befund ist anderswo derselbe. Johann Wilhelm Neumayr von Ramsla, ein heute vergessener, indes äußerst produktiver Gelehrter und Autor des frühen 17. Jahrhunderts,[203] gehört zu den schreibenden Reisenden, die Grenzen gelegentlich einmal erwähnen konnten:»Peronne ist eine Gränzstadt«,[204]»Cambray ist eine freye Reichstadt, ligt im Lande Artoys, auff der Gräntze zwischen Franckreich vnd Niderland«. Die Grenze ist, wie stets, kein Einschnitt, kann aber doch einmal beiläufig registriert werden. Eine Reichsgrenze kennt Neumayer indes weder, als er westwärts nach Frankreich hineinreist, noch bei der Rückreise aus den spanischen Niederlanden, dem heutigen Belgien.

Reiseaufzeichnungen unterliegen keinem Begründungszwang für die in ihnen zu Tage tretenden Wahrnehmungsmuster. Wussten ihre Verfasser nicht, wo Reichsgebiet anfing und aufhörte, weil sich Herrschaftstopographie, geographische und sprachliche Kriterien nicht zur linearen Grenzscheide fügen wollten? Da nicht nur Reichsgrenzen, sondern auch pauschale Zuschreibungen größerer Räume zum Reich so gut wie nie begegnen, liegt die Annahme näher, dass die Erstreckung des Reichsgebiets unsere Reisenden einfach nicht interessiert hat. Wie die überbordenden humanistischen Nationsdiskurse, scheinen auch die seit dem 17. Jahrhundert ausufernden gelehrten Erörterungen der Reichsgrenzen[205] eine sehr geringe Breitenwirkung besessen zu haben.

Seitenblick auf Karten

Wir können einen Zwischenstand festhalten: Reiseaufzeichnungen des 16. und 17. Jahrhunderts gehen allenfalls beiläufig auf Grenzlinien ein. Diese Beiläufigkeit ist in zweifacher Hinsicht beredt: Vormoderne Reisende ziehen zwischen mehr oder weniger interessanten Punkten hin und her, nicht durch fest konturierte Räume. Aber wo sie aus irgendeinem Grunde doch einmal eine Grenzscheide erwähnen, geschieht dies wie selbstverständlich, man macht auch deshalb kein Aufhebens darum, weil die Grenze ganz unproblematisch ist – insofern war man auf dem Weg»vom Grenzsaum zur Grenzlinie« offenbar doch schon weit vorangeschritten. Politische Grenzlinien sind geläufig und im Normalfall bekannt, aber sie werden nicht besonders wichtig genommen. Andere Begrenzungen, etwa von

Gutsbezirken oder Pfarreisprengeln, kommen gar nicht vor: Wenn schon Grenzen registriert werden, sind es durchaus politische. Aber diese politischen Grenzen sind eben ziemlich nebensächlich, auch solche zwischen werdenden »Nationalstaaten«, sowieso die das Reich umgürtenden. Werfen wir noch einen erneuten[206] Seitenblick auf die frühe Kartographie: Was sagt uns der »älteste deutsche Reiseatlas«[207] über Grenzlinien? Auf der Karte von »Evropa« finden wir keine. »Germania«? Ist grenzenlos, Teile der Nachbarländer werden mit abgebildet, nämlich »Belgij Pars« mit Breda oder Mechelen, »Poloniae Pars«, »Hvngariae Pars« sowie, ohne entsprechenden Namenszug, Teile Ostfrankreichs. Die Frankreichkarte hat keine Grenze zu »Germaniae Pars« oder »Italiae Pars«, wir finden Städte wie Köln, Trier und Basel – Letzteres übrigens zwischen den Silben »MA« und »NIAE« (»Germaniae pars«) plaziert, denn es gibt auf dieser Karte keine Eidgenossenschaft. Das »Italia« der Italienkarte hat keine Nordgrenze, indes sind, weil von dort wichtige Straßen in den Süden führen, in der Umrandung Basel und Augsburg mit eingezeichnet. Auch »Franconia/Franckenlandtt« ist grenzenlos, im Rahmen taucht »Lübeck« auf (erneut: offenbar weil eine wichtige Handelsroute dorthin führt), links unten finden wir Heidelberg und Straßburg, rechts Prag. Städte und Routen sind wichtiger als Raumbegrenzungen. Es wird nicht mehr überraschen, dass auch »Dv. Wirtenberg.« keine Grenzen hat, solche sind hier nun allerdings da erahnbar, wo die Dichte der eingezeichneten Orte abnimmt; doch finden wir Städte wie Gunzenhausen oder Günzburg, ganz am Rand Nürnberg. »Tirol« ist ebenfalls grenzenlos, scheint ungefähr von Augsburg bis zum Gardasee zu reichen.

Sprachgrenzen

Hat die verschiedentlich dem ausgehenden Mittelalter oder dem 16. Jahrhundert attestierte »Wendung des Grenzbegriffs zum Sprachlichen«[208] Niederschlag in Reiseaufzeichnungen gefunden? So gut wie gar nicht! Wir werden noch nicht einmal fündig bei einer Italienreise, die Hans Georg Ernstinger unternommen haben will, um »die welsche sprach noch besser zu lernen« – denn was diesem für die Nachwelt festgehaltenen Vorsatz folgt, lässt zwar eine untypisch detaillierte Markierung des venezianischen Hoheitsbereichs erkennen, doch keine Sprachgrenze (wie sie der Autor bei Trient hätte ziehen müssen): »Erstlich den weg biss gehen Trient [...] von dannen auss gegen Persen [...] Levigo ain dorf [...] Burgo ain marckht [...] Gringo ain dorf oder Grimb genent. In ainem feld ist ain capellen, da faht sich das venedigische gebiet an ainem orth an«.[209] Gelegentlich hat der Dominikanerpater Felix Faber auf Sprache und Sprachgrenze geachtet – von ihm stammt diese ungewöhnlich ausführliche Schilderung einer Grenzüberschreitung:

»Um den Mittag kamen wir zu dem Schloß Buttelstein, und ist der Venediger, die haben es in guter Hut, und wer da vorbei reitet, den schreiet man nicht anderst an denn: Marco, Marco, Viva santo Marco. Da der uns also anschrie, da antwort' ihm der Kaufleute einer von Augspurg und ruft: Viva galabria, viva duca de galabria, das tat er den Welschen zu Leid, denn der Herzog von Galabria auf die Zeit uneins war mit den Venedigern. Damit rannten wir davon mit Freuden in Teutschland, denn am Buttelstein endet sich die welsch Sprache und hebet an das Teutsche.«[210]

Schabernack mit »Welschen« und »freudiges« Davonrennen sind schon die deutlichsten Zeugnisse für »Sprachpatriotismus«, auf die ich in Reiseaufzeichnungen gestoßen bin. Faber gehört auch zu den wenigen Autoren, die festhielten, dass man in Trient sowohl deutsch als auch italienisch sprach.[211]

Ich will noch eine kleine Geschichte anfügen, die uns übrigens zeigt, dass damals Ortsschilder offenbar nicht verbreitet gewesen sind: Den Bamberger Fürstbischof Johann Gottfried von Aschhausen zogen 1612 diplomatische Gründe nach Rom. Ein Mitglied seiner Entourage schrieb mit:

»Darnach ist man durch 2 dorffer unndt einen schönen fleckhen Ladis genant, auch uber die bruckhen des darbeifliesenden wasers bis auff 4 büschen schueß ungefehr zur stat Trient geruckt, und haben dieße 3 ort nit erfragen konnen wie sie heißen, wegen des gerumpelß uf den steinen, und der mitlaufer nit mehr teütsch fragen konnen, sintemahl die ihme begegnet, schir alle italienisch gredt, wie dan geschehen, als underwegs hr. von Neüneck kutscher einen bauern den mistwagen salva venia umbgestoßen, daz sie beede einander gefluchet und außgescholten, unßerer teusch, der andre welsch, und keiner den andern verstanden gehabt.«[212]

Der das festhielt, suchte keine Sprachgrenze zu fixieren, aber dass er die lautstarke Verständnislosigkeit zwischen Kutscher und Landmann verewigt hat, ist doch ungewöhnlich. Denn ob an Grenzen, mitten in Palästina oder im Reich unterwegs – Sprache und Dialekt gehören keinesfalls zu den von Reisenden vorrangig registrierten Sachverhalten.[213] Josef Köhler hat fürs späte Mittelalter behauptet, »dass Grenze und Grenzlandbewusstsein« an den Rändern des Reiches »eine immer größere Bedeutung erfahren« hätten,

dass »an den Sprach- und Kulturgrenzen des Reiches eine Steigerung des
Eigenbewusstseins« erfolgt sei, ja, er sieht »Dokumentationen des völkischen Bewusstseins in der Grenzlage«;[214] frühneuzeitliche Reiseaufzeichnungen künden vom schieren Gegenteil[215] – und das *nach* dem Florieren
jener neuerdings viel beschworenen humanistischen Diskurse, die deutsche
Geschichte pflegten, deutsche Sprache priesen. Und, ob nun im Zusammenhang mit sprachlichen Erörterungen oder in irgendeinem anderen
Kontext: Wie und wo die »teutsche« an andere »Nationen« grenzte, das
wird schon gar nicht thematisiert. Auch von politisch oder »national« motivierten Problemen beim Überschreiten von Grenzen ist nirgendwo die Rede. Wohl pflegten Italienrei-
sende ihre evangelische Identität nicht lautstark vor sich herzutragen (Ausnahmen haben wir indes schon kennen gelernt), weil sie etwaigen Schika-
nen, wie sie konfessionelle Voreingenommenheit motivieren konnte, aus
dem Weg gehen wollten, und sogar im Reich musste man offenbar in Ein-
zelfällen mit solchen rechnen. Das illustriert der Bericht über eine Reise
Hans Jakob Breunings von Buchenbach nach England im Jahr 1595. Sie
war zwar insofern nicht geradewegs typisch, als sie im weitesten Sinne
politischen Zwecken diente – Breuning von Buchenbach sollte in London
darauf hinarbeiten, dass der württembergische Herzog Friedrich in den
Orden vom blauen Hosenband aufgenommen wurde. Wurde er nicht,
interessanter ist die Tatsache, dass sich der Emissär mitsamt seinen Be-
gleitern in Köln eine katholische Reiseidentität zulegte (»bekhamen durch
Practickh ein Paßport von der Statt Cöln, ihn welchem vermeldet, wie das
wier inwhonner vnnd Burger daselbsten weren, damit wier vnnß an allen
Päpstieschen orthen, da wier gerechtfertiget werden möchten, zu gebrauchen«). Vor allem aber frappiert, dass die Reisegruppe diese Tarnung dann
auch bitter nötig gehabt zu haben scheint[216]: »Bergh [...] langh vexirt vnnd
vffgehaltten, also vnnß vnder dem thor, ehe wür wurden eingelassen, des
Cölnieschen PaßPort müssen gebrauchen [...] von dannen khamen wier vff
[...] Schenckenschantz [...] verhofften also nunmehr vff dem Rhein die
gröste gefhar[!] überstanden vnnd das spiell gewonnen zu haben.«[217] Wenn
eine Großgruppenzugehörigkeit in der Fremde problematisch werden
konnte, war es nicht die nationale. Sollte die Nationalisierung der Heimat
ein kurzes weltgeschichtliches Intermezzo gewesen sein, vorübergehendes
Kennzeichen eines langen 19. Jahrhunderts?

3.5 Leer oder »lustig« – was zwischen den Zielorten liegt

Reisen als Ankommen

Alle längeren Zitate der vorangehenden Seiten künden davon: Reiseaufzeichnungen des ausgehenden Mittelalters, der beiden ersten neuzeitlichen Jahrhunderte zeichnen keine Naturräume. Landschaften schon gar nicht. Man reist, um anzukommen. Man will ein Ziel erreichen, nicht unterwegs sein. Das wird sich erst mit der Erfindung des Wanderns im 18. Jahrhundert ändern, erst jetzt wird der Weg das Ziel.

Unsere Reisenden interessiert einfach nicht, was zwischen den von ihnen angesteuerten Städten liegt. Naturräume werden entweder mit keinem Wort erwähnt, oder es genügen einige immergleiche karge Landschaftsrequisiten: »ist waldig«, »wenig fruchtbar«. Die von ihrem Herausgeber als »überall anziehend und lebensfrisch« angepriesene, in der Tat für ihre Zeit sehr ausführliche Autobiographie Siegmund von Herbersteins lässt uns im Frühjahr 1534 so von Böhmen kommend das Fränkische durchziehen:

»Darnach geen Pleistain drithalbe, vnnd geen Vodra, ain Stätl, ain halbe meill. Nahenndt darbey ligt Leichtenberg[218], das Schloss, Lanndgraffschafft. Den xiij. an die Schmidhütten zwo meill. Geen Werdenberg, geen Hierschau zwo, geen Sulltzpach zwo meill. Da ist ain Costlicher Prun. Den xiiij. geen Harsprugkh drey meil, ain Stätl, ist Nürnbergisch. Geen Lauffen[219] zwo, vnnd geen Nürnberg zwo meill. Den xv. geen Neustat, des Marggrauen Stätl, Sechs meill. Geen Lenngenfeldt aine, vnnd geen Ernsham zwo meill. Den xvj. geen Khitzingen am Maen zwo meill, darnach durch Iphofen geen Wirtzburg drey [...]«[220]

Wir dürfen uns ausblenden, Fehlendes lässt sich nicht pointiert herbeizitieren. Außer Ortsnamen, den Entfernungen zwischen Orten und gelegentlichen politischen Zuschreibungen dieser Ortschaften erfahren wir lediglich von einem Brunnen – als Naturbeobachtung oder auch nur -beachtung dürfen wir das schwerlich einstufen.

Naturpartikel kommen vor, wenn sie für die Art und Weise oder das Tempo des Fortkommens zum nächsten Zielpunkt relevant sind:

»Alls wir wider aus Venedig vnnd vber das Mör khamen, seind wir nach dem fliessennden wasser der Brenta vber sich gefaren. Dann schlecht man sich auff die Linckh hanndt in ain Pach ** genennt daran ist ain schliessen, darein man die Schiff zeucht, vnnd schleuss, dann zue. So dann wachst das wasser vnnd hebt das Schiff vber sich, damit es dem rechten pach gleich khumbt, vnnd nach demselben furauff gar geen Padua gezogen wierdt. Daselbtn zw Padua sein wir Eerlichen emphanngen, vnnd in vnnser herberg gefüert worden.«

Folgen die Unternehmungen in Padua,»am sibennden zugen wir bey vier meillen, khamen an ein See, der sich von der Etz versambellt. Ritten ain gueten weeg neben demselben, vnnd khamen dann an die Etsch, fuern vber vnnd dann geen Rudigo, das man Lateinisch nennt Rodagium.«[221] Flüsse werden genannt, weil man sich auf oder neben ihnen bewegte, weil man sie als Wasserstraßen oder Orientierungshilfen nutzte. Zu einem Landschaftsbild fügen sich solche Angaben nicht zusammen. Natürlich gibt es bei der Registrierung von Landschaftsrequisiten Unterschiede. In vielen Reiseaufzeichnungen begegnen sie überhaupt nicht.[222] Andere erwähnen diese und jene einzelne Besonderheit. So können markante Bäume interessieren. Der ostfriesische Student (und spätere bedeutende Gelehrte) Ubbo Emmius registriert, das Dorf Lathen durchziehend, eine staunenswerte Linde, attestiert dann Nordhorn, dass es dort vor einem Stadttor einen »bemerkenswerten hohen Turm und dabei eine sehenswerte ausladende Eiche« gebe.[223] Hans Georg Ernstinger notiert: »Künigshofen, ain dorf, alda ain schöne grosse linden, dreyfach sich weit ausbraitent, mit vil stainen seulen untersezt.«[224] Der Kulmbacher Erbprinz Christian Ernst bemerkte in Basel eine »grosse alte Eiche mit 10 dicken Aesten, welche, in einem Umfang von 112. Schritten, auf 30 Seulen ruhen«.[225] Diese Kette ließe sich verlängern, aber nie fügt sich aus derart vereinzelten Naturinsignien, die zudem fast ausnahmslos bei oder in den angesteuerten Ortschaften liegen, ein Naturraum zusammen. Man erwähnt sie, wie man architektonisch bemerkenswerte Gebäude erwähnt. Der Raum *zwischen* den Ortschaften bleibt leer.

Müssen wir uns bei Kavalierstouren am wenigsten darüber wundern? Die Kavaliere sollten höfische Kompetenz erwerben, keine landwirtschaftliche. Sie sollten nicht regionsspezifische Biotope kennenlernen, sondern die europäische Adelsgesellschaft. Geschliffene Umgangsformen und elegantes Parlieren lernten sie nicht unterwegs beim Schäfer. Natürlich steuerten sie große Residenzen an. Ihr standesspezifischer Blick mag den der sie begleitenden Protokollanten beeinflusst haben, zumal diese im Auftrag schrieben. Aber der Raum zwischen den Zielen bleibt ja auch in allen anderen Reiseaufzeichnungen leer.

Gewiss ließen sich, je nach Reisezweck, auch sonst spezifische Gründe anführen, die die bevorzugte Wahrnehmung städtischen Binnenlebens oder doch jedenfalls die Vernachlässigung *inter*städtischer Zwischenräume gerade bei dieser Gruppe von Reisenden besonders verständlich machen könnten: Universitätsgebäude lagen damals noch nicht bevorzugt auf der grünen Wiese. Pilger wollten nicht ihre Sinneseindrücke schärfen, sondern ihre Seele erheben (und konnten das Treiben *innerhalb* großer Städte doch genau schildern). Patriziersöhne sollten mit anderen Handelsmetropolen vertraut werden und dort für den Fernhandel hilfreiche Kontakte knüpfen. Gesellen wollten nicht Ackerbau und Viehzucht lernen oder Jäger werden, sondern in einem städtischen Handwerk vorankommen. Aber dass sie alle, vom Prinzen bis zum Söldner, vom schreibgewandten Sekretär bis zum vagierenden Zuckerbäcker, für außerstädtische Reize so gar keine Seitenblicke übrig hatten, finde ich schon bemerkenswert.

Natur liegt nicht links und rechts des Wegs, ist allenfalls Umgebung der Zielorte. Die eine und andere Aufzeichnung der anhebenden Neuzeit, viele Berichte des späten 16. und des 17. Jahrhunderts situieren die Städte in eine Umwelt. Nicht, dass sie dieses Umland schilderten! Für die Platzierung der Städte in eine Umgebung reichen diese Angaben: weite oder enge Ebene, Fruchtbarkeit dieser Ebene, sind Berge und/oder Flüsse in der Nähe? Wie »the hills«, der »level ground«, die herumfließenden »streams« auf den Reisenden wirken, wird nicht gesagt, es genügt das Versatzstück als solches, »hills« sind eben »hills«. Weil der Situierungsbaukasten nur wenige Versatzstücke enthält, ist die Anzahl der Kombinationsmöglichkeiten sehr überschaubar. Die Situierungen sind topisch. Ein gewitzter Autor versucht sich der sterilen Konvention dadurch partiell zu entledigen, dass er dieses festhält: »Note: all those towns and places, in whatever kingdom or province, which I do not describe as being in the mountains should be assumed to be in flat country«.[226]

»Fruchtbar schon landt«

Vormoderne Reiseaufzeichnungen bieten keine Landschaften, bieten lediglich einzelne Naturelemente, Naturpartikel, insbesondere, um Städte zu situieren.

Nun begegnen in manchen Berichten schon auch synthetische Urteile, die Naturelemente als Ensemble wertend auf den Begriff zu bringen versuchen, in ein Werturteil fassen – freilich stereotyp, es stehen hierfür die immergleichen vier oder fünf dürren Worte zur Verfügung. Handelt es sich um deutschsprachige Aufzeichnungen, ist es das höchste zu Gebote stehende Lob, wenn sie gerade durchzogenen nichturbanen Raum oder aber, häufiger, die Umgebung einer Stadt als »lustig« oder aber als »schön« bezeichnen. Beide Termini werden synonym verwendet und besagen, dass man gerade durch ebenes, fruchtbares und intensiv landwirtschaftlich bearbeitetes Land zieht. In ebenem, von menschlicher Infrastruktur überzogenem Land reiste es sich angenehm: Insofern ist das Attribut »schön« nach modernen Maßstäben kein ästhetisches. Die ihm zugrundeliegende Sinndeswahrnehmung ist nicht zweckfrei.

Berge sind nicht »lustig«. Unbebautes Land kann nicht »schön« sein. In ausführlichen Aufzeichnungen folgen den Urteilen »schön« oder »lustig« die wichtigsten Nutzplanzen. Die mit Abstand häufigsten Qualifizierungen für nichturbanen Raum sind ohnehin »fruchtbar« oder auch »wenig fruchtbar«. »Fruchtbarkeit«, die intensive landwirtschaftliche Nutzung erlaubte, war das allerwichtigste Kriterium. Ich könnte Dutzende von Stellen aufreihen, die die Geringschätzung Johann Wilhelm Neumayrs von Ramsla unebenem Terrain gegenüber illustrierten, und doch konnte er lobend vermerken, dass sich auf dem Weg nach Lyon »vmb vnd vmb ein schön fruchtbar Gebirge« erstrecke.[227] »Kultivierte«, fleißig umgepflügte Abhänge konnten also durchaus taugen. Umgekehrt entwertete Menschenleere noch die flachste Ebene. Ein antispanisches Pamphlet, das 1632 zum Kampf gegen die Madrider Zentrale der Gegenreformation aufrief und deshalb, gleichsam, um Mut zu machen, den Nachweis führte, daß dieses zum Popanz aufgebaute Spanien in Wahrheit ein ganz jämmerliches Land sei, höhnt: »Es gibt gar schöne[228] ebene, daß man auch in einer gantzen tagraise nur ein eintziges Hauß antrifft.« Kamen flaches Landschaftsprofil und landwirtschaftliche Nutzbarkeit zusammen, fühlte sich der Reisende am wohlsten. Worms liegt »in einem schönen fruchtbarn ebenem Lande«, bei Köln »ist ein sehr schön eben Getreidich Land«[229]: das genügt vollkommen, um zu sagen, dass die Lage dieser beiden Städte besser nicht sein könnte. Natürlich konnte man auch ein paar Worte mehr aus dem Situierungsbaukasten nehmen: »The situation of Colen is very delectable. For it standeth in an pleasant and fruitfull plaine hard by the Rhene.«[230]

In diesem Urteil über Vorzüge und Mängel Irlands aus der Feder eines schaumburgischen Gutsbesitzers haben wir alle Wertmaßstäbe beisammen, die nicht nur schreibende Landmänner des 16. und 17. Jahrhunderts an Natur anlegten:

»Das erdreich ist auch ein *fruchtbar schon* landt; dan ob es woll ahn den meisten orttern schir eitel hugel, berg und dahl, darnoch hat es auch *feyne ebne*. Und ist zu verwundern und *schade*, das so ein herlig land also soll liggen mit *wildem* grase und streuchern bewachsen, also, das schir der meiste theill lands in Irlandt [...] nitt bepfluget noch beseyet, ligt.«[231]

In der »Norddeutschland« gewidmeten Ausschnittsammlung der Schwarzwälders stechen die Aufzeichnungen Jakob Ratgebs, der 1592 in der Entourage Friedrichs von Mömpelgard unterwegs war, durch ihre Ausführlichkeit und Differenziertheit hervor; keiner der zahlreichen dort versammelten Texte betrachtet außerstädtischen Raum genauer:

»Hie ist zu besserm Bericht zu wissen, dz die Graffschaft Oldenburg unfruchtbar voll breiter Heyden, darauff wenig Frücht wechst, hat schlecht gering Vihe, kleine Häußlin, und ist in summa ein gnugsam arbeitseeliges unfruchtbares Landt. Hingegen aber ist Ostfrießlandt biß gehn Embden zimlich wol erbawen, Fruchtbar unnd voll guter feister Weide, darumb sie auch gar schöne Pferde, Khüe und sehr grosse Schaff haben«.[232]

Mehr »Natur« dürfen wir von Reiseberichten vor dem späten 17. Jahrhundert nicht erwarten.

Aufzeichnungen des ausgehenden Mittelalters und der ersten Hälfte der Frühen Neuzeit interessieren sich für Städte, nicht für Naturräume. Unterwegs ist man in (nahezu) leeren Zwischenräumen, Niemandsländern, die nicht der Rede wert sind oder allenfalls einiger immergleicher Topoi. Immerhin verrät ihre Zuteilung eine rudimentäre Ästhetik. Geschätzt wurde fruchtbares, landwirtschaftlich genutztes ebenes Land. Überhaupt nicht geschätzt wurden deshalb die Alpen. Hatte man sich durch diese öden Gesteinshaufen endlich hindurchgearbeitet, wartete hingegen das irdische Paradies: die oberitalienische Tiefebene, schön flach, aufgeräumt, übersichtlich. Auch die Emilia Romagna bis hinunter nach Ancona gefiel, weiter im Westen verdarb dann wieder der Apennin die Laune. Seit der zweiten Hälfte des 17. Jahrhunderts verlor man immer mehr Worte darüber,[233] aber die ästhetischen Maßstäbe blieben dieselben. Francis Mortoft konnte schon 1659 schwärmen: Nach Ancona unterwegs,

»wee rode through, without doubt, one of the finest and pleasantest countryes in the world: for at least for 120 miles as wee rode along the wayes were as *even* as if they had been walks in garden. And all the fields for so many mile together, were full of nothing but corne and other graine, that it seems to be one of the *fruitfullest and pleasantest* Countryes that the world doth afford.«[234]

Noch einmal ein dreiviertel Jahrhundert später schwelgte Charles de Brosses so über die Wegstrecke zwischen Vicenza und Padua: Überall sind schön kultivierte Weinberge, über eigens deshalb gepflanzte Bäume werden die Äste und Zweige der Reben sorgfältig drapiert – die ganze Route »ist derart mit schachbrettartig oder in Rautenform gepflanzten Bäumen *garniert.* Es gibt durchaus keine *Operndekoration,* die schöner oder schmuckvoller wäre als eine solche Landschaft. Jeder Baum, bedeckt von Weinreben, bildet das Dach eines Pavillons [...] Diese *Dekoration* reicht nicht weniger als zwanzig Meilen weit, das [sc. nämlich] ist die Entfernung von Vicenza nach Padua.«[235] Die Zwischenräume beginnen sich zu füllen, aber die nur wichtiger werdende Ästhetik bleibt zunächst dieselbe. Schön wie gemalt ist aufgeräumte, von Menschenhand gestaltete Landschaft.

Wenig bewohnte Gegenden sind hässlich. Nachdem man sich schon durch die Alpen hatte quälen müssen, wartete vor Rom erneut die nackte Natur, ein abstoßender Anblick – um erneut Charles de Brosses zu zitieren:

»Wissen Sie, um was es sich bei dieser berühmten Campagna handelt? Das ist eine nicht endenwollende Ansammlung von kleinen Hügeln, die *unfruchtbar* sind, *unbebaut, absolut verlassen, traurig* und im Grunde einfach nur *schrecklich.* Ewas *Abscheulicheres* lässt sich nicht denken. Romulus muss betrunken gewesen sein, als er auf den Gedanken verfiel, in einem derart *hässlichen* Gelände eine Stadt zu gründen.«[236]

Über vormoderne Gebirgsfreuden muss man bei dieser immerhin eindeutigen Rumpfästhetik nicht viele Worte verlieren. Es hat sie nicht gegeben. Die Alpen waren eine steinige, staube, steile Barriere, die sich Italienreisenden in den Weg stellte. Man konnte darüber klagen oder sich wortkarg ins eben Unvermeidliche fügen, immergleich war die Erleichterung, wenn sich die Schluchten wieder öffneten, die Wege ebneten: »Dann tauchst Du aus den Alpen, wie aus finsteren Kerkergrüften, in die ausgedehntesten, fruchtbarsten, schönsten Ebenen auf.«[237] Physisch ins Flachland hinabsteigend, erfährt man emotionale Erhebung.

Johann Wilhelm Neumayr von Ramsla nahm den Alpentransit klaglos auf sich. Hat der Vielschreiber auch über die Berge viel geschrieben? Es würde uns überraschen, zumal wir schon wissen, dass er, wie alle seine Zeitgenossen, »eben Getreidich Land«[238] schätzte. Aber dem Alpentransit widmete er für seine Zeit erstaunlich viele Worte. Machen wir uns also mit ihm auf den beschwerlichen Weg! Nach »Ambergau« notiert er: »Alhier fahen sich die Alpes an. Weiter auff Etthal, Partkirch vnd Mittewald, Allhier wird Mittag gehalten.« Es folgen Orte, gelegentlich Wirtshäuser. »In dem Dorff Salurno« sieht Neumayr, was viele Reisende sahen (offenbar, weil sie es in vielen anderen Reisebüchern gelesen und also schon gewusst hatten): nämlich ein Schloss, »wird wegen der Gespenst, so sich darinnen auffhalten sollen, nicht bewohnet«, immerhin fügt Neumayr hinzu:»hat sonst einen herrlichen schönen prospectum«. Orte, Wirtshäuser, kurz nach Trient führt die Route steil bergan,»es ist aber daselbst eine solche grosse Höhe hinab, dass man sich dafür entsetzen muss, bevorab, weil auch der Weg [...] gar schmal ist: Auff diesem Berge kan man ein groß Theil Landes vbersehen«. Weitere Orte, eine halbe Wegstunde nach einem vom Autor empfohlenen weiteren Wirtshaus»kömpt man *endlichen* aus dem wilden vnd rauchen Gebirge in eine gar *lustige Ebene*, Sihet man also auff etliche Meil ein herrlich *schön eben* Land«.[239] Es fällt auf, dass Neumayr zweimal eine Aussicht erwähnt. Im ersten Fall fragt man sich freilich, woher er darum wusste, da er sich doch nicht den Schlossgespenstern beigesellt hat. Auf dem aussichtsreichen»Berge« war er, weil die Straße eben hinauf- und wieder hinabführte, also nicht, um eine Aussicht zu genießen; von Genuss ist denn auch so wenig die Rede wie von dem, was man von da oben erblicken konnte. Da flirrt keine Luft, schwirrt kein Vöglein, rauscht kein Bächlein, braust kein Wind. Diese Reisenden hatten das nächste Wirtshaus im Kopf, keine Landschaft im Blick.

»Von der Betrachtung des Raumes zur Betrachtung der Zeit«

Warum hatte der Gipfelblick für unsere Reisenden so gar nichts Erhabenes? Oder sitzen wir mit dieser Frage einer Erwartungshaltung auf, die erst eine den modernen Tourismus flankierende Kitschindustrie geweckt hat? Noch im ausgehenden 19. Jahrhundert waren Menschen, die freiwillig hohe Berge erklommen, in ihren eigenen Augen Pioniere, in der Fremdeinschätzung bestenfalls verschroben. Aber hat nicht schon im 14. Jahrhundert Petrarca den Mont Ventoux bestiegen, hat nicht Leonardo da Vinci Berge im Monte-Rosa-Gebiet bis zur Schneegrenze erwandert? Nicht so bekannt ist eine Bearbeitung des Alexander-Stoffs aus dem 15. Jahrhundert,[240] die den Makedonen weniger als Eroberer denn als Erkunder zeichnet, er verkündet dort das neuzeitliche Wissenschaftsverständnis. Seine weiten Züge will er unternommen haben, weil die»vernunfft dar auß gescherpfft werd«. Er sucht Grenzerfahrungen, bedient sich eines Greifvogels, um die Erde von oben sehen zu können (die sich dabei übrigens nicht als Scheibe präsentiert, sondern als»ein kleine kugel«), um anschließend mit einer Taucherglocke auf den Meeresgrund hinabzutauchen:»Da kam mir aber in mein gemüt ein solich frolich gedanck das ich messen[241] vnd durch gründen wolt die tieff des mers [...] Der selb gedanck ließ mich weder ruen noch raste, vn zwang mich so ser dz ich im nit mocht wider stan.« Das als Neugierde und Erkenntnisdrang zu apostrophieren, ist sicherlich keine vorschnelle Aktualisierung. Die Grenzen des empirischen Wissens zu erweitern, ist hier nicht mehr menschliche Selbstüberhebung.

Hans Blumenberg hat einmal beiläufig darauf hingewiesen, dass »für die Antike [...], genauso wie für das Mittelalter, eine eigentümliche Hemmung« festzustellen sei, »die Welt von oben zu betrachten oder als von Menschen betrachtet zu denken. Der ›natürliche Aufenthalt‹ des Menschen ist unten, und seine konstitutive Blickrichtung ist die von unten nach oben, die des ›contemplator caeli‹.«[242] Demnach müsste die Neuzeit am 26. April 1336 anheben, als sich Petrarca zum Mont Ventoux aufgemacht haben will. Angespornt habe ihn Neugierde: »Heute habe ich diesen höchsten Berg der Region bestiegen, allein von der Begierde angetrieben, die besondere Höhe dieses Ortes zu erkunden«.[243] Viele Jahre lang habe ihm das Unternehmen im Sinn gelegen, habe er doch seit seiner Kindheit fast immer diesen von allen Seiten weithin sichtbaren Berg vor Augen. Also müsse er nun hinauf! Was dann folgt, sind aber weniger Naturerlebnis und Naturschilderung – wir lernen nicht Flora oder Fauna kennen, hören nicht den Wind säuseln, sehen nicht das Licht in der Sonne flirren, vielmehr trägt Petrarca sein eigenes Ich in die Natur hinein, sie ist regelrecht von diesem Dichter-Ich infiziert. Neben Selbstbespiegelung werden Allegorie und Lebenshilfe geboten:

»Wir verweilten einen Tag lang am Fuße des Berges und bestiegen heute endlich, jeder mit einem Bedienten, den Berg, nicht ohne viel Beschwerde. Er ist nämlich eine jäh abstürzende, fast unersteigliche Felsmasse. Indessen gut hat der Dichter gesagt: Verwegnes Mühen alles zwingt [...] So hatte ich mich denn, oft enttäuscht, in einem Tal niedergelassen. Dort schwang ich mich auf Gedankenflügeln vom Körperlichen zum Unkörperlichen hinüber und wies mich selbst etwa mit den folgenden Worten zurecht: Was du heute so oft bei Besteigung dieses Berges hast erfahren müssen, wisse, genau das tritt an dich und an viele heran, die da Zutritt suchen zum seligen Leben.«[244]

Die Realität geht in Rhetorik über, wir wissen heute, dass Petrarca seinen vermeintlichen Report nicht gewissermaßen live, als erschöpfter Wanderer in der Herberge niedergeschrieben hat, sondern nach sorgfältigen Vorarbeiten, für die er alle Möglichkeiten seiner Bibliothek nutzte, der reichhaltigsten seit dem Untergang des Imperium Romanum. Einige topographische Einzelheiten zeigen aber meines Erachtens, dass er die Bergtour wirklich absolviert hat.

Hie und da geographische Einzelbeschreibung, aber keine »Landschaft« als gefühlsgesättigtes Ensemble – der Gipfelblick wird nicht ausgemalt, soll immerhin beeindruckt haben: »Zuerst stand ich, durch einen ungewohnten Hauch der Luft und durch einen ganz freien Rundblick bewegt, einem Betäubten gleich.« Auf dem Gipfel zu stehen, mag also atemberaubend gewesen sein, aber nur für einen Moment, an den dann um so langatmigere philosophische Betrachtungen geknüpft werden, die Petrarcas Belesenheit und Assoziationsfähigkeit unter Beweis stellen. Erst nachdem die Gelegenheit, zahlreiche Lesefrüchte auszubreiten, weidlich genutzt ist, wird schließlich diese (zwar emotionslose und von atmosphärischen Gehalten freie) Beschreibung eingeschoben, die wir in Reiseberichten noch jahrhundertelang vergebens suchen werden:

»Der Grenzwall der gallischen Lande und Hispaniens, der Grat des Pyrenäengebirges, ist von dort nicht zu sehen [...] Hingegen sah ich sehr klar zur Rechten die Gebirge der Provinz von Lyon, zur Linken sogar den Golf von Marseille, und den, der gegen Aigues-Mortes brandet, wo doch all dies einige Tagesreisen entfernt ist. Die Rhône lag mir geradezu vor Augen.«

Die senkt Petrarca dann indes, er steckt sie in die »Confessiones« des Augustinus, um seinem Bruder diesen angeblich zufällig aufgeschlagenen Passus vorzulesen: »Und es gehen die Menschen, zu bestaunen die Gipfel der Berge und die ungeheuren Fluten des Meeres und die weit dahinfließenden Ströme und den Saum des Ozeans und die Kreisbahnen der Gestirne, und haben nicht acht ihrer selbst.« »Ich war wie betäubt«, fährt Petrarca fort – wohlgemerkt nicht von der Aussicht, sondern von der Augustinus-Lektüre –, »und ich bat meinem Bruder, der weiter zu hören begierig war, mir nicht lästig zu fallen, und schloss das Buch im Zorne mit mir selbst darüber, dass ich noch jetzt Irdisches bewunderte. Hätte ich doch schon zuvor – selbst von den Philosophen der Heiden – lernen müssen, dass nichts bewundernswert ist außer der Seele [...]« Es folgen lange theologische Betrachtungen, viele Bibelzitate, Einsichten wie die folgenden:

»Wenn es einen nicht reut, soviel Schweiß und Mühe auf sich zu nehmen, damit der Leib ein klein weniges dem Himmel näher komme, welches Kreuz, welche Kerkerqual, welcher Marterstahl dürfte dann die Seele schrecken, die da Gott sich naht und die dabei die aufgeschwollene Bergeskuppe der Überhebung und die Geschicke der Sterblichkeit unter die Füße tritt?«

Der erste Alpin-Report ist das nicht. Wie modern und wie altertümlich! Ausgerechnet auf dem Berggipfel obsiegt doch wieder der Blick »von unten nach oben«, obsiegt Sorge ums Seelenheil über Weltergriffenheit. Und Zeit über Raum: »Dann bemächtigte sich meines Geistes ein neuer Gedankengang und führte mich von der Betrachtung des Raumes zur Betrachtung der Zeit.«[245]

Und doch: Es ist ein Anfang, der jahrhundertelang keine Fortsetzung[246] findet. Wie in so vielen Hinsichten, blieb der Humanismus offensichtlich auch in seiner Einstellung zu Bergen und seiner Neugierde auf den Landschaftsüberblick elitär. Das Panorama ermöglicht den Überblick bei gleichzeitiger Distanz, man überschaut Natur, ist nicht in sie verwickelt, tritt als Subjekt dem Objekt Natur distanziert gegenüber – wird so eine Haltung erst möglich, wenn Natur nicht mehr als schicksalhaft gefährlich erfahren wird? Das 18. Jahrhundert wird eminente, übrigens mehr im logistischen als im technologischen Bereich angesiedelte Fortschritte auf dem Gebiet des »Reisewesens« sehen, so fühlen sich die vielen Regierungen Mittel- und Südeuropas erst jetzt für den Straßenzustand und die Reisesicherheit auf »ihrem« Gebiet verantwortlich,[247] setzen sich fixe Touren zu fixen Kosten, Fahrplan und Fahrkarte durch, auch der Wagen gegenüber dem Reitpferd. Reisen wird dadurch (noch) nicht wesentlich schneller, aber viel sicherer. Konstanz und Berechenbarkeit machen abenteuerliches Improvisieren obsolet.

Wird die Fahrt durch wenig besiedelte, noch naturwüchsige Landstriche erst jetzt so sicher, dass sich das Gefühl elementaren Bedrohtseins verflüchtigt, Raum schafft für die Ästhetisierung der Landschaft? Verwundern kann ja (auf den ersten Blick) schon, dass Natur als Landschaft wahrgenommen zu werden beginnt, als sich – durch regelmäßigen Postkutschenverkehr nach Tarif, dann erst recht durch die von physikalischen Widrigkeiten entbindende, gleichmäßig vor sich hinschnaufende Dampflokomotive – Reisen von seinen natürlichen Einbettungen emanzipiert. Die Folge ist offenkundig gerade nicht, wie in verkehrshistorischen Arbeiten immer wieder beiläufig spekuliert worden ist, eine »Denaturierung von Raum«,[248] nein, in diesem Raum erlebte und genoss man vordem gar keine »Natur«. Erst jetzt ist der Weg frei für seine Ästhetisierung. Solang man sich an Natur abarbeiten muss, um sein »täglich Brot« zu verdienen[249] oder um mühselig genug voranzukommen, hat sie keine ästhetischen Qualitäten. Vor dem späten 17. Jahrhundert finden wir sie jedenfalls nicht in unseren Reiseaufzeichnungen. Gewissermaßen üblich wird Landschaftsschilderung dann im Verlauf des 18. Jahrhunderts, so dass sich die Literatur des darauffolgenden 19. über bereits trivialisierte Ergriffenheitsmuster, »güldene« Sonnenuntergänge und wabernde Waldeinsamkeit lustig machen kann.

Fehlen Blicke oder Worte?

Wie können wir das Naturempfinden der Reisenden des 15., 16., 17. Jahrhunderts auf den Begriff bringen? Sollen wir eine utilitaristische Einstellung zur Natur attestieren? Das ist wohl nicht ganz verkehrt, die sparsamen Bemerkungen der Reiseaufzeichnungen registrieren Potenziale der Nutzbarmachung, fast nie Gefühlswerte, aber noch mehr fällt auf, dass sie eben so überaus sparsam sind. »Die Betrachtung der Natur führte nicht – wie noch in der ersten Hälfte des 18. Jahrhunderts – zu Erkenntnissen, sondern erweckte Gefühle«, so fasst Petra Raymond in einer lesenswerten Studie über die »Romantisierung« der Natur in der »Goethezeit« einen Wandel in spätaufklärerischer Literatur zusammen.[250] Die meisten unserer Reisenden freilich suchten der Natur auch keine »Kenntnisse« abzugewinnen, interessant waren ihnen lediglich Städte. In den meisten – und allen mir bekannten knapperen – Aufzeichnungen sind Naturräume zwischen den Reiseetappen derart nebensächlich, dass sich die Vermutung aufdrängt, sie seien von den Reisenden schlechterdings nicht wahrgenommen worden. Missachtung – neugierig forschender Blick auf Naturpartikel (»Erkentnisse«) – ästhetisches Wohlbehagen an Landschaften (»Gefühle«): War das der neuzeitliche Dreischritt? Julius Bernhard Rohrs Anleitung zum »vernünfftigen« Umgang mit Natur von 1719 dürfen wir auf die zweite Stufe stellen, mit einem leisen Anklang des damals noch Bevorstehenden: Man möge darauf achten, so Rohr, wie Berge

»heissen, ob sie fruchtbar, und was drauf wachse, ob Bäume, Geträyde, medecinalische Kräuter, und was für welche, woher sie ihren Namen bekommen, ob und auf was vor Art sie die Witterungen andeuten, ob sie etwan in der Historie wegen eines gewissen Umstandes berühmt, *ob der Prospect darauf lustig*, und wie weit man sich darauf wohl umsehen könne, was man etwan vor Historien oder Fabeln davon zu erzehlen pflege, ob sie nicht zu nutzen wären.«[251]

Für Reisende des 16. und 17. Jahrhunderts waren interstädtische Zwischenräume gelegentlich »lustig«, meistens einfach leer. Oder fehlten die Worte? Fehlten nicht Blicke, sondern Ausdrucksmöglichkeiten? Manche Linguisten würden die Frage wohl für naiv halten: »Die Grenzen meiner

Sprache bedeuten die Grenzen meiner Welt.«[252] Ludwig Schudt schaute Italienreisenden des 17. und 18. Jahrhunderts in den Museen über die Schulter, dabei fiel ihm auf, dass ihre »Werturteile [...] in der Mehrzahl völlig gleichartig« sind: »Im Deutschen heißt es ›sehr schön‹, ›prächtig‹, ›sehr künstlich gemacht‹, der Franzose spricht von ›beau‹, ›superbe‹ oder von ›magnificence de structure‹, während das übliche englische Epitheton ›faire‹ oder ›stately made‹ lautet.«[253] Das erinnert an die immergleichen Naturbewertungen jener ausführlicheren unter unseren Aufzeichnungen, die solche überhaupt bieten: »schön« und »lustig«, »fort plaisant«, »cheerful«. »Fruchtbar«, »fertile«. »Well-situated«, »bien logé«. Johann Wilhelm Neumayr von Ramsla, im Federhalten wohlgeübt, hat für unkultivierte Natur die übliche Missachtung übrig, wesentlich ausführlicher beschreibt er indes »künstliche Natur«, nämlich »Lustgärten«.[254] So recht plastisch werden freilich auch sie uns nicht – erneut gefragt: weil die Worte fehlen? »Am Ende dieses Gartens ist eine Thür in ein Wäldlein, dorinn seynd auch viel *lustiger* Gänge. So ist auch auff der einen Seiten ein gar *lustiges* artiges Wäldlein, von sonderbaren Bäwmen [...]«[255]

Was mich sodann ins Grübeln brachte, ist die eine[256] große Ausnahme des 16. Jahrhunderts: der Reisebericht des wortgewaltigen Michel de Montaigne. Nicht, dass seine angedeuteten Landschaftsskizzen für einen unbefangenen Leser zu den irgend bemerkenswerten Passagen eines Œuvres zählten, das nach modernen Maßstäben wahrlich Interessanteres zu bieten hat! Als man die Aufzeichnungen zwei Jahrhunderte nach ihrer Niederschrift aus einer verstaubten Truhe zog und in die Druckerei trug, war das mittlerweile an gefühlige Reiseliteratur gewohnte spätaufklärerische Publikum enttäuscht, man hätte dem brillanten Essayisten einen schärferen Blick und mehr Gespür für atmosphärische Valeurs zugetraut. Auch die moderne Montaigne-Forschung mokiert sich, besonders über mangelnde Sensibilität für die Schönheiten der Natur: »Man hat dem Reisenden [sc. Montaigne] häufig seine Gleichgültigkeit den Schönheiten der Natur gegenüber vorgeworfen. Man wunderte sich, wie trocken oder lakonisch seine Beschreibungen seien. Die Großartigkeit des Hochgebirges entlockt ihm keine Bewunderungsschreie, vielmehr beunruhigen ihn während seiner Alpendurchquerung vor allem die Unbilden des Weges.«[257]

Die Essays Montaignes mögen geistreicher sein, Reiseliteratur des 18. Jahrhunderts sentimentaler. Aber über Reiseaufzeichnungen des 16. Jahrhunderts ragt die Montaignes weit hinaus, auch in ihrer Naturwahrnehmung. Verglichen mit den anderswo klaffenden interstädtischen Leer-

räumen sind die wiewohl sparsamen Bemerkungen Montaignes zu nichturbanen Räumen eben doch höchst bemerkenswert. Seine Aufzeichnungen
bieten durchaus individuelle, nuancierte Landschaftseindrücke; sie prägen
aufs Ganze nicht den Text, sind aber auch nicht völlig beiläufig, können
sich über mehrere Sätze erstrecken. Angenehm und schildernswert ist
allerdings kultivierte, vom Menschen mit Beschlag belegte Natur. Südtirol
durchziehend, beeindrucken Montaigne nicht etwa die schroffen Fels-
giganten der Dolomiten, sondern er hält Brixen das zugute:»Die Ebene ist
an dieser Stelle nicht breit. Aber[!] ringsum, selbst auf unsrer linken Seite
des Flusses steigen die Berge so sanft an, dass sie sich vollständig kulti-
vieren lassen – sie sind gleichsam bis zu den Ohren gekämmt und frisiert:
Alles ist voller Kirchtürme und Dörfer«.[258] Wie anders – man ist versucht
zu sagen: moderner – als alle Zeitgenossen Montaigne offenbar geblickt
hat, zeigt diese Passage: In Lucca angekommen, inspiziert er die Zimmer,
»ich sah mir fast alle genau an, ehe ich mich zum schönsten entschloss –
besonders wegen der Aussicht, die (zumindest von diesem Zimmer aus)
den ganzen kleinen Talgrund mit dem Lauf der Lima und die ihn um-
kränzenden Berge umfasst, alle bis zum Gipfel reich kultiviert und grün,
dazu viele Kastanien- und Olivenbäume«.[259] Montaigne sucht nicht den
Gipfelblick, aber den Rundblick vom Hotelfenster aus, und beschreibt ihn
so, dass der Leser verlockt wird, ihn nachzumalen: Tal und Fluss in der
Mitte, ein gemäßigt alpiner Hintergrund, Elemente des Vordergrunds. Das
Fenster rahmt ein Stück Natur zum Landschaftsbild. Der Hintergrund
freilich gefällt, weil er »kultiviert« ist.[260]

Wusste Montaigne nur beredter zu erzählen? Er hat wohl schon auch
anders geschaut. Und kaum hat man sich die Frage »Eloquenz oder Reise-
haltung?« gestellt, stößt man darauf, dass Montaigne selbst aufgefallen ist,
wie anders als seine Zeitgenossen er unterwegs war:

»Von den andern wollte jeder nur so schnell wie möglich ans Ziel; er hingegen
pflegte zu sagen, er stehe, wenn er sich nach einer unruhig verbrachten Nacht am
Morgen erinnre, dass eine neue Stadt *oder neue Gegend* ihn erwarte, jedesmal
heitersten Sinnes und voller Neugier auf. Nie erlebte ich ihn weniger abgeschlagen,
nie weniger über seine Schmerzen klagend, als wenn sein Geist im Gasthaus oder
unterwegs auf das Kommende gespannt war[261] und darauf, welche (stets eifrig
gesuchte) Gelegenheiten zu Unterhaltungen mit den Fremden es ihm böte [...]
Beschwerte man sich bei ihm, dass er die Reisegesellschaft oft kreuz und quer
herumführe, so dass man nicht selten fast wieder beim Ausgangspunkt anlange [...]
erwiderte er, dass er, was ihn betreffe, kein anderes Ziel habe als ebendie Stelle, wo
er sich grade befinde, und es für ihn folglich weder Irr- noch Umwege gebe, da er

ja allein darauf aus sei, *zwischen* unbekannten Orten herumzustreifen [...] Und Rom, einziges Ziel seiner Reisebegleiter, ziehe er den anderen Städten um so weniger vor, als jedermann schon dort gewesen sei – wie ja auch aus Florenz oder Ferrara der simpelste Lakai das Neueste berichten könnte«.[262]

Gaben sich die anderen Reisenden schon früh der Logik der Straße hin, die vorwärtstreibt und alles rechts wie links zum vorbeiziehenden Panorama entwirklicht? Stößt der heutige Leser, der Landschaft womöglich für jene Kulisse hält, die am ICE-Fenster vorbeizieht, hier auf moderne Wahrnehmungsweisen? Bei einem damaligen Reisetempo von drei bis sieben Stundenkilometern bietet sich eine andere Interpretation an. Natur als Landschaft zu genießen – das scheint keine frühneuzeitliche Alltagserfahrung gewesen zu sein. Von wenigen Künstlern und Gelehrten abgesehen, durchschnitten die Menschen vor der Erfindung des raumerschließenden modernen Wanderns Regionen jeglicher Art offenbar immer linear zielgerichtet, ein Hin und Zurück, fort und heim. Was einige Humanisten antizipierten, vielleicht[263] Petrarca, sicher Enea Silvio Piccolomini: nämlich Natur zu genießen und nur um zu genießen in Natur zu wandeln – es blieb ein Elitenphänomen, das vormoderne Reiseaufzeichnungen nicht erreicht.

Auch eine im Quattrocento einsetzende Entwicklung der Malerei – vereinfacht gesagt: vom Goldgrund mit einzelnen Landschaftsrequisiten zum Fensterdurchblick, ja, zur Landschaftsbühne, die die in ihr spielende »storia« zur Nebensache degradieren kann: Sie machen unsere Texte, wenn wir vom bei Lucca badenden Montaigne einmal absehen, nicht mit.

Das fortan bis weit in die Moderne hinein, bis zum Expressionismus für unzählige Maler so wichtige »realistische« Landschaftsporträt ist ja eine Schöpfung des ausgehenden Mittelalters.[264] Einzelne Naturelemente zeigen auch Bilder des Hohen Mittelalters: die Blume, den Vogel, den Berg. Landschaft soll damit nicht ins Bild gehoben werden, solche Naturrequisiten sind Attribute heilsgeschichtlich bedeutsamer Figuren oder symbolisieren heilsgeschichtlich bedeutsame Ereignisse. Noch will[265] Malerei überhaupt nicht möglichst naturgetreu irdische Oberflächenrealität abspiegeln. Insofern beginnt ihre Neuzeit 1305 in der Kapelle der Madonna dell'Arena in Padua. Oder noch ein paar Jahre früher in der Franziskus-Basilika in Assisi. Der Maler ist in beiden Fällen derselbe: Giotto. Er ist der erste Freskenmaler, der die Kirchenbesucher in eine dreidimensional präsente Heilsgeschichte (das schon noch) eintauchen ließ. Es ist mittelalterliche (noch mittelalterliche?) Virtual Reality: massive Körperlichkeit, perspektivisch dargestellte Räume, Christi Leben in dreidimensionaler Technicolor-Brillanz.[266] In der herkömmlichen Malerei hatten Größenverhältnisse nichts mit der Platzierung im irdischen Raum zu tun, sie drückten den inneren Wert einer Sache aus, ihren heilsgeschichtlichen Rang, es gab also keine durchgehende Perspektive. Das beginnt sich mit Giotto zu ändern. Und dieser irdische Raum beginnt Eigenwert zu gewinnen. In der Arena-Kapelle sehen wir genau beobachtete Schafe, Ziegen, Hunde und auch Pflanzen, Ansätze zu so etwas wie Landschaft. Der Hintergrund auf der oberen Bildhälfte ist nicht golden, sondern himmelblau, allerdings noch ohne Wolken (die werden erst im 15. Jahrhundert aufziehen). Die starre, flächige Sakralität der bisherigen Kunst sah fast auf einen Schlag uralt aus: einer Kunst, die auf uns Heutige schematisch, wenig originell, wenig individuell wirkt – und damals offenbar zunehmend so wirkte. Übrigens signierte Giotto viele seiner Werke, und nachdem er das Disegno hingeworfen hatte, überließ er die Ausführung einer Schar von Schülern. Doch interessiert uns hier mehr als das Hervortreten des Malers aus der Anonymität und dem bloß Kunstgewerblichen, mehr als die Entstehung erster Malschulen der neue Realismus: auch schon beim Umfeld des Menschen, vorerst vor allem beim Menschen selbst.

Das Quattrocento holt beim Umfeld auf. Die Naturpartikel werden zu Landschaften zusammengefügt. Wir werden noch sehen, dass die damaligen Maler angestrengt, mit großem Ernst und Aufwand an der Linearperspektive gearbeitet haben.[267] Sie stellen die Menschen in dreidimensionale Räume. So viel Mühe, um den Hintergrund aufzubessern? Nun, dieser Hintergrund wird eben auch immer wichtiger, um schließlich in manchen Bildern gar nicht mehr hinter anderem zurückzutreten. Mag sein, dass die oft gerühmten ganz frühen Landschaften (die Belagerung Montemassis von Martini, oder, hundert Jahre später, der Fischzug Petri von Konrad Witz) gemalt wurden, weil die Auftraggeber auf die unverwechselbare Lokalisierung des Vordergrundgeschehens Wert gelegt hatten. Mag sein, dass die erste Landschaftsskizze, die nicht mehr sein will als Wiedergabe von Landschaft, 1473 von Leonardo da Vinci im Arnotal angefertigt wurde: Solche Erstgeburtsrechte müssen uns nicht beschäftigen, zumal sich die neue Sichtweise in diesem Milieu, unter den Malern, rasch ausbreitete. Wer nördlich der Alpen auf sich hielt, hatte seine säkularisierte Form von Wallfahrt ins Gelobte Land anzutreten, damals nicht ins Silicon Valley, sondern in die Toskana, nach Rom, auch Venedig. Unterwegs hielt er Alpenkulissen im Skizzenbuch fest.

Kurz: Die herkömmlichen Naturrequisiten schließen sich schon im letzten mittelalterlichen Jahrhundert zu Landschaften zusammen. Und diese Landschaften gewinnen Eigenwert, ja, können sich schließlich selbst genug sein. Leonardo da Vinci illustriert die Demiurgenrolle des Malers, der »Herr ist über Leute aller Art und über die Dinge«, in seinem *Trattato della Pittura* so:

»Verlangt ihn nach bewohnten Gegenden oder Einöden, schattigen oder dunklen Örtern zur Zeit der Hitze, er stellt sie vor, und so zur Zeit der Kälte warme. Will er Talgründe, will er von hohen Berggipfeln weite Gefilde vor sich aufgerollt sehen und hinter diesen den Meereshorizont erblicken, er ist Gebieter darüber und ebensowohl, wenn er aus Tiefen der Täler zu Gebirgshöhen hinan, oder von diesen zu tiefen Tälern und Abhängen hinabschauen will.«[268]

Wir stoßen auf eine frappierende Gleichzeitigkeit des Ungleichzeitigen: Als Maler schon generationenlang Naturpartikel zu Landschaften zusammensetzen, die viel mehr sind als nur Staffage, registrieren Reiseaufzeichnungen weiterhin, wie eh und je, allenfalls Einzelnes, bevorzugt im städtischen Weichbild, einen besonders zugeschnittenen oder angeblich uralten Baum beispielsweise. Zu Räumen synthetisiert werden solche Dinge, solche einzelnen Naturpartikel weiterhin nicht, das beginnt sich erst dem letzten frühneuzeitlichen Jahrhundert zu zu ändern. Nichturbane Räume wahrzunehmen, präziser gesagt: zwischen Reisezielen liegende Dinge zu Räumen zu synthetisieren, das blieb offenbar bis weit in die Neuzeit hinein eine sehr elitäre intellektuelle Fähigkeit.

Der Blick der Maler war avantgardistisch. Sie waren ihrer Zeit am weitesten voraus. Der Garten blieb noch lang vor allem Ertragsfläche, erst der höfische Absolutismus wird ihn zum (noch elitären) Lusthain adeln, auf Wildnis macht erst der englische Park. Die große Zeit des »Belvedere« ist das 18. Jahrhundert, auch wenn es künstliche Aussichtshügel und -pavillons vereinzelt schon vorher gab.[269] Nicht im Vorbeigehen kann der Historiker die Frage klären, wann Dichter von den Malern die Wahrnehmung und Schilderung von Landschaft lernten. Philologen halten gern einzelne Landschaftsgedichte wie kostbare Trophäen hoch, etwa die Ode auf die schweizerische Landschaft des Marc Lescarbot von 1618, die schon Alpenketten bejauchzt. Aber es dominieren doch bis weit ins 18. Jahrhundert hinein die üblichen, seit der Antike gängigen Topoi, die aus vorgegebenen Versatzstücken »Wildnis« oder aber den »locus amoenus« zusammensetzen:[270] Bäume, Hain, ein Bächlein, Blumen sind gefällig und manchmal darf das Vöglein zwitschern. Eine philologische Dissertation resümiert:

»Wenn auch seit dem 17. Jahrhundert der Anteil der Natur als Inhaltsele-
ment in der deutschen Literatur zunimmt, so kann man dennoch kaum
von einer innerlichen und freien Hingabe der Barockdichter an die eigen-
ständige Schönheit der Natur sprechen. Erst mit dem 18. Jahrhundert
beginnt allmählich die Zeit der Landschaftsschilderungen«[271], die die Autorin dann konkreter mit Albrecht von Haller einsetzen lässt. Aber sind nicht
gerade seine »Alpen« noch Didaxe, weit weg von gefühlsbetonter Land-
schaftserfahrung? Andererseits könnte zu denken geben, dass Henry Fielding
schon 1749 einen Bergausblick persiflierte:

»Sie hatten kaum den Gipfel erreicht, als sich ihren Blicken eine der herrlichsten
Aussichten der Welt darbot. Gerne wollten wir auch den Leser daran teilnehmen
lassen, wenn dies nicht zwei Ursachen verhinderten. Erstens zeifeln wir daran, dass
sie, die jene Aussicht genossen, unsere Beschreibung bewundern würden. Zweitens
zweifeln wir noch viel mehr, ob jene, die sie nicht gesehen haben, unsere
Beschreibung verstehen würden.«[272]

Setzt dieser milde Spott nicht voraus, dass das so Persiflierte bereits als
etabliertes Muster existierte?

Wie dem auch sei (eine dem Historiker beim Rückzug von fremdem
Terrain erlaubte Floskel): Den Blick unserer Reisenden haben Landschaftsbilder offensichtlich nicht geschult. Unsere Reisenden waren und blieben
unterwegs zu einem Ziel. Eigenwert hatte dieses Unterwegssein keinen,
also brauchte man darüber nur Worte zu verlieren, wenn es durch das
zeitübliche Maß übersteigende Misslichkeiten über Gebühr vom Ankommen abhielt. So wenig wir von schön geschwungenen Wegen, pittoresken
Landschaftsensembles, überraschenden Ausblicken mitbekommen, so wenig erfahren wir über die Atmosphäre, den Himmel, Lichtverhältnisse –
auch vom Wetter ist nur die Rede, wenn es reiseverlangsamend stört. Nur
dann fällt es (unangenehm) auf.[273]

Der Weg wird das Ziel

Interstädtische Zwischenräume als Landschaften wahrzunehmen: Diese
Erfahrung verliert nach Ausweis von Reiseaufzeichnungen erst an der
Schwelle zur Moderne ihren elitären Charakter. Es bleibt der Zeit der
»Sentimental Journeys«, der Romantik, Reiseberichten des Biedermeier
vorbehalten, majestätische Panoramen zu beschwören, trunken vor Son-

nenuntergängen zu stehen und so lange goldene Sonnenbälle versinken zu
lassen, bis das nur noch in ironischer Brechung zu ertragen ist.

Nach dem Warum dieser neuen Wahrnehmungsmuster fragend, können
wir naturwissenschaftliche und geistesgeschichtliche Entwicklungen nicht
präzise gegen praktische Fortschritte in der Naturbeherrschung und logis-
tische Verbesserungen im Reisemetier verrechnen. Ich halte den letzt-
genannten Aspekt für besonders wichtig, habe deshalb im Zusammenhang
mit der Beobachtung, dass die humanistischen Naturpioniere jahrhundertelang kaum Nachfolge fanden, bereits darüber nachgedacht. Welche
anderen Erklärungsansätze könnten triftig sein? Albrecht Koschorke, der
eine geistreiche Monographie über »literarische Landschaftsbilder« im 18.
und 19. Jahrhundert vorgelegt hat, mutmaßt, »dass die ästhetische«
Aneignung der Natur synchron zur ökonomischen Aneignung verläuft«,
beides entspreche dem nun erreichten »Stand der gesellschaftlichen Pro-
duktivität«: »Der beständige Übergriff über die zwischen Gesellschaft und
Natur verlaufende Grenze«, der »die neue, dynamische und expansive
Produktionsweise bestimmt, wird im Naturerhabenen als ästhetische Situation geprobt und kodifiziert. Wie die industrielle Ökonomie in wachsen-
dem Maß die vormals unbeherrschbaren Naturkräfte in die Systematik
ihrer Arbeitsprozesse zwingt, so verwandelt die Erhabenheitserfahrung das
vordem Unfaßliche in ästhetisches Bildmaterial.«[274] Man wäre geneigt,
solchen Korrelationen eine gewisse Plausibilität zuzubilligen, wenn die
zeitliche Parallelität überhaupt gegeben wäre. Dem ist aber nicht so,
jedenfalls nicht im Fall unserer Reiseberichte. Sie beginnen in den Jahrzehnten um 1700[275] zögerlich, die interstädtischen Leerräume zu füllen,
auch mit Landschaften. Dass damals die Industrialisierung Wahrneh-
mungsformen, Lebensgefühl, Lebensstil breiter Bevölkerungskreise geprägt
habe, darf man ausschließen. Selbst »das 18. Jahrhundert« sollte man
außerhalb Englands nicht einfach, wie Koschorke, zum »Jahrhundert der
Industriellen Revolution«[276] erklären.

Tragen mentalitätsgeschichtliche Plausibilitäten weiter als ökonomische
Ableitungen? Es ist in einem ganz allgemeinen Sinne evident, dass sowohl
das kleine Grüppchen der Humanisten als auch die Schar der Aufklärer
irdische Realität in den Mittelpunkt menschlicher Aufmerksamkeit rückten.
Die Welt war einem wackeren Aufklärer nicht mehr möglichst unbeschadet
zu durcheilendes irdisches Jammertal, sondern nutzbar zu machendes und
zu optimierendes Ziel all seiner Anstrengungen. Sie war grundsätzlich
beherrschbar und hatte nichts Abgründiges mehr an sich, war vielmehr die

»beste aller Welten« (wie sie Leibniz herbeiphilosophiert und Brockes[277] trivialisiert hat).

Nun war der durchschnittliche Aufklärer natürlich auch im Umgang mit nicht mehr gefährlich dräuender Natur sehr vernünftig, das Lustbächlein musste mindestens noch eine Mühle antreiben. Das Gefühlsleben hatte sich moralischer Planwirtschaft zu unterwerfen.[278] Schon die Romantik wird die vernünftelnden Herren Spätaufklärer deshalb als »Philister« verspotten und es lieber mit dem »Taugenichts« halten. Aber die – sagen wir es erneut in aller hier notwendigen Simplizität: typisch aufklärerische – Überzeugung, Natur beherrschen zu können, mag erst jene Distanz geschaffen haben, die dann auch den neugierigen Blick, ihm folgend ästhetische Empfindungen ermöglicht hat. Ein für seine Entstehungszeit fast schon antiquiert anmutender Text über eine Reise durch südfranzösische Berglandschaft im Jahr 1791 lässt diese Zusammenhänge erahnen:

»Wir befanden uns zwischen zwey Ketten von Felsen eingeschlossen, und von einer dritten aufgehalten, deren Wände und ein großer Fichtenwald unsern Schritten Schranken setzten. Wie *schön* sind diese *Wüsten!* rief einer von unserer Gesellschaft, zu welchen erhabenen und neuen Ideen begeistern sie nicht den Menschen! Ja, meine Herren; aber um das Vergnügen dieses auffallenden Schauspiels in dem *fürchterlichen Chaos* dieser Berge, und unter diesen *ungeheuern* Felsenmassen, deren erhabene Difformität eben so viel *Entsetzen* als Erstaunen einflößt, recht genießen zu können, muss man auch gewiss seyn, einen Weg zu finden, der einen wieder herausführt, und uns verkündigt, bald wieder menschliche Wesen anzutreffen.«[279]

Noch ist die Berglandschaft etwas unheimlich, aber man schaudert gern, weil man weiß, dass der Spuk bald vorüber ist, man fühlt sich dieser unkultivierten Natur nicht mehr ausgeliefert. Existenzielle Angst ist auf wohligen Schauder zusammengeschrumpft. Selbst dieser wird sich immer weiter auf hohe Gipfel zurückziehen, wird sich bald nicht mehr vor Hügeln und Fichtenwäldern einstellen, die somit dem angstfreien Blick des Naturbeobachters freigegeben sind.

Natur ist erst jetzt so beherrschbar geworden, dass man sie wie ein Gemälde genießen kann. Man beginnt, nun endlich doch, auf der Suche nach malerischen Eindrücken von den Malern zu lernen: »The prospect from the top of this monte is very beautifully romantic, and much in the style« of Paul Brill's landscapes«.[280] Man »besah sich die schönsten Parthien wie ein Landschaftsmahler, der alle Ansichten einer schönen Gegend aufsucht, um die schönste darunter zu wählen«.[281] Und man begann zu wandern. Das Freizeitwandern zum Zwecke des Naturgenusses ist eine Erfindung der Jahrzehnte um 1800, an der Schwelle zur Moderne. Was nochmals ein Jahrhundert später zum Massenphänomen avancieren wird, ist um 1800 ein durchaus neues[282] Kulturmuster ambitionierter bürgerlicher Wanderpioniere. Natur ist nicht nur so beherrschbar geworden, dass man sie anschauen kann wie eine Bildermappe, sie ist so erschlossen, das Reisen ist so sicher und mühelos planbar geworden, dass man sich den neuen Routinen sogar schon wieder zu entwinden sucht, durch das (kalkulierbare) Risiko des Umherwanderns ohne Kursbuch und Preistabelle.

Neben die zielgerichtete, also rasch absolvierte Reise zu bestimmten kulturellen oder ökonomischen Zentren tritt nun das freiwillige[283] Fußwandern. Saturierte Bürger, die sich die Postkutsche durchaus hätten leisten können, verzichten bewusst darauf und machen sich als Fußgänger auf den Weg, weil das neue Erfahrungen erschließe – beispielsweise größere Chancen eröffne, mit Menschen aller sozialer Milieus in Kontakt zu kommen, aber eben auch in »gefühlvolle Begegnung mit der Landschaft«[284] bringe. In Biedermeier und Vormärz wird Letztere zentrales Ziel bürgerlichen Freizeitwanderns durch »schöne« Natur, soziale Horizonterweiterung, aber auch wissenschaftliche oder utitilaristische Naturerkundung treten in den Hintergrund. Für romantische Autoren entlarven so »vernünftige« Blicke auf verwertbare Natursegmente den »Philister«. So lange den verspäteten Romantiker Heine ein Goslarer Philister begleitete, war »gleichsam die ganze Natur entzaubert, sobald er aber fort war, fingen die Bäume wieder an zu sprechen, und die Sonnenstrahlen erklangen, und die Wiesenblümchen tanzten, und der blaue Himmel umarmte die grüne Erde«.[285] Der Rausch der Synästhesien währt nicht, denn auf dem gar nicht einsam ragenden Gipfel wartet schon alles darauf, programmgemäß von romantischer Natureseligkeit ergriffen zu werden. Dass die Massenandacht im Angesicht des Sonnenuntergangs von Heine als banal und schal gewordenes, weil konventionalisiertes Wahrnehmungsmuster entlarvt wird,[286] zeigt uns, wie nach der spätaufklärerischen Naturerkundung recht rasch auch romantische Naturbestaunung abgegriffen zu werden beginnt.

Damit ist sie massentauglich geworden. Bald können mit gefühliger Natureseligkeit[287] gefühlige Vaterlandswonnen einhergehen, man schwelgt in schöner *deutscher* Natur. Man beginnt zu glauben, dass man wisse, was bei allen Schattierungen und Nuancen ihr Wesen ausmache, hat es doch schon Caspar David Friedrich erfasst und gerahmt, so wie John Constable eben nun einmal der »portraitist of England« ist.[288] Nicht nur, weil

Friedrichs Naturandachten fast ohne Menschen auskommen, sollten wir ihm keine Ethnisierung der Landschaft vorwerfen. Ohnehin beginnt alles ja ganz harmlos. Noch vergleichsweise unpathetisch formuliert ein Wanderführer von 1840, er wolle »Leitfaden dessen sein, der mit empfänglichem Herzen für das Schöne und für den Anklang der Poesie, eine Uebersicht über unser Vaterland sich zu eigen machen will«.[289] Sollen wir solch biedermeierliche Treuherzigkeit dafür haftbar machen, dass um 1900 Wandersmann Friedrich Ratzel, der unfreiwillige Erfinder des nationalsozialistischen »Lebensraums«, in Deutschlands Gauen das Volkswesen schauen wird?

3.6 Rauminseln oder Raumkontinuum?

Die Portionierung des Reisens

»Von Perpian [Perpignan] ritt mein herr auf Munphalir [Montpellier], das ist ein schone stat. Und wolten do nit bleiben, wann es starb gar ser zu dem mal. Do von dann ritt wir auf Avian [Avignon], ist gar ein schone grosse stat und gehort dem pabst zu«, folgen einige »schone ding« aus dem Stadtbild.

»Da von auss ritt wir auf Susa zu über ser gross hoch berg und bösen weg. Auf dem weg ward mein stalbruder herr Achatz Frodner krank, das ich mich verwegen het, wir musten jn dohinten lassen. Susa ist ein schone stat, und leit unter einem berg. Man sagt, der pabst nem sich umb die selben stat an. Von dann ritt wir auf Meilant zu, und ritten und ritten durch Langedock und Prynnen, das ist ser ein gut fruchtbar, wolgestift land. Mein herr schicket mich und seinen herold vor hin umb gleit zum herzogen[290]. Der was nit zu Meilant, und funden jn funf meil von Meilant«,

folgt ausführlich, was man in Mailand so trieb (»schön junkfrauen hat's«). »Von Meilant ritt wir in der Venediger land, auf Bern [vielleicht Bergamo?] und Vincenz [Vicenza] und Padua. Sein grossser mächtiger stät drey«.[291]

Der Text aus den 1460er Jahren – einer Zeit, aus der ansonsten fast nur Aufzeichnungen von Pilgern existieren – macht deutlich, warum ich auf der Suche nach Heimaten, Grenzerfahrungen, Landschaftswahrnehmung vor allem Reiseberichte des 16. und 17. Jahrhunderts durchforstete. Die noch früheren Aufzeichnungen sind noch wortkarger. Manche unserer Befunde zeichnen sich gleichwohl schon in ihnen ab: Wir sehen beispielsweise, dass Grenzen (wie die zwischen dem damals spanischen[292] Perpignan und dem französischen Montpellier) keine Rolle spielen; dass Punkte allenfalls gleichsam sekundär, durch politische Zuschreibungen (»gehort dem pabst zu«), in Räume gestellt werden; dass am Unterwegs nur mehr als zwei Worte wert ist, was besondere Ungemach bescherte; dass »gutes« Land fruchtbares Ackerland ist; und registrieren die Stereotypie der gelegentlichen Situierungen von Städten in Natur, noch nicht Landschaft (»leit unter einem berg«). Aber diese Interpretationen sind doch etwas gekünstelt. Kündet unser Text bei unbefangener Lektüre nicht von einer punktuellen Raumerfahrung? Europa, ein Punkteraster?

Dass mittelalterliche Texte von einer anderen Raumerfahrung zeugen als moderne, ist in den Philologien nicht gänzlich unbemerkt geblieben. Peter Czerwinski spricht insbesondere im Hinblick auf höfische Epen von »aggregativ nebeneinander liegenden, qualitativ verschiedenen Räumen [...] zwischen denen die wichtigste Form der Vermittlung der Sprung ist«, »frühestens im 15. Jahrhundert« beginne die Räumlichkeit kontinuierlich zu werden.[293] Der Germanist Bernhard Jahn attestierte vor einigen Jahren dem ausgehenden Mittelalter eine »Inselraumstruktur«.[294] Der für die kognitive Kartographie wichtige Terminus des »Inselraums« wurde, wenn ich recht sehe, von Kevin Lynch kreiert – Raumfragmente stehen unverbunden nebeneinander, dazwischen klafft insofern Leere, als dieses Dazwischen eben mental nicht präsent ist.[295] Solche Modi der Aneignung städtischen Areals, beispielsweise nach dem Zuzug von auswärts, meint Jahn natürlich nicht. Auf was also stieß er in seinen spätmittelalterlichen Texten? Nun, pointiert gesagt präsentiert sich die Erdscheibe dort als Patchwork qualitativ besonderer Rauminseln, die mit je eigenem Personal (Riesen oder Zwergen, spezifischen Helden und Schurken) ausgestattet und nicht gleichermaßen für jedermann zugänglich (womöglich sogar »verwunschen«) sind. Jahn macht zunächst Räume aus, die »inhomogen oder diskontinuierlich« sind, dann, der Neuzeit zu, eine »Homogenisierungstendenz«.[296]

Jahn gewinnt seine prägnantesten Erkenntnisse – qualitativ verschiedene Räume mit je spezifischem Personal, je besonderen »wundern« und magischen Wirkkräften, unterschiedlicher Zugänglichkeit – in fiktionaler Literatur. Doch hat er auch einige wenige Pilgerberichte ausgewertet; sie fügten sich in dieses Bild, so der Autor, die frühesten ließen ebenfalls noch kein Raumkontinuum erkennen, solche an der Schwelle zur Neuzeit schon.[297] Hat Bernhard Jahn Recht?

Es ist leider komplizierter. Als ich Jahns Befunde durch Stichproben in von ihm nicht berücksichtigten[298] Aufzeichnungen erhärten wollte, gewann das Bild keine klareren Konturen, nur mehr Schattierungen. Setzen wir um 1300 ein: Der Venezianer Marco Polo[299] weiß wohl von den Flüssen des Paradieses und allerlei Mirakeln zu erzählen, aber er gibt keine Entfernungsangaben, wohl gelegentlich Himmelsrichtungen. Räume kann der Autor nicht umreißen:»Die Richtung, die sie dort einschlugen, war zwischen Nordost und Nord, und es verging ein ganzes Jahr, bis sie die kaiserliche Residenz erreichen konnten«[300] – für den riesigen erreisten Raum muss quantifizierend eine Zeitangabe[301] einspringen. Wie verhält es sich hundert Jahre später mit den Aufzeichnungen Hans Schiltbergers?[302] Auch er kennt das»paradeiß«, kennt allerlei Märchen und Mythen, aber weder Entfernungsangaben noch Richtungen, nicht Räume noch Grenzen. Entfernungen oder Richtungen finden wir auch zwei Jahrzehnte später beim Jerusalempilger Stefan von Gumppenberg[303] nicht:»ritten biß gen Dünckelspül«,»ritten wir den nähesten auff Augspurg«,»ritten [...] mit zweyen deß Raths biß gen Donwerd«,»ritten wir den nähesten auff Augspurg [sc. zurück]«, danach nur noch:»vnd wir ruckten jmmer fort« (»denn da war vnser Vatterland vnnd Freundtschafft hinweg«!). Zwischen Augsburg und Venedig habe es»wenig Kurzweil« gegeben und man habe »nichts sonderliches oder seltzames gesehen, das der Müh wehrt were«! Es interessiert die Heimat, interessiert dann wieder das Reiseziel (Venedig ist gewissermaßen der Schlüssel zu dieser Pforte), dazwischen: Leere.

Wir wissen bereits – weil dieses Kapitel mit einem entsprechenden Zitat begann –, dass sich Europa noch in Aufzeichnungen der letzten mittelalterlichen Jahrzehnte ziemlich diskontinuierlich, ja, als Netz von geselligen und politischen Zentren präsentieren kann: Die schreibenden Begleiter Leo von Rozmitals kennen weder Entfernungen noch Richtungen, nur sporadisch politische Zuordnungen, keine Grenzen zwischen größeren räumlichen Einheiten wie Frankreich, dem Heiligen Römischen Reich, der italienischen Staatenwelt oder Ungarn. Auch die summarischen Aufzeichnungen des Georg von Ehingen bieten keine Entfernungs- oder Richtungsangaben:»Mir zugen nach der uffart zuo Venedig auß und begegnet uns mancher handele, er [=ehe] und mir gen Rodiß kamen«.[304] Doch stoßen wir bei anderen Seereisen schon seit dem 14. Jahrhundert gelegentlich auf ungefähre Entfernungsangaben. Offenbar war der Alltag an Bord so vom Navigieren, vom Messen und Rechnen geprägt, dass sich das dann auch in den Reisenotizen niederschlug. Ein Pilgerbericht von

1385[305] kennt in Palästina nur Punkte, die unterschiedliche Wunder und Legenden bergen,[306] doch addiert sich die Seereise dorthin aus freilich sehr ungefähren, gerundeten Entfernungsangaben – des öfteren zehn oder tausend Meilen, auch einmal sechshundert; exakte Richtungen fehlen, doch lassen die Reisenden mehrmals dies und das »zcu der linken/rechten hand«. Das Meer als solches, ohne Halt schenkende Küstenlinie, ist kein Raum: »Nota von Candida bis keyn Allexandria sint by VI hundert mille, dar czwuschen sahen wir keyne berge noch keyn lant«.[307] Im 15. Jahrhundert begegnen ähnliche Befunde recht häufig. Jörg Pfinzing[308] beispielsweise gibt zu Lande fast keine Entfernungsangaben, es werden lediglich Punkte aneinandergereiht: »gen Augspurg [...] gen Weydenheim [...] gein Mittenwald [...] gen Jnspruck [...] am samstag gen Sterczingen [...] gen Prauneck [...] gen Heyden [...] gen Lungeron und dornach gen Spervall«. Erst nachdem man das Schiff bestiegen hat, folgen einige wenige, mit einer einzigen Ausnahme auf Hunderter gerundete Meilenangaben. Ein 1444 niedergeschriebenes »Pilgerbüchlein« beginnt erst nach Venedig, zur See, mit Entfernungen, gerundeten Hunderterangaben, in Palästina fehlen sie wieder gänzlich.[309] Die Liste ließe sich fortsetzen.[310]

Können wir demnach festhalten, dass die Registrierung (noch ungefährer) Entfernungen bei Seefahrten im ausgehenden Mittelalter einsetzte, während erst neuzeitliche Reisende Städte durch Entfernungen und Richtungen zueinander in Beziehung setzten? Das Bild ist noch vielschichtiger. Denn im Pilgerbericht des Jakob von Bern aus den Jahren 1346/47[311] finden wir, neben gelegentlichen ungefähren Meilenangaben zur See, auch in Palästina einige Entfernungen: »ist von Jherusalem XL meil«, »unnd von Joppe drey meil pey dem weg ligt ain zerbrochen vestt«, »und ist von Jerusalem VI meil«. Mag man hier noch auf den sporadischen Charakter solcher Angaben verweisen, verbindet der Jerusalempilger Hans Porner 1419 die Reiseetappen auf dem Weg nach Venedig durchgehend durch exakt daherkommende Entfernungsangaben.[312] Er präsentiert uns fraglos trotzdem nur Punkte, keine Räume, keine Umgebungen, keine Umwelt, selten politische Zuordnungen, doch waren ihm Entfernungen so wichtig, dass er die Meilenangaben der damals längst vorliegenden Itinerare in seinen Reisebericht verwob. Er scheint[313] freilich mit Abstand der früheste schreibende Reisende gewesen zu sein, der so verfuhr.

In der Neuzeit wird es dann üblich. Reisende des 16. Jahrhunderts prunken mit Entfernungsangaben. Übrigens ergab dieser Seitenblick in fiktionale Literatur denselben Befund: In den erstmals 1508 gedruckten

»Fortunatus« ist eine Art Itinerar eingefügt, das die Reise des Helden durch Europa genau vermisst. Wie die am Kapitelanfang zitierte Reiseauf-zeichnung aus den 1460er Jahren, nimmt es von Grenzen, beispielsweise zwischen Spanien und Frankreich, keine Notiz (»von Dolosa gen Parpian achtzehen meil, ist die haubtstat in Rosoligon. Von Parpian gen Monpelior XXV meil«[314]). Anders als dieser ältere Text quantifiziert es freilich den durchreisten Raum bereits durchgehend:

»Von Lisabona gen Sibilla, ain grosse statt, ist LII meyl vnd fürter an das moer zehen meil. vonn Sibilla gen Granaten, das ist ain haidnisch künigreich, ist XXXV meil. von Granaten gen Cordoua, ist ain grosse stat, Von Cordoua wider gen Burges ist CXX meil. Von Burges gen Sarragossa ist L meil. von Saragossa gen Barsalon ist XLVIII meil, vnd ist die haubtstat von Cathelonia«.[315]

So und ähnlich lesen sich zahllose Reiseaufzeichnungen[316] des ersten neuzeitlichen Säkulums.

Ob es auch damit zusammenhängt, dass seit dem 16. Jahrhundert[317] mathematisch konstruierte, im Sinne der modernen Naturwissenschaften einigermaßen exakte Landkarten die *mental maps* der Reisenden vorprägten? Wir können es nur schwer einschätzen.

Mittelalterliche Karten haben mit den uns geläufigen wenig gemein-sam.[318] Auf der Erdscheibe lagen drei Kontinente, antiker Herkunft, aber »christianisiert«, gern hat man sie den drei Söhnen des Noah zugeschrieben (»Noachidenkarten«). Jerusalem als Ort der Auferstehung war Mittelpunkt des Erdkreises, diesen wiederum umgab ringsum Meer; man stellte es sich als finster vor, voller Schrecknisse. Mit dem apokryphen 4. Esrabuch nahm man an, dass sechs Siebtel der Erde festes Land seien, ein Siebtel Ozean. Segelte man zu weit hinaus, fiel man herunter. Die außerchristliche Welt besiedelten allerlei Missgeschöpfe, so kennt die Ebstorfer Weltkarte[319] aus dem späten 13. Jahrhundert, die als Höhepunkt der abendländischen mittelalterlichen Kartographie gilt, Greife, Großohrige, Hundsköpfige, Ichthyophagen (Menschen, die nur Fische essen und Meerwasser trinken), das Einhorn; in Armenien ist die Arche Noah eingezeichnet. Oben zeigten solche Radkarten nicht etwa den Nordpol, sondern das Paradies, das man sich im Osten dachte. Östliches Paradies, vom Osten kommt das Licht – deshalb waren mittelalterliche Karten nicht »genordet«, sondern »orientiert«, geostet; am unteren Rand, wo Mittelmeer und Atlantik aneinanderstießen, dräute die Hölle. Diese gewissermaßen allegorische Kartographie war *ancilla theologiae*: Erdkunde als theologische und historische Hilfswissen-schaft. Der Erdplan diente weniger der räumlichen Orientierung, über-

haupt praktischen Alltagszwecken, war vielmehr Geschichtsgemälde – die
Welt vom Anfang der Zeiten bis zu ihrem Ende –, war Tafel der Haupt-
schauplätze des Heilsgeschehens, damit Glaubenszeugnis, Verkündigung,
Predigt. Für Reisende war das alles wenig hilfreich, auch wenn manche von
ihnen wohl solche Tafeln kannten und im Kopf mit sich herumführten –
wie jener Minorit Johann von Marignola, der, als päpstlicher Legat zum
Großkhan der Tataren unterwegs, »in cono mundi contra paradisum«, ganz
oben auf der Erdscheibe dem Paradies gegenüber, ein Kreuz errichtete.

Auch zu Lande verirrte sich keiner gern, insbesondere aber ließen sich
im Vertrauen auf Wunder keine Schiffe lenken. Schon seit dem späten 13.
Jahrhundert – man verwendete mittlerweile den Kompass – entstanden
Karten vom Mittelmeer, die auf (im doppelten Wortsinn) erfahrenen
Entfernungen und Kompassrichtungen basierten. Diese Portolane kannten
weder Längen- noch Breitengrade, nahmen keine Rücksicht auf die
Kugelform der Erde – aber fürs Mittelmeer waren sie doch recht genau,
man gewann detaillierte Küstenlinien, die denen schon recht nahekamen,
die moderne Satelliten photographieren. Hochseefahrten, abseits des
Mittelmeers, durch viele Breiten- und Längengrade, waren damit nicht
möglich, auch für küstenferne Landreisen gaben die Portolane wenig
zuverlässigen Anhalt. Auch waren die Zeichner derartiger Karten nicht an
wissenschaftlichen Durchbrüchen, akademischen Diskussionen und abstrakten Weltvorstellungen interessiert. Die alten, eher heilsgeschichtlich
denn geographisch orientierenden *mappae mundi* und die neuen Küsten-
karten existierten im späten Mittelalter in einem offenbar fast berührungs-
losen Nebeneinander.

Dass sich das Mittelmeer, empirisch vermessen, so anders darbot als
auf den altbekannten Karten, mag aber doch zu einer kritischen Haltung
den Autoritäten gegenüber beigetragen haben. Auch was man, die afrika-
nische Küste südwärts entlangsegelnd, so fand oder eben nicht antraf, rieb
sich am tradierten Weltbild. Die Portugiesen stießen hinter Kap Bojador
weder auf den sagenhaften Goldfluss noch auf die befürchteten Untiere
und Fabelwesen, weder auf den legendären Priesterkönig Johannes noch
auf »Gegenfüßler«. Träume und Alpträume zerstoben. Das alte, hinter
Klostermauern noch bis weit ins 16. Jahrhundert hinein tradierte Weltbild
geriet ins Wanken.

Für uns ist besonders interessant, dass man die Portolane als gemalte
Itinerare ansehen kann: Sie verbanden Punkte durch Linien, nämlich insbesondere Hafenstädte durch Routen. Sie waren vor allem als Seekarten im

Gebrauch – einer aragonesischen Verfügung von 1354 zufolge waren sie sogar auf jeder Galeere obligatorisch –, doch konnte sich das Netz von Rumbenlinien weit ins Land hineinschieben. Die an der christlichen See-fahrt uninteressierte Romweg-Karte des Nürnbergers Erhard Etzlaub[320] quantifizierte im ausgehenden 15. Jahrhundert erstmals die Routen; sie sind punktiert, offenbar soll jede Leerstelle zwischen den Punkten eine »deut-sche Meile« darstellen. Dass die so behaupteten Entfernungen mehr oder weniger von den nach heutigen Maßstäben korrekten abweichen, war vielleicht nicht für die damaligen Benützer, ist aber doch sicher in unserer Warte weniger wichtig als der *Anspruch*, die Wege exakt zu vermessen. Das gemalte Itinerar Etzlaubs will die Bewegung im Raum nicht nur kanali-sieren, sondern auch portionieren.[321]

Einigermaßen maßstabsgetreue Karten – freilich ohne vermeintlich exakt bemessenes Straßennetz – gab es zu Etzlaubs Zeiten schon. Nach den Portolanen ließ insbesondere die durch den Buchdruck potenzierte Ptolemaios-Rezeption humanistischer Gelehrter die herkömmlichen Rad-karten allmählich obsolet werden, jedenfalls außerhalb der Klostermauern; im letzten Viertel des 15. Jahrhunderts erschienen nämlich zahlreiche Ptolemaios-Ausgaben mit Kupferstichkarten, die sukzessive durch »in der Art des Ptolemaios«[322] (also zum Beispiel mit Breiten- und Längengraden) neu angefertigte Karten ergänzt wurden. Diese Karten verebneten die Erdkugel nach geometrischen Regeln, machten die Welt zur Fläche. Die Ptolemaios-Rezeption stellte die Erde wieder in ein lückenloses Gitter, eben aus Längen und Breiten. So ein Gitter ist beliebig verfeinerbar, insofern potenziell flächendeckend – blieben da noch verwunschene Ni-schen ausgespart, war da noch Platz für Rauminseln, wie sie uns in mittelalterlichen Texten begegnen?

Nun erwähnen freilich Reiseaufzeichnungen durchgehend keine Kar-ten, ich habe es schon erwähnt – nichts spricht dafür, dass sie mitgeführt worden sind.[323] Doch mag es ja die *mental map* eines Reisenden schon gründlich verändert haben, wenn er irgendwann einmal, und sei es Jahre vor dem Antritt einer weiten Reise, Europa oder eines seiner Länder in der Draufsicht einer Karte gesehen hatte. Wir sind hier auf Spekulationen angewiesen. Das gilt genauso für die mentalitätsgeschichtlichen Auswir-kungen des neuzeitlichen Postverkehrs. Der Raum wurde seit dem 16. Jahrhundert durch den Aufbau von Postlinien[324] kanalisiert und portio-niert, indes konnten sich den Zugriff auf die Infrastruktur der Post nur die wenigsten Reisenden leisten. Und doch mögen sich auch andere an dem immer lückenloseren, damit regelmäßigeren Netz von Poststationen orientiert haben, auf der Apenninhalbinsel unter Heranziehung der *Itinerarie delle Poste*[325], der Postitinerare, die außer den Entfernungen zwischen den Poststationen Hinweise auf Sehenswürdigkeiten boten. Weil die wenigsten Reiseaufzeichnungen Poststationen auch nur erwähnen, keine von einer raumorientierenden Wirkung solcher Stationen spricht, kommen wir erneut nicht über Spekulationen und Plausibilitäten hinaus.

Eine monokausale Herleitung unseres Befundes will nicht gelingen, dieser selbst aber ist eindeutig: Die Mehrzahl der Reiseaufzeichnungen des 16. und 17. Jahrhunderts nennt Entfernungen zwischen durchreisten Städten häufig oder sogar, in ermüdender Reihung, durchgehend.[326] Seit der Schwelle zur Neuzeit hielten es die meisten Reisenden für bemerkenswert, aus welchen Strecken sich ihre Route addierte. Sie legten Wert auf eine exakte Portionierung ihrer Bewegung im Raum.

Ein homogener Raumcontainer?

Macht die Portionierung der Routen die Welt schon kontinuierlich? Durchziehen unsere Reisenden einen homogenen Raum? In *spätmittelalterlichen* Aufzeichnungen dominieren eindeutig Punkte. Der Autor hüpft gleichsam von Stadt zu Stadt. Nur Punkten (oder sollen wir von kleinen urbanen Rauminseln sprechen?) wird Aufmerksamkeit, nämlich Text geschenkt, das Dazwischen ist nicht der Rede wert. Langsam tauchen sukzessive die ersten, noch sporadischen politischen Zuordnungen auf. Aber auch sie verräumlichen nur indirekt, unmittelbar wird da einfach einem Punkt ein Attribut beigegeben. Größere Räume kennen mittelalterliche Texte nicht. Es ist geradezu avantgardistisch, wie Friedrich Steigerwalder 1470 einige unterwegs begegnende Raumeinheiten umreißt: »Und ist corfun gar ain schene und guette intzl und ob hundert meyl weit und prait«, »und get daz mör umb das land Morea sybenhundert meyl, darin daz land piß auf sechs meyl beschlossen und ingefangen ist«.[327] Diese uns Heutigen banal (und vielleicht auch reichlich vage) anmutenden Umrisse von größeren Räumen waren zur Zeit ihrer Niederschrift noch sehr ungewöhnlich.

Bewegen sich *neuzeitliche* Reisende in einem Raumkontinuum, durch jenen euklidischen Raumbehälter,[328] der dem modernen Alltagsempfinden von Räumlichkeit zugrundeliegt? Wir müssen zunächst einmal mehrere

Teilantworten sammeln. Auf die in Texten des 14. Jahrhunderts noch üblichen Mirakel[329] stoßen wir nurmehr in Ausnahmefällen. So berichtet der Sekretär des Kardinals Luigi d'Aragona, Antonio de Beatis, im frühen 16. Jahrhundert ohne distanzierende oder gar ironisierende Erläuterung, dass ihm ein Gastgeber in Nordfrankreich von verwunschenen Wäldern erzählt habe: In einem seiner eigenen Forste könne kein Lebewesen überdauern; ein Nachbar besitze ein Waldstück, in dem, seit eine Nachtigall ungebührlich beim Beten gestört habe und deshalb verflucht worden sei, kein Vogelsang mehr gehört ward; wer in einem Wald der befreundeten Familie Rohan einen Stein zerschlage, finde an der Bruchstelle unweigerlich ein Wappen dieser Familie.[330] Das erinnert an die qualitativ besonderen Rauminseln der von Jahn untersuchten spätmittelalterlichen Texte, ist aber für neuzeitliche Reiseaufzeichnungen nicht typisch, wird ja auch hier vom Hörensagen berichtet, nicht vom Reisenden erlebt.

Sicherlich glaubten unsere Reisenden an Zauberkräfte, weil sie Kinder ihrer Zeit waren. Vor dem Siegeszug der »Aufklärung« im 18. Jahrhundert hielt praktisch jedermann »weiße« wie schädliche »schwarze« Magie für möglich; sogar die vormodernen intellektuellen Eliten bedienten sich bei der Daseinsbewältigung der Magie, deren etwas vornehmere Spielarten Alchimie und Astrologie hießen. Dieses magische Weltbild setzte, neben der manchen Menschen gegebenen Möglichkeit, mit Wesen einer anderen, einer Geister- und Dämonenwelt in Kontakt zu treten, die stete Präsenz magischer Eigenschaften in den Dingen dieser Welt[331] voraus. Nichts spricht dafür, dass dies für unsere Reisenden anders gewesen wäre, doch künden ihre Aufzeichnungen kaum davon, womit wir uns begnügen müssen. Dass es da schon einmal in einem gerade passierten Schloss spuken konnte, haben wir bereits gesehen.[332] Aber weil das eben als bekannt referiert, nicht erlebt wird, wäre es prekär, solche beiläufigen Erwähnungen zu Indizien für eine diskontinuierliche Raumwahrnehmung hochzustilisieren. Dass er selbst Opfer eines »Zaubers« geworden sei, glaubte von den mir bekannten schreibenden Reisenden nur Augustin Güntzer. Er berichtet nicht nur gleichsam distanziert, vom Hörensagen (damit dem Thema adäquat — die Dynamik der Hexenverfolgungen erwuchs ja gerade dem notorischen Gerücht, jener *fama*, die hier gerichtsverwertbar war), dass der »Wirdt zum Roden Ogxen« bei Forchheim ein stadtbekannter Zauberer sei; weil sich bald nach der Übernachtung an diesem fatalen Ort[333] sein Gesundheitszustand verschlechterte, war er fortan überzeugt, dort vergiftet worden zu sein, alle seine (im Gegensatz zu Natureindrücken ausführlichst geschilderten) Gebrechen werden nun auf diesen heimtückischen Anschlag zurückgeführt. Aber dass Orte oder Räume in frühneuzeitlichen Reiseberichten verwunschen, mit besonderen Wundern begabt, mit übernatürlichen Schrecknissen bewehrt seien, kann man nun wirklich nicht sagen. Was besagen die oft notorischen Entfernungsangaben für die damalige Raumwahrnehmung? *In gewisser Hinsicht* kann man unseren Autoren bescheinigen, ein homogenes Kontinuum zu erreisen: Denn die vermeintlich exakte gleichmäßige Portionierung des Reisens lässt keine Leerstellen zurück, keine Sprünge zu. So weit war die Malerei der Zeit auch schon – noch nicht Giotto, mit seiner gleichsam fragmentierten Plastizität, seinen euklidischen Objekten im aristotelischen Raum, aber dann doch seine nach immer ausgefeilteren Regeln für die Linearperspektive arbeitenden Nachfolger im 15. Jahrhundert. Die Naturwissenschaften werden ja, wenn ich mich nicht täusche,[334] eher zögerlich nachfolgen. Insofern muss man unseren Aufzeichnungen keine altertümliche Raumwahrnehmung attestieren.

Mein Seitenblick auf die Malerei war allzu flüchtig. Was passierte da am Beginn der kunstgeschichtlichen Neuzeit, also bei Giotto, den ersten von ihm inspirierten Zeitgenossen? Die Malerei trat damals in ihre jahrhundertelange Phase virtuoser Oberflächenrealität ein, aber während einzelne Dinge oder auch kleinere Ensembles bei Giotto schon dreidimensional anmuten, präsentiert sich das Bild als Ganzes noch nicht als einheitlicher physikalischer Raum, es ist nicht kontinuierlich. Im Grunde malt Giotto den aristotelischen Raum.[335] Beseelt vom Horror vacui (»die Natur verabscheut das Vakuum«), billigte Aristoteles der Leere kein Volumen zu. Raum war ihm Begrenzung von Dingen, ihre Oberfläche; gern drückte er es im Bild des Gefäßes aus – das Gefäß war ihm transportabler Raum, war Raum, den man mitnehmen kann. Mit anderen Worten: Raum war bei Aristoteles kein Beziehungssystem *zwischen* Dingen, sondern deren Hülle; war nicht Bedingung oder Rahmung der materiellen Welt, sondern ein Akzidenz materieller Gegenstände. Ein Maler mit diesem Raumverständnis konnte nur konkreten, stofflichen Dingen Tiefe geben, nicht dem, was modernes Alltagsverständnis unter Raum versteht. Er konnte nur einzelne Objekte mit Tiefenillusion malen, nicht *zwischen* den Dingen liegende Bereiche.

Das ändert sich im 15. Jahrhundert. Was Giotto noch intuitiv erahnt und nur gleichsam inselhaft realisiert hatte, wird nun, unter anderem von Leonardo da Vinci, in ein striktes Regelsystem gebannt: das Problem der Wiedergabe des dreidimensionalen Raums auf einer zweidimensionalen

Oberfläche. Erwin Panofsky datierte den Durchbruch sogar einige Jahrzehnte früher, für ihn begann das moderne (nicht mehr postmoderne – aber diese Nahbeobachtung konnte sich seinem Blick noch nicht erschließen) Raumkontinuum mit dem schachbrettartigen Fliesenmuster, das unter den Figuren einer Verkündigung Ambrogio Lorenzettis von 1344 durchläuft:[336] Index für den vermessenen, kanalisierten, portionierten Raum. Aber das war ein früher, kühner Vorgriff. Zum nicht mehr unterschreitbaren Standard für zeitgemäße Malerei wird die mathematisch-optische Technik der Linearperspektive seit den 1420er Jahren, als beispielsweise der feste Beobachterstandpunkt fürs ganze Bild bei Masaccio oder die planperspektivischen Verfahren Brunelleschis[337] die fortan gültigen Maßstäbe setzen. Mit der physikalischen Realität überhaupt gewinnt, neben dem anatomisch korrekten menschlichen Körper, die stimmig und stimmungsvoll auf die Leinwand gebrachte Natur als Landschaftsszenerie ungemein an Gewicht – hiervon war weiter oben schon die Rede.[338] Es begann damals die jahrhundertelange materialistische Zeit der abendländischen Malerei. Der Bildraum wurde kontinuierlich, homogen, isotrop. Die rechnenden und experimentierenden Künstler des Quattrocento, wohl auch einige ihrer intuitiver vorgehenden oder »nur« experimentierenden niederländischen Zeitgenossen erarbeiteten die elementaren Grundlagen für die abendländische Malerei bis ins frühe 20. Jahrhundert hinein (als der Expressionismus sowohl Naturnähe als auch einheitliche Perspektive wieder aufgeben wird).

Nicht, dass uns die Maler des Quattrocento schlechterdings »die Realität« böten, eine Realität, die ihre Vorgänger infolge schlampigen Sehens oder unentwickelter Maltechnik schludrig verfehlt hätten! Es veränderte sich damals die Prioritätenliste, besser gesagt, sie schrumpfte ein – dass es ganz ins Zentrum künstlerischer Aufmerksamkeit rückte, die Illusion einer täuschend echten Wiedergabe irdischer Oberflächenrealität zu erzeugen, kann man auch als Verarmung werten. Dann gibt der monofokale, perspektivisch geordnete, homogene Raum der materialistischen Phase der Malerei die Welt nicht einfach so wieder, wie sie sich bei unbefangenem Hinsehen gleichsam von selbst präsentiert: Der natürliche Gesichtsraum des Menschen ist inhomogen und anisotrop.[339] In der Sozialisation müssen viele Mühen aufgewendet werden, das Sehen des Heranwachsenden auf den euklidischen Raumcontainer zu eichen – das Schlusskapitel dieses Büchleins wird noch darauf eingehen. Doch beanspruchen die zentralperspektivisch arbeitenden Maler seit der Renaissance, ihr Raum sei der empirisch gegebene. Das hatte wohl, unterschiedlich rasch, gravierende Auswirkungen auf andere Bereiche abendländischen Geisteslebens. Ging das neue Sehen des Raums dem Denken über den Raum voran? Nikolaus von Kues spielte zeitnah mit dem Gedanken eines Kosmos, der nicht Rand noch Mitte besitze und homogen sei, rechnete das aber nicht mathematisch durch. Das tat dann Johannes Kepler. Seine Gestirne sind physikalisch wie die Erde selbst, bewegen sich nach bestimmten Gesetzmäßigkeiten elliptisch um Sonnen, ohne dass hierfür noch ein göttlicher Allbeweger notwendig wäre. Die bis Einstein gültige Synthese aller gedanklichen und experimentellen Durchbrüche seit dem späten Mittelalter lieferte dann seit den 1660er Jahren Isaac Newton. Für uns ist besonders interessant, dass seine die Gestirne bewegende Kraft (nämlich die »Gravitationskraft«) auch die Menschen auf der Erde festhält: Eine hier wirksame Kraft ist ferner »im Himmel« am Werk, der Kosmos offensichtlich ein homogener physikalischer Raum.[340] Seit dem späten 17. Jahrhundert war auch der Raum der Naturwissenschaften unstrittig kontinuierlich, homogen, isotrop.

Warum rekurriert diese wahrnehmungsgeschichtliche Arbeit in zwei scheinbar disparaten Exkursen zuerst auf die Kartographie der Jahrzehnte um 1500, dann auf die Linearperspektive der Malerei des ausgehenden Mittelalters? Beide haben gemein, dass sie Verfahren entwickeln, um dreidimensionale physikalische Gegebenheiten zweidimensional abzubilden: den Globus bzw. das Bild, das im menschlichen Auge durch den Einfall von Strahlen auf der Netzhaut entstehe. Kartographen wie Maler setzen zu diesem Zweck Gitternetze ein. Kartographen wie Maler leisten der Vorstellung eines homogenen euklidischen Raumes Vorschub. Die Gitternetze sind beliebig verfeinerbar, zwischen den Orten bzw. den Bildgegenständen klafft keine Leere.[341]

Und für Reisende des 16. oder 17. Jahrhunderts? Sie rechnen, messen, kurz, portionieren ihre Bewegung im Raum. Sie durchziehen einen homogenen isotropen Raum, von der in mittelalterlichen Texten begegnenden »Inselraumstruktur« kann keine Rede sein – einerseits.

Andererseits dürfen wir über der Herauspräparierung einzelner Textelemente nicht die Proportionen, umgangssprachlich: über einzelnen Bäumen nicht den Wald aus dem Blick verlieren. Zwar ordnen unsere Reisenden Orte politisch ein, sie schreiben sie damit Räumen zu, und sie scheinen sogar zu wissen (freilich selten für nennenswert zu halten), wo diese Räume aneinanderstießen – aber unbefangen gelesen, bieten Reiseaufzeichnungen des 16., auch noch des 17. Jahrhunderts ein Nacheinander von ausdehnungslosen Punkten. Essenzielle Grundelemente sind Orte und Entfernungsangaben zwischen diesen Etappenzielen, nicht Räume. Man reist, um anzukommen, will ein Ziel erreichen, nicht unterwegs sein. Das Unterwegs besteht aus Mühseligkeiten, Hindernissen, die Umwelt interessiert vor allem, wenn sie potenziell gefährlich ist, einfache Naturrequisiten genügen. *Landschaften* finden wir in unseren vormodernen Reiseaufzeichnungen nicht. *Politische* Räume, insbesondere Reichsterritorien werden genannt, das schon, aber sie werden nicht verlebendigt und erhalten auch keine identitätsstiftende historische Tiefendimension – im Gegensatz zu den wichtigeren unter den Städten, deren vermeintliche »Geschichten«, deren Lokaltraditionen, bisweilen auch Gründungsmythen erzählt werden.[342] Die Zugehörigkeit zu einem bestimmten (insbesondere politischen) Raum ist Attribut des Ortes, also eines Punktes, die Grenzen wiederum ergeben sich implizit aus den Attributwechseln bei nacheinander durchreisten Orten: Ort A »gehört« Fürst X, Ort B aber Herzog Y, dazwischen liegt eine politische Trennlinie, deren Verlauf unproblematisch und so ziemlich jedermann bekannt ist, die aber nicht zu den vorrangig registrierten Kategorien gehört. Die aus unseren Reiseaufzeichnungen sprechende Raumwahrnehmung ist zuallererst punktuell. Kleine Räume sind viel relevanter als »Reich« oder »Nation«, aber *alle* Räume sind sekundär. Der uns im Mathematik- und im Erdkundeunterricht selbstverständlich gewordene homogene Raumcontainer scheint wahrnehmungsgeschichtlich einem langen 19. Jahrhundert anzugehören. Über das Warum denke ich im Schlusskapitel dieses Buches nach.

3.7 Zum Beispiel Frankreich

Wir sind zuletzt vornehmlich durch Mittel- und Südeuropa gereist, kurze Stipvisiten führten uns über das Mittelmeer in den Nahen Osten. Wie unsere vormodernen Reisenden bewegten wir uns meistens von Nord nach Süd, gern von Süddeutschland durch die Alpen nach Oberitalien. Das war oft unsere Teststrecke: kreuzt sie doch neben vielen Territorialgrenzen auch die des Reiches, die deutsche Sprachgrenze. Bietet sie doch, jedenfalls in den Augen moderner Reisender, die verschiedensten Landschaftsformationen, von denen manche (wie die hochalpinen Gebirgskämme) gar nicht zu übersehen sind – so sollte man meinen.

Ehe ich unser Ensemble vorläufiger Einsichten noch an einer anderen Gegend überprüfe, die wie als »Frankreich« kennen, sollte ich die wichtigsten unserer bisherigen Befunde knapp resümieren. Vielleicht am bemerkenswertesten sind die Fehlanzeigen: kaum je eine Begrenzung des Reiches, selten eine Sprachgrenze, wichtig sind auch andere Grenzlinien keinesfalls. Zu reisen bescherte unseren Autoren keine Grenzerfahrungen. Die damalige Herrschaftstopographie war ihnen zwar geläufig, aber von Zielort zu Zielort ziehend, umrissen sie keine markanten politischen Räume. Und erst recht keine Naturräume, wir finden keine Landschaften. Zwischen isolierten »Rauminseln« springen frühneuzeitliche Reiseaufzeichnungen *einerseits* insofern nicht mehr hin oder her, als sie mit Entfernungsangaben prunken, sie portionieren die Reisestrecke. *Andererseits* durchziehen Reisende des 16., alles in allem auch noch des 17. Jahrhunderts doch weiterhin ein Punkteraster, nicht aneinander grenzende Räume, die interstädtischen Zwischenräume bleiben leer. Der Raum unseres modernen Alltagsverständnisses, der homogene euklidische Raumcontainer, scheint der Wahrnehmung der damaligen Reisenden nicht zugrundegelegen zu haben, oder scheint ihrer Weltsicht jedenfalls weniger eingeprägt gewesen zu sein als der unsrigen. Oder sollte in Westeuropa alles anders sein?

Natürlich weiß der Historiker, dass auch der französische Zentralismus seine Geschichte hat und nicht fertig über Westeuropa hereinbrach. »Frankreich bildete im Ancien Régime [...] kein homogenes Staatsgebiet, sondern stellte ein Konglomerat rechtlich-institutionell höchst unterschiedlicher Territorien dar.«[343] Aber am Zeitüblichen gemessen war das frühneuzeitliche Königreich Frankreich doch von untypisch großer territorialer Kohärenz, es gilt, in der Fremd- wie Selbsterinnerung,[344] als Prototyp eines werdenden Nationalstaats mit stabilen Grenzen. Anders jene Apenninhalbinsel, in deren nördlichem Drittel oder Viertel wir uns bislang zumeist aus unseren Aufzeichnungen ausblendeten: Was uns heute »Italien« ist, war damals ein Gewimmel von Mittel- und Kleinstaaten. Zu den großen klimatischen Unterschieden zwischen der Poebene und Sizilien und einer Vielzahl divergierender Dialekte kam eine zerklüftete Herrschaftstopographie. So brauchen wir uns nicht zu wundern, wenn die Bewohner der Apenninhalbinsel in der Selbsteinschätzung »nach Statur, Hautfarbe und Sprache sehr verschieden«[345] waren und wenn in den Augen der Reisenden

»the different laws make different customs and manners, which are in many things very particular here«.[346] Wie präsentiert sich das in den Augen des Verfassungshistorikers relativ geschlossene französische Königreich Reisenden des ausgehenden Mittelalters, der anhebenden Neuzeit? Die scheinbar simple Frage ist tatsächlich schwer zu beantworten, denn: Wir finden das Land dort gar nicht! Es ist schwierig, die Nichtexistenz eines Phänomens zu belegen. Ich könnte daran erinnern, wie wir mit Leo von Rozmital von »Perpian« nach »Munphalir«, von dort über »Avian« nach »Meilant« gehüpft sind.[347] In solchen spätmittelalterlichen Texten ist Europa ein Netz geselliger und politischer Knotenpunkte, keine Addition von Ländern. Wir finden weder politische Raumsegmente noch Naturräume, weder Staaten noch Landschaften.

Das ändert sich an der Schwelle zur Neuzeit nicht durchgreifend. Was im späten 15. Jahrhundert dazukommt, sind, wie wir ja grundsätzlich schon wissen, exakte Entfernungsangaben, Reiseaufzeichnungen prunken nun für rund zwei Jahrhunderte in ermüdender Gründlichkeit mit Meilenzahlen. Auch in Westeuropa – bei Siegmund von Herberstein liest sich das 1516 so:

»Darnach gen Preysach am Rein, Österreichisch, und dann uber den Rhein. Zoch nahendt neben Kulmar, zwo meil, ain Stätl österreichisch. Dabey nahendt ligen Schlos Rapoldstain und Stätl Rapersweil. Da rinnt die Ill durch das Land ab. Gen Obernehnam.[348] Von Obernehnam gen Straßburg, vier meil, die schön und mächtige Stat zubesehen. Da rindt ain Arm vom Rein durch die Stat. Und von Straßpurg gen Hagenaw vier meil«.

In Hagenau ereilt den Diplomaten der Befehl, nach »Polln vnnd Mosqua« zu ziehen: »Vnnd hintzt am Rein drey meil geritten. Da vbergefarn, vnnd dann wider ain meil geriten geen Rastat«.[349] Von Sprache, »nationaler« Kultur, deutschem Rhein oder französischem Wesen finden wir hier, im Grenzsaum Frankreichs, keine Spur. Der Rhein wird erwähnt, wie andere größere Flüsse, wenn sie für einen kleinen Reiseabschnitt raumorientierend wirkten oder überquert werden mussten. Dieser Rhein ist aber keine Grenzscheide, das ohnehin nicht: Er war es ja damals auch politisch-administrativ nicht. Doch gibt es auch kein »Rheinland«, schon gar kein »deutsches«. Der Rhein als Schöpfer einer urdeutschen Natur- und Kulturlandschaft: so wird ihn erst, »Rheinromantik« und aggressive Grenzflussideologie engführend, Loreley zwecks »Wacht am Rhein« mit der preußischen Pickelhaube bewehrend, das 19. Jahrhundert wahrnehmen.

Um die Jahreswende 1519/20 durchquerte Siegmund von Herberstein, von Spanien kommend, ostwärts Oberitalien zuziehend komplett das, was wir heute »Südfrankreich« nennen würden. Wie nennt es unser Reisender? »Am ersten January zugen wir von Narbona. Fuern vber ain wasser, Audy genannt, vnnd dann geen Posiess ain Stätl, vier meill. Aber vber ain wasser, Eraw, vnnd geen Lupian vier, geen Monpolier fünff, geen Juns acht, geen Avinian vber den Rhanen oder Rhodanum, gehört dem Babst zue, siben; geen Carpentras vier, geen Malcena drey.[350] Darnach vber ain wasser, hat ain seer hohe Prugkh, zwo meill. Daselbstn soll sich das Delphinat anfahen. Vnnd dann geen Boes ain meill, durch vill selb gewachsnen Lauuenndl. Dann wider vber ain hohen perg mit Lauenndl geen Fopera, sechs meill, geen Tolar sechs meill, geen Zorses vier meil, geen Ambron vier meill, ain Bistumb Eberden, geen Brianzon sechs meill, an den Perg mons geneuer.«[351]

Es folgen ausführlich Beobachtungen in einem Dorf, dessen »paurn« Schlitten verwenden, die Herberstein, im Gegensatz zur Briançon rahmenden hochalpinen Viertausenderkette, sehr bemerkenswert findet. »Am funffzehenden in des hertzogen von Sophoy Lanndt, in ain Stätl, Szussa genannt, sechs meill. Das Lannd nennt man Piomont«,[352] und weil wir uns nun auf Reichsboden befinden (was unseren Reisenden freilich nicht interessiert), dürfen wir uns ausklinken, während Herberstein über Novara nach Mailand weiterreist, zehn Tage später wird er festhalten können: »Am fünffvnndzwaintzigisten geen Cassan, zehen wälhisch meill an der Ada. Hintzt heer ist es Maillendisch. Geen Cucaia fünff vnnd zwaintig meill; für Bressa zwelff meill, ist Venedigisch«.[353] Der Reisende zieht von Punkt zu Punkt, sporadisch werden kleinere Räume genannt: eine Provinz, ein Bistum. Als festumrissener Block präsentiert sich Frankreich nicht, denn weder wird es als homogener Nationalraum vorgestellt, noch interessiert die Grenze – außer, wenn dort etwas Besonderes passiert. So hatte Herberstein bei der Einreise in den Pyrenäen festgehalten, »das man vnns inwendig vnnd auswendig allenthalben durchsehen liess«: eine in Reiseaufzeichnungen seltene Bemerkung. Weil Herberstein ostwärts, Mailand zu, offenbar nicht behelligt wurde, hielt er auch keinen Grenzeinschnitt fest. Schon gar nicht interessiert die Landschaft, doch können sporadisch einzelne Besonderheiten festgehalten werden – in unserem Ausschnitt ist es der wilde Lavendel. Die hochalpine Kulisse der Dauphiné- und der Cottischen Alpen schrumpft auf eine kümmerliche Situierung ein: Briançon liegt am Mont Genèvre.

Reiseaufzeichnungen wurden im Lauf des 16. Jahrhunderts tendenziell ausführlicher, und tendenziell treten zu den vielen, vielen Punkten auch mehr Räume. Georg Ernstinger war in den Jahrzehnten um 1600 immer wieder dort, wo wir heute Frankreich sehen:»Von Straßburg bin ich nach sechs Tagen fort in Lotringen nach Nancy, darnach (15 meil) gen Barleduc, die Haubtstatt im Herzogtum Bar. Von dannen (14 meil) gehen Chalon[354], in Champagnien die Haubtstatt; ain Ort mit 7 Brunnquell bey ainander, ain halbe meil von Chalon. Von dann (37 meil) gehen Paris.« Oder:»Von Nivers[355] bin ich auf Saint Pierre le Moustier ain Stättl und Closter in dem Herzogthumb Bourbon. Villeneuf ain Flecken. Moulin die Haubtstatt des bemelten Herzogthumbs an der Elevère gelegen. Von dannen nach Roane, der Haubstatt im Landt Forest und auf Lyon, 22 meil.« Und so geht das weiter, einigermaßen ermüdend, wie in allen solchen Aufzeichnungen, deren Reiz bei der Lektüre schnell verfliegt. Wir stoßen nach wie vor hauptsächlich auf Punkte, aber diese werden nun fast durchgehend kleinen Räumen zugeordnet – keinen Naturräumen, Landschaftsbilder begegnen nämlich weiterhin nicht, aber überschaubaren politischen Einheiten. Durch politische Zuschreibungen wird das Punkteraster sekundär verräumlicht. Was wir heute Frankreich nennen, ist ein Konglomerat kleiner Regionen. Eine französische Staatsgrenze wird nicht für bemerkenswert gehalten, viel wichtiger sind dem Reisenden die Parameter seiner Mobilität:»Von Innsprugg aus in Tyrol auf Straßburg und Paris hab ich gehabt 125 teutscher Meil, und ob wol darunter etliche französische kleine Meil, sein doch die andern desto größer«. Oder:»Nota. Von Paris gehen Orleans, Nivers, Lyon, Geneva, Bern, Zürich, Costanz und Innsprugg sein 176 Meil, darunter aber vil französische kleine Meil sein, weil aber die schweizer Meil desto größer mag mans aufs wenigist auf 160 gemainer teutschen Meil rechnen.«[356] Man will sich seine imposanten Reisen schließlich nicht kleinrechnen lassen.

Die Rückkehr in den deutschen Sprachraum oder ins Reich spielt für Ernstinger keine Rolle. Irgendwo im Verlauf der folgenden Route hat er beides überschritten, aber nicht weiter bemerkt:»4 m. Barle duc, statt und schloss, mit grossen vorstetten an der Orning glegen hat vil weingewechs darumb, ist die haubtstatt des herzogthumbs Bar; der herzog von Lotring hat den mainste einkhomben, davon aber der könig aus Franckhreich die obrigkhait und justitia« – Andeutung einer Situierung, politische Zuschreibung. Um es (anders als Ernstinger) mit einem Terminus zu sagen, der damals gerade am Beginn seiner steilen Karriere in staatsrechtlicher Literatur stand: Der König von Frankreich besaß die Souveränität über Bar-le-Duc. Registriert wird das von Ernstinger, um seine Kenntnis auch verwickelter Herrschaftsverhältnisse zu demonstrieren. Es folgen einige »märckht« und Dörfer, in einem von ihnen gibt es ein »mauthauss«, wohl deshalb fügt Ernstinger hinzu: »königisch«. Noch also sind wir in Frankreich, aber offenbar nicht mehr lang. Zwei weitere Dörfer, dann »1m. Toul, ain fürnembe statt und bistum des reichs an der Mosel gelegen, wolverwart und erbaut; S. Steffans kirchen ist gross und schön mit zwen thurn. Alda haben wir vor der statt in ainem absonderlichen wiertshauss einkhert und da über nachts gelegen.« So erquickt, durcheilt man mehrere Dörfer, überquert man die Mosel, »1m. Nancy, die haubtstatt in Lotringen« – ausführlich die Sehenswürdigkeiten, einige Splitter der Stadtgeschichte. Es folgen sieben Dörfer, mit französischen Namen, aber übernachtet hat man einmal »bey der gulden faust«, die Nacht darauf »bey dem rotten oxen«.[357] In Zabern ist man »einkert beym weissen bockh«, ein weiteres Dorf, »2m. Strassburg, die namhaffte, grosse und sehr vesste reichsstatt und haubtstatt des landts Elsass«.[358] Irgendwie kommen Frankreich und Deutschland in diesem Text schon vor, aber ganz anders, als ich das nachher für Texte des 19. Jahrhunderts zeigen werde. Auf das Heilige Römische Reich deutscher Nation stoßen wir gleichsam indirekt, über die politische Zuordnung der wichtigeren Städte: Wenn ein besuchter Ort Residenz eines »Reichsbistums« ist (wir würden heute von einem Hochstift sprechen, oder einem geistlichen Reichsterritorium), wenn es sich um eine Reichsstadt handelt, wird mit der Namhaftmachung dieser Ortsqualitäten implizit auch gesagt, dass man sich auf Reichsboden bewegt. Aber irgend hervorgehoben wird das nicht. Und etwaige Sprachverhältnisse muss sich der Leser aus Dorfnamen und Wirtshausschildern erschließen.

Der ausführlichste Bericht über eine Frankreichreise vor dem 18. Jahrhundert, den ich kenne, stammt vom heute vergessenen Vielschreiber Johann Wilhelm Neumayr von Ramsla. Er hielt auf Hunderten von Seiten fest, was er als Begleiter eines württembergischen Prinzen um 1600 westlich des Rheins erfahren und erlebt hat – begnügen wir uns mit dem Beginn! Ich starte auf Seite 5 (Speyer) – welche Räume, Grenzen oder Völker begegnen uns auf den nächsten 25 Seiten? Speyer, Bergzabern, Weißenburg und Hagenau werden einfach so genannt, ohne einen Zugehörigkeitsrahmen abzustecken, der Namensnennung folgen lediglich mehr oder weniger ausführliche Skizzen des jeweiligen Stadtbilds. Zabern dann »ist ein klein Städtlein, ligt an einem Gebirge, stehet dem Bischoff von

Straßburg zu, der war damaln verreiset«. Es folgt »Pfaltzburg«, Phalsbourg, »ist ein offen Fleck, dem Herzog von Lottringen zustendig, deme es der Pfaltzgraff versetzet«. In diesem Zusammenhang findet sich, beiläufig eingestreut, die einzige sprachliche Beobachtung: »Allhier redet man Frantzösisch«. Beim übernächsten Ort, namens »Fischbing«, wird erneut klargestellt: »ist Lottringisch«, ebenso bei Nancy, andernorts fehlen solche Notierungen. Folgt Clairmont, »hat ein Schloss daselbst, so der Baron von Clairmont bewonet, ligt noch höher als das Fleck: Dieser Herr hat des Freyherrn von Krichingen Schwester«. Endlich stoßen wir nun auf eine ausdrücklich so genannte Grenze:

»Langres ist eine grosse vnd fein gebawete Stadt, ligt auff der Grentz zwischen Champagne und La Franche-Comtè[sic]^{359}, auf einem sehr hohen runden Berg [...] Mons[ieur] du Case ist jetzo Bischoff allhier, führet den Titel eines Hertzogen, weil Langres ein Fürstenthumb ist, darüber er Herr. Der Hertzog von Nevers ist Gubernator über die gantze Champagne.«

Folgt Orville, »kamen gar spät dahin, ist ein Dorff, gehört dem Baron de Luz«. Nach Dijon (»ist die Hauptstadt in Burgundien«) finden wir endlich einen Rekurs auf »Frankreich«, dies ist der Kontext: »Beaulne«, also das noch heute als Weinhandelszentrum berühmte Beaune, »ist zwar eine schlechte Stadt, ligt aber an einem guten fruchtbarn Ort [...] vnd helt man die Weine mit vor die besten in Franckreich«. Es folgen unter anderem Châlon (»ist ein Bisthumb vnd Graffschafft, ligt an der Saone«), »den 26. April hielten Jre fürstliche Gnaden Mittag zu Mascon«, also in Mâcon, »so auch ein Bisthumb und Graffschafft«. 27. April, Vienne, »ist ein Ertzbisthumb, vnd die Hauptstadt im Lande Viennois, gehört ins Nider Delphinat«.

Wir können uns ausblenden, es dürfte deutlich geworden sein, dass hier ein Denken in nationalen Kategorien noch nicht einmal zwischen den Zeilen Platz findet. Alles ist kleinräumig, verwinkelt, es gibt auch im Hinterland der Grenze keinen nationalen Kernraum. Weil es ihn nicht gibt, gibt es auch kein französisches Volk, mangels eines solchen Volkes auch keine Spekulationen über seinen Volkscharakter.^{360} Weil es keinen Volkscharakter gibt, kann man sich nicht über ihn mokieren, fast überall stoßen unsere Autoren auf durchaus ansprechende und interessante Punkte – für deren Charakterisierung allerdings, auch in Aufzeichnungen von Frankreichreisen, nur wenige Adjektive zur Verfügung stehen, hauptsächlich diese beiden: »schön« und »lustig«. Schön und lustig können Städte sein, kann auch einmal pauschal eine Landschaft sein, aber wirklich interessant sind französische Landschaftsphysiognomien vor dem 18. Jahrhundert nicht. Immerhin verrät die durchgehend gleichförmige Verwendung der wenigen zur Verfügung stehenden charakterisierenden Adjektive so etwas wie ein Landschaftsideal, das aber ist universal, keinesfalls landesspezifisch. Ist ein zu durchreisendes Gebiet – ob in Frankreich, in Deutschland oder beispielsweise auf der Apenninhalbinsel – von flachem Bodenrelief, intensiv kultiviert und fruchtbar, ist es – nun, eben »schön« oder »lustig«. Urwüchsige Natur ist »schlecht«, und »schlecht« sind Hügellandschaften, die Pyrenäen sind genauso unleidliche Barrieren, wie wir das schon bei den Zentralalpen gesehen haben. Bei Nancy notierte Neumayr: »Ob wol an etlichen Orten Berge herumb, seynd sie doch weit, vnd der Stadt nicht schädlichen«![361] Was wirklich interessiert, sind nicht solche »Berge herumb«, ist die »Stadt«. Wir stoßen auf mehr oder weniger ausführliche Stadtbilder, keine Raumbilder.

Erst recht treten Raumbegrenzungen zurück. Der vielleicht farbigste, subjektivste, originellste Reisebericht und auch einer der sprachmächtigsten vor der Literarisierung dieser Gattung im 18. Jahrhundert stammt vom Ulmer Hans Ulrich Krafft. Es ist uns schon in Nordafrika begegnet, 1575 ritt er, modern gesagt, von der Schweiz aus nach Frankreich hinein. Aber lassen wir Krafft selbst zu Wort kommen: Er habe, südwestwärts ziehend, eine »Altte bekanntte In Jenff« besucht, dann einen unangenehmen Zwischenfall erlebt (den er, untypisch redselig wie stets, festhielt, wiewohl er eigentlich kaum erwähnenswert zu sein scheint – für uns ist er es indes doch): »verblib noch vff den Abendt«, nämlich in Genf.

»Nach fünff Vhrn sötzt Ich mich wider vf die post Nach Collonge. Nitt weytt dauon heraussen thett Ich mitt meinem postpferdt ein hartten fall, dass Ich In einer Viertel stund nit mehr kundt Zu Roß sitzen, dass Creytz an meinem Rappir wurde Zusammen gedruckt, dass Ich die handt nitt mer kundte darain stossen noch dass geföß Rechtt fassen, Also das Ich dieselbe nacht bey der Anderen post Zue Schallon musste Ibernachtt ligen bleiben. Volgendten Morgens früe, als Ich mich wider ein Wenig erholtt, Ritt Ich denselben tag 24. diß [...] siben posten [...] Also dass Ich gleich ein wenig vor Nachtt vmb Achtt Vhrn gehn Lion kam.«[362]

Zwischen Chalon-sur-Saône und Lyon liegt heute die französische Staatsgrenze und lag sie damals, jedenfalls nach Ausweis unserer Geschichtsatlanten – nicht aber für den Reisenden des 16. Jahrhunderts, der so eine Demarkationslinie nicht wahrnahm oder jedenfalls nicht für bemerkenswert hielt. Auch eine Erwähnung jener Franche Comté, die Krafft zweifelsohne durchreiten musste, um von Genf nach Chalon zu gelangen, hätten wir eigentlich erwartet – aber unseren Reisenden interessieren lediglich Städte und Poststationen, der Fall vom Pferd ist viel wichtiger als die Herrschaftstropographie mit ihren Grenzlinien.[363] Ich will meinen Untersuchungszeitraum noch nach oben hin ausschreiten. Schließen sich die Regionen zwischen Rhein und Atlantik im 1668 niedergeschriebenen Text Sigmund Birkens endlich zu einem kompakten Nationalgebiet zusammen? Folgen wir unserer Reisegesellschaft von Troyes über Châtillon-sur-Seine, häufig den gleichnamigen Fluss englang, nach Dijon!

Folgenden tags kamen Sie nach Troyes, allwo Sie zu Mittag gefüttert: ist ein Bistum und die HauptStadt der Graffschaft Champaigne, liegt an der Seyne auf fruchtbarem Boden, und treibet grosse Handtirung. Zu Fuchet, so ein Marktflecken ist, wurde das Nachtlager genommen, und den 18, über Mussy, Chastillon sur Seyne, die erste Stadt im Herzogtum Burgund, erreichet. Den 19 diß brachten Sie Val de Suson zurücke: worauf Sie, folgenden tags, zu Dyon glücklich angelanget. Diß ist die HauptStadt des Herzogtums Burgund soll gar alt seyn, und (à Divis) von den Göttern den Namen Divio in Latein haben«.[364]

Frankreich präsentiert sich noch immer als Konglomerat von Regionen, ist kein scharf konturierter Block, dem »spezifisch französische« Attribute beigelegt oder »typisch französische« Landschaftsphysiognomien eingeschrieben würden.

Zu den Besonderheiten dieser aus Dichterhand stammenden Auftragsarbeit gehört, dass sie gelegentlich auf die in den Zielorten angetroffene »Sprache« eingeht: Blois liegt »in einer anmutigen fruchtbaren Gegend«, mit gesunder Luft, es ist dort »wohl zu zehren, die Sprache gut geredet wird, und die Inwohnere gegen die Fremden gar höflich und freundseelig sich erweisen«. Oder, zu Orléans: »Es ist allhier ein Bistum, und eine berühmte Universitet, der Luft gesund, die Sprache zierlich, und die conversation mit den Inwohnern annehmlich«.[365] Erwähnenswerte »Sprache« ist hier nicht Fremdsprache, und schon gar nicht befremdlich; lobend festgehalten wird, wo gutes Französisch gesprochen wird, noch nicht, wie in Reiseliteratur des 19. Jahrhunderts, wie weit ins Landesinnere hinein man sich mit den Ureinwohnern noch einigermaßen auf deutsch verständigen kann und ab wann nur noch sprachliche Fremderfahrung drückt. Überraschen muss uns das nicht, Erbprinzen schickte man nicht zuletzt auf ihre große Tour, damit sie flüssig parlieren lernten, natürlich auf Französisch. Fränkisch hätte Christian Ernst zuhause in Kulmbach lernen können.

Ich werfe einen letzten Seitenblick auf die zeitgenössische Kartographie. Das 1570 in Antwerpen verlegte *Theatrum orbis terrarum*[366], das Kartographiegeschichten häufig als ersten Weltatlas bezeichnen, bietet auch eine Frankreichkarte. Grundfarbe ist ein blässliches Gelb, das ringsum kräftiger wird: die farbige Konturierung einer Landesgrenze! Was beim Vergleich mit zeitgleichen Reiseberichten geradezu avantgardistisch anmutet, wird freilich nur abschnittsweise konsequent durchgehalten: vor allem da, wo Frankreich an den Atlantik grenzt. In den Pyrenäen vexiert uns der Grenzzieher mit labyrinthischen Verschlingungen – das fügt sich gut zu dem, was Mikrostudien der letzten Jahre über die vielschichtige Grenzrealität dort vor Ort herausgearbeitet haben.[367] Noch irritierender ist die Einfärbung des französischen Ostens. Wir stoßen auf einen Gelbhauch an der oberen und mittleren Mosel, aber die so angedeutete Grenze verliert sich südwärts, der Franche Comté zu, im Nichts. Zwischen Rhein (rechtsrheinisch prangt ein nicht mehr mit Städten und Regionen ausgestattetes »Germania«) und Mosel erstrecken sich verschiedene Übergangsregionen, die weder eindeutig als französisch gekennzeichnet noch als deutsch auszumachen sind, südlich davon aber finden wir überhaupt nicht mehr eingrenzbare Niemandsländer: Franche Comté, Elsass, »Switzerland«, ein ominöses »Westrich«.[368]

Halten wir einen Zwischenstand fest: Unsere Frankreichreisenden machen keine markanten Grenzerfahrungen, schon gar nicht erleben sie das, was wir neudeutsch als Kulturschock apostrophieren würden. Sie reisen von Punkt zu Punkt, ordnen diese Punkte routiniert kleineren räumlichen Einheiten zu, doch nie einem Nationalstaat, wiewohl uns doch Handbücher darüber belehren, dass wir uns im Zeitalter der werdenden Nationalstaaten bewegten und dass Frankreich einer der Vorreiter hierbei gewesen sei. Unsere Reisenden haben von solchen nationalen Verdichtungs- und Abgrenzungstendenzen nichts mitbekommen. Ist das unmodern? Oder in einer Zeit, da manche vom »Europa der Regionen« träumen, topaktuell? Sollte die Nationalisierung der Heimat ein kurzes weltgeschichtliches Intermezzo gewesen sein, vorübergehendes Kennzeichen eines langen 19. Jahrhunderts? Wann hat es begonnen?

Wann nationalisiert sich das Europa unserer Reiseberichte? Wann erwächst dem Sammelsurium durchreister Städte und ihnen zugeordneter Regionen Frankreich? Ich habe Aufzeichnungen des 18. Jahrhunderts nicht systematisch ausgewertet, auch nicht im Falle Frankreichs,[369] weil das nebenbei gar nicht geht – das 18. Jahrhundert hat Reiseberichte (und nun eben auch: Reise*literatur*) in so unüberschaubarer Fülle hervorgebracht, dass man sich fast nicht vorstellen mag, es seien auch einmal Reiseeindrücke anschließend *nicht* in die Druckerei getragen worden. Deshalb vermag ich keine »ersten Anzeichen« zu datieren, nur festzustellen, dass Spuren einer Nationalisierung der Wahrnehmung in Texten des letzten Viertels des 18. Jahrhunderts[370] bereits unübersehbar sein können. »Die Sitten werden schon ziemlich französisch [...] Die deutsche Sprache verliert sich auch mehr und mehr«,[371] fällt einem Reisenden 1775 auf. Von einem anderen wird, acht Jahre später, Saint Dizier in der Champagne als der »erste beträchtliche Ort im eigentlichen Frankreich« wahrgenommen.[372] Noch gibt es keine scharfe Trennlinie, doch schon Kernräume des vermeintlich »ganz anderen«. Es gibt »französisches« (nicht burgundisches oder elsäßisches) Wesen, »französische« Eigenheiten, wenn sie auch nicht gleich hinter der Grenze lauern, und Vergleichspunkt ist ein deutscher (nicht adeliger, bürgerlicher, pommerscher oder schwäbischer) Kulturraum.

Und eine markante Grenzscheide? Die plötzliche, jähe Fremdheitserfahrung? Blicken wir erneut nach Westen, sichten wir ein erstes Aufflackern um 1790. Einige mit der Revolution sympathisierende Frankreichreisende werden nun plötzlich einer scharfen Zäsur zwischen Licht und Finsternis gewahr. Der Schriftsteller Jens Baggesen will es so empfunden haben: »So sang und tanzte ich am Morgen des vierten August [1789] über die Rheinbrücke nach Straßburg. Mit dem ersten Schritt jenseits der deutschen Grenze befand ich mich in einer völlig neuen Welt. Ich blickte nach Deutschland zurück, wie der Auferstandene auf sein verlassenes Grab.«[373] Der Grenzübertritt wird zum – deshalb bemerkenswerten – Schritt in die Freiheit, in eine neue Epoche. Jähe Fremdheitsgefühle, gar Feindbilder gehen damit freilich nicht einher, im Gegenteil, jedes Ausgrenzende zerschmilzt in der glühenden Vision allumfassender Völkerbeglückung. Joachim Heinrich Campe verfällt unmittelbar hinter der französischen Staatsgrenze »auf einmal« dem neuen Freiheitsrausch, womit er immerhin eine Grenzscheide markiert, um sie freilich gleich darauf so zu ent-grenzen: »Es waren, so schien es mir, keine Franzosen mehr, meine Reisegefährten und ich hatten, unserem damaligen Gefühl nach, gleichfalls auf den Augenblick aufgehört, Brandenburger und Braunschweiger zu sein. Alle Nationalunterschiede, alle Nationalvorurteile schwanden dahin.«[374] Die derart gleichsam entgrenzte und doch scharf hervorgehobene Scheidelinie zwischen Freiheit und Knechtschaft verpuffte rasch mit der anfänglichen Revolutionsbegeisterung. Sie blieb episodal: Offenbar war die Zeit noch nicht reif für einschneidende nationale Grenzerfahrungen.

Am Anfang war eben doch Napoleon.[375] Der Kaufmann Johann Daniel Mutzenbecher hielt 1819 auf der Rheinbrücke bei Kehl folgendes fest:»Da stand ich nun an der Gränze meines Vaterlandes, das Alles einschloss, was mir lieb und theuer auf Erden war [...] und schaute hinüber in das Land, dessen Bewohner, in Sitte und Gesinnung so sehr von uns abweichend, wir wohl fürchten, aber nicht lieben.«[376] Das war eine neue Melodie. Sie wurde rasch tonangebend. Der Schritt aus Deutschland hinaus wird zur markanten Fremderfahrung. Erst jetzt tritt an die Stelle fließender Übergänge und beiläufig wahrgenommener regionaler Differenzen die klar konturierte, scharf durchgezogene nationale Grenzscheide.

»Deutschland? aber wo liegt es?«[377] Für Reisende der beiden letzten Drittel des 19. Jahrhunderts war das nicht mehr fraglich. Im Westen umgürtete es ein in unseren frühen Reiseaufzeichnungen kaum bemerkter Fluss namens Rhein, nun ein »heiliger, deutscher Strom«.[378] Dass die Koalitionskriege[379] von patriotischen Traktaten, Aufrufen, Liedern flankiert wurden, die zu skandalisieren versuchten, was »die Vaterlandsliebe des Teutschen auf seinen Geburtsort einschränket«,[380] schlug sich mit einer gewissen Zeitverzögerung seit den 1820er Jahren in Reiseaufzeichnungen nieder, weil es nun offenbar die Fremdwahrnehmung breiter Bevölkerungskreise kanalisierte. Wahrscheinlich würde eine umfassende Analyse moderner Reiseaufzeichnungen nach unseren Fragestellungen ergeben, dass die 1840er Jahre nochmals einen Nationalisierungsschub bewirkten. Erschrocken nahmen 1840 viele Deutsche wahr, wie hurtig sich die westlichen Nachbarn einen Drang einreden ließen zum »deutschen Rhein«, ja, dass sie gar flugs »wie gier'ge Raben sich heiser danach schrein«.[381] Die großflächig inszenierte französische Rheinbewegung – eine Medienkampagne, die politisch wirksam sein wollte, indem sie breite Bevölkerungskreise beeindruckte, die insofern auch ein Fanal der anhebenden Medien- und Massengesellschaft war –: sie weckte rechtsrheinisch antifranzösische Affekte, der frühmoderne Nationalismus verlor seinen naiven Charme allumfassender Völkerbeglückung, lud sich mit einem Feindbild auf. Offenbar erinnerte man sich in dieser erhitzten Atmosphäre gern daran, dass Friedrich »der Einzige« einst, bei Rossbach, »Franzosen« in die Flucht geschlagen hatte, just damals bekam brandenburgisch-preußische Geschichte die ersten deuschnationalen Pinselstriche aufgetragen.[382] Preußen kam seiner »deutschen Sendung« nicht zuletzt dadurch nach, dass es »Wacht am

Rhein« war. Vom »freien deutschen Rhein« schwärmend, um »Deutschlands Strom« bangend, empfand man dann auch, diesen unschuldigen Fluss überschreitend, was man in vorauseilendem Schauder zu empfinden erwartet hatte. Jenseits des deutschen Rheins dräute die Fremde. Der Kontinent trat wahrnehmungsgeschichtlich in seine nationale Epoche ein.

Ich blicke kurz zurück: Die Untersuchung von Aufzeichnungen verschiedener Jahrhunderte, die Reisen durch den Raum dokumentieren, den wir heute als »Frankreich« kennen, sollte die bislang isoliert, gleichsam durch einzelne Probebohrungen zu Tage geförderten Befunde im Zusammenspiel zeigen. Die Autoren bewegten sich zunächst in einem über Westeuropa gespannten Gitter, dessen Knotenpunkte große, länderlose Metropolen markierten. Dieses Nacheinander von ausdehnungslosen Punkten kennzeichnet einerseits auch frühneuzeitliche Texte: Denn so etwas wie individuelle französische »Landschaften« werden dort nicht nachgezeichnet, die wenigen immergleichen Landschaftsrequisiten (»waldig«, »gepürgik lant«) könnten auch italienische oder deutsche Landstriche charakterisieren; interessant sind nur Stadtbilder, sie können sehr genau und prägnant sein. Andererseits durchreisten die Autoren seit der anhebenden Neuzeit schon zahlreiche ungefähr konturierte kleine Räume, die politisch charakterisiert werden. Sie bieten keine Landschaftsphysiognomien, aber ungefähre Herrschaftstopographien. Sie bieten Regionen, doch kein »Frankreich«. Schon deshalb begegnen wir vor dem 18. Jahrhundert auch keinen »Franzosen«. Eine französische Staatsgrenze wird beiläufig erwähnt oder auch gar nicht. Alles ändert sich der Moderne zu: Erst schält sich so etwas wie ein »Kernfrankreich« heraus, dem man sich noch durch ausgedehnte Übergangs- oder Niemandsländer nähert. Dann wird die scharf konturierte französische Staatsgrenze Ort der Fremderfahrung; der grell ausgemalte Kulturschock lässt sich genau verorten, beispielsweise auf der Rheinbrücke bei Kehl. Von ihr aus schaut man sentimental in die nun »deutsche« Heimat zurück, schaudernd in eine sonderbare Fremde hinein.

4. Alte Netze, neue Vernetzungen

Unsere Sondierungen in alten Texten motivierte die Erwartung, in der Vormoderne das »ganz Andere« zu finden. Wir mutmaßten, auf eine Gegenwelt zu jener jetzigen zu stoßen, die in den Augen von uns Miterlebenden allgemein durch Globalisierung und Enträumlichung, spezieller durch den Bedeutungsverlust des in der Moderne so dominanten Raumcontainers namens Nationalstaat gekennzeichnet ist und die heimatliche Verwurzelung durch weltweite Vernetzungen ablöse. Vormoderne Lebensaufzeichnungen kündeten von einer goldenen Ära raumbezogener Identität, so unser Anfangsverdacht, von stabilen und innigen lebensräumlichen Bezügen. Stellte sich bei unserer Textarbeit indes nicht heraus, dass die Jetztzeit der Vormoderne in manchen Hinsichten verblüffend ähnlich wird?

Doch vergleichen wir unsere vormodernen Befunde erst einmal mit der Moderne, ehe wir zur Postmoderne weiterschreiten. Stießen wir in unseren Texten auf Epochales? Fanden wir eine typisch frühneuzeitliche Raumwahrnehmung? Unmodern war an unseren Texten, dass ihre Autoren nicht primär national dachten. Das nationalstaatliche 19. Jahrhundert war in solchen Aufzeichnungen noch sehr fern. Unsere Reisenden sehnten sich nicht nach deutscher Erde, sondern in eine bestimmte Ortschaft zurück. Die in der Fremde bewusst werdende, deshalb auf den Begriff gebrachte Heimat war kleinräumig. Gewiss ließen sich in anderen Textsorten pathetische Lobpreisungen der deutschen Nation aufspüren, man konnte sich dieses größeren Vaterlandes aus gegebenem Anlass feierlich entsinnen; alltäglich waren offenbar viel kleinräumigere Bezüge, im alltäglichen Lebensvollzug war die Nation nach Ausweis unserer Lebens- und Reiseaufzeichnungen kaum je der primäre identitätsstiftende Rahmen. Begegnende werden als Angehörige einer Landschaft, eines »Stammes«, auch einer Glaubensgemeinschaft rubriziert, nicht als Repräsentanten einer Nation, eines Staatsvolks. Wenn überhaupt einmal eine Grenze erwähnt wird, zirkelt sie Provinzen, Regionen, Herzogtümer oder »Stammesgebiete«, nicht Nationen; die deutsche Sprachgrenze ist so unerheblich wie eine etwaige Reichsgrenze. Als einschneidend werden Grenzüberschreitungen sowieso nicht erlebt, aber eine Umgrenzung der »deutschen Nation« existiert zumeist gar nicht oder wird jedenfalls nicht für bemerkenswert gehalten – erst im 19. Jahrhundert wird der Schritt aus Deutschland hinaus zur markanten Fremderfahrung.

Soviel zum »noch nicht« unserer vormodernen Aufzeichnungen! Und das »schon«? Erwähnenswert ist zunächst einmal, dass Reisende des 16. und 17. Jahrhunderts in oft ermüdender Gründlichkeit durchreiste Orte bestimmten Territorien zuschreiben. Sie interessieren sich zwar nicht weiter für Grenzüberschreitungen, ordnen aber die besuchten Punkte politisch genau und unskrupulös zu. Das könnte ein alltagsgeschichtliches Indiz dafür sein, dass der *longue-durée*-Trend der Territorialisierung politischer Herrschaft seinen entscheidenden Schub bereits an der Schwelle zur Neuzeit erfahren hat.

Sagt uns nicht auch der beiläufige, wie selbstverständliche Umgang mit exakten Entfernungsangaben, die routinierte Portionierung des Reisens etwas über die Raumwahrnehmung? Seit dem ausgehenden Mittelalter durchziehen unsere Autoren ein homogenes Kontinuum. So weit war die Malerei der Zeit auch schon – noch nicht Giotto, mit seiner gleichsam fragmentierten Plastizität, seinen euklidischen Objekten im aristotelischen Raum, aber dann doch seine nach immer ausgefeilteren Regeln für die Linearperspektive arbeitenden Nachfolger im Quattrocento. Dem kunstgeschichtlichen Befund korrespondiert die Raumerfassung durch die frühneuzeitliche Politik; und korrespondieren in gewisser Weise auch unsere Aufzeichnungen: noch nicht die frühesten Pilgerberichte, aber Texte des 16. und 17. Jahrhunderts allemal. Ihre Autoren reisen durch einen homogenen isotropen Raum, von einer mittelalterlichen »Inselraumstruktur« kann keine Rede sein – einerseits.

Andererseits bieten vormoderne Reiseaufzeichnungen kein Nebeneinander von Räumen, sondern ein Nacheinander von ausdehnungslosen Punkten.[1] Essenzielle Grundelemente sind Orte und Entfernungsangaben zwischen diesen Etappenzielen, nicht Räume. Die Erde präsentiert sich nicht mehr als Patchwork qualitativ besonderer, mit je eigenem Personal ausgestatteter, unterschiedlich zugänglicher Rauminseln; aber auch jener euklidische Raumcontainer, der wahrnehmungsgeschichtlich einem langen 19. Jahrhundert anzugehören scheint, prägt die Raumwahrnehmung

unserer Reisenden nicht so, wie das heutige Leser (noch ihre Kinder?)
erwarten würden. Vormoderne Autoren von Reiseaufzeichnungen zogen
von Punkt zu Punkt; seit der anhebenden Neuzeit füllten das Dazwischen
immerhin Entfernungsangaben, wurde dieses Dazwischen durch die politische Zuordnung der Zielorte immerhin sekundär verräumlicht; doch
blieb Reisen ein Ankommen, die Wahrnehmung blieb auf Zielorte fixiert.
Große Räume, wie »Länder« oder »werdende Nationalstaaten«, werden in
solchen Texten gar nicht ersichtlich; kleine Räume bleiben sekundär,
Attribute der eigentlich interessanten Punkte, nämlich der Zielorte, denen
man, neben rudimentären Landschaftssituierungen, politische Zugehörigkeiten einschreibt. Diese kleinen Räume werden weniger durch Grenzlinien denn durch zugehörende Orte[2] konstituiert, mit anderen Worten: Sie
sind schon voneinander abgesetzt, aber wenig prägnant. Scharf gegeneinander konturierte uniforme Flächen nimmt erst das 19. Jahrhundert
wahr.

Sind diese Befunde Indizien dafür, dass wir uns die Frühe Neuzeit nicht
zu neuzeitlich malen dürfen? Ist sie, jedenfalls vor dem 18. Jahrhundert,
eher zu Ende gehendes Mittelalter denn Vorlauf der Moderne?[3] Oder sind
manche unserer Befunde topaktuell? Passt die Beobachtung, dass Grenz-
übertritte wenig Bemerkenswertes an sich haben, Grenzscheiden zwischen
»Nationen« aber häufig noch nicht einmal registriert (und übrigens auch
nicht in Karten eingezeichnet) werden, nicht besser zur Vision eines
»Europa der Regionen« denn in die nationalstaatliche Ära seit 1800? Die
Zugehörigkeit zu einem »Staatsvolk« war im Alltag der spätmittelalterlichen
und frühneuzeitlichen Menschen zweifelsohne kein vorrangiger »vaterlän-
discher« Identitätsanker. War die Nationalisierung der Heimat demnach ein
kurzes weltgeschichtliches Intermezzo, vorübergehendes Kennzeichen eines
langen 19. Jahrhunderts? Die Selbstverortung unserer Autoren ist, in diesem Licht betrachtet, von der postmodernen gar nicht so verschieden.

Gilt das auch für die Art und Weise, wie unsere Texte unterwegs
begegnende Dinge zu Räumen synthetisieren? Wenn es sich erhärten lässt,
dass für die mittelalterliche Raumwahrnehmung eine »Inselraumstruktur«[4]
kennzeichnend ist, präsentiert sich die Frühe Neuzeit ja als Übergangs-
phase zwischen den entsprechenden, qualitativ geschiedenen Rauminseln und jenem euklidischen Raumbehälter, der unser Weltbild prägt,
weil wir es so im Mathematik- und Erdkundeunterricht eingebleut bekommen haben.

Gehört womöglich auch dieser homogene, isotrope Raum der euklidischen Geometrie wahrnehmungsgeschichtlich einem langen 19. Jahrhundert an? Manche Vertreter der nordamerikanischen *urban studies*, neuerdings auch deutschsprachige Soziologen konstatieren oder prophezeien eine durch neue Medien, massenhafte Flugreisen und veränderte Sozialisationserfahrungen induzierte »Verinselung der Lebenswelten«[5] – so diese Diagnose bzw. Prognose zutrifft, wird das die Raumwahrnehmung künftiger Generationen nicht unbeeinflusst lassen. Übrigens scheint sich das Neue wieder einmal, wie einst im Quattrocento, in der Kunst zuerst angekündigt zu haben, zumal mit der Fragmentierung des Raums in Kubismus und Futurismus (wohl auch in der dekonstruktivistischen Architektur): Ein halbes Jahrtausend nach der Eroberung des Tiefenraums gab ihn die Malerei wieder preis, zugunsten von aperspektivischen oder doch perspektivisch gebrochenen Kompositionen. Ging das neue Sehen des Raums erneut, wie im Herbst des Mittelalters, dem neuen Denken über den Raum voran? Naturwissenschaftler würden möglicherweise protestieren, auf den Autoritätsverlust der newtonschen Axiome seit der Präsentation der Relativitätstheorien[6] hinweisen, aber der ist noch immer ein elitäres, auf Expertenkreise beschränktes Phänomen – dass der Raum der Physik diskontinuierlich ist, hat sich noch nicht herumgesprochen.[7]

Aber ich bin schon wieder vorschnell in unsere Postmoderne abgeschweift. Fragen wir, ehe wir über postmoderne Raumzerfaserungen nachdenken, erst einmal nach möglichen Gründen für die spezifische Raumerfahrung unserer vormodernen Reisenden: Warum stießen wir in Aufzeichnungen vor 1500 auf ein Punkteraster, warum präsentieren sich noch Reiseberichte der beiden nächsten Jahrhunderte vor allem als Abfolgen allein interessanter Zielorte? Dass sich eine diskontinuierliche, fragmentierte, inhomogene Raumwahrnehmung »irgendwie« zu Gesellschaften fügt, die man mit Ethnologen als »segmentär«, mit der Systemtheorie als »stratifikatorisch« charakterisieren mag, ist in einem allgemeinen Sinne evident. Aber mit wissenschaftlichen Instrumentarien erhärten lässt es sich nicht. Sicher darf man nicht einfach von sozialer Homogenität auf homogene Raumerfahrungen schließen – warum sollte unsere »nivellierte Mittelstandsgesellschaft«[8] sonst neue Verinselungserfahrungen produzieren? Ich will, hoffentlich weniger kurzschlüssig, einer anderen Spur folgen. Haben die diskontinuierlichen Räume unserer vormodernen Reisenden auch[9] damit zu tun, dass sie nicht in ihrer Kindheit (beispielsweise im Mathematikunterricht,[10] oder weil sie in der Erdkundestunde Landkarten ausmalten) darauf getrimmt worden waren, ihre Wahrnehmung in einen kontinuierlichen euklidischen Raumbehälter einzupassen? Die zur Raumbildung notwendige individuelle Syntheseleistung – Orte, Gegenstände, Menschen werden vom Beobachter zu Räumen zusammengefügt – ist ja zweifelsohne von der zeittypischen Sozialisation abhängig, insofern gesellschaftlich vorgeprägt. Sie erfolgt in der Regel wenig reflektiert – der Einzelne hält die von ihm synthetisierten Räume für historisch oder naturräumlich vorgegeben, reproduziert sie nach seinem eigenen Empfinden ohne viel Aufhebens, eben routiniert.[11] Tatsächlich sind alle Räume, als Kopfgeburten, beeinflusst von der Raumvorstellung des Synthetisierenden, die er im Verlauf seiner Sozialisation entwickelt hat. In der Moderne wurde er so erzogen, dass er seine voreuklidische und präperspektivische kindliche Raumwahrnehmung sukzessive und nicht ohne Mühen in einen homogenen Raumbehälter einpasste.

Die Raumerfassung der Reiseaufzeichnungen an der Schwelle zur Neuzeit ähnelt verblüffend der von Kleinkindern. Entwicklungspsychologen[12] fanden heraus, dass Kinder in den ersten drei Lebensjahren nur einzelne markante Punkte wahrnehmen, ohne Lagebeziehungen herstellen zu können; später können sie solche Punkte zu Routen aneinanderfügen, ohne exakte Entfernungen und einzuschlagende Winkel, also topologisch, vor allem mit vor/hinter- und recht/links-Relationen. Erst Schulkinder vermögen, nach entsprechender Anleitung, komplexe Orientierungsaufgaben zu lösen, mit Hilfe einer gleichsam maßstäblichen Vorstellung ihrer Umwelt. Mit anderen Worten: Die frühkindliche Raumvorstellung ist präeuklidisch und präperspektivisch. Bis in die ersten Schuljahre hinein nehmen Kinder viele heterogene Lebensräume um sich herum wahr, deren Dazwischen sie nicht auffüllen können, so dass kein homogener Gesamtraum daraus erwächst. Die mentale Repräsentation der räumlichen Umwelt des Kindes besteht zunächst aus zahlreichen isolierten Raumsplittern.

Auch alte Reiseberichte operieren mit Punkten, die sie allenfalls zu Routen, vor 1500 noch ohne exakte Entfernungen, verknüpfen. Nun dürfen wir aus spätmittelalterlichen Menschen natürlich keine Kleinkinder machen, zweifelsohne besaßen sie physiologisch ausgereifte Gehirne. Freilich wurden sie eben noch nicht in der Schule darauf geeicht, ihre Wahrnehmung in einen kontinuierlichen, perspektivisch geordneten Raumbehälter einzupassen.

Wird dieser für unser Alltagsverständnis von Räumlichkeit maßgeblich bleiben? Wir pflegen viele schnelle Fernreisen, womöglich im Flugzeug zu unternehmen. Italo Calvino charakterisierte das Fliegen einmal als »das Gegenteil von Reisen: du durchquerst einen Sprung im Raumkontinuum, eine Art Loch im Raum, verschwindest im Leeren, bist eine Weile [...] an keinem Ort, nirgends; dann tauchst du wieder auf und befindest dich in einem Dort und Dann ohne jeden Zusammenhang mit dem Wo und Wann, aus dem du verschwunden bist.«[13] Wer »Europa in fünf Tagen« besichtigt, lernt es zwangsläufig als Netz von Metropolen kennen, seine Fremderfahrung geht nirgends in die Fläche (und weil an allen Knotenpunkten dieselben Logos und Filialketten warten, ist es vielleicht auch gar keine Fremderfahrung mehr).

Fernsehgerät und Computer mit Internetanschluss holen heutzutage per Knopfdruck oder Mausklick ferne Räume in den Wohnraum herein. Man nähert sich solcher »Ferne« nicht mehr langsam und sukzessive an, springt gleichsam dorthin oder holt sie sich in Echtzeit nach Hause. Die Fernbedienung zappt von diesem elektronisch verfügbaren Raumfragment zu jenem und rasch immer weiter. Werden unsere Nachfahren die Welt als Benutzeroberfläche wahrnehmen, über die sie wie per Mausklick hin- und herspringen, auf der sie sich nach Belieben mal hier und anschließend unverzüglich da einlinken können? Der vom Internet aufgespannte »elektronische Raum« kann nicht als Behälter, als euklidischer Container begriffen werden, weder ist er homogen noch muss man sich in ihm kontinuierlich in einer bestimmten Reihenfolge sukzessive von A über B nach C vorarbeiten, die »Ortsveränderung« per Mausklick und Links geschieht sprunghaft.

Soziologische Untersuchungen ergaben, dass Heranwachsende[14] ihren Lebensraum nicht mehr als homogenen erlebten, der sich in das Elternhaus umschließenden konzentrischen Kreisen allmählich ausweite (was wissenschaftliche Studien bis in die 1960er Jahre hinein dokumentierten), sondern als Nebeneinander isolierter Inseln (namens Tennisplatz, Musikschule oder Ballettsaal), zwischen denen sie ihre Eltern eilends hin- und hertransportierten. Derzeit heranwachsenden Kindern bestehe ihre Lebenswirklichkeit »aus einzelnen separaten Stücken, die wie Inseln in einem größer gewordenen Gesamtraum[15] verstreut sind, der als ganzer bedeutungslos und weitgehend unbekannt bleibt«.[16] Verknüpfen ließen sich diese Inseln allenfalls noch – wie die Datenströme zwischen den vielbeschworenen Global Cities – netzartig.[17] Nach Ansicht ihrer wohlmeinenden, zu Chauffeuren mutierenden Eltern sind die Zwischenräume im wenig kindgerechten Großstadtdschungel wohl vor allem gefährlich; hüpfen heutige

Kinder deshalb von Zivilisationsinsel zu Zivilisationsinsel, wie unsere Reisenden um 1500? Sogar Erwachsenen haben Zeitdiagnostiker schon eine verinselte Lebenswirklichkeit attestiert. Gerhard Schulze wies[18] darauf hin, dass sich, nach dem Ende der »Verwurzelung sozialer Milieus im Raum«, eine neuartige »Beziehung von Milieu und Raum« anbahne, die er auf den Begriff der »Szenerie« brachte. Szenerien seien »kurzlebige Rauminseln«. Der moderne Städter verbringe seine Zeit auf verschiedenen solcher »Rauminseln mit fluktuierenden Besuchern«. »Raum wird zur Szenerie: Bestimmte Orte werden als Treffpunkte und Schauplätze der Selbstdarstellung von Milieus mit Beschlag belegt [...] Szenerien haben geringe räumliche Ausdehnung. Wenn Umgebungen zu Szenerien schrumpfen, bleiben weite Flächen übrig«, die für den Stadtbewohner bedeutungslos, wertlos, mental kaum existent sind. »Umgebungen verloren ihren Zusammenhang, viele gingen unter, einzelne blieben als Inseln zurück. Dazwischen sind Netzwerke von Szenerien entstanden, durch die Milieus fluktuieren.« Was zwischen den Rauminseln klafft (Schulze spricht von »milieuneutralen Zonen«), ist bedeutungslos, wird deshalb nur schemenhaft wahrgenommen, wird »zum eintönigen Film von Grünflächen, Wäldern und Vororten; der Raum löst sich auf in Luft, in Nacht, in nichts«. Wir denken an Leo von Rozmital, der im späten 15. Jahrhundert von einem geselligen Knotenpunkt zum anderen über den Kontinent hüpfte.

Nach Ansicht ihrer Kenner zeichnet »postmodernist fiction« eine Raumzerfaserung aus, »Räume aus den unterschiedlichsten Welten scheinen ineinanderzufallen [...] in den Städten findet sich ein Nebeneinander aus Subkulturen aller Art. In der postmodernen Fiktion triumphiert eine zerrissene Räumlichkeit über die Kohärenz der Perspektive und der Erzählung.«[19] Aber kann man das nicht auch schon bei Döblin, Joyce, Musil feststellen, künden nicht sogar viel weniger ambitionierte Zeitromane der 1920er Jahre von neuen Raumerfahrungen?[20] Wann beginnt kunsthistorisch so verstandene »Postmoderne«? Sich derzeit auf sie berufende, ihr zuschreibende Theoretiker grenzen sich gern dadurch von der zu überwindenden Moderne ab, dass sie dieser polemisch vorwerfen, sie operiere noch mit den in der Renaissance entwickelten Sehgewohnheiten, die »optical logic of mainstream modernism« resultiere aus Zentralperspektive und »grid«.[21] Das ist zu kurzatmig gedacht. Tatsächlich dürfte ein auf Zentralperspektive und homogener Räumlichkeit basierender »mainstream modernism« um 1910 geendet haben, mit der Polyperspektivität, Fragmentierung und Segmentierung des Kubismus, mit der Preisgabe eines distanzierten Beobachtungspostens, eines privilegierten Betrachterstandpunkts im Futurismus. Maler wie Boccioni, Gris, Léger oder Delaunay setzten dem kohärent und homogen gefüllten gerahmten Raumcontainer ihrer darin der Renaissancemalerei verpflichteten Vorgänger neue, polyperspektivische und polyfokale Raumkonzepte, eine diskontinuierliche Mehransichtigkeit entgegen.[22] Dass sie sich damit von einer jahrhundertealten Tradition abwanden, war den Protagonisten damals bewusst. Eine wichtige Ausstellung neuer Kunst in Zürich wurde 1929 so von ihrem Initiator, Siegfried Giedion, in überregionalen Tageszeitungen angekündigt: Es solle »zum erstenmal eine Uebersicht jener Bewegungen versucht werden, die an Stelle des Blickfeldes der Renaissance, der perspektivischen Bindung, die vierhundert Jahre lang der bildnerischen Gestaltung zugrunde lag, neue Sehmöglichkeiten setzen«.[23]

Welche Erfahrungen suchten da neue Ausdrucksmittel? War es wirklich die schiere Geschwindigkeit beim Transport von Menschen? Manche Künstler fühlten sich von ihr zu neuen Sehweisen mitgerissen. Fernand Léger fasste es 1914 so in Worte:

»Ein Kunstwerk muss, wie jede andere geistige Manifestation, für seine Epoche bezeichnend sein [...] Wenn sich heute der malerische Ausdruck geändert hat, so deshalb, weil das moderne Leben dies notwendig machte [...] Eine Landschaft, die von einem Auto oder einem Schnellzug durchfahren und zerrissen wird, verliert an beschreibendem Wert [...]; die Coupétür oder das Autofenster, verbunden mit der Geschwindigkeit, haben den gewohnten Anblick der Dinge verändert [...] Das Gedrängte des modernen Bildes, seine Vielfalt, das Aufbrechen der Formen sind das Ergebnis all' dessen. Sicher ist, dass die Entwicklung der Fortbewegungsmittel und ihre Geschwindigkeit zum Entstehen von etwas Neuem im Bereich des Visuellen beigetragen haben«.[24]

Der Kunsthistoriker und Renaissanceliebhaber Bernard Berenson erklärte, nachdem er ein Flugzeug der Gebrüder Wright besichtigt hatte:

»I cannot tell you how I hate this innocent monster which ist going to destroy the world I love. It will destroy the world I love, the world of level vision or vision from down upwards, in other words, the whole way of looking at things that the artist has been taught to expect, all the rules of perspective, the sense of looking at solid objects from one fixed place on the earth.«[25]

Wurde der zentralperspektivisch geordnete Bildraum der Renaissance auch deshalb von der ästhetischen und intellektuellen Avantgarde in Frage gestellt, weil man ihn nicht in damals neuentdeckten Räumen wiederfand:

dem durch verbesserte Mikroskope eroberten Mikrokosmos, den von der Psychoanlyse ausgeloteten Tiefen des menschlichen Unterbewusstseins? Sicher korrespondierte den neuen künstlerischen Raumerfahrungen eine neue Anthropologie. Das stabile Ich, das souverän seiner Umwelt gegenübertretende, diese Umwelt ordnend beobachtende Subjekt löste sich auf, wurde Medium, in dem sich diskontinuierliche Kraftfelder überkreuzten und ineinanderschoben. Ein wichtiger Vertreter der damals neuen Ästhetik hat es so formuliert:»Person bedeutet nun eine labile Geschehnisgruppe, die von anderen seelischen Gruppen oder Ereignissen durchquert wird. Damit aber wird das substanzenhaft stabile Ich aufgegeben, und an seine Stelle tritt ein labiles Funktionssimultané.«[26] Dieses Ich ist nicht mehr kohärent gegen Außenwelt abgesetzt, sondern für alle ihre Einwirkungen durchlässig, damit so vielsinnig wie die anbrandende moderne – und das meinte damals natürlich: großstädtische – Umwelt. Nachdem Aufklärung und Romantik den Raum beherrschbar, dann anheimelnd gemacht hatten, kehrte um 1900 im»Großstadtdschungel« die Gefährdung des Subjekts durch das Anbranden ungebändigter, oft unheimlicher Umgebung zurück.[27] Beschleunigung und Reizüberflutung im Großstadtdschungel gebaren eine neue Raumästhetik.

Ob ihr das trägere Alltagsempfinden von Frau Jedermann nachfolgen wird? Welche Raumkonzepte wird der neueste, oft»Globalisierung« genannte Beschleunigungsschub gebären? Weil seine Propheten selten weit in die Geschichte zurückblicken, halten sie ihre Polemik gegen ein Ich, das sich scharf von Außenwelt abgrenzt (»warum sollten wir solch eine Truhe sein?«), ihr Plädoyer für»das poröse, vermischte Ich« für so originell wie ihre Zweifel am modernen Alltagsverständnis von Räumlichkeit:»Ganz offensichtlich ist der euklidische Körper, den wir zu bewohnen glauben, ein Unding, in dem man gar nicht leben kann.«[28] Werden künftige Generationen mental in ganz anderen Räumen zu Hause sein? Der Historiker hat im arbeitsteilig organisierten Wissenschaftsbetrieb keine anderen einleuchtende Spezialkompetenz für die Zukunft. Er kann nur plausibel machen, dass dieser euklidische Raumcontainer schon seit einiger Zeit an Evidenz einbüßt, vor allem aber wahrnehmungsgeschichtlich gar nicht so alt ist, wie wir für selbstverständlich halten.

Anmerkungen

Kapitel 1

1 Man denke nur an die Förderung »nationaler« Hochsprachen, die durch Akademien unterstützte staatliche Kulturpolitik schon des späten 17. und 18. Jahrhunderts.

2 Der moderne, wohl derzeit auch modische Begriff wurde so oft schon definiert, dass dem hier nichts hinzuzufügen ist. Hermann Lübbe (*Geschichtsbegriff*, S. 147) kommt mit wenigen Worten aus: »Identität ist das, was als – zutreffende – Antwort auf die Frage erteilt wird, wer wir sind.« Zahlreiche Annäherungen aus psychologischer Sicht stellt Weichhart, *Identität*, S. 14ff. vor. »Raumbezogene Identität« übrigens definiert er so: »gedankliche Repräsentation und emotional-affektive Bewertung jener räumlichen Ausschnitte der Umwelt, die ein Individuum in sein Selbstkonzept einbezieht, als Teil seiner selbst wahrnimmt« (ebda., S. 23).

3 Vgl. unten S. 19 mit Anm. 48.

4 Im Trubel der »wir sind Papst«-Euphorie wurde sogar ein »religious turn« gesichtet – »Wissenschaftler haben das Thema Religiosität entdeckt [...] Vom ›religious turn‹ ist die Rede«: Weiss, *Sinn*. Dem Historiker geläufiger sind beispielsweise der »linguistic turn« sowie neuerdings auch ein »performative turn« und ein »iconic« oder aber »pictorial turn«.

5 Lash/Urry, *Economies of Signs and Space*, S. 323. »Does not this intense mobility of objects and subjects produce placelessness?«: ebda., S. 325.

6 Löfgren, *Leben im Transit?*, S. 350f. Löfgren selbst verwendet die Schlagworte nicht so unreflektiert wie manche jener Kollegen, auf die er sich bezieht.

7 Meyrowitz, *No Sense of Place*, S. 309.

8 Großklaus, *Medien-Zeit*, S. 112 bzw. 107.

9 Michel, *Einleitung*, S. XXII.

10 Sic: Bruchmüller, *Virtual Reality*, S. 126.

11 Ritter, *Regionen*, S. 15.

12 Virilio, *Fluchtgeschwindigkeiten*, S. 185f. Vgl. ausführlicher ders., *Revolutionen der Geschwindigkeit* (S. 52, S. 57 et passim).

13 Vom Autorenduo Tome/Janry (deutsch 1992). Das folgende Zitat steht auf S. 29. – Ein deutschsprachiger Autor, in dessen Essays früh ähnliche Prognosen formuliert wurden, ist Peter Weibel, vgl. schon ders., *Chronokratie*.

14 Sloterdijk, *Sphären*, Bd. 2, S. 999 bzw. S. 1001.

15 Im Gespräch mit Alexander Kluge klagte Müller, »dass es nur noch Zeit oder Geschwindigkeit oder Verlauf von Zeit gibt, aber keinen Raum mehr«: Kluge/Müller, *Gespräche*, S. 80.

16 Schmidt, *Von Raum zu Raum*, S. 75.

17 So Herder in seinen »Ideen zur Philosophie der Geschichte der Menschheit«: Suphan, *Herders sämmtliche Werke*, Bd. 14, S. 288.

18 »Während das Kapital also einerseits dahin streben muss, jede örtliche Schranke des Verkehrs [...] niederzureißen, die ganze Erde als seinen Markt zu erobern, strebt es andrerseits danach den Raum zu vernichten durch Zeit; d. h. die Zeit, die die Bewegung von einem Ort zum andren kostet, auf ein Minimum zu reduzieren. Je entwickelter das Kapital, je ausgedehnter daher der Markt, auf dem es zirkuliert [...] desto mehr strebt es zugleich [...] nach größrer Vernichtung des Raumes durch die Zeit«: Marx, *Kritik der Politischen Ökonomie*, S. 438.

19 Ich stieß auf das Morse-Zitat bei Wenzel, *Kommunikation*, S. 265.

20 Goethe an Zelter, 6. Juni 1825: Ottenberg/Zehm, *Briefwechsel*, S. 850f. Anders als Heine (siehe nächste Anm.) wird Goethe wohl noch an »Pferde-Eisenbahnen« gedacht haben.

21 »Mir ist als kämen die Berge und Wälder aller Länder auf Paris angerückt. Ich rieche schon den Duft der deutschen Linden; vor meiner Türe brandet die Nordsee«: Heine, *Lutetia*, S. 449 (57. Stück des zweiten Teils, datiert auf den 5. Mai 1843).

22 Mc Luhan, *Kanäle*, S. 9.

23 Zweig, *Erinnerungen*, S. 226f.

24 Als solche drohten sie »den Erdball wieder ins Chaos zurückzuführen«. Und: »Telegramm und Telephon zerstören den Kosmos. Das mythische und das symbolische Denken schaffen im Kampf um die vergeistigte Anknüpfung zwischen Mensch und Umwelt den Raum als Andachtsraum oder Denkraum, den die elektrische Augenblicksverknüpfung mordet«: Warburg, *Schlangenritual*, S. 59.

25 Ipsen, *Regionale Identität*, S. 232.

26 Mosebach, *Kulturvolk*. Die Diagnose des Schriftstellers schwankt freilich, neben »der industriellen Revolution« ist es (ein zweiter Schritt?) die Jetzt-Zeit, die »diese Gemeinsamkeiten, diese Kollektivformen des Lebens, wie sie Voraussetzung der Kultur gewesen sind«, wegbrechen lässt.

27 Schwarzer, *Raumabgrenzung*, S. 16.

28 Quantitativ überwogen, und das bis ins 19. Jahrhundert hinein, die vielen zünftischen Kleinbetriebe; aber vor allem im Metall- und im Textilgewerbe, mehr noch im Berg- und Hüttenwesen begann die Konkurrenz eines ländlichen und nichtzünftischen Großgewerbes doch schon am Beginn der Neuzeit wichtig zu werden. Dass auch der interkontinentale Handel (zunächst vor allem der transatlantische Dreieckshandel Europa – Afrika – Amerika) an Gewicht gewann, wurde in den letzten Jahren vielfach erhärtet, vgl. beispielsweise Wallerstein, *Weltsystem*, [Bd. 1] und Bd. 2; oder Edelmayer u. a., *Globalisierunsprozeß*. Überblick über die älteren Ansätze von »Weltgeschichte«, »Geschichte des atlantischen Raumes« usw.: Pietschmann, *Geschichte des atlantischen Systems* (dem Titel zum Trotz kein wirtschaftsgeschichtlicher Abriß, eher Forschungsbericht).

29 Ich spiele auf die letzten großen Wellen von (evangelischen) Glaubensflüchtlingen an: 1685 aus Frankreich (Edikt von Fontainebleau), 1731 aus dem Erzstift Salzburg.

30 Das ist zunächst einfach eine Beobachtung in Archiven; man müßte sie vielleicht einmal an anderer Stelle fruchtbar machen. Winfried Schulze (*Deutsche Geschichte*, S. 294) fiel ebenfalls auf, dass im Reformationsjahrhundert »immer wieder [...] Formulierungen zu finden« sind, »die versichern, dass die Vorfahren die heutige Welt nicht wiedererkennen würden«, er bringt einige Beispiele aus gedruckter Literatur (»grosse merckliche verende-

rung«,»so geschwinde ...«). Das 16. Jahrhundert empfand sich als Epoche beschleunigten Wandels!

31 Da l'Herba/da Stella, *Itinerario delle poste.*

32 Hierzu instruktiv Behringer, *Reichspost,* S. 646ff.

33 Vgl. Behringer/Ott-Koptschalijski, *Der Traum vom Fliegen,* S. 271ff.

34 Für die in dieser Monographie ausgewerteten Reiseaufzeichnungen des 14. bis 17. Jahrhunderts gilt das nicht im selben Ausmaß, wenngleich sich manche Einzelbeobachtungen auch hier frappierend wiederholen – da hat sich dieser habsburgische Erzherzog wieder und wieder in einem gerade durchzogenen Wäldchen beim Gemsenjagen verlaufen, ist jenes Schloß wieder und wieder verlassen, weil es darin spukt ... Im 18. Jahrhundert aber wandelte sich der Reisebericht zur Literaturgattung, die Autoren kannten sich und ihre Elaborate, man machte sich grundsätzlich nicht mehr unbedarft daran, einfach eigene Beobachtungen zu Papier zu bringen. Ich gehe darauf (und auf die Apodemiken – vereinfacht gesagt: die Vorläufer des Baedeker) noch näher ein.

35 Sloterdijk, *Sphären,* Bd. 2, S. 838.

36 Bereits im 18. Jahrhundert wurde festgestellt, dass der Versuch einer vollständigen Erfassung aller gedruckten und ungedruckten Aufzeichnungen aussichtslos sei: Stuck, *Verzeichnis;* vgl. ders., *Nachtrag zu seinem Verzeichnis.* So etwas wie räsonnierte Bibliographie: Mitrovich, *Deutsche Reisende.* Ähnlich, auf österreichische Adelsbibliotheken gestützt, Loebenstein, *Kavalierstour,* S. 101ff.

37 In der Antrittsrede nach seiner Wiederwahl am 20. Januar 2005 erklärte der derzeitige US-Präsident George Bush,»die Geschichte« entwickle sich »auf ein sichtbares Ziel hin, auf jene Freiheit, die der Schöpfer der Freiheit geschaffen hat«.»Die Freiheit ist ein Geschenk Gottes für *alle Menschen dieser Welt.*« Er könne versprechen, dass »Amerika in diesem noch jungen Jahrhundert weltweit die Freiheit für *alle Bewohner dieser Welt* ausruft« – aber das ist natürlich nur ein Beleg für hundert denkbare. Aus der Rede zitieren ausgiebig Albright/Woodward, *Amerika und die Weltpolitik,* S. 24 (Kursivsetzungen von mir).

38 Der Transport von Nachrichten erfuhr um und nach 1800 mit der optischen, dann elektrischen Telegraphie seinen großen Beschleunigungsschub. In der Geschichte der Menschenbeförderung gab es, trotz des Flugzeugs, keinen derart gewaltigen Sprung.

39 Vgl. Schlögel, *Kartenlesen;* ders., *Im Raume.* – Schlögel weist im Literaturverzeichnis auf ältere Vorstudien aus seiner Hand hin, die mir nicht bekannt waren, als ich erste kleine Studien zum Thema »Raum und Identität« schrieb – ich nehme es als aufschlußreiches Indiz dafür, dass die Hinwendung zu solchen Fragestellungen einfach überfällig ist, gewissermaßen »in der Luft liegt«.

40 Schlögel, *Im Raume,* S. 12.

41 Soja, *Thirdspace,* S. 270f. (Kursivsetzungen von mir).

42 Reuber, *Writing History,* S. 16.

43 Maresch/Werber, *Permanenzen des Raums,* S. 7f. Gegenwärtigen Historikern helfen die Cyberspace-seligen Aufsätze dieses Sammelbandes nicht weiter, künftigen mögen sie als Symptome unserer Zeit interessant sein.

44 So die Ankündigung eines (diesem Text zufolge) am 10. November 2005 in Weimar veranstalteten Symposions. – Ich beauftragte einfach eine Suchmaschine, nach dem »spatial turn« zu fahnden: eine wissenschaftlich nicht übliche und normalerweise auch nicht ergiebige Recherchemethode! Allein, hier geht es mir ja gerade um Modisches und vielleicht auch Flüchtiges, um eine Zeitstimmung. Da mag es neuerdings, angesichts ei-

ner von Computereuphorie geprägten Zeitstimmung, auch angebracht sein, einmal so vorzugehen.

45 Siehe letzte Anm.; die entsprechende Tagung fand, dem Ankündigungstext zufolge, am 19. Februar 2004 statt.

46 Albrecht, *Materialistischer Schuß*; »L.J.«, *Die Landvermesser*; vgl. ferner Apel, *Topographische Wende*. – Die verschiedenen Benennungen von Turns, die Raumzuwendung signalisieren, scheinen mir keine Systematik erkennen zu lassen. Soll der »spatial turn« raumkonstituierenden Praktiken gelten, der »topographical turn« aber Repräsentationsformen und -techniken von Raum, so insbesondere (»cartographical turn«) Karten? Das aufgeregte Stimmengewirr lässt sich eher nicht auf solche Grundmelodien vereinfachen.

47 Fast bekommt man den Eindruck, ihnen sei nur gemein, dass sie im Deutschen eben konventionellerweise mit den vier Buchstaben R, A, U und M bezeichnet werden. – Eine launige Anmerkung sei erlaubt: Prägt der Computer mit seinen nützlichen Suchfunktionen schon so unser Denken, dass wir zufrieden sind, wenn wir immer wieder über dasselbe Suchwort stolpern, dass wir unsere Recherche für ergiebig halten, wenn sie immer wieder ein und denselben Signifikanten »Raum« präsentiert – wiewohl die vier Buchstaben, so wir nur genauer hinschauten, jedesmal für ziemlich verschiedene Sachverhalte stehen? Ein Computer-Suchwort ist leider noch kein Forschungsprogramm.

48 Vgl. Osterhammel, *Wiederkehr des Raumes*. Das scharfsinnige Pamphlet mit dem missverständlichen (weil freundlich-zustimmend klingenden) Titel geißelt Versuche, die »geopolitische« Tradition weiterzuführen, insbesondere wirft es auch modernen Versuchen von Geopolitik vor, geographischem Determinismus zu verfallen.

49 Vgl. beispielsweise König, *Soziale Morphologie*. Unmißverständlich stellt König fest (S. 260): »Das materielle Substrat hat also im wesentlichen symptomatologischen Bedeutung«.

50 Vgl. Bourdieu, *Angeeigneter physischer Raum*.

51 Der in Münster angesiedelte Sonderforschungsbereich 496 (»symbolische Kommunikation und gesellschaftliche Wertesysteme vom Mittelalter bis zur Französischen Revolution«) scheint unter anderem solchen flüchtigen, doch bedeutungsschwangeren Räumen auf der Spur zu sein (dabei »spatial turn« und »performative turn« zusammenbringen zu wollen?). An jenem »geographischen Raum, welcher nicht zuletzt im Zuge der allseits beschworenen Globalisierung dem Nachdenken über die Kategorie Raum eine neue Popularität verschafft hat«, sei man hingegen nicht interessiert: Füssel/Rüther, *Einleitung*, S. 11f. Einige Beiträge bei Vavra, *Virtuelle Räume*, befassen sich mit flüchtigen »Körperräumen« im eben angedeuteten Sinn und ihrer Lesbarkeit auf soziale Strukturen hin, so, mit feiner Beobachtungsgabe, dieser: Schlechtweg-Jahn, *Virtueller Raum und höfische Literatur*. Von »virtuellem Raum« hat in diesem Sammelband jeder ganz eigene Vorstellungen, Schlechtweg-Jahn versteht ihn so: »Virtuell könnte man dann einen Handlungsraum nennen, der nur durch die Interaktion von Menschen entsteht, nur für die Dauer dieser Interaktion existiert, und während der Interaktion aufgrund einer virtuellen Verdoppelung von Identität eine gewisse Distanz zu Identitätsbildungen außerhalb dieses Raumes ermöglicht bzw. erfordert« (ebda., S. 73).

52 Übrigens war auch der große Anreger deutschsprachig: Friedrich Ratzel nämlich, der unfreiwillige Erfinder der nationalsozialistischen Kampfparole vom »Lebensraum«. Der der »Geopolitik« ihren Namen, ihren Umriss, ihre ersten Definitionen lieferte, der schwedische Staatsrechtslehrer Rudolf Kjellén, entwickelte seine Pseudo- oder Interdisziplin unter häufigem Rekurs auf Ratzel. Den Terminus »Lebensraum« verwandte dieser, wenn ich recht sehe, zum ersten Mal in der zweiten Auflage seiner »Anthropogeo-

graphie«: Ratzel, *Anthropogeographie*, Bd. 1, S. 230. Dann, titelgebend: ders., *Lebensraum*.
Inwiefern man Ratzel vorwerfen muss, was die Nazis später aus seinen Plädoyers für einen Brückenschlag zwischen Geschichte und Geographie gemacht haben, ist ein kom-
pliziertes, hier nicht im Vorbeigehen zu entscheidendes Problem.

53 Vgl. jetzt Köster, *Semantische Karriere*; auch schon die materialreiche maschinenschriftli-
che Dissertation von Harbeck, *Zeitschrift für Geopolitik*. »Geopolitik« betrieben nicht nur,
aber eben auch Historiker. Es war ein früher, fragwürdiger Triumph der Interdisziplina-
rität.

54 Wendt, *Großdeutschlands Außenpolitik*, S. 62.

55 Vgl. zum Begriff der philosophischen Sublimierung Bourdieu, *Ontologie*, S. 75ff.

56 Vgl. ausführlicher Kapitel 2.5.

57 Ich muss fast schon haarsträubend verkürzen, was eine überaus reichhaltige, indes
ausnahmslos nicht geschichtswissenschaftliche Literatur sehr detailliert ausmalt. Meines
Erachtens nach wie vor unübertroffen: die beiden voluminösen Bände von Gosztonyi,
Raum.

58 Wenn ich es recht überblicke, wurde der absolute Raum, diese Grundlage der klassischen Mechanik und damit der neuzeitlichen Physik, um die Mitte des 20. Jahrhunderts
wissenschaftlich aufgegeben. Unser Alltagsverständnis von Räumlichkeit prägt er natürlich weiterhin, der Raum der Relativitätstheorien oder der Quantenphysik entzieht sich
jeder Anschauung.

59 Im »Wörterbuch des Unmenschen«, wie eine Rubrik lautete, die in den Jahren 1945 bis
1948 in der Zeitschrift »Die Wandlung« erschien; ich zitiere nach dieser Neuausgabe:
Sternberger/Storz/Süskind, *Aus dem Wörterbuch*, S. 122.

60 Ich denke besonders an diesen rasch vergessenen, eigenwilligen Versuch, eine »Geopolitik des Friedens« zu propagieren: Noack, *Geist und Raum*. Vgl. zum Würzburger Historiker Ulrich Noack (nicht diesem Buch) Schulze, *Neubeginn*, S. 17 Anm. 48. – Auf andere,
von geographischer und soziologischer Seite kommende, offenbar genauso wirkungslose
Versuche einer Wiederbelebung »geopolitischen« Denkens weist Köster, *Semantische Karriere*, S. 233 hin.

61 Simmel, *Formen der Vergesellschaftung*, S. 697.

62 Vgl. unten Kapitel 2.3.

63 So lautet der Untertitel des neuen Publikationsforums »KulturPoetik«. Zum Folgenden:
Weigel, ›*Topographical turn*‹, S. 153.

64 Oder, weniger ontologisierend: »der Raum als Fluchtpunkt, als Imagination, als Verdichtung und Seismograph der Zeit stand im Zentrum« – ich muss mich auf einen Tagungs-
bericht in der Frankfurter Allgemeinen Zeitung vom 27. März 2006 (S. 39) berufen.

65 Joachimsthaler, *Text und Raum*, S. 243.

66 Lossau/Lippuner, *Geographie und spatial turn*, S. 202. Jedenfalls breite sich allenthalben die
»Überzeugung« aus, »die Beschäftigung mit Raum und Räumlichem sei (wieder) relevant
geworden, wenn nicht ins Zentrum sozialwissenschaftlicher Theoriebildung gerückt«.

67 Wenders, *SEHEN*, S. 39. – Ich füge noch anmerkungsweise bei, dass man jüngst stau-
nend nachlesen konnte, wie da sich auf jeder Seite vorsichtshalber als »kritisch«
ausweisender Autor dennoch die »Rehabilitierung« der »Heimat« betrieb: Türcke, *Heimat*.
Der Essay mit der wenig reflektierten Gleichsetzung von »Heimat« und erwanderbarer
nächster Umgebung ist ihr doch als Zeitsymptom nennenswert. Das gilt auch für diese
nach der Fertigstellung meines Manuskripts erschienene Studie: Illies, *Ortsgespräch*.

68 Die scherzhaft formulierte Frage hat einen ernsten Kern. Virilio, Weibel und Co. knüpften ihre weitreichenden gesellschaftlichen und politischen Prognosen ausschließlich an technologische Entwicklungen (Beschleunigung des Transports von Bildern, Nachrichten, Menschen). Bald wurde indes offensichtlich, dass Technik nicht die einzige »raumkonstituierende« Macht ist. Schon die Renationalisierungsschübe im Gefolge des Zerfalls des einstigen »Ostblocks« liefen eigentlich allen Grundannahmen der gleichzeitig grassierenden »Globalisierungs«-Diskurse zuwider.

69 Diese ökologischen Aspekte stellte vor allem Martin Albrow – ein früher Protagonist der Auffassung, wir stünden am Beginn einer neuen Epoche, des Zeitalters des »globalism« – in den Vordergrund: »Der globale Wandel bindet die Menschen fester an die Natur und betont die Materialität der von ihnen geschaffenen Welt« (Albrow, *Abschied vom Nationalstaat*, S. 215); »globalism operates to temper the partitularism of nationalism, while decentring values from human to material referents. It counters the abstract nature of modernism« (Albrow, *The Global Age*, S. 81).

70 Albrow, *The Global Age*, S. 83.

71 Massey, *Spaces of Politics*, S. 280. Massey setzte das als Gegenwartsdiagnose in den Präsens.

72 Thrift, *Ecology of Place*, S. 269.

73 Bei Reuber, *Writing History*, S. 12f. findet sich diese euphorische Gleichsetzung: Er verstehe »Raum« als »Ort der Vielfalt, der Differenz und gleichzeitiger Koexistenz unterschiedlicher Entwürfe und Einzigartigkeiten«.

74 Schlögel, *Kartenlesen*, S. 6 bzw. S. 8.

75 Ebda., S. 5.

76 Auch Rudolf Maresch und Niels Werber verorten dort ihre »Renaissance des Raums«: Allenthalben sei nach dem 11. September 2001 »von Kulturräumen und ihrem ›Clash‹, von Terroristen und ihrem Versteck« die Rede gewesen (Maresch/Werber, *Permanenzen des Raums*, S. 8).

77 Schlögel, *Kartenlesen*, S. 10f. »Raumrevolutionen der Jahre 1989 und 2001« als Promotoren eines neuen Forschungsparadigmas: ders., *Im Raume*, S. 63.

Kapitel 2

1 Sicher ist es ein Indikator für raumbezogene Identität, wenn mit der Selbst- und Fremdverortung entsprechende Auto- und Heterostereotypen korrespondieren. Ich gehe dieser Spur hier aber nicht weiter nach. Vgl. zur vormodernen Produktion von Images zuletzt Gotthard, *Raum und Identität*, besonders S. 250–265.

2 Füssel/Rüther, *Einleitung*, S. 11. Ich zitiere den Satz nicht, um mir seine Einschätzung der Theaterwissenschaften zueigen zu machen.

3 Ditt, *Raumbegriffe*, S. 45.

4 In Frankreich existiert seit Lucien Febvre und Fernand Braudel durchaus eine stabile Tradition raumbezogener Geschichtsschreibung. Übrigens ist auch die hierzulande praktisch nicht vorkommende Fächerkombination »Geschichte plus Geographie« im dortigen Universitätsalltag gang und gäbe, Lehramtsstudenten pflegen beides zusammen zu studieren. – Einer der bis heute in den USA berühmtesten nordamerikanischen Historiker, Frederick Jackson Turner, erhob die stets mobile, nach Westen wandernde

»Frontier« zur alles erhellenden Zentralperspektive seiner Geschichtsdeutungen. Dass die Urahnen unserer Wissenschaft, Herodot und Thudydides, heute wohl als raumversessene Landeskundler durchfielen, erwähne ich wenigstens am Rande.

5 Droysen betonte immer wieder, dass Geschichte eine »Zeitwissenschaft« sei. Er konnte sie sogar wiederholt dem »Raum« antithetisch gegenüberstellen, beispielsweise so: »Die Totalität der Erscheinungen sind wir sicher zu umfassen, wenn wir sie uns nach Raum und Zeit geordnet denken, wenn wir sagen Natur und Geschichte« – Johann Gustav Droysen, Natur und Geschichte, in: Hübner, *Droysens Historik*, Beilagen, S. 410.

6 Heit, *Raum*, S. 384.

7 Vgl. Lutz, *Geographie und Statistik*, S. 250.

8 Vgl. Köhler, *Anleitung zu der Alten und Mittlern Geographie*, S. 1.

9 Johann Gustav Droysen, Erhebung der Geschichte zum Rang einer Wissenschaft, in: Hübner, *Droysens Historik*, Beilagen, S. 386.

10 Jüngere Leser mögen die Anspielung gar nicht mehr verstehen: Die »Neue Heimat«, zeitweise der größte Wohnungs- und Städtebaukonzern Westeuropas, war für den raschen »Wiederaufbau« Deutschlands durch die Nachkriegsgeneration eminent wichtig.

11 Läpple, *Essay über den Raum*, S. 163.

12 Ahrens, *Grenzen der Enträumlichung*, S. 11. Ebda., S. 8: »Die Raumdimension spielt bisher in soziologischen Beobachtungen der modernen Gesellschaft eine eher untergeordnete Rolle«, »Raumfragen werden [...] vielfach als positivistisches Gedankengut marginalisiert bzw. an die Geographie adressiert.« Garhammer, *Globale Vergesellschaftung*, S. 16 konstatierte, schon hoffnungsvoller: »Der Raum ist eine Dimension sozialer Beziehungen, mit der sich die Soziologie lange schwer getan hat. Heute gibt der Diskurs über Europäisierung und Globalisierung Impulse zu seiner Wiederentdeckung.« – An sich war die Soziologie meines Erachtens in ihren Anfängen nicht gänzlich raumblind, nicht bei Émile Durkheim, schon gar nicht bei Georg Simmel. Letzterer legte sogar eine »Soziologie des Raums« vor, rezipiert wurde sie indes, anders als viele seiner sonstigen Schriften, kaum. Man merkt diesem Fach eben doch an, dass es – wie die Geschichtswissenschaft – seine prägende Formationsphase als akademische Disziplin im nationalstaatlichen Zeitalter durchlaufen hat. Als »Normalfall« (Giesen, *Einleitung*, S. 9) der von ihr zu analysierenden Gesellschaft galt (und gilt) die nationalstaatlich verfasste – wenn also schon ein Raum zählte, war es der weitgesteckte Rahmen der Nation.

13 Dreier, *Wirtschaftsraum*, S. 47 (Kursivsetzungen von mir). Der Aufsatz beginnt mit dem Satz: »Raum ist ein belasteter Begriff«.

14 Koselleck, *Zeitschichten*, S. 81. Das Kapitel, dem ich das Zitat entnahm, geht auf einen der Räumlichkeit historischer Vorgänge gewidmeten Vortrag zurück, den Koselleck schon 1986 im Rahmen eines Historikertags gehalten hatte. Ist es bezeichnend, dass ihn der Autor erst eineinhalb Jahrzehnte später für einer gedruckten Publikation wert erachtete? Konnte er erst jetzt auf nennenswertes Interesse an solchen Fragen rechnen? Ich muss diese Spekulation natürlich mit einem Fragezeichen versehen.

15 Ich spiele auf die gleichnamigen, von Otto Brunner, Werner Conze und Reinhart Koselleck herausgegebenen Lexikonbände an: Geschichtliche Grundbegriffe. Historisches Lexikon zur politisch-sozialen Sprache in Deutschland, Stuttgart, seit 1972. Stichproben in anderen Historikerlexika ergaben ebenfalls Fehlanzeigen.

16 Eher noch, um zur Antithese zuzuspitzen, nach Techniken der Raumbeherrschung – also einerseits nach der Herausbildung von Gebietsorganisationen (wie den »Ämtern«) im Zuge der Entstehung des modernen »Staates«, andererseits nach räumlicher Expan-

172 IN DER FERNE

sion im Rahmen aggressiver außenpolitischer Programme, des Kolonialismus oder des Imperialismus.

17 Sie kennt Nam, *Raum und Zeit*, S. 144–150. Die anderen in Anführungszeichen gesetzten Termini bei Schmidt, *Von Raum zu Raum* (S. 87, S. 101, S. 105f.).

18 Präziser: blieb man programmatischen Bekundungen zur Räumlichkeit allen irdischen Tuns gegenüber skeptisch, enthielt man sich schon vollends (erkenntnis)theoretischer Auseinandersetzungen mit der Kategorie des »Raumes«.

19 Wer ihm zugehörte, war zumeist nolens volens mobil, also gerade nicht sesshaft.

20 Vgl. hierzu schon Gotthard, *Raum und Identität*, S. 349.

21 Moser, *Nationalgeist*, S. 9. Moser konstatiert freilich eine »laue und unedle Denkungsart« auch »bey denen, deren Rechte und Pflichten, deren eigenes nahes Interesse eine genauere Kenntniß von dem Zustand des Vaterlands im Ganzen erforderte und deren Geburtsstand, Erziehung und sonstige Wissensbegierde deren Dienstpflichten und Beruf solche in allewege vermuthen liesse«. Moser verfertigte seine einst vielgelesene Schrift übrigens im Auftrag der Wiener Hofburg, aber das macht sie nicht weniger interessant.

22 Sie wurde im Grunde noch nicht zusammenfassend gewürdigt, hat sicher verschiedene Gründe: von der Vergötzung der »Macht« (eine mit dem politischen System des Reiches inkompatible Kategorie!) durch den Politikbetrieb des 18. Jahrhunderts bis hin zum preußisch-österreichischen Dualismus. Problemskizze: Gotthard, *Das Alte Reich*, S. 119ff.

23 Peters, *Fremdwahrnehmung*, S. 82.

24 Ich kann und muss hier nicht in die Einzelheiten gehen. Neben den traditionsreichen, mit ihren Denominationen häufig an bestimmte Territorien des Alten Reiches, also vormoderne politische Einheiten anknüpfenden »Landesgeschichten« formierten sich im ersten Drittel des 20. Jahrhunderts auch die »Geschichtlichen Landeskunden« in Leipzig und Bonn, die »Kulturräume« (wie sie, genau besehen, freilich auch stark die vormodernen politisch-administrativen Verhältnisse geformt hatten) als ihre Untersuchungsgebiete erachteten. In polemischer Abgrenzung zu den angeblich einseitig politikgeschichtlichen Landesgeschichten formierte sich schließlich seit den 1960er Jahren die stärker sozialgeschichtlich ausgerichtete, tendenziell der jüngsten Geschichte zugewandte »Regionalgeschichte«. Ob letztere, da nicht von vornherein einem *bestimmten* Raum zugewandt, den Fragestellungen dieser Studie näherrsteht? Ich habe nicht den Eindruck, denn regionalgeschichtliche Untersuchungen zielen üblicherweise nicht auf die Konstitution oder die Wahrnehmung von Räumen, sondern wählen nach forschungspraktischen Gesichtspunkten (etwa dem erhaltenen bzw. bequem zugänglichen Archivmaterial – über die Archive kommen häufig doch wieder politisch-administrative« Gliederungen zum Tragen!) irgendwelche Räume aus, an denen sie sozialwissenschaftliche Fragestellungen und Methoden exemplarisch durchexerzieren können. Das ist legitim und oft erhellend, doch vor allem für diese übergeordneten Fragen und Methoden, nicht so sehr für die Konstitutionsbedingungen eines bestimmten Raumes oder die Perzeption von Räumen.

25 Insbesondere, wo sich ein landesgeschichtliches Institut von Amts wegen nicht mit einem alten (Stammes-)Herzogtum, sondern einem Gewirr von Splittergebieten und Territoria non clausa zu befassen hatte, musste man schon immer über Raumbildung und Grenzen räsonnieren. Die Frage »wie gab es Franken und wo lag es?« (Blessing/Weiß, *Franken*, Vorwort) gehört zu den Topoi der »fränkischen Landesforschung«. – Auch im Rheinland wurden äußere Begrenzung wie Binnengliederung des von der historischen Landeskunde zu fokussierenden Raumes als besonders prekär empfunden

und deshalb von Anfang an problematisierend umkreist. Reflexionsgrad und Problembewusstsein sind dort schon seit Jahrzehnten bemerkenswert hoch, ich nenne exemplarisch, für Dutzende möglicher Titel: Faber, *Was ist eine Geschichtslandschaft?*

26 Weil die vielen Landesgeschichten über die Konstitution und Perzeption von Räumen beiläufig und gleichsam unauffällig nachdachten, ohne überregionale Resonanzwellen zu produzieren, vermochten sie auch gewisse Raumblindheiten der Kollegen von der »Allgemeinen Geschichte« meines Erachtens nicht zu kompensieren. Das kann man den Landesgeschichten natürlich nicht vorwerfen. Ihre Bemühungen erreichen eben selten die Feuilletonspalten der meinungsbildenden publizistischen Zentralorgane, lösen keine großen Theoriedebatten aus. Einem Historiker des letzten Drittels des 20. Jahrhunderts, der wusste, was methodisch modisch war, waren die von den Annales für ihre Mikrostudien durchkämmten Regionen Frankreichs sowieso vertrauter als die Probleme, ein »Thüringen« oder »Franken« zu bestimmen, oder die knifflige Frage, was denn vor der Einrichtung der preußischen Rheinprovinz »das Rheinland« gewesen sein könnte.

27 Ich würde diese Behauptung nie auf eigene Faust wagen, bin deshalb froh, einen führenden Fachvertreter als Kronzeugen benennen zu können: Freitag, *Landesgeschichte*, S. 293f.

28 Wenn ein uraltes »Kernterritorium« nicht auszumachen ist, muss man zur Addition von Territorialgeschichten greifen (wie anders ließe sich eine »Geschichte Sachsen-Anhalts« schreiben?) oder aber nach »Kulturräumen« fragen, für die nicht Territorialgrenzen konstitutiv seien, sondern diesen vorgängige Prägekräfte, beispielsweise der »Siedlungsboden« – um einen bei Rudolf Kötzschke zentralen Terminus aufzugreifen: Er bzw. der »Staatsboden« binde und präge durch naturräumliche Spezifika die ihn bewohnenden Menschen, aus den »bodenbedingten Zuständen erwachsen die Erscheinungen seelischer Art«, erwächst die »volkstümliche Denkart« (Kötzschke, *Landesgeschichte*, die Zitate: S. 30 und S. 34). Geodeterministische Tendenzen sind bei den Klassikern der »Kulturraumforschung« unübersehbar, vielleicht bei Hermann Aubin nicht so auffallend wie bei Kötzschke. Für uns ist entscheidend: Erneut wird gefragt, wie vermeintlich objektive Gegebenheiten – hier eben nicht zuvörderst Territorialgrenzen und administrative Strukturen – einen Raum schüfen, nicht, wie Räume damals wahrgenommen und bewertet worden sind.

29 Bünz, *Das Land*, S. 56f.

30 Fehlten nicht taugliche Ersatzwörter, müssten wir ihn unbedingt meiden – die heutzutage selbstverständlichen Konnotationen des Begriffs führen unsere Leser einfach in die Irre. – Es gab zuletzt eine intensive Debatte darüber, ob wir das Alte Reich als »Staat« bezeichnen sollen oder dürfen, die in vielen Hinsichten weiterführend war. Das Verdienst, sie ausgelöst zu haben, kommt Georg Schmidt zu, mit seinem Diktum vom »komplementären Reichs-Staat« der Deutschen. Schmidts Konzept (zugespitzt gesagt: das Reich als vormodernes staatliches Gehäuse der deutschen Nation, Reichsgeschichte als deutsche Nationalgeschichte) widersprachen andere Reichskenner, vielleicht am entschiedensten Heinz Schilling in dieser scharfsinnigen Miszelle: Schilling, *Reichs-Staat*. Schilling will das Reich nicht als »Staat« etikettieren, wohl spricht er häufig von »Territorialstaaten«, die Glieder des Reiches also sind ihm durchaus »Staaten«. Die letzte Debattenrunde (erneut auch mit Beiträgen von Schmidt und Schilling) ist dokumentiert in Schnettger, *Imperium Romanum*. Meine Position habe ich schon angedeutet, vgl. ferner meine ausführliche Rezension des Schnettger-Sammelbandes im Archiv für Kulturgeschichte (86, 2004, S. 290–295).

31 Der Terminus ist seit geraumer Zeit noch umstrittener als die Applizierung des Staatsbegriffs auf vormoderne öffentlichrechtliche Verhältnisse. Ich nenne pars pro toto für eine nicht mehr überschaubare Zahl von Wortmeldungen einen Sammelband, der diese Flut mit ausgelöst hat: Asch/Duchhardt, *Der Absolutismus*, siehe auch Anm. 33.

32 Die Zitate bei Grube, *Landtag*, S. 147f.

33 An der tatsächlichen Reichweite absolutistischer Sozialdisziplinierung werden seit zwei Jahrzehnten so viele Abstriche gemacht, dass viele Historiker mittlerweile gar nicht mehr von »Absolutismus« sprechen mögen (vgl. vorletzte Anm.) – und eine diese Diskussion belegende Fußnote seitenlang würde. Ich nenne stattdessen exemplarisch die neueste Beobachtung, über die ich gestolpert bin: Für Ursula Löffler »war offenbar in den Dörfern« des 1680 dem vermeintlich »absolutistischen« Regime des Großen Kurfürsten unterstellten Erzstifts Magdeburg »nicht viel von einem Wechsel der Landesherrschaft zu spüren«: Löffler, *Magdeburgs Weg*, S. 91.

34 Es gibt hierfür unzählige Beispiele. Vgl. zuletzt etwa Marcus, *The Politics of Power*, zusammenfassend S. 173.

35 Tatsächlich ist, was wir als »deutsche Nation« bezeichnen, nicht in mythische germanische Urzeiten verwoben, es entstand vielmehr allmählich, sehr langsam, seit dem Hohen Mittelalter, als ein sekundäres, relativ junges, verschiedene ältere Völker überwölbendes Zusammengehörigkeitsgefühl. Das dem Karolingerreich, dem Ahnherrn der französischen Marianne und des deutschen Michel, im 9. Jahrhundert im Zuge mehrerer Teilungen erwachsende, überwiegend deutschsprachige ostfränkische Reich konnte nur in dem Maße Eigenbewusstsein entwickeln, in dem die Erinnerung an das alte karolingische Großreich verblasste. Und dann umspannte das mitteleuropäische Spaltprodukt eben seinerseits mehrere selbstbewusste Völker (bzw. »Stämme«?).

36 Hinführung: Pohl, *Völkerwanderung*.

37 Natürlich können auch die heutigen Bundesländer Hamburg und Bremen auf eine stabile Tradition verweisen, die bis zu den mittelalterlichen Hansestädten zurückreicht.

38 Die Literatur ist unüberschaubar geworden. Wahrscheinlich am intensivsten wurden die gelehrten Schwabendiskurse an der Schwelle zur Neuzeit analysiert, besonders scharfsinnig von Dieter Mertens und Klaus Graf. Sie zeigten, dass ein »Schwaben« evozierende Landesdiskurse vor allem in nachstaufischer Zeit begegnen (aus politik- und verfassungsgeschichtlicher Warte war es also von vornherein Reminiszenz) und dass sie besonders in der Mitte des letzten mittelalterlichen Jahrhunderts florierten.

39 Schreiben des Würzburger Fürstbischofs Friedrich an Kaiser Maximilian II. vom 15. 1. 1572, abgedr. bei Lehmann, *Acta publica*, Bd. 2, Nr. 30 (unter Beilagen 1C, hier S. 151f.). Zum Ganzen: Gotthard, *Religionsfrieden*, S. 313–315 und, genauer, Gotthard, *Religionsfrieden und Franken*.

40 Die Fürstbischöfe pflegten sich, als Traditionsnachfolger der frühmittelalterlichen fränkischen Herzöge, seit der Mitte des 15. Jahrhunderts als »Herzöge von Franken« zu titulieren. Vgl. dazu auch Merz, *Fürst und Herrschaft*.

41 Ich zitiere nach Mertens, *Spätmittelalterliches Landesbewusstsein*, S. 108f.

42 Vgl. Brady/Brady, *A »Swabian Conspiracy«*. – Graf, *Die »Schwäbische Nation«*, S. 57 mit Anm. 2 weist darauf hin, dass im Wien des 17. und 18. Jahrhunderts »Landsmannschaften oder Nationsbünde« bestanden, die sich »vor allem zum Festtag des heimatlichen Landespatrons trafen«. Es sind einige der entsprechenden Predigten überliefert, aber viel wissen wir nicht darüber.

43 Das wird ein zentrales Anliegen meiner nächsten monographischen Veröffentlichung sein. Vgl. vorerst Gotthard, *Krieg und Frieden.*

44 Also: von Konglomeraten diverser Regionen je eigener Tradition und Kultur, die auf der obersten staatsrechtlichen Ebene durch eine Dynastie zusammengehalten wurden. Der Ausdruck »Composite Monarchy« geht, wenn ich recht sehe, auf John H. Elliot zurück: Elliot, *Composite Monarchies.* Man mag auch, mit Otto Brunner, von »monarchischen Unionen von Ständestaaten« sprechen, oder, so der jüngste Vorschlag, von »Mehrfachherrschaften«: Bosbach, *Mehrfachherrschaften.*

45 Europakonzepte der politischen Akteure und besonders der publizierenden Intellektuellen hatten in den letzten zehn Jahren Konjunktur. Ich kann nur exemplarisch eine interessante frühe und die jüngste mir bekannte Veröffentlichung nennen: Kampmann, *Universalismus;* Schmale/Felbinger/Kastner/Köstlbauer, *Studien.* Bezeichnend vorsichtig erklärt Wolfgang Schmale ebda., S. 19: der Sammelband zum Europa der Eliten verstehe sich »als ein weiteres vorsichtiges Herantasten an die These von einer europäischen Identität im 17. Jahrhundert und nicht als deren Beweis«.

46 Es hat auch mit den für diese Studie herangezogenen Texten zu tun. Soweit es sich nicht um Pilgerberichte handelt, künden sie nun einmal hauptsächlich von binneneuropäischen Bewegungen. Meine spätmittelalterlichen Palästinapilger aber schifften sich in der Regel in Venedig ein: Christianitas und Heidenland stießen für sie nicht aneinander, dazwischen lag das Meer – weitgehend Leere, wie wir noch sehen werden.

47 »Der Türke« (wie es in der Frühen Neuzeit hieß; politisch korrekt: der islamische Bewohner des Osmanischen Reiches) war das frühneuzeitliche Feindbild schlechthin, man könnte viele Buchkapitel damit füllen. Ich will es stattdessen mit einem einzigen Zitat bewenden lassen, aus einem Gebet angesichts der Zerstörungen des Dreißigjährigen Krieges, auf das ich im Hessischen Staatsarchiv Darmstadt stieß (D4 98/1): die Feinde haben sich »summa, nicht wie menschen, sondern wie türken, ja, wie wilte bestien« aufgeführt. Der »Türke« steht zwischen Mensch und »Bestie«.

48 Wir denken beim Verdikt »Erbfeind« an »den Franzosen«, der bekanntlich im nationalstaatlichen 19. Jahrhundert als »Erbfeind deutschen Wesens« firmierte. Der Topos vom »Erbfeind« wurde aber vom Türken- aufs Franzosenfeindbild übertragen. Das zeigt diese von mir veranlasste Magisterarbeit: Winn, *Feindbilder,* vgl. hier (»orientalische Schablone und okzidentalisches Abbild: Die Transition des Erbfeind-Topos im 16. Jahrhundert als begriffsgeschichtliches Bindeglied beider Feindbilder«) S. 61–66. Die Arbeit nennt auch die mittlerweile recht reichhaltige Literatur zu den vormodernen Feindbildern.

49 Vgl. aber einschränkend Anm. 46!

50 *Geist- und Weltliche Poemata* Paull Flemmings, S. 211.

51 Vgl. Furrer, *Die Nation im Schulbuch.*

52 Es ist hier nicht der Ort, den folgenschweren nationaldeutsch-borrusophilen Geschichtsmythos auszumalen oder gar zu dekonstruieren, beides habe ich an anderer Stelle versucht: Gotthard, *Preußens deutsche Sendung.*

53 Das galt schon den klassischen Arbeiten des ersten Drittels des 20. Jahrhunderts als sicher, ich kann es hier nur exemplarisch belegen: »Nationalism is modern, very modern«, betont Hayes, *Essays on Nationalism,* S. 29; »nationalism is a child of the French Revolution«: Gooch, *Studies,* S. 217.

54 So der vielzitierte Einstieg in Nipperdey, *Deutsche Geschichte.* S. 11; »die Jahre zwischen 1806 und 1813 sind die Geburtsjahre der nationalen Bewegung« (ebda., S. 303). Ich

nenne von hundert ähnlichen Einschätzungen beispielsweise noch diese: Nationalismus und Nation wurden »in den großen westlichen Revolutionen in England, Amerika und Frankreich geboren« − so Wehler, *Nationalismus*, S. 164. − Speziell zum deutschen Nationalbewusstsein: Mommsen, *Nationalbewusstsein*; oder Luys, *Nationalbewegung*.

55 Für Rudolf Jaworski »belegen die mittelalterlichen Quellen eine erstaunlich hartnäckige Konsistenz nationaler Auto- und Heterostereotypen«, es »ergeben sich auf der Ebene mentaler Einstellungen und Stereotypenbildungen lange und relativ stabile Traditionsketten«: Jaworski, *Nationalismen in Ostmitteleuropa*, S. 410 bzw. S. 412. Beispielsammlung: Schmugge, *Vorurteile im Mittelalter*. − Gab es im Mittelalter nicht nur nationale Vorurteile, sondern Nationalismus? Früh war Halvdahn Koht dieser Auffassung: Koht, *The Dawn of Nationalism* (»from the beginning of the XII. century, European nationalism has a continuous history«!). Viele neuere Vertreter der mittelalterlichen »nationes«-Forschung stimmen ihm grundsätzlich zu, so schon Werner, *Les nations*. Bagge, *Nationalism in Norway*, S. 21 sieht zwischen dem Nationalismus recht breiter norwegischer Volksschichten im Mittelalter und dem modernen Nationalismus »a difference of degree rather than a difference of kind«.

56 Die Humanismusforschung ist fast schon ein eigener Forschungszweig geworden. Ich nenne aus einer überbordenden Literatur zum humanistischen Nationsdiskurs nur diese neue Monographie, die den elitären Charakter einer so verstandenen »Nation« in wünschenswerter Deutlichkeit herausarbeitet: Hirschi, *Wettkampf der Nationen*.

57 Harbsmeier, *Reisebeschreibungen*, S. 23.

58 Bientjes, *Holland*, S. 38. Ebda., S. 218: »Die Anzahl der deutschen Reisenden, die sich über den holländischen Volkscharakter Gedanken machen, nimmt besonders nach 1770 ständig zu.« Vgl. noch S. 217 (erwachendes Interesse »erst im 18. Jahrhundert«). Auch Struck, *Paradigmenwechsel*, S. 130 konstatiert: »Im Verlauf des 18. Jahrhunderts begegnet man in den Reisejournalen vermehrt der Kategorie des ›Nationalcharakters‹ bzw. des ›Nationalgeistes‹ [...] Zum Durchbruch gelangte diese Betrachtungsebene aber [...] erst im 19. Jahrhundert.«

59 So pointiert, schon vor dem neuerwachten Interesse der deutschen Geschichtswissenschaft in den 1990er Jahren: Marcu, *Sixteenth Century Nationalism*.

60 Zweifelsohne versiegte die Frömmigkeit der Volksmassen nicht um 1800, es wird ja neuerdings sogar ein »Zweites Konfessionelles Zeitalter« im 19. Jahrhundert diskutiert. Aber wir dürfen nicht die Dimensionen verzeichnen: Die integrierende, bewusstseinssteuernde, emotional bergende Kraft der Großkirchen war im 19. Jahrhundert nicht mehr mit der des 17. vergleichbar. Ob Zugehörigkeit und »Bekenntnis« zu einer Nation nicht deshalb erst im 19. Jahrhundert emotionale Bugwellen vor sich herzuschieben vermochten, weil die »Aufklärung« mit der Zersetzung zuvor übermächtiger konfessioneller Prägungen neuen Orientierungsbedarf geschaffen hat? Dieser Gedanke liegt dem Frühneuzeithistoriker (der weiß, wie die »Konfession« im 16. und 17. Jahrhundert Gehirne und Herzen der Menschen beherrscht hat) offensichtlich näher als Kennern des 19. Jahrhunderts, die Nationalismus lieber als Korrelat und Korrektiv zur bürgerlichen Klassengesellschaft, zu Gewerbefreiheit und vereinzelnder Marktkonkurrenz interpretieren. − Vor dem dritten Viertel des 18. Jahrhunderts hatte »nationale« Loyalität der konfessionellen gegenüber keine Chance, freilich konnten sich nationale Emotionen verstärkend zu primär religiösen Impulsen gesellen (antideutsche Gehalte des Hussitismus im frühen 15. Jahrhundert, anti-»welsche« Beiklänge im frühen Luthertum); umgekehrt hat die konfessionelle Spaltung der »teutschen nation« deren Bindekraft unterminiert, be-

zeichnend ist beispielsweise das Aufkommen zuvor lange nicht mehr gehörter gelehrter patriotischer Ergüsse ausgerechnet in jenen 1630er Jahren, in denen sich der Dreißigjährige Krieg entkonfessionalisiert, vom Glaubens- zum Hegemonialkrieg gewandelt hat.

61 Gegen die übliche Auffassung vom frühneuzeitlichen Frankreich als werdendem Nationalstaat ordnete es Franz Bosbach den europäischen »Mehrfachherrschaften« zu: Bosbach, *Mehrfachherrschaft*, S. 24. Er konzediert freilich, dass sich »dieses Königtum von anderen durch die territoriale Kohärenz des Herrschaftsgebietes deutlich abhob«. Wir werden uns Frankreich mit den Augen vormoderner Reisender weiter unten noch genauer anschauen.

62 Die Nation in einer Studie zu erwähnen, die immer wieder auf »Räume« rekurriert, mag auf den ersten Blick geradezu provozieren oder methodisch naiv erscheinen, beschreiben wir »Nation« doch seit geraumer Zeit als »imaginierte Gemeinschaft«; die scharfsinnigen Ausführungen Benedict Andersons waren hierfür wichtig, im Lichte einiger neuer Veröffentlichungen – vgl. etwa Cole, *Nationale Identität* – präsentiert sich Anderson indes fast schon als Essentialist. Dass sich meine Studie nicht an der lebhaften Debatte über diskursives »nation-building« beteiligt, soll keinem kruden »naturräumlichen« Objektivismus das Wort reden. Mich interessieren hier nicht die Konstruktionsprinzipien von »Nation« oder »Region«, ich frage, wie relevant diese – wie und im Interesse welcher Elitenkalküle auch immer konstituierten – Einheiten nach dem Empfinden des Gros der frühneuzeitlichen Menschen gewesen sind.

63 Vgl. hierzu Gotthard, *Einleitung*, zur Terminologie ebda., Anm. 1.

64 Vgl. hierzu Gotthard, *Das Alte Reich*, S. 1f.

65 In charakteristischem zeitlichem Nachhinken erschienen nun, in den allerletzten Jahren, als späte Früchte die ersten Kompendien. Es begann mit dieser sehr präzisen Einführung von der normativen Seite her: Neuhaus, *Das Reich in der frühen Neuzeit*, vgl. zur Reichsverfassung, den Reichsorganen neuerdings auch das informative Büchlein von Hartmann, *Das Heilige Römische Reich*. Sodann wurden jüngst zwei ausgezeichnete Darstellungen der frühneuzeitlichen Reichsgeschichte in ihrer ereignisgeschichtlichen Abfolge vorgelegt: Herbers/Neuhaus, *Schauplätze*; Stollberg-Rilinger, *Das Heilige Römische Reich*. Versuch einer politischen Strukturgeschichte, im Spannungsfeld von Normen und Verfassungswirklichkeit: Gotthard, *Das Alte Reich*.

66 Ich erwähne exemplarisch Blitz, *Die deutsche Nation im 18. Jahrhundert* (mit Rückgriffen ins 16. und 17. Jahrhundert und der weiteren Literatur). Die prominentesten Stimmen, die sich in den letzten 15 Jahren für einen angeblichen vormodernen deutschen (Proto)-nationalismus starkmachten, waren die Herfried Münklers (vorsichtig, abwägend), Wolfgang Hardtwigs und Georg Schmidts.

67 Hardtwig, *Einleitung*, S. 8f.

68 Natürlich, »das Bürgertum« (präziser gesagt: ein gründlich gewandeltes Bürgertum) wird dann in der Spätaufklärung, erst recht in den ersten beiden Dritteln des 19. Jahrhunderts der Träger der nationalen Bewegung sein. Hardtwig versucht durch viele treffliche Beobachtungen aufzuzeigen, wie gewisse Auto- und Heterostereotypen, bestimmte Abgrenzungsmechanismen von den humanistischen Sodalitates über die barocken Sprachgesellschaften an die sich »aufgeklärt« gebenden »Deutschen Gesellschaften« des 18. Jahrhunderts weitergegeben worden sind.

69 Vgl. Schmidt, *Staat und Nation*. Der Obertitel (»Geschichte des Alten Reiches«) ist missverständlich, der Untertitel schon treffender. Wiewohl Schmidt, als ausgezeichneter

Kenner der Reichsgeschichte, viel Kluges zum politischen System des Alten Reiches zu sagen weiß, steht dieses doch nicht im Vordergrund der Monographie.

70 Ich spiele auf folgenden Titel an: Burkhardt, *Das Recht der Frühen Neuzeit, politisch interessant zu sein.* In diesem Aufsatz spielt die »Staatlichkeit« des Reiches freilich keine größere Rolle; in anderen Arbeiten hat sich Burkhardt indes entschieden zum »Reichsstaat« und zur »nationalstaatlichen Akzentuierung des Reichssystems« bekannt.

71 Beides zugleich ist nicht zu haben! Endweder man interpretiert das Reich (beispielsweise mit Georg Schmidt) als damalige »staatliche« Zusammenfassung der »deutschen Nation«; oder man unterstreicht, dass das Nationalitätsprinzip, wiewohl natürlich »Teutsche« überwogen, kein zentrales Konstruktionselement jenes Reichsverbandes gewesen ist, der, wie die moderne Europäische Union, verschiedene Kulturen und Sprachen überwölbte. Der dreistufige politische Aufbau des Reichsverbandes (der einzelne Bewohner Mitteleuropas unterstand nicht unmittelbar Kaiser und Reichsorganen, sondern seiner territorialen Obrigkeit) ist dem der heutigen Europäischen Union vergleichbar, natürlich kommt diese, *tempora mutantur*, ohne Kaiser aus.

72 Ich folge dem Periodisierungsvorschlag dieses Kenners: Burke, *Was ist Kulturgeschichte?*, S. 75 et passim.

73 Beziehungsweise »New Cultural History«: Hunt, *The New Cultural History*; kritisch zu dieser seitdem geläufig gewordenen Etikettierung: Maurer, *Neue Kulturgeschichte?* Historiographiegeschichtlicher Überblick: Schleier, *Kulturgeschichtsschreibung.* Von zahlreichen aktuellen Hinführungen kann ich hier nur die wohl verbreitetste nennen: Daniel, *Kompendium Kulturgeschichte.*

74 »Kulturgeschichte geriet sich damit wesentlich als historische Wissenschaft der nicht in erster Linie oder überhaupt nicht mehr national gefaßten, sondern aus unterschiedlichen und wenig dauerhaften Gruppen zusammengesetzten, stark individualisierten, nach außen uneindeutig abgegrenzten, sich global austauschenden Gesellschaft der gegenwärtigen nachklassischen, ›neuen‹ Moderne«: Weber, *Kulturhistorische Perspektiven*, S. 332.

75 Schmidt, *Teutsche Kriege*, S. 50.

76 Vgl. Gotthard, *Das Alte Reich*, S. 3f.

77 Letzterer umfasste insbesondere auch »Reichsitalien«. Schnettger, *Mainzer Kurfürst und Reichsitalien*, S. 70 stellte jüngst aus der Perspektive des Reichserzkanzlers fest: »Die italienischen Lehnsgebiete wurden als – wenngleich peripherer – Teil des Reichs behandelt.«

78 Teilabdr.: Dussler, *Reisen und Reisende*, Bd. 1, S. 219–229 (hier S. 219). – Hätte man so auch im 16. oder 17. Jahrhundert formuliert? Mir scheint, dass sich das Integrationsgefälle vom Südwesten nach dem Nordosten hin in der ersten Hälfte der Frühen Neuzeit verringert hat, um im 18. Jahrhundert wieder anzuwachsen. Für Ersteres dürfte zunächst die üblicherweise als »Reichsreform« bezeichnete Verdichtung des Reichsverbandes (Reichstag als zentrales politisches Forum, Reichsgerichte usf.) verantwortlich sein, vielleicht haben ferner überregional wirksame Schicksalsschläge wie insbesondere der Dreißigjährige Krieg einer mentalen Integration zugearbeitet. Letzteres hat sicher auch mit dem zu tun, was wir uns als »preußisch-österreichischen Dualismus« zu etikettieren angewöhnt haben.

79 Moser, *Nationalgeist*, S. 20f.

80 Grimmelshausen, *Simplicissimus*, S. 376.

81 Die Eidgenossen entwanden sich dem Reich an der Schwelle zur Neuzeit: partizipierten nicht an den Organen des sich verdichtenden Reichsverbands, übernahmen keine Reichs-

lasten mehr. Frühneuzeitliche Schweizergeschichte ist etwas Eigenes, frühneuzeitliche österreichische Teil der Reichsgeschichte.

82 Ob es nicht sowieso gute Gründe dafür gibt, den Staatsbegriff erst auf moderne Gemeinschaftsbildungen zu applizieren, wurde schon weiter oben gefragt: vgl. S. 36 mit Anm. 30.

83 Der für das politische System der Bundesrepublik Deutschland so charakteristische »Beteiligungsföderalismus«, die neuerdings so häufig beklagte »Politikverflechtung« (einfach gesagt: die Gliedländer müssen sich einerseits viel vom Bund vorschreiben lassen, wirken aber andererseits, über den Bundesrat, auch an vielen Entscheidungen des Bundes mit und realisieren sie anschließend über ihre Länderverwaltungen vor Ort): sie haben insofern eine lange Tradition. Übrigens hat unser Bundesrat im Immerwährenden Reichstag, einer Versammlung weisungsgebundener Ländervertreter, einen uralten Verwandten.

84 Luther, *Tischreden oder Colloqvia*, fol. 605.

85 Luh, *Heer und Herrschaft*, S. 241.

86 Büsching, *Erdbeschreibung*, Bd. 5, S. 27.

87 Zum Zustandekommen zuletzt zusammenfassend Gotthard, *Einleitung*, S. 10f.

88 So fiel einem Franzosen – um nur einen von unzähligen Belegen anzuführen – im Sächsischen auf: »Was Persohnen von Qualität sind, die reden fast alle Französisch oder Italiänisch« (Talander, *Curieuse Reisen*, S. 958).

89 Votum des ansbachischen Votanten bei der Versammlung der Union von Auhausen in Rothenburg im Oktober 1618, Protokoll: Hauptstaatsarchiv Stuttgart A90A tom. 20, fol. 474–538 (hier fol. 478f.).

90 So schrieb eine in Göppingen versammelte Gruppe von evangelischen Reichsfürsten an Friedrich von der Pfalz und an Christian von Anhalt, Kpt.kopie: Hauptstaatsarchiv Stuttgart A90A tom. 19, fol. 651f.

91 Vgl. zusammenfassend Gotthard, *Das Alte Reich*, S. 65–68.

92 Noch 1766 moniert Friedrich Karl von Moser (zeittypisch die katholische Seite anklagend): »Was hilft es einem Rheinischen Edelmann, welcher dereinst wohl Churfürst in einem der drey Erzstifter wird, dass er Rom, Wien und alle Catholische Höfe gesehen hat und nicht weiß, noch aus lebendiger Kenntniß erfährt, wie man in Berlin, Dresden, Hannover, Cassel und an andern [sc. evangelischen] Orten, wo doch auch noch Deutsche wohnen, denkt«.

93 Vgl., mit weiteren Literaturhinweisen, zuletzt Gotthard, *Religionsfrieden*, S. 560–578.

94 Wieland, *Der Schlüssel zur Abderitengeschichte*, S. 452.

95 Moser, *Nationalgeist*, S. 17 bzw. S. 19.

96 Ich habe an anderer Stelle skizziert, wie sie ungefähr aussehen könnte: Gotthard, *Raum und Identität*, hier S. 343f.

97 Die einschlägige Literatur sei »affectée d'un handicap de source particulier, dès lors que l'on entend sonder la conscience des masses populaires«: Noël, *La conscience d'Empire*, S. 119. Noël selbst sichtet Reichssymbole in Ratssälen und auf Münzen sowie Berufungen aufs Reich in Supliken an die Reichsgerichte in der zweiten Hälfte des 18. Jahrhunderts.

98 Huizinga, *Wachstum und Formen*, S. 158 bzw. S. 144.

99 Bayerische Schulbücher noch des 19. Jahrhunderts behandeln zum Beispiel die »bayerische Nation«. Vgl. zum Nationsverständnis der Schulbücher des 19. Jahrhunderts Gotthard, *Schulbücher*. – Um noch ein instruktives Beispiel anzuführen: für Sebastian Franck

muss man die »Teutschen mit vil nationen unnd nammen underscheyden« (Franck, *spiegel und bildtniß*, fol. 52).

100 Ich verwende die beiden Begriffe mit dem Gros der modernen Literatur zum Thema hier synonym. Eine Definition bietet unten Anm. 157.

101 Schlesinger, *Landesherrschaft*, Bd. 1, S. 12. Schlesinger macht die zitierte Bemerkung im Zusammenhang mit der Frage nach dem mittelalterlichen »Staat«.

102 Beispielsweise kam Eugen Wirth zum Ergebnis, ein »Frankenbewusstsein« werde nur von der »Intelligenzschicht« gepflegt und »gemacht«: Wirth, *Franken gegen Bayern*.

103 Vgl. oben Anm. 15.

104 Die Belege: Marchal, *Grenzerfahrung*, S. 11–25; Schwarzmaier, *Grenzziehung*, hier besonders S. 87; Higounet, *Perception de l'espace*, S. 257–268.

105 Das ist selten problematisierte vermeintliche Allgemeinbildung. Ich will mir deshalb Belege ersparen, lediglich darauf hinweisen, dass auch diese neuere Spezialstudie zum Resultat kommt, dass seit »der Wende vom 15. zum 16. Jh.« die »flächenhafte Ausdehnung gegenüber dem personalen Prinzip als dominante Größe einzuschätzen« sei: Kießling, *Grenzen in Ostschwaben*, S. 157.

106 Ich erwähne noch, dass sich nach Hirschmann, *Landesbewusstsein*, S. 227 »seit dem ausgehenden 13. Jahrhundert« ums Herzogtum Brabant »eine Grenzlinie mit Pfählen« zog; Hirschmann bezeichnet dies freilich ausdrücklich als »Besonderheit«.

107 Vgl. Karp, *Grenzen in Ostmitteleuropa*. Die gründlichste der mir bekannten Arbeiten zum Problem der mittelalterlichen Grenzen sieht in der Ländergrenze ein Korrelat zur Institutionalisierung und herrschaftlichen Durchdringung »des Staates«, also in der Grenz-Linie(!) ein Indiz für die Ablösung des Personenverbandsstaates durch den institutionalisierten Flächenstaat – damit hat ein Neuzeithistoriker keinerlei Probleme, ähnlich haben Neuzeitler immer argumentiert. Nur sieht Karp eben Ansätze zur Ausformung linearer Grenzen schon im 12. Jahrhundert (allerdings ließen sich gute Gründe für die Vorreiterrolle des von ihm analysierten preußischen Ordenslandes anführen).

108 Marchal, *Grenzerfahrung*, S. 14. Er selbst hat Urfehden und auf Verbannung lautende Gerichtsurteile seit dem ausgehenden 14. Jahrhundert analysiert, sie belegen ihm einen »hinlänglichen Bekanntheitsgrad der städtischen Territorien und ihrer Begrenzungen«: Marchal, *Städtische Raum- und Grenzvorstellungen*, das Zitat auf S. 250.

109 Febvre, »*Frontière*«, S. 31.

110 Vgl. Sahlins, *Boundaries*.

111 Motsch, *Grenzgesellschaft*, die Zitate: S. 326, S. 55, S. 346, S. 316, S. 442, S. 443, S. 315.

112 So Merz, *Fürst und Herrschaft*, S. 52; allerdings ist auf S. 107f. nicht nur von früheren, sondern auch von viel späteren Streitigkeiten und Prozessen die Rede.

113 Vgl. Endres, *Staat und Gesellschaft*, S. 409f.: Der Haupt-Landes-Purifikationsvergleich vom 30. Juni 1803 zwischen Hardenberg und Pfalzbayern zurrte die Grenze der nunmehrigen preußischen Provinzen fest, indem er »alle bisherigen Rechts- und Besitzvermischungen zwischen beiden Territorien an allen Berührungsstrecken beseitigte«.

114 Vgl. Zaisberger, *Salzburg*.

115 Willoweit, *Rechtsgrundlagen*, S. 34.

116 Ebda., S. 275.

117 »*Toti territorio* Landsfürstliche Obrigkeit inseparabiliter cohaereat, ita ut Landsfürst nulla inter mediatos nobiles seiner Landsassen et subditos, habita differentia, aequalem iurisdictionem et terrendi potestatem habeat«: Wehner, *Practicarum iuris observationum selectarum liber*, S. 458 (Kursivsetzung von mir).

118 Mediävisten haben sich mit den hier unzulänglich angedeuteten Fragen intensiv beschäftigt. Instruktiv beispielsweise: Gautier Dalché, *Limite et frontière*, von den Brincken, *Mappa mundi*, Gurjewitsch, *Weltbild*, S. 73–91 passim.

119 Also: »Ihre Bemühungen [man könnte vielleicht auch übersetzen: Kartierungsarbeiten] haben mich ein Drittel meines Königreiches gekostet«. Zit. nach Foucher, *L'invention des frontières*, S. 113.

120 Vgl. Scattola, *Grenze in der juristischen Literatur*. Willoweit, *Rechtsgrundlagen*, S. 281 spricht von der »besonderen Bedeutung, die nunmehr [sc. im 17. Jahrhundert] den Grenzen gewidmet wurde«; vgl. noch ebda., S. 276.

121 Auf »präzisere Vermessungsgeräte und -verfahren« sowie ein Anschwellen der Fachliteratur weist Göttmann, *Das Messen des Weges*, S. 153 hin; Vermessungen hätten sich im 18. Jahrhundert »wie ein Flächenbrand« ausgebreitet.

122 Die Formel fand ich bei Laermann, *Reiseberichte*, S. 74.

123 So Georg Friedrich Rebmann (»Anselmus Rabiosus der Jüngere«), *Wanderungen und Kreuzzüge*, S. 73.

124 Ich denke an den »Neoeurasianismus« (»neojewrazianstwo«), eine Bewegung, die in den letzten zehn Jahren großen Einfluss gewann, was in diversen Parteiprogrammen und, jedenfalls in Spurenelementen, sogar Regierungserklärungen aufgewiesen werden könnte. Als Hauptwerk des Spiritus rector dieser politischen Bewegung, Aleksandr G. Dugin, gilt eine voluminöse Monographie über »Grundlagen der Geopolitik«, ein anderes seiner Bücher heißt »Die absolute Heimat«. Gern und respektvoll beruft sich Dugin auf Karl Haushofer.

125 Die vormodernen Klimatheorien sind hinreichend erforscht, vgl. zuletzt beispielsweise Fink, *De Bouhours à Herder*. Einige Bemerkungen dazu auch bei Gotthard, *Raum und Identität*, besonders S. 357–359, mit weiteren Belegen und Literaturhinweisen. Ich streife dort ferner hier nicht erwähnte gelehrte Erklärungsansätze, so insbesondere biblische und außerbiblische Herkunftsmythen.

126 Ich stolperte aber auch einmal über diesen Anflug von Kritik an der gelehrten Klimatheorie: Anonym, *Trewhertzige Vermahnung* (von 1644) handelt von der Neutralität zwischen der Franche Comté und der Bourgogne, will dann Lehren aus dem Verhältnis zwischen diesen beiden Nachbarn für den Achzigjährigen Krieg weiter nördlich ziehen und begründet es so, warum der Analogieschluss möglich sei: »Wan wir nun das werck woll durchsehen, werden wir befinden, dass vns der Erdbodem woll das Climat vnnd stück der Landschafft, aber nicht den stand vnnd der sachen gestaltnuß ertheilet«.

127 Agrippa, *Ungewissheit und Eitelkeit*, S. 241f.

128 Vgl. beispielsweise Leibniz, *Ermahnungen an die Teutsche*: Überzeugung, dass es »in unser macht sey glückseelig zu seyn« (S. 801) – man muss nur für gute Bücher sorgen und für Bildung, muss die eigene Sprache pflegen (»halte vielmehr dafür gleich wie die Mond und das Meer, also habe auch der Völcker und der Sprachen ab- und aufnehmen eine verwandnüß«: S. 815); »Teutsche tugend« liegt »in der aschen«, doch ist die »beßerung« machbar, es können »die gemüther aufgemuntert und der verstand erwecket werden« (S. 819). Andererseits: »Gott[!] hat den teutschen stärcke und muth gegeben, und es reget sich ein edles bluth in ihren adern« (S. 800).

129 So, allerdings beiläufig, Machiavelli, *Discorsi*, S. 396, dazu S. 401.

130 Vgl. Besold, *De natura populorum*. Das interessante, meines Wissens noch nicht analysierte Buch verdiente eigentlich mehr als diese flapsigen Bemerkungen.

131 Wenders, *SEHEN* (Kursivsetzung von mir).

132 Maresch/Werber, *Permanenzen*, S. 14 (Kursivsetzungen von mir); anschließend beschwören die beiden verwegen die »Blutsbande«, die »an Orten und in Räumen lagern und sich laufend dort einschreiben«. – Auch das »Schicksal« darf wieder vorkommen: »In der Zeit fallen die Entscheidungen. Aber der Raum ist Schicksal« – so Seibt, *Die Begründung Europas*, S. 50.

133 »Die räumliche Welt ist von Textverwaltern und Textinterpreten okkupiert«: Schlögel, Im Raume, S. 22. – Ich beziehe mich auf programmatische Aussagen des Autors; seine Fallstudien bieten zumeist gediegenes historiographisches Handwerk, gepaart mit feiner Beobachtungsgabe.

134 Maresch/Werber, *Permanenzen*, S. 7.

135 Schlögel, *Im Raume*, S. 12 bzw. S. 23.

136 Der Seitenblick auf vormoderne Karten sollte hinzutreten und wird in dieser Studie hinzutreten. Wenn mich nicht alles täuscht, ist die Brücke zwischen der vor allem von (einigen) Geographen betriebenen herkömmlichen Kartographiegeschichte und der Geschichtswissenschaft noch nicht geschlagen. Das zeigt auch dieser Aufsatz, der sich seines spezielleren Titels unerachtet als nützlicher Abriss der vormodernen Kartographiegeschichte und als aktuelle Hinführung zu diesem Forschungsgebiet (bzw. seinen Desideraten!) lesen lässt: Schmidt, *Mappae Germaniae*. Vgl. sodann, umfassender, Black, *Maps and History*.

137 Vgl. Irsigler, *Raumerfahrung und Raumkonzepte*. Irsigler hat, des allgemein klingenden Titels unerachtet, speziell diese beiden Sonden erprobt, hat Bürgerbücher und Universitätsmatrikeln inspiziert.

138 Die Spekulation, dass »Bistümer wenigstens bis zum Beginn der Neuzeit bessere Grundlagen für die Entwicklung regionaler Identitätsvorstellungen als Territorien« gewesen seien, halte ich für gewagt; übrigens folgen auf den Seiten 168ff. dann doch viele Belege auch für Territorien (»de ducatu ...«, »de territorio ...«), ferner für die alten Gentilnamen: Franken, Schwaben, Bayern, am häufigsten aber Friesland.

139 Vgl. Blotevogel, *Raumbeziehungen*, S. 45.

140 So heißt ein von Winfried Schulze geleitetes, in München angesiedeltes Forschungsprojekt.

141 Die Zitate: Bellabarba, *Zeugen der Macht*, S. 202; Schunka, *Soziales Wissen*, S. 148f. bzw. S. 147.

142 Vgl. oben Anm. 108.

143 Die Zitate: Bellabarba, *Zeugen der Macht*, S. 204 bzw. S. 215; Schunka, *Herrschaftsfunktionen*, S. 231. – Dass manche Zeugen, danach befragt, welcher Herrschaft sie unterworfen seien, neben dem Grund- oder Gerichtsherrn den Kaiser als ihren »Oberherrn« erwähnten, kann man als Beleg für ein gewisses Reichsbewusstsein (dürfen wir schon sagen: für Reichspatriotismus?) nehmen. Solche Belege erwähnt Ullmann, *Landesherr und Kaiser*, S. 281–283. Der Befund überrascht nicht, bei der in den 1980er Jahren florierenden Erforschung frühneuzeitlichen bäuerlichen Widerstands zeigte sich von einer anderen Seite her, dass selbst sehr einfache Menschen eine Vorstellung vom leider fernen »guten Kaiser« hatten, den man über das haltlose Treiben der ungerechten nahen Obrigkeit informieren müsse.

144 Also beispielsweise weil sie sich ihren Lebensunterhalt als Söldner verdienten, als Handwerksgesellen oder vagierende Kleinhändler umherzogen.

145 Wie viel eine Analyse der Vergleiche zwischen Fremdem und Vertrautem über das Perzeptionsvermögen des damaligen Beobachters überhaupt, aber auch seine Auffas-

sung von Heimat aussagen kann, lässt eine Studie von Arnold Esch zu einer anderen Epoche und mit ganz anderen Fragestellungen (spätes Mittelalter; Kunst-, speziell Architekturgeschichte, die Wahrnehmung von Kirchenbauten) erahnen: Esch, *Anschauung und Begriff.*

146 Vgl. unten S. 74ff.

147 Nicht, dass sich der Reiseliteratur des 18. Jahrhunderts nichts über damals vorherrschende Raumwahrnehmungen entnehmen ließe! Aber Texte dieses Säkulums, und zumal seiner zweiten Hälfte (als sich beispielsweise längst eine Ausdifferenzierung in wissenschaftliche Sachtexte einerseits, anspruchsvolle Unterhaltungsliteratur andererseits abzeichnete; den Lesererwartungen an letztere suchten nun die meisten Reiseberichte gerecht zu werden) sind von den Aufzeichnungen, die dieser Studie zugrundeliegen, so different, dass man, jedenfalls unter den hier maßgeblichen Fragestellungen, doch fast von zwei unterschiedlichen Textsorten sprechen muss. Die Wahl des zeitlichen Ausschnitts meiner Sondierungen war ursprünglich von der Machart der Texte vorgegeben: Ich befragte die mit dem ausgehenden Mittelalter häufiger werdenden Reiseaufzeichnungen auf in ihnen zutage tretende Raumbezüge, klinkte mich im Zuge der Literarisierung, des Auftauchens literarischer Stilmittel wie Satire und Ironie, von sich aufplusternden und ihre Subjektivität bespiegelnden Erzählern im Verlauf des 18. Jahrhunderts gewissermaßen wieder aus, ohne mir ein festes Schlussdatum zu setzen. Das 18. Jahrhundert blieb durchaus im Blick, wie ich ja auch immer wieder ins 19. und sogar ins 20. Jahrhundert vorausschaue, zu kontrastiven Zwecken. Erst im Laufe meiner Sondierungen merkte ich, dass im 18. Jahrhundert auch wahrnehmungsgeschichtlich – erneut sei gesagt: unter den hier maßgeblichen Fragestellungen – eine neue Zeit beginnt, sehr vorläufig und vereinfacht gesagt: weil das nationalstaatliche 19. Jahrhundert im 18. wurzelt (wie es ja auch kräftig ins 20. ausstrahlt). Vgl. außerdem Anm. 151.

148 Vgl. unten S. 114ff.

149 Besser gesagt: der eigentümlichen Entwicklung dieser Textgattung. – Ich will hier nicht umständlich vorausgreifend zu erklären versuchen, was der Leser in Kapitel 3.5 und insbesondere in Kapitel 3.6 anschaulich (wie ich hoffe) vorgeführt bekommt. Auf S. 132 greife ich den Faden, den ich hier erst einmal fallen lasse, wieder auf.

150 Herbers, *Reiseberichte*, S. 33. »Und wenn Weltenbummler erzählen und dies notieren, kann man ihnen dann überhaupt trauen? Schon seit der Antike kursiert der Topos, dass alle Reisenden Lügner seien«.

151 Nicht nur, dass Reisende des 18. Jahrhunderts, wenn sie zu Hause »Servus« sagten, schon die Druckerei im Sinn hatten – der anschwellenden Flut von damaligen Publikationen korrespondiert die heutiger Analysen. Die Reiseliteratur des 18. und des 19. Jahrhunderts darf mittlerweile als gründlich durchforstet gelten. Um mich nicht einfach nur auf einen eigenen Eindruck zu versteifen, will ich noch erwähnen, dass Ekkehard Witthoff (*Grenzen der Kultur*, S. 25) ein »Übergewicht an Forschungsliteratur zu Reisen im 18. und 19. Jahrhundert« konstatiert, der Aufzeichnungen des 16. und 17. Jahrhunderts habe man sich allenfalls »beiläufig« und dann mit »bibliographischen« Interessen angenommen. Peter J. Brenner (*Der Reisebericht in der deutschen Literatur*, S. 100) verleitete der Forschungsstand zu dieser Fehlspekulation: »Merkwürdigerweise scheinen Reisen innerhalb Deutschlands im 16. und 17. Jahrhundert keine nennenswerte Rolle gespielt zu haben; jedenfalls existiert hierzu keine einschlägige Forschung.«

152 Das gilt natürlich nicht für Prinzenreisen, die ein mitreisender Sekretär protokollierte: Solche Reiseeindrücke sollten von vornherein prestigeträchtig durch die Druckerei multipliziert werden.

153 Er hat viel nuancierter beobachtet als das Gros der anderen Reisenden und sogar epochenuntypisch gelegentlich so etwas wie Landschaftseindrücke anskizziert; es wird noch wiederholt von seinen Aufzeichnungen die Rede sein.

154 Hassler, *Reisen und Gefangenschaft Hans Ulrichs Kraffts*, S. 3; lat. error = Irrtum, Missverständnis.

155 Die Editionsgeschichte liest sich wie ein Kriminalroman, auch das Original, ja, darüber hinaus die erste Transkription sind längst verschollen. Französische Philologen haben alles gründlich aufgearbeitet, vgl. beispielsweise Moureau/Bernoulli, *Autour du »Journal de voyage« de Montaigne.*

156 Vgl. schon Kapitel 2.3.

157 Darunter auch die deutschsprachigen von Hans Kohn und, pointierter noch, Eugen Lemberg. – Es gibt unzählige Nationalismus-Definitionen, diese ist sehr brauchbar: »Wir sprechen von Nationalismus, wo die Nation die Großgruppe ist, der der einzelne in erster Linie zugehört, wo die Bindung an die Nation und die Loyalität ihr gegenüber in der Skala der Bindungen und Loyalitäten obenan steht, Nation ein oberster innerweltlicher Wert wird. Nicht Stand und nicht Konfession, nicht Region und nicht Stamm (und auch nicht die Bindung an eine Dynastie) [...] bestimmen primär die Zugehörigkeit zu einem überpersonalen Zusammenhang«: Nipperdey, *Deutsche Geschichte*, S. 300.

158 Ob das traditionelle Bild von einem weitgehend immobilen Mittelalter zutrifft, ist eine andere, hier nicht im Vorbeigehen zu entscheidende Frage. Für Ernst Schubert war gerade »Mobilität« eine »Charaktereigenschaft der mittelalterlichen Gesellschaft«, ein »Faktor«, der »die mittelalterliche Gesellschaft konstituierte«, er betont, »wie alltäglich und selbstverständlich Mobilität war«: Schubert, *Fahrendes Volk*, S. 32 bzw. S. 31. Die frühneuzeitliche Gesellschaft sei insgesamt wesentlich sesshafter gewesen: ebda., S. 38. Vgl. auch Schubert, *Latente Mobilität.*

159 Vgl. Anderson, *Die Erfindung der Nation*. Der Titel der deutschen Übersetzung ist problematisch, der Originaltitel spricht von »Imagined Communities«, also von vorgestellten, imaginierten, nicht von erfundenen Einheiten. Der konstruktivistische Nationsbegriff Andersons ist nicht gänzlich neu, doch sein Buch, zumal aber der zum Slogan mutierende zugkräftige Titel (oft gekoppelt mit Hobsbawms »Invention of Tradition«) machten Furore.

Kapitel 3

1 Vgl. oben S. 54.

2 Vgl. Krattinger, *Rom.*

3 Also: im Zeichen der vasallitischen Treue und für den Lehnsherrn.

4 Vgl. Kantorowicz, *Die zwei Körper*, S. 242f.

5 Die Welt als gemeinsames Vaterland – das finden wir beispielsweise, als wünschenswerte Zielvorstellung (und Ausweg aus der Philautia, der Eigenliebe, jenem Feind wahrer Philosophie, echter Weisheitsliebe), gelegentlich bei Erasmus von Rotterdam: Huizinga, *Erasmus*, S. 231–234 passim.

6 Was zählten, seien »Ehr und Liebe, gegen GOtt und gegen die Eltern. Wie darff denn nun das Vaterland sich zwischen diesen beyden so unverschembt einflicken?«: Justus Lipsius, *Von der Bestendigkeit*, fol. 28.

7 Ich zitiere hier aus einem Zufallsfund, weil die Passage auch eine aufschlussreiche Definition von »Freyheit« bietet, ferner den »Außländer« nationalisiert: Deß Königl. Frantzösischen Plenipotentiarii Memorial, Oder Klag-Schrifft [...] Sammt einer zweyfachen Beantwort- und Ableihnung desselbigen [...], Frankfurt 1673, S. 316f. Ebda., S. 322: die Reichsstände dürfen »keine Außländer mitten in das Vatterland einlassen«. Nicht diese (offensichtlich kurbrandenburgische) Schrift, aber die antifranzösische Publizistik seit dem Holländischen Krieg allgemein ist gut untersucht, weil sich Deutschlands Historiker zwischen Sedan und Versailles solcher Tiraden gegen den »Erbfeind« gern annahmen. Vgl. nur, neben vielen anderen: Haller, *Die Deutsche Publizistik*. Zu den Zeitungen dieser Jahre jetzt Schultheiß-Heinz, *Publizistik* (S. 221: der »Teutsche Kriegs-Kurier«, das kaiserlich privilegierte Nachrichtenorgan der Reichsstadt Nürnberg, beschwört in der Berichterstattung über den Reichskrieg gegen Frankreich seit 1674 häufig das »Vatterland Teutscher Nation«).

8 Mögliche Belege sind viel zu zahlreich, als dass es Sinn machte, hier die einschlägigen Archivzitate aneinanderzureihen – man schaue nur, beispielsweise, einmal den Bestand »Unionsakten« im Staatsarchiv Nürnberg durch oder auch Hauptstaatsarchiv Dresden Loc. 8762, Andere Buch Der Frey- und Reichsstädte geclagte Gravamina!

9 Vgl. oben S. 50f. mit Anm. 89f.

10 Votum des ansbachischen Votanten bei der Versammlung der evangelischen Union in Rothenburg im Oktober 1618, Protokoll: Hauptstaatsarchiv Stuttgart A90A tom. 20, fol. 474–538 (hier fol. 478f.). In einem Gutachten für den Heidelberger Kurfürsten Friedrich V. (den späteren »Winterkönig«) betonten Christian von Anhalt und Joachim Ernst von Ansbach am 23. August 1618, dass »salus patriae« nun, da »alles libelliren hinfort vergebens«, allein auf der »armis« beruhe; das Zitat bringt Herold, *Joachim Ernst von Brandenburg-Ansbach*, S. 223.

11 (Abgefangenes) Schreiben Benjamin Bouwinghausens an Marx Konrad von Rehlingen, 1621, Dez. 30, Haus- Hof- und Staatsarchiv Wien Böhmen 63 Dezember, fol. 66f. (»copia eines intercipirten schreibens, darauß allerlay abzunemmen«). – Bei Benjamin Bouwinghausen handelt es sich um einen heute zu Unrecht vergessenen, im zweiten und dritten Jahrzehnt des 17. Jahrhunderts prominenten Diplomaten mit damals erheblichem Einfluss und mit interessanten Ansichten, über den diese Studien mit sehr unterschiedlichem Fokus informieren: Gotthard, *Benjamin Bouwinghausen* (»die Persönlichkeit«); Gotthard, »*Bey der Union ain directorium*« (»der Politiker«).

12 Ein vergleichbares katholisches Beispiel: Als Herzog Maximilian bekundete, das bayerische Direktorat der Liga aufgeben zu wollen, fasste Fürstbischof Julius Echter von Würzburg seine Besorgnisse vor einem Wegfall der bayerischen Schirmfunktion so in Worte: Es drohe »perditio patriae und eversio religionis catholica«, der Ruin von Vaterland und Glauben – »Relatio der bey Würtzburg [...] verrichten commission, daß bayrische bundtsobristeambt betr.« vom 10. Februar 1616, abgedr. bei Altmann, *Die Reichspolitik Maximilians I.*, Beilage Nr. 12 (hier S. 447). Eine typische lager*interne* Formulierung! Wenn die »patria« nach *außen* hin, in feierlichen Appellen an die evangelische Seite, gelegentlich (vgl. Anm. 14) einmal vorkommt, meint sie hingegen jenes größere Vaterland – den von einem katholischen Oberhaupt regierten Reichsverband –, in das sich die Protestanten gefälligst einzufügen hätten.

13 Beratungsprotokoll, Hauptstaatsarchiv Stuttgart A90A tom. 39, fol. 764–766.

14 Diese Angabe bezieht sich auf den Niederschlag lager*interner* Diskurse in den Akten, und hier ist der Befund eindeutig. *Gedruckte* evangelische Flugschriftenliteratur beschwor hingegen recht häufig feierlich-pathetisch »vnser gemeins Vatterlandt Teutscher Nation« ([Anonym], *Caluinischer Sendtbrieff* [von 1626], unfol. – aber es steht so ähnlich in hundert vergleichbaren Flugschriften): also einen stände-, vor allem aber konfessionenübergreifend positiv besetzten Leitbegriff, der das zerklüftete evangelische Lager einen und gegen die »spaniolisirten« Habsburger mobilisieren sollte. Altgläubige Traktate bemühten dieses deutsche Vaterland deutlich seltener. Das katholische Lager umfasste ja nicht zwei Konfessionen, auch genügte, da der Kaiser auf der »richtigen« Seite stand, der Appell an den »schuldigen gehorsam« dem Reichsoberhaupt gegenüber. Es ist ein Zeichen von Schwäche (Calvinisten versus Lutheraner, aber auch strukturelle Benachteiligung der Protestanten durchs politische System des katholisch regierten Reiches), dass es die evangelische Seite für nötig hielt, feierliche Apelle an die »deutsche Nation« in die Druckerei zu tragen.

15 Hessisches Staatsarchiv Darmstadt, D4 98/1.

16 Feierliche Beschwörungen des »teutschen vatterlands« in patriotischer Dichtkunst fanden, im Gegensatz zu anderen »Vaterländern«, die Aufmerksamkeit der Forschung: Wels, *Die patriotischen Strömungen;* vergleichbarer Steinbruch: Jansen, *Patriotismus und Nationalethos.*

17 Peters, *Ein Söldnerleben,* S. 138.

18 Die Berufung auf eine »patria« im Kontext des Widerstandsrechts, insbesondere von Konflikten zwischen ständischen Kräften und Krone, hat jüngst Robert von Friedeburg untersucht, vgl. insbesondere diese interessante Arbeit: Friedeburg, *Universitas christiana.* Auf diesen Aspekt gehe ich deshalb hier nicht ein.

19 Pantaleon, *Teutscher Nation Heldenbuch;* die Zitate: Bd. 3, S. 393 bzw. S. 213. Es gibt eine interessante Hinführung zu Pantaleons Heldenbuch von philologischer Seite: Liebertz-Grün, *Nationalkultur und Gelehrtenstand.*

20 Ich werde die erinnernde Deutung des Schmalkaldischen Krieges (Landfriedenssicherung, »rebellion« – oder aber »glaubens sach«?) demnächst an anderer Stelle analysieren. Hier soll dieser Hinweis genügen, der zeigt, wie die Mitglieder der evangelischen Union (ein Dreivierteljahrhundert später!) versuchten, sich einen Reim auf den Prager Fenstersturz vom Mai 1618 zu machen: »Es sey ein religions sach [...] anno 46 hett man auch also procedirt, und vorgeben, es sey nit umb religion, aber effectus habs anders geben.« Es sei »ein religions sach wie anno 46 bey dem schmalkaldischen Bund«, damals habe der Kaiser auch »vorgewendt, treffe gehorsamb an, aber außgang habs geben damaln daz es religion betroffen hab«: Voten Nürnbergs bzw. Württembergs am Rothenburger Unionstag, Protokoll: Hauptstaatsarchiv Stuttgart A90A tom. 20, fol. 474–538, hier fol. 490 bzw. fol. 480. Schon diese beiden Äußerungen zeigen uns: Der Schmalkaldische Krieg wurde in der Erinnerung des evangelischen Deutschland zum Prototyp des Konfessionskriegs.

21 Zit. nach Geiser, *Über die Haltung der Schweiz,* S. 192; ganz ähnlich ebda., S. 206.

22 In kurioser Umkehrung der propagandistischen Fronten (dem Kaiser beliebten seine Gegner außer Libertätsparolen den Vorwurf entgegenzuschleudern, er wolle die »viehische spanische servitut« nach Mitteleuropa exportieren) heißt es ferner: Während »des konigs [sc. von Frankreich, also des Verbündeten des Wettiners Moritz] regiment, auch seiner armen undertanen vichische und mehr dann Türkische dienstparkeit der ganzen

welt also bekant« sei, suche er, Karl,»nichts hohers oder mehrers dann der loblichen Teitschen nation [...] libertet und freiheit«: Druffel, *Briefe und Akten*, Bd. 2, Nr. 1067 (6. März 1552).

23 Vgl. zum typisch evangelischen »Gewissens«-Diskurs im 16. Jahrhundert (dessen Exzesse Katholiken so reizen konnten, dass sie schon einmal verärgert dagegenhalten konnten: sie besäßen auch eins) Gotthard, *Religionsfrieden*, Sachregister, s. v. »Gewissen«.

24 »Bericht und Anzaig«, wohl von 1576, abgedr. bei Erstenberger, *De Autonomia*, fol. 140–144. Bezeichnenderweise folgen ganze Kaskaden von Berufungen aufs evangelische »Gewissen« und auf die »Freyheit der Gewissen«.

25 Luther an Kurfürst Albrecht von Mainz, 1530, Mittwoch »post Visitationis« [6. Juli?]: *D. Martin Luthers Werke*, Bd. 30.2, S. 397–412 (hier S. 412).

26 Vgl. Rupprecht, *Ritterschaftliche Herrschaftswahrung*, S. 117.

27 Replik der evangelischen Reichstagsteilnehmer vom 3. 9. 1582: Lehmann, *Acta publica*, Bd. 2, Nr. 58. – Die Forderung nach einem Bleiberecht heterodoxer, doch in »politischen Sachen« angepasster »undertonen«, mit anderen Worten: von Heterodoxie, die nicht in den Raum des Öffentlichen drängt, ist geistesgeschichtlich hochinteressant, weil hier avantgardistische Rollenausdifferenzierungen vorgenommen werden. Man spaltet vom »undertonen« den Menschen ab und zirkelt neben dem öffentlichen Raum eine Privatsphäre. Ich diskutiere das, unter der Überschrift »Antizipation des privaten Innenraums?«, an anderer Stelle: Gotthard, *Religionsfrieden*, S. 535–560.

28 Instruktion auf zwei Räte zu einer Werbung bei Karl V., 1552, Mai 29: Ernst, *Briefwechsel*, Bd. 1, Nr. 583.

29 Man wird in einem ganz allgemeinen Sinne davon ausgehen dürfen, dass die Autoren (zumal, wenn ihre Arbeit von einem Hof angeregt und honoriert wurde) daran interessiert waren, dass sich ihre Elaborate verkauften, und deshalb nicht völlig an vermutbaren Lesererwartungen vorbeischreiben wollten. Präziser lässt sich die Korrelation publizistische Modethemen – »Volksstimmung« nicht fassen.

30 »Des Deutschen Vaterland« [von 1813], in: Arndt, *Gedichte*, S. 29–31, hier 29.

31 Das Beispiel bei Echternkamp, *Nationalismus*, S. 52.

32 Nicolai, *Beschreibung einer Reise*, S. XVIf.

33 Wieland, *Über teutschen Patriotismus*, S. 124.

34 *National-Zeitung der Teutschen*, 1796, Sp. 20. Vgl. schon oben S. 33 mit Anm. 20f.

35 Hierzu bietet dieser Sammelband aufschlussreiche Beiträge: Heindl/Saurer, *Grenze und Staat 1750–1867*.

36 Auch zum »Heimatrecht« bietet der Sammelband von Heindl und Saurer viele Beobachtungen, freilich vor allem aus dem 18. und 19. Jahrhundert, vgl. beispielsweise S. 199–201, S. 215f., S. 226, S. 340, S. 342f., S. 863f. »Die Heimat verdankt ihre Entstehung der im 16. Jahrhundert allenthalben erfolgenden Einführung einer Verpflichtung der politischen oder Kirchengemeinde zur Unterstützung ›ihrer‹ Armen und dem damit verbundenen Gebot, fremde Bettler des Ortes ›zu verweisen‹«: so das Handwörterbuch der Staatswissenschaften, Bd. 5, Jena 1923, S. 214 zu den Wurzeln. Heimat im Rechtssinn im Mittelalter: Schubert, *Fahrendes Volk*, S. 34f. – Greverus, *Auf der Suche nach Heimat*, S. 64 hat es so ausgedrückt: »Heimat« war in der Vormoderne keine »Erlebniskategorie subjektiv vollzogener Zuordnung zu einem soziokulturellen Raum, sondern die objektive Tatsache des rechtlichen Zuständigkeitsraumes«. – Weder mit emotionalen noch mit juristischen Konnotationen verwendet Sebald Rieter 1479 das Wort: »Zu Weyssenburg und Auchspurg schickten wir unser knecht wider zu ruck *heym*«, also nach Nürn-

berg, »und behilten bey uns allein einen reittenten botten, der dy weg west und uns der pfert wartte«: Röhricht/Meisner, *Das Reisebuch der Familie Rieter*, S. 37. Ich bin auf den Terminus »heym« ansonsten in Reiseberichten nicht gestoßen.

37 Also, frei übersetzt: »Ich wäre gern weit weg gewesen, und es begann mich, jung wie ich war, ein solches Verlangen zu überwältigen, in meine Heimat zurückzukehren, dass ich in den Stall zu meinem Rösslein ging, es umarmte und weinte«: Platter, *Tagebuch*, S. 142.

38 Weß de Velasquez, »*Heimat*« *und* »*regionale Identität*«, S. 332. – Hauser, *Schweizer Alltag*, S. 237 zitiert aus einem Schreiben des Luzerner Söldnerführers Ludwig Pfyffer an den Rat von Luzern vom 14. März 1569: unter den in der Schlacht bei Jarnac Verwundeten habe sich auch ein Vorfähndrich befunden, der mittlerweile »von heimwe« gestorben sei.

39 So jedenfalls Neumeyer, *Heimat*, S. 7.

40 Jens, *Nachdenken über Heimat*, S. 17.

41 Blessing, *Heimat im Horizont der Konfession*, S. 180.

42 Schulze, *Milieu und Raum*, S. 52.

43 Um es wenigstens mit einigen Stichworten zu erläutern: Zunahme der überregionalen Arbeitsteilung, anwachsende Manufakturzentralen (insbesondere Wien), die peripheren Regionen geraten in immer stärkere ökonomische Abhängigkeit von den Zentralräumen. Die Ökonomie forciert nationale Integrations- und regionale Desintegrationsprozesse.

44 Komlozy, *Zwischen Heimat*, S. 123f. – An die Stelle der vordem »selbstverständlichen kleinräumigen Heimaten« sei einerseits »eine neue staatsbürgerliche Identität« getreten, so Komlozy, andererseits aber »begünstigte die Erfahrung der regionalen Disparitäten auch die Herausbildung regionaler Identität«, in den peripheren Räumen aus einem »Gefühl [...] regionaler Benachteiligung« heraus: regionale Identität als Ressentiment der Modernisierungsverlierer! Ich will den unzähligen Definitionen »regionaler Identität« von Seiten der Stadtsoziologen, Raumplaner und »Regionalforscher« keine eigene hinzufügen. Eine einfache bietet Komlozy ebda., S. 117, mit weiteren Literaturhinweisen.

45 Die »Kavalierstour«, die »Grand Tour« von Adeligen, die sich das leisten konnten, sollte standesspezifische Bildung vermitteln, aus dem Jugendlichen einen weltläufigen »honnête homme« machen. Die Welle lief im 16. Jahrhundert an, im 18. aus, bevorzugte Reiseländer waren die italienischen Kleinstaaten und Frankreich, auch Süddeutschland wurde selten ausgelassen.

46 Ferner Boten und Postreiter, ferner Architekten und Stukkateure, Nuntien waren unterwegs und Klosterinspekteure, um von Emigranten und Glaubensflüchtlingen hier einmal gar nicht zu reden.

47 Eine Sammelbezeichnung für Berufs- und Bevölkerungsgruppen, die gar nicht die Absicht hatten, sich dauerhaft an einem Ort niederzulassen – Gaukler und Spielleute beispielsweise, dauermobile Musikanten und Schauspieler, herumziehende Kleinkrämer, aber auch »Zigeuner«, Bettler, »gartende Knechte« und »Marodeure« (also arbeitslose oder gesundheitlich angeschlagene, »marode« gewordene Söldner). Söldner haben vereinzelt Lebensaufzeichnungen hinterlassen, der als Zuckerbäcker vagabundierende einstige Kannengießer Augustin Güntzer tat es. Lupold von Wedel, auf dessen ungewöhnlich umfangreiche Aufzeichnungen diese Studie noch wiederholt zurückkommen wird, könnte man vielleicht als Mischtyp zwischen Berufsabenteurer und Gelegenheitssöldner ansehen.

48 Platter, *Tagebuch*, S. 291.

49 Etwas frei übersetzt aus »dulce solum natale«: Geizkofler, *Selbstbiographie*, S. 109f.

50 Zillhardt, »*Zeytregister*«, S. 267.

51 Ich erwähne nur ein Beispiel: Das Jahr 1657 war gekennzeichnet von »krieg theürung und schweren seüchen und krankheit in unserm teütschen und Schwaben land« (ebda., S. 253).

52 Ebda., S. 157.

53 Ebda., S. 126.

54 Ebda., S. 201.

55 Ich erwähne nur (»Liebe« zu Nürnberg »als meinem Vaterland»): Thausing, *Dürers Briefe*, Nr. 28; oder, wenn wir schon bei Nürnberger Lokalprominenz sind: Harsdörffer, *Der Teutsche Secretarius*, S. 1.

56 Das Zitat eines anonymen Kölners bei Bezold, *Staat und Gesellschaft*, S. 94.

57 Beleg bei Roeck, *Augsburger Baukunst*, S. 122.

58 Wintergerst, *Reisen*, Bd. 2, S. 136.

59 Also: der »grässlichsten und schwerwiegendsten Injurie gegen das Vaterland«. Den Fall erwähnt beiläufig Fuchs, *Westfälische Beleidigungsprozesse*, S. 275f. und S. 280 – die Stadt als »Ehrgemeinschaft«!

60 Vgl. Butzbach, *Wanderbüchlein*, S. 33–69 passim, am schlagendsten S. 69.

61 Vgl. Vincentz, *Die Goldschmiede-Chronik*; die Gesellenreisen des Wolfgang Vincentz von 1547 bzw. 1551 ebda., S. 130–157 bzw. S. 179–249; ein besser zugänglicher Teilabdr. bei Fischer, *Quellen zur Geschichte des deutschen Handwerks*, S. 30–55 (Breslau als »Vaterland«: S. 34, S. 37, S. 42, S. 46, S. 47). Auch in anderen, nicht den Gesellenreisen gewidmeten Passagen ist Breslau immer wieder der »Vaterland«, ich nenne noch exemplarisch Vincentz, *Die Goldschmiede-Chronik*, S. 371.

62 Vincentz, *Die Goldschmiede-Chronik*, S. 155.

63 Ebda., S. 87.

64 Walther, *Ernstingers Raisbuch*, S. 13.

65 Vargas Llosa, »*Don Quijote*«, S. 31.

66 Ich kann für die Zeit vor dem Aufkommen von einigermaßen ausführlichen Reiseberichten, die mehr festhalten als lediglich Ortsnamen und gelegentliche Entfernungen (mit anderen Worten: vor dem 16. Jahrhundert; vgl. Kapitel 3.5) keine Aussagen machen. Rüdiger Schnell vermutet, dass »die emotionale Bindung« mittelalterlicher Menschen »auf einen engbegrenzten Raum [...] beschränkt« gewesen sei: Schnell, *Deutsche Literatur*, S. 259.

67 So Jacobs, *Geschichte des Vaterlandsgedankens*, S. 93.

68 Vgl. beispielsweise, mit der einschlägigen (sehr reichhaltigen) Literatur, Schaser, *Städtische Fremdenpolitik*, S. 137–157. Grundsätzlich war nach obrigkeitlicher Definition Fremder, wer nicht das Bürgerrecht besaß, wobei es erwünschte und privilegierte, geduldete, schließlich aber auch unerwünschte Fremde gab – soweit das rechtshistorische Kondensat fürs Proseminar. Das ebda., S. 145 wiedergegebene, scheinbar widersinnige Zitat (»unter dem Wort ›Fremde‹ verstehen Wir hier nicht ohne Unterschied alle Fremden«) macht deutlich, dass der Begriff sogar in Verwaltungsakten changierte, nicht einfach »kein Inhaber des hiesigen Bürgerrechts« heißen muss.

69 Ich meine die §§ 9 (Bündnisse mit »fremden« Nationen) und 13 (»fremde« Truppen dürfen nicht auf Reichsboden geführt werden). Seit 1519 musste jedes Reichsoberhaupt eine von seinen Wählern, den Kurfürsten, redigierte Wahlkapitulation unterzeichnen, seinen Kompetenzkatalog. – Die Wahlkapitulation von 1519 ist abgedr. bei Kluckhohn, *Deutsche Reichstagsakten. Jüngere Reihe*, Bd. 1, Nr. 387.

70 Ich bringe im Folgenden einige Funde in einer von mir selbst verfassten Monographie, denn nur bei Texten, die man auf der eigenen Festplatte gespeichert hat, lässt sich das Suchwortprogramm der Textverarbeitungssysteme nutzen: Gotthard, *Konfession und Staatsräson*.

71 Protokoll der Beratungen evangelischer Reichsstände in Schwäbisch Hall im Februar 1610, Hauptstaatsarchiv Stuttgart A90A tom. 5, fol. 642–887, hier fol. 857.

72 Das niederrheinische Territorienkonglomerat Jülich-Kleve-Berg war nach dem Aussterben des Hauses der Herzöge von Kleve 1609 jahrzehntelang umstritten, besonders heftig im ersten Jahrfünft; Brandenburg und Pfalz-Neuburg, wie Württemberg in der evangelischen Union von Auhausen, gehörten zu den Prätendenten, waren diejenigen von ihnen, die am schnellsten reagiert, einfach vollendete Tatsachen geschaffen hatten und nun als »Possedierende«, so die damalige Aktensprache, im faktischen, indes politisch und juristisch heftig bekämpften Besitz der Erbmasse waren. – Das Zitat: Herzog Johann Friedrich von Württemberg am 7. Juli 1610 an zwei seiner Hofräte, Hauptstaatsarchiv Stuttgart A90A tom. 8, fol. 134.

73 Rätegutachten vom 31. August 1610: ebda. tom. 6, fol. 185.

74 Nämlich jenes Benjamin Bouwinghausen, von dem das nächste Zitat stammt; vgl. Anm. 11.

75 »Wie nun Pommern, Preussen und die Clevische Lande wenn wegen der Chur Brandenburg ein Grenzstreit vorfiele, schwerlich uns zu Hülfe kommen oder unserthalben etwas auf sich nehmen würden, also wird man auch die Märkischen Lande mit der Ausländischen Provinzien Streitigkeit nicht wol vermengen, oder ihrenthalben härter als sonst belegen können«: die Deputierten der Stände an den Großen Kurfürsten, 1650, Dez. 2, abgedr. bei Neuhaus, *Deutsche Geschichte in Quellen*, Bd. 5, S. 337.

76 Hintze, *Die Behördenorganisation*, S. 80f.

77 So (leider derart allgemein und ohne Belege) Gerhard, *Regionalismus und ständisches Wesen*, S. 335.

78 »Des Kupferschmiedemeisters Ludwig Kleinhempel Hauschronik«, auszugsweise abgedr. bei Fischer, *Quellen zur Geschichte des deutschen Handwerks*, hier S. 57 – nah am rechtsgeschichtlichen Bedeutungskern.

79 »Dass der Bawkosten, so vil sein kan, gemainer armer burgerschafft vor anderen[,] fremben, bey Izigen teuren leuffen, zu guethem geraichen möge«; aus dem Dekret zitiert ausgiebig Roeck, *Augsburger Baukunst*, S. 122.

80 Ich stieß an diesen Stellen darauf: Lambrecht, *Hexenverfolgung*, S. 94; Baumgarten, *Hexenwahn*, S. 66; Alfing, *Hexenjagd*, S. 158 (»keine der wegen Zauberei angeklagten Personen stammte gebürtig aus Münster«); Burghartz, *Hexenverfolgung*, S. 161.

81 Vgl. Anm. 158 auf S. 184.

82 Schaut man in die Auszüge einiger Reisehandbücher des 18. Jahrhunderts, die Florack, *Tiefsinnige Deutsche* bietet, stößt man sogleich auf die »Frembden«, die sich in Paris so und so verhalten oder verhalten sollen: S. 267ff. passim. Von meinen frühen Reiseaufzeichnungen herkommend, war ich auch erstaunt über die Geläufigkeit von Pauschalurteilen über »die Franzosen« und »die Deutschen« – man müsste das Aufkommen solcher Pauschalzuschreibungen im Lauf des 18. Jahrhunderts einmal untersuchen, vgl. zum vorläufigen Forschungsstand oben S. 43 mit Anmm. 57f. Meine auf Reiseaufzeichnungen des ausgehenden Mittelalters und der ersten beiden neuzeitlichen Jahrhunderte fokussierte Studie kann nicht beiläufig auch noch Reisehandbücher des 18. Jahrhunderts auswerten.

83 Geizkofler, *Selbstbiographie*, S. 34.

84 Ich entnahm das den einschlägigen Lexika; über »Paul von Welsperg« selbst habe ich nichts gefunden.

85 Hassler, *Reisen und Gefangenschaft Hans Ulrichs Krafts*, S. 189f.

86 Prottung, *Die Reisen des Samuel Kiechel*, S. 11; »Martinisten« meint: Anhänger Martin Luthers.

87 Ebda., S. 122.

88 »Si vive per la maggior parte catolicamente, nondimeno per tutto molti sono Heretici«; vgl. beispielsweise noch, zu Osnabrück: »ci sono molti Lutherani, ma buona parte di cattolici«.

89 Vgl. Wandruszka, *Nuntiaturberichte*, Bd. 2.2.

90 »Norimberga« meint Nürnberg; »perversa« muss ich nicht übersetzen. – Friedensburg, *Vincenzo Laurefici Reise*, S. 35.

91 Butzbach, *Wanderbüchlein*, S. 35–54 passim; das Elaborat changiert ohnehin zwischen Reisebericht (die Passagen über Böhmen würde ich so charakterisieren), Kosmographie und Erbauungsliteratur.

92 Güntzer, *Kleines Biechlin*, S. 140 bzw. S. 143.

93 Ich sollte vielleicht anfügen, dass es gewissermaßen zur Erzählstrategie des Textes gehört, seinen Verfasser als frommen und standhaften Calvinisten zu kennzeichnen: Der soziale Abstieg musste erklärt werden, da wollte einer sein mühseliges Leben nicht vergebens gelebt haben. Man sollte sich vom modernen Schreibtisch aus nicht darüber mokieren.

94 Coryate, *Crudities*, Bd. 2, S. 65.

95 Nach Ausweis der anderen Reiseberichte blieben evangelische Besucher Roms in dem Gewimmel der Kapitale völlig unbehelligt und unbeachtet. Allerdings erwähnt Reimann, *Prinzenerziehung*, S. 145f., dass der Niedersachse Ludolf Klencke 1610 nach provozierenden Äußerungen über den Papst verhaftet worden sei. – In Berichten von Reisen über die Apenninhalbinsel wird natürlich schon registriert, dass dort, anders als in Mitteleuropa, flächendeckend alle Territorien und Gemeinden katholisch waren. Die Religiosität der »Welschen« wird übereinstimmend als eifrig, aber oberflächlich charakterisiert, man hänge sehr an äußeren Formen (wie gerade katholische Beobachter monieren). – Die Zitate: Mohnicke, *Lauff seines gantzen Lebens*, Bd. 1, S. 342 bzw. S. 372.

96 Montaigne, *Tagebuch*, hier S. 62 bzw. S. 65. Es handelt sich um jene erste knappe Hälfte der Aufzeichnungen, die von Montaigne in der dritten Person berichtet. Wie unmittelbar er trotzdem zu uns spricht, wie selbständig sein ominöser »Sekretär« die Feder führte, muss hier nicht erörtert werden. In den hier interessierenden Zügen (das wird weiter unten noch die zeituntypische Wahrnehmung der Landschaft sein) lässt sich kein Bruch feststellen.

97 Gilles de Faing begleitete 1598 Erzherzog Albrecht von Österreich, unter anderem durch Süddeutschland; ein Auszug seiner Aufzeichnungen ist abgedr. bei Dussler, *Reisen und Reisende*, Bd. 2, S. 66–71, in Übersetzung Dusslers.

98 Vgl. Neumayr von Ramsla, *Reise In Franckreich*, passim.

99 Hassler, *Reisen und Gefangenschaft Hans Ulrichs Krafts*, S. 298. So redselig sind andere vormoderne Reiseaufzeichnungen nicht. Die Krafft ist ohnehin in vielerlei Hinsicht ein Solitär, wie man das, aus anderen Gründen, von den Aufzeichnungen Montaignes sagen muss. Diese beiden Reisenden sind, auf jeweils sehr verschiedene Art, die genauesten Beobachter und sprachmächtigsten Erzähler, die ich vor dem 18. Jahrhundert kenne.

100 Samuel Klenner, Der Reisende Gerbergeselle Oder Reisebeschreibung eines auf der Wanderschaft begriffenen Weißgerbergesellens; Teilabdr. des 1751 veröffentlichten Buches: Fischer, *Quellen zur Geschichte des deutschen Handwerks*, S. 79–91, hier S. 83.

101 Zu Krakau: ebda., S. 86.

102 Schweinichen, *Denkwürdigkeiten*, S. 75f.

103 Maurer, *Reisen interdisziplinär*, S. 406 bezweifelte im Hinblick auf das Werk der Schwarzwälders, dass es »sinnvoll sein kann, ein solches Unternehmen zu fördern«. Seine Bedenken (nicht allerdings der kryptische Einwand, die Schwarzwälders nähmen »die Aktenüberlieferung der regionalen Archive zu wichtig« –?) sind aus der Sicht dessen, der vormoderne Reisegepflogenheiten rekonstruieren oder aber die Textur vormoderner Reiseberichte analysieren möchte, nachvollziehbar – solche Sammlungen bieten natürlich immer nur Häppchen, keine Reisen. Wer hingegen Reiseaufzeichnungen gegen den Strich auf ihnen zugrundeliegende Wahrnehmungsweisen hin lesen möchte, ist für derartige Zusammenstellungen sehr dankbar, denn sie erleichtern Vergleiche, helfen bei der Suche nach Typischem oder doch Wiederkehrendem.

104 »Martiniana colitur religionis confessio«. Teilabdr. der Aufzeichnungen: Schwarzwälder, *Reisen und Reisende*, Bd. 1, S. 252–266.

105 Teilabdr. ihrer Aufzeichnungen: wie vorige Anm., S. 280–287. Ludolf von Münchhausen war engagierter Lutheraner, vgl. dazu Bei der Wieden, *Ludolf von Münchhausen*, S. 136–174 (ohne Bezug auf die Reiseaufzeichnungen).

106 Man nehme sich die Aufzeichnungen des Sekretärs des Kardinals Commendone, Antonio Maria Graziani; des venezianischen Adeligen Alessandro Magno; des für die süddeutsche Gegenreformation bedeutenden Nuntius Felician Ninguarda; des Benediktinerabts Pietro Paolo de Benallis; oder des Kardinals Carlo Rossetti vor.

107 Sie waren 1606 in Süddeutschland unterwegs und wollen in Nördlingen sowie in Donauwörth übel misshandelt worden sein. Dieser Bericht ist nun wiederum so drastisch, bis hin zur verzweifelten Flucht aus Nördlingen im Morgengrauen (wobei die frühe Tageszeit die Nördlinger nicht daran gehindert haben soll, von oben Fäkalien auf die Flüchtenden herabzuschütten), dass man an der Authentizität der Erlebnisse im Zuge der Lektüre leise zu zweifeln beginnt. Ich erspare mir deshalb auch effektheischende Zitate, vgl. aber Dussler, *Reisen und Reisende*, Bd. 1, S. 122.

108 Der Direktor der Staatsbibliothek Augsburg und verdiente Heimatforscher zitiert ausgiebig aus ihnen, weshalb ich mir das ersparen und auf diesen interessanten Aufsatz verweisen kann: Gier, *Das Nebeneinander der Konfessionen nach 1555*, S. 87–106.

109 Vgl. dazu allgemein und auch mit Augsburger Beispielen Gotthard, *Religionsfrieden*, S. 568–579; zum Reichsstädteparagraphen von 1555 in knapper Zusammenfassung Gotthard, *Das Alte Reich*, S. 54f.

110 Ich habe den Reiseberichten nahestehende andere Textsorten (Kosmographien, Apodemiken, Reiseführer) nicht systematisch ausgewertet. »Talander«, *Curieuse Reisen* geht regelmäßig auf die Konfessionsverhältnisse ein, häufig sehr genau, gelegentlich fehlerhaft (S. 958: im Kurfürstentum Sachsen »haben allein die Lutherischen und die Reformierten[!] das freye Exercitium«); freilich, das von »Talander« übersetzte Werk eines »neuen Frantzösischen Scribenten« ist eben auch kein Reisebericht, sondern Buch aus Büchern, ein epigonaler Nachfahre der humanistischen Kosmographien.

111 Das ist zunächst einmal ein beiläufiger Lektüreeindruck von mir, ich habe mich mit diesen Literaturgattungen, wie in der vorigen Anmerkung schon erwähnt, nicht systematisch beschäftigt. Zur Scheu der meisten Autoren, selbst konfessionelles Profil zu zei-

gen, treten Warnungen an die Reisenden, sich etwa provozierend zu äußern, gar missionarisch die eigene Konfession vor sich herzutragen, man sei »deßwegen zuhadern nicht außgeschicket worden«: [Anonym], *Die rechte Reise-Kunst*, S. 38. Für die gelehrten späthumanistischen Apodemiken (die die Masse der Reisenden indes nicht konsultiert haben wird) bestätigt ihr einziger Kenner, der Soziologe Justin Stagl: »Die religiösen Ratschläge [...] sind [...] so ›konfessionsneutral‹ wie nur möglich gehalten«, »diese ›irenische‹ Haltung in religiösen Dingen entsprang der humanistischen Vermittlerposition vor allem der frühen Autoren« – Stagl, *Eine Geschichte der Neugier*, S. 99. – Zwischen der Beschäftigung mit vormodernen Reiseaufzeichnungen einerseits, der Untersuchung von Apodemiken (Reisekunden, Sehanleitungen für Reisende – eine Domäne Justin Stagls) sowie anspruchsloseren, wahrscheinlich praxisrelevanteren Reiseführern (mit den Routen und den »wichtigsten« Sehenswürdigkeiten) auf der anderen Seite gibt es keinerlei fruchtbare Wechselwirkung. Es scheint niemanden zu geben, der sich mit Reiseberichten wie -führern gleichermaßen auskennt.

112 Sehr genau beispielsweise von Benedict Curipeschitz: Neweklowsky, *Itinerarium*; Neweklowsky, *Ein Disputation*. Beide Werke gehen häufig auf den Bekenntnisstand im durchreisten Gebiet ein (es gibt in Bosnien »dreyerley nation und glaubens völcker«), stellen detaillierte Beobachtungen zu »ceremonien« und »satzungen« an. Nur erwähnen kann ich in diesem Rahmen, dass die Elaborate von Curipeschitz für die Erforschung von vormodernen Feindbildern hochinteressant sind: Da bereist einer »Feindesland«, beobachtet an sich bemerkenswert genau – und sieht doch wieder und wieder seine Vorurteile bestätigt.

113 »Nec audiebatur in domo illa verbum italicum«: Hassler, *Evagatorium*, Bd. 1, S. 88. Faber war durchtränkt von humanistischer Gelehrsamkeit, sehr wahrscheinlich kannte er auch die entsprechenden Nationsdiskurse. Dass Faber von allen unseren Reisenden noch am ehesten in »protonationalen« Kategorien dachte (wir werden es noch merken, wenn ich nach der Wahrnehmung von Sprachgrenzen frage), ist insofern nicht einfach nur zufällig.

114 Bär, *Wedels Beschreibung*, S. 199.

115 Geizkofler, *Selbstbiographie*, S. 48 bzw. S. 56.

116 Geyer, *Die Pilgerschrift Ludwigs von Eyb*, S. 17f.

117 Bär, *Wedels Beschreibung*, passim.

118 Peters, *Ein Söldnerleben*, S. 41; das wird zwischen Brugg und Schaffhausen notiert, also im Grenzsaum von Reichstagsdeutschland.

119 Grimmelshausen, *Simplicissimus*, S. 376; vgl. schon oben S. 49 mit Anm. 80.

120 Prottung, *Die Reisen des Samuel Kiechel*, S. 459.

121 Platter, *Tagebuch*, S. 147. »Uns Teutschen« kann bei Platter in manchen Fällen auch die »Nation« an der Universität meinen.

122 Geizkofler, *Selbstbiographie*, S. 59. – Der politik- und rechtsgeschichtliche Befund ist dieser: Die habsburgischen Niederlande (also ungefähr das heute von Holländern und Belgiern bewohnte Gebiet) wurden 1548 durch den Burgundischen Vertrag gezielt zu einer Zone verdünnter Reichspräsenz gemacht, beispielsweise aus der Gerichtshoheit des Reiches entlassen – doch bedeutete das keine vollständige Herauslösung aus dem politischen System. Indes sahen sich die separatistischen nördlichen Provinzen (ungefähr die heutigen Niederlande) seit 1648 aller rechtlichen Bindungen ans Reich enthoben, und niemand widersprach lautstark; tatsächlich hatten sie sich schon in der zweiten

Hälfte des 16. Jahrhunderts sukzessive dem Reichsverband entwunden, aus seinem politischen Leben verabschiedet.

123 Rott, *Itinerar Ottheinrichs*, S. 105.

124 Ich sollte vielleicht nochmals erwähnen, dass es sich bei den Bezeichnungen »Stamm«
und »Stammesherzogtum« um (jüngst wieder fraglich gewordene) Forschungstermini
handelt. Es war in Kapitel 2 ausführlich davon die Rede

125 So der englische Jurist Fynes Moryson, der 1592 auf einer Pilgerfahrt Süddeutschland
durchreiste; ein Auszug seiner Aufzeichnungen ist abgedr. bei Dussler, *Reisen und Reisende*, Bd. 1, S. 97–103 (hier S. 101).

126 Rott, *Itinerar Ottheinrichs*, S. 66; der Pfalzgraf ordnet stereotyp alle südwestdeutschen
Ortschaften »Schwoben« zu.

127 Bär, *Wedels Beschreibung*, S. 54f. Ersteres äußert er bei »Wiltzberk«, also wohl Wülzberg,
letzteres auf dem Weg nach Landsberg am Lech.

128 Walther, *Ernstingers Raisbuch*, S. 118. »M.« meint »Meile«, in Reiseberichten sonst meistens als »ml.« abgekürzt. – Zum Lech als Grenzfluss (auf der Höhe von Augsburg wurde
er es erst 1785) von der verfassungspolitischen Seite her: Fried, *Landeshoheitsrechte*, S. 61–
68.

129 Hans Sachs, *Werke*, S. 98.

130 Goez, *Bayern in Deutschland*, S. 8.

131 Köhler, *Problem des Regionalismus*, S. 86.

132 Mit den vermeintlichen antiken Traditionen werden viele Märlein transportiert. Ich
erwähne, fast beliebig ausgewählt:»Saxones a quibus dam Macedonica soboles [=subo-
les: Nachkommen] dicitur, gens valida, de qua Lucanus dicit [...]« – so Cochläus, *Brevis
Germaniae Descriptio*, S. 134. Von den Steirern und den Kärntnern will unser Humanist
übrigens wissen, dass sie häufig so monströse Kröpfe trügen, dass sie kaum sprechen
könnten und die Mütter, »si fama vera est«, wenn sie ihre Babies stillten, den Kropf wie
einen Sack auf den Rücken würfen.

133 Bezeichnend Sebstian Münsters Konkordanz der »alten und newen Nammen Teutscher
Nation«, wo beispielsweise die Idendität Sueven-Schwaben, Quaden-Schlesier oder No-
ricer-Bayern postuliert wird! Vgl. Münster, *Cosmographia*, S. 639.

134 Vgl. dazu Voigt, *Marinus de Fregeno*, S. 148–206.

135 Vgl. Boemus, *Omnium Gentium Mores*.

136 Vgl. Cochläus, *Brevis Germaniae Descriptio*. Wie Räume aller Ebenen, werden auch die
Stammesräume stets historisiert, zum Raum gemeinsam durchlebten Schicksals stilisiert,
wobei eine Kontinuität zwischen antiken Siedelgebieten und aktuellen Regionen fingiert
wird.

137 Diese »länder« sind nicht die Reichsterritorien. Auf fol. 50 beispielsweise weiß Franck:
»An disem land«, nämlich »Franken«, »haben fünff Fürsten den yedem ein teyl under-
worffen ist, nemlich der Burckgraff von Nürnberg, der Pfalzgraff am Rein, der Bischoff
von Bameberg, Würtzburg und Mentz« Anteil. Genauso instruktiv, zu »Sachsen«:
Franck, *Weltbuch*, fol. 59.

138 Ebda., Vorrede.

139 Graf, *Souabe*, S. 295 klagte, dass der »patriotisme régional« für »le XVIIe siècle [...]
encore largement sous-étudié« sei. Für die Zeit nach 1530 vermag indes auch er nur vage
Mutmaßungen anzustellen: es ist nicht nur das 17. Jahrhundert in dieser Hinsicht »sous-
étudié«!

140 Vgl. Friesenegger, *Tagebuch*.

141 Zum Folgenden: Coccejus, *Iuris publici prudentia*. Ich benützte die 3. Aufl. von 1705, die Erstausgabe erschien zehn Jahre früher.

142 »Talander«, *Curieuse Reisen*, die Zitate: S. 953 bzw. S. 978.

143 Das betont die jüngste Monographie zum vieltraktierten Thema völlig zu Recht: »Eine Nationalisierung breiter Schichten wird von den Humanisten weder angestrebt noch bewirkt« (Hirschi, *Wettkampf der Nationen*, S. 257); »der humanistische Nationalismus blieb auf eine kleine, elitäre Minderheit beschränkt und hat über diese hinaus keine unmittelbare Wirkung gezeitigt« (ebda., S. 358); vgl. noch ebda., S. 375f., auch S. 39 und S. 44.

144 Man sollte vielleicht anmerken, dass die SAD vielfach an ältere Verhältnisse angeknüpft hatte, die Verwaltung im Rahmen der vorgefundenen Länder (Sachsen, Thüringen, Anhalt, Mecklenburg) und preußischen Provinzen in Gang brachte. Doch gab es auch Neuordnung – dem Freistaat Anhalt wurden die preußischen Provinzen Magdeburg und Halle-Merseburg sowie Teile des ehemaligen Landes Braunschweig angefügt, Teile der preußischen Provinz Pommern kamen zu Mecklenburg. Vgl. zum Ganzen Gotthard, *Einleitung*, hier S. 27f.

145 Schmölz-Häberlein, *Ehrverletzung*; die hier einschlägigen Prozesse werden auf S. 137 bzw. auf S. 151 gestreift.

146 Er wurde später eingraviert, Autorschaft und Alter der häufig so genannten »Cusanus-Karte« sind umstritten; Abdr.: Grosjean/Kienauer, *Kartenkunst*, S. 42f.

147 Der Name ist über den Fluss geschrieben: Krüger, *Erhard Etzlaub*, Anhang Tafel V.

148 Abdruck: Sammet, *Bilderatlas*, S. 72f.; es handelt sich natürlich nicht, wie dort behauptet, um die »älteste erhaltene Straßenkarte Europas«.

149 Ich mache dazu weiter unten noch einige Anmerkungen: S. 137.

150 Mit diesem etwas simplifizierenden Ehrentitel wird das »Theatrum« in den meisten Kartographiegeschichten versehen. Neuere zusammenfassende Würdigung: Zögner, *Zeitalter der Entdeckungen*, S. 157. Zögner nennt das Theatrum »den ersten systematischen Weltatlas«, er »ersetzte alle bisherigen Kartensammlungen und erlangte, in mehreren Sprachen in ganz Europa verbreitet, große Popularität«.

151 Ich benützte eine schadhafte (kein innerer Buchtitel) Ausgabe der Universitätsbibliothek Erlangen.

152 Zuletzt betonte Engelbrecht, *Nordrhein-Westfalen*, S. 255 zu Recht, »erst das Königreich Preußen« habe »nach 1815 seinen beiden neu gewonnenen Provinzen im Westen ihren Namen und ihre territoriale Ausdehnung gegeben« (wobei ich freilich anfügen muss: Westfalen ist eine Karten des 16. Jahrhunderts durchaus geläufige Raumbezeichnung). Hansen, *Vorwort*, S. V setzt in bezeichnender, Selbstverständlichkeit suggerierender Beiläufigkeit so ein: »Eine allgemeine Geschichte des Rheinlandes – worunter hier das seit 1815 in der preußischen Rheinprovinz vereinigte Gebiet zu verstehen ist – ist ein Bedürfnis, das sich schon seit längerer Zeit geltend gemacht hat.«

153 Außer den schon genannten Karten(werken) könnte ich beispielsweise die von Hieronymus Münzer verfertigte Mitteleuropa-Karte in der berühmten Weltchronik Hartmann Schedels anführen. Das uns dort begegnende Mitteleuropa ist noch stark von den Vorstellungen des Claudius Ptolemaios geprägt (die Küstenlinien zeigen es deutlich), doch sind die aufgebrachten Namenszüge schon alle deutsch, wenn auch teilweise in latinisierter Form: An den Rheinstrom sind die Städtenamen »Colonia« und »Trier« gesetzt, als größere Raumeinheiten begegnen »Gelria«, »Westvalia«, weiter südlich »Franconia«. Ein »Rheinland« gibt es nicht. – Abdr.: Bagrow/Skelton, *Meister der Kartographie*, S. 400.

154 »Gelriae, Cliviae, finitimorumque locorum verissima descriptio«.

155 Im originalen Wortlaut: einen »Ducatus Cliviae«, einen »Ducatus Ivliae«, angeschnitten Teile von »Bergiae ducatus«, ferner »Coloniensis Episc[opatus] Pars«.

156 Ich zeige das gleich.

157 Es lohnt an dieser Stelle nicht, darüber zu räsonnieren, ob Antwerpen, als dort Abraham Ortelius neun Jahre zuvor seinen Atlas verlegt hatte, zu »Deutschland« gehörte. Vgl. oben Anm. 122.

158 Schuler, *Der Älteste Reiseatlas*, S. 59f. bzw. S. 63f. Die Stiche des anonym erschienenen Werkes dürften von Michael von Eitzing stammen.

159 Eigentlich »Holsatia«, »Prussia«, »Clivia« – mithin politische Einheiten von aktueller Bedeutung.

160 Reichskreise auf Reisekarten abzubilden, war ganz unüblich, immerhin könnte der (freilich eben nicht typische) Befund bei Eitzing darauf hindeuten, dass die objektiv gesehen archaischen »Stammesnamen« Franken und Schwaben auch wegen der Einrichtung entsprechend benannter Reichskreise in Erinnerung blieben.

161 Es gab seit 1500 sechs, seit 1512 zehn Reichskreise. Überblick über die Kreisverfassung: Gotthard, *Das Alte Reich*, S. 25–28; vgl. zur »raumbildenden Kraft« des Reichskreises von der politischen und ökonomischen Seite her Göttmann, *Getreidemarkt am Bodensee*, S. 123–127.

162 Der »neue frantzösische Scribent« mag davon in die Irre geführt worden sein, dass es neben den brandenburgischen Hohenzollern (die tatsächlich den Kurhut trugen) zwei zum Fränkischen Kreis gehörende Territorien der fränkischen Hohenzollern gab, die Markgrafschaften Brandenburg-Ansbach und Brandenburg-Bayreuth (zeitweise Brandenburg-Kulmbach). – »Talander«, *Curieuse Reisen*, S. 859ff.

163 Kurzer Auszug der Reisebeschreibung des Hieronymus Scheidt: Schwarzwälder, *Reisen und Reisende*, Bd. 1, S. 492f.

164 Schrattenecker, *Anonimo Veneziano*, S. 47.

165 Wandruszka, *Nuntiaturberichte*, S. 85. – Vgl. noch, nach meinem hauptsächlichen Beobachtungszeitraum, Nicolai, *Beschreibung einer Reise*: häufige Erwähnung der Kreise, die Vorrede zum 1. Band beginnt so: »Ich liefere hier von meiner Reisebeschreibung die beiden ersten Bände, welche meine Reise durch den Fränkischen Kreis, von Regensburg auf der Donau nach Wien, und den Anfang der Beschreibung von Wien [...] enthalten.«

166 Vgl. Kamman, *Jörg Pfinzings Pilgerreise*, S. 120–163.

167 Bär, *Wedels Beschreibung*, S. 54. Wedel zieht von Baiersdorf nach Erlangen an der Schwabach, beide Orte sind »markgräflich« (werden nämlich vom Markgrafen von Brandenburg-Bayreuth regiert); von da durch den heute so genannten »Reichswald« nach Nürnberg (das als Reichsstadt keinem anderen Territorialherrn untersteht); von da in den Ort Schwabach und nach Roth, beide Städte unterstehen dem Markgrafen von Brandenburg-Ansbach.

168 »Statim extra portas [sc. Bremens] comitatus Hoiensis occurrit«: so die Reiseaufzeichnungen des Utrechter Juristen Arnoldus Buchelius, Teilabdr.: Schwarzwälder, *Reisen und Reisende*, Bd. 1, S. 252–266 (hier S. 254).

169 Mir fielen einige beim Engländer Fynes Moryson auf – Teilabdrucke unterschiedlicher Partien bei Dussler, *Reisen und Reisende*, Bd. 1, S. 101–106 (Zuordnung Donauwörths) bzw. Schwarzwälder, *Reisen und Reisende*, Bd. 1, S. 304–330 (der S. 305 genannte »Earl of Scheneburg« muss den Herzog von Sachsen-Lauenburg meinen). Der 1600 gen Süden ziehende Rechtsgelehrte Paul Hentzner hielt Mittagstisch im vermeintlich tirolischen Ort

»Bartkirch«, zweifelsohne Partenkirchen: Dussler, *Reisen und Reisende*, Bd. 1, S. 112–114 (hier S. 112).

170 Die erste Karte mit durchgezogenen politischen Grenzen »im deutschen Raum« ist offenbar Etzlaubs Karte von der Nürnberger Umgebung aus dem Jahr 1492: so Krüger, *Erhard Etzlaub*, S. 12f. Ich zeige indes gleich, dass Reiseatlanten noch des späten 16. Jahrhunderts kaum Grenzlinien boten.

171 Dussler, *Reisen und Reisende*, Bd. 1, S. 229 (Dussler gibt in diesem Fall nur Ausschnitte in aktuellem Deutsch).

172 Bär, *Wedels Beschreibung*, S. 440; der Autor ist im Nordwesten Lothringens unterwegs.

173 Ich gehe gleich noch darauf ein: vgl. Anm. 217!

174 Das zeigt Kapitel 3.5.

175 In dem Maße, in dem Reiseberichte im Verlauf des 17. Jahrhunderts, und zumal dessen zweiter Hälfte, tendenziell ausführlicher werden, sich schließlich am Ende dieses Jahrhunderts zu literarisieren beginnen, treten Meilenangaben (zu ihnen gleich mehr) und politische Zuschreibungen in der wachsenden Vielfalt des Gebotenen wieder zurück. Regelrecht in die Augen stechen sie bei vielen Texten der *ersten* Hälfte der Frühen Neuzeit.

176 Vgl. oben S. 55ff.

177 Bär, *Wedels Beschreibung*, S. 223 bzw. S. 380.

178 Ebda., S. 278f.

179 Dafür könnte sprechen, dass auch die zweite ausdrückliche Zuschreibung zum Reichsverband, auf die ich gestoßen bin, Reichsgebiet von den Niederlanden absetzt. Henri de Rohan führt aus: »Encores qu'il sembleroit qu'Emden devroit estre mise entre les villes du pais bas, tant pour la ressemblance de son assiete, comme pour estre la capitale de l'Oostfrise[!], toutefois par ce qu'elle tient de l'Empire« (also: weil Emden zum Reich gehört – wiewohl es scheinen könnte, dass die Kommune unter die Städte der Niederlande eingereiht werden müsste, sowohl wegen der Ähnlichkeit der Lage als auch weil es die Hauptstadt Ostfrieslands ist –), beschreibe er dieses Emden nun doch unter den deutschen Städten: Voyage du Duc de Rohan, faict en l'an 1600 [...], Teilabdr. bei Schwarzwälder, *Reisen und Reisende*, Bd. 1, S. 421–424 (hier S. 422).

180 Bär, *Wedels Beschreibung*, S. 57.

181 Ebda., S. 368; um die Beiläufigkeit der Rückkehr ins Reich, ja, die Nichtexistenz von Reichsgrenzen für den Reisenden zu illustrieren, der Kontext der Passage: segeln von England ab, »hier enden sich die engelischen Meilen und fangen die teutschen an und haben den guten Wint den Tag und die Nacht folgik behalten«; legen in Hamburg an, »Hamburger Bier getrunken, liegt unter dem Bischopf von Bremen«.

182 Ebda., S. 214.

183 Das gilt für meinen Untersuchungsraum: ein weit nach Westen und südlich über die Alpen erweitertes Mitteleuropa. Mit anderen Worten: Ich habe nicht systematisch untersucht, wie Skandinavien, England oder Osteuropa erreist und wahrgenommen wurden.

184 Reiseaufzeichnung des Gilles de Faing von 1598, Teilabdr. bei Dussler, *Reisen und Reisende*, Bd. 2, S. 66–71 (hier S. 70).

185 Der Graf von Oldenburg »utramque ripam possideret Visurgim, suae ditionis esse dicebat, contrarium affirmabant Bremenses«: Arnoldus Buchelius, Commentarius rerum quotidiarum (mit Aufzeichnungen über eine Deutschlandreise 1587/88), Teilabdr.: Schwarzwälder, *Reisen und Reisende*, Bd. 1, S. 252–266 (hier S. 255).

186 Teilabdr. der Reiseaufzeichnungen von 1503: Dussler, *Reisen und Reisende*, Bd. 2, S. 26–31 (hier S. 30).

187 Garber, *Die Reisen des Felix Faber*, S. 37. Da der Dominikanerpater seine Pilgerreise von einem nahe Ulm liegenden Kloster aus startete, kann man Vorortkenntnisse unterstellen, also nicht die für Reiseaufzeichnungen typische Fremderfahrung; auch ist eine Beeinflussung durch humanistische Diskurse bei Faber eher vorstellbar als bei den meisten anderen Reisenden, deren Aufzeichnungen für diese Studie ausgewertet worden sind, ja, sie ist in seinem Fall sogar wahrscheinlich: vgl. schon oben Anm. 113.

188 Schmeller, *Ritter-, Hof- und Pilger-Reise*, S. 192.

189 Zum Folgenden: Birken, *Ulysses*, S. 44. Das dichtende, in anderen Textsorten durchaus sprachgewandte Mitglied der »Fruchtbringenden Gesellschaft« verfertigte den Reisebericht mit Hilfe der Tagebuchnotizen Christian Ernsts. Eigentlich handelt es sich mehr um ein panegyrisches Lebensbild des reiselustigen Erbprinzen denn um eine typische Reiseaufzeichnung, aber auch diesen Text dürfen wir ja danach befragen, wie er Grenzüberschreitungen präsentiert. – 15. Mai 1659, der damalige Sitz eines Parlement (die Parlements waren im Kern Gerichtshöfe, übten auch wichtige administrative Funktionen aus) heißt auch heute noch Ensisheim, der damalige Hauptort der linksrheinischen württembergischen Exklave Mömpelgard ist heute eine Industriestadt namens Montbéliard. Das Dorf »Sekt« konnte ich nicht identifizieren. Der Text geht übrigens so weiter: Man bleibt bis zum 18. Mai in Mömpelgart, dann Aufbruch, »Nachtlager zu Bisancour«, »folgenden Tags kamen Sie Mittags nach Serme, und Abends nach Rufach: Deren jenes unter das Parlement in Elsaß, dieses zum HochStift Straßburg, gehöret«. Weder gibt es einen »französischen« Raumcontainer noch eine »nationale« (oder anders definierte) Grenzlinie. Auf S. 30 durchzieht man ungefähr dieselbe Gegend, hier werden nur Städtenamen genannt, einmal taucht die Raumbezeichnung »Elsaß« auf.

190 Also Genf: ebda., S. 100.

191 Mit diesem Aspekt beschäftigt sich gleich Kapitel 3.5.

192 Mein Befund bestätigt eine Einschätzung Claudia Ulbrichs, die aufgrund anderer Quellen und im Blick aufs 18. Jahrhundert zum Schluss kam, dass die Reichsgrenze nicht als irgend einschneidend erfahren wurde: Sie hatte »keinen oder zumindest keinen behindernden Einfluß auf Ehestiftung und Verwandtschaftsbeziehungen, auf Grundbesitz und Mobilität [...] Sie war [...] nur eine von außerordentlich vielen Grenzen, die die Gesellschaft des Ancien Régime durchzogen und die Räume ordneten [...] Ein Hindernis stellten Grenzen eher für die Herrschenden dar, die einheitliche, überschaubare Räume kontrollieren wollten, als für die Beherrschten«: Ulbrich, *Shulamit und Margarete*, S. 124f.

193 Die »objektiven« rechtshistorischen Gegebenheiten brauchen diese wahrnehmungsgeschichtliche Studie nicht zu interessieren. Vgl. hierzu Riedmann, *Landeshoheit*.

194 Die Instruktion ist abgedr. bei Röhricht/Meisner, *Pilgerreisen*, S. 120–145 (Zitate: S. 126). Auch Ein Naw [sic] Reyse büchlein, von der Weitberümbten, Churfürstlichen Sechsischen Handelstad Leipzig aus [...], o. O. 1579, aus der Hand des »Churfürstlich Sechsischen Postbereyters« Daniel Wintzenberger, gibt zwar Routen mit Übernachtungsorten für alle möglichen europäischen Reiseziele an, aber keine Grenzen. Die Grenze war kein nennenswerter Einschnitt.

195 Man nehme sich beispielsweise einmal seine 1516 unternommene Reise von Süd nach Nord durchs Reich, dann nach Dänemark und Schweden, anschließend wieder zurück an den Bodensee vor (S. 86–100)!

196 *Autobiographie* Siegmund von Herbersteins, zum 25./26. Juni 1519 (S. 172). – Der steirische Freiherr und Präsident der niederösterreichischen Kammer war ein erfahrener Berufsdiplomat, in diplomatiegeschichtlichem Rahmen wurde sein Wirken schon wiederholt gewürdigt. Vgl. zuletzt Petritsch, *Abenteurer oder Diplomaten?*, S. 257.

197 Walther, *Ernstingers Raisbuch*, S. 53 (1591).

198 Herberstein, *Autobiographie*, S. 96f.

199 Montaigne, *Tagebuch*, S. 101 (Kursivsetzung von mir). Das euphorische Deutschlandbild Montaignes wäre ein Thema für sich.

200 Adam Ebert, Reiseaufzeichnungen, Teilabdr. bei Dussler, *Reisen und Reisende*, Bd. 2, S. 156–160 (hier S. 157).

201 Prottung, *Die Reisen des Samuel Kiechel*, S. 107.

202 Vgl. auch dieses in seiner Beiläufigkeit aussagekräftige Beispiel: der Schuhmachergeselle Emanuel Groß – Teilabdr. seines »Tagebuchs«: Fischer, *Quellen zur Geschichte des deutschen Handwerks*, S. 62–64 – weilt 1642 längere Zeit in Schweden und hält dann fest: »Aus dem Königreich Schweden bin ich abgereist undt zu Stockholm zu Schiff gangen am 29. Tag Augustus undt den 4. Tag September in der Stadt und Vestung Stralsund angelanget, in einem guten fruchtbaren Landt. Von da schifften wir in Engellandt«.

203 Ich erwähne nur, dass er die erste (und meines Wissens einzige deutschsprachige) Monographie über Neutralität im Kriege verfasst hat: Neumayr von Ramsla, *Von der Neutralitet und Assistentz*. Ich gehe auf diese interessante Schrift demnächst an anderer Stelle ausführlich ein. Auch Friedensverhandlungen dürfte Neumayr, so weit ich sehe, als erster (deutschsprachiger?) Autor monographisch behandelt haben: Newmayr von Ramsla, *Von Friedes[sic] Handlungen*.

204 Nämlich im Norden Frankreichs: Neumayr von Ramsla, *Raise durch Welschland*, S. 244. Das folgende Zitat ebda., S. 245.

205 Siehe dazu, in aller den schreibseligen Autoren kongenialer Ausführlichkeit, Scattola, ›*De finibus imperii Germanici*‹, S. 9–70. Den Reichsgrenzen wurden so viele Traktate gewidmet, dass sich Heinrich Gottlieb Franke 1732 bemüßigt sah, eine Geschichte der Lehre von den Reichsgrenzen zu veröffentlichen: Franke, *De finibus*. Die Flut schwoll allerdings erst im 17. Jahrhundert an, vorher hätten Reisende nicht viel vor Ort Hilfreiches gefunden (als vierte und letzte der Weltmonarchien gesehen, war das Reich sowieso grenzenlos) – aber sie nahmen solche Elaborate ja auch im 17. Jahrhundert keinesfalls zur Kenntnis.

206 Vgl. schon oben S. 97.

207 Nämlich das 1579/80 anonym, vermutlich in Köln, verlegte Itinerarium orbis Christiani: Schuler, *Der älteste Reiseatlas*. Vgl. oben Anmm. 157f.

208 Eine »Wendung des Grenzbegriffs zum Sprachlichen und Kulturellen« bei »Humanisten und Reformatoren« macht Medick, *Grenzziehungen*, S. 218 aus. Dass vielen Gelehrten des 15. und mehr noch des 16. Jahrhunderts »die Sprache als zeitgemäßes Kriterium der Abgrenzung geographisch-herrschaftspolitischer Räume« gegolten habe, beobachtet Stauber, »*Auf der Grenzscheide*«, S. 92f. Es ließen sich eine Reihe ähnlicher Zitate aus der jüngsten Forschung beibringen. Zumeist stützen sie sich auf die Auswertung der berühmten humanistischen Kosmographien. Dass der Sprache vor allem von deutschen Gelehrten, nicht beispielsweise von romanischen »seit dem 15. Jahrhundert ein so hoher Stellenwert bei der Grenzziehung von Staaten zugemessen« wurde, betont Schnell, *Deutsche Literatur*, S. 268f.

209 Walther, *Ernstingers Raisbuch*, S. 35; vgl. auch die Rückreise, ebda., S. 53. – Ein anderes Beispiel: Man suche einmal bei den Schwarzwäldern nach der Erwähnung sprachlicher

Wandlungen bei Reisenden, die die norddeutsche Tiefebene, beispielsweise Holland zu, verlassen!

210 Faber, *Eigentliche beschreibung*, S. 163.

211 Trient habe »sozusagen zwei Stadtteile, einen unteren und einen oberen, wegen der zwei verschiedenen Völker. Im oberen wohnen die Italiener, im unteren aber sind Deutsche. Sprache und Sitte sind hier getrennt. Selten herrscht unter ihnen Friede«: Garber, *Die Reisen des Felix Faber*, S. 16. Vgl. noch, vage, Rott, *Itinerar Ottheinrichs*, S. 68: Trient »ist ein statt, die ist halb deutsch und halb welsch«; die weiter oben zitierte Bemerkung Adam Eberts; sowie, am genauesten, Montaigne, *Tagebuch*, S. 102: »Etwa zwei Meilen zuvor«, nämlich vor Trient, »hatten wir das italienische Sprachgebiet betreten. Die Stadt selbst ist zur einen Hälfte italienisch-, zur andern deutschsprachig.« Montaigne hielt (ebda., S. 35) auch das fest, im Ostsaum Frankreichs: »Bussang, vier Meilen. Kleines hässliches Dorf, das letzte im französischen Sprachgebiet.«

212 Häutle, *Gesandtschafts-Reise*, S. 55.

213 Natürlich ließen sich einige Einzelfunde aneinanderreihen – aber angesichts der Fülle von Aufzeichnungen, die ich durchstöberte, ist das Suchergebnis in Sachen Sprache bzw. Dialekt mehr als dürftig.

214 Köhler, *Regionalismus*, S. 52f.; vgl. auch Jakobs, *Geschichte des Vaterlandsgedankens*, S. 94, unter Bezug aufs 16. Jahrhundert: »Man kann feststellen, wie auch im breiten Volk das Wort ›Vaterland‹ sich gerade durch das Erlebnis des Grenzkampfes mit nationaldeutschem Inhalt erfüllt.«

215 Insofern überrschte es mich dann auch nicht, in einem fünfzehnseitigen Kapitel über »Niederländisch und Deutsch: Die Sprachen der Einheimischen und der Reisenden« bei Chales de Beaulieu, *Deutsche Reisende in den Niederlanden* in den belegenen Fußnoten ausnahmslos (!) Reiseberichte der zweiten Hälfte des 18. Jahrhunderts zu finden. Die Autorin stellt sich ansonsten die Fragen dieser Arbeit nicht.

216 Dass die in London wenig erfolgreichen Emissäre die unterwegs zu bestehenden Mutproben etwas aufplusterten, kann nicht ausgeschlossen werden.

217 Schloßberger, *Breunings von Buchenbach Relation*, S. 6f. – Vielleicht mag an dieser Stelle ein Wort zum Passwesen überhaupt angebracht sein. Pässe gab es an der Schwelle zur Moderne schon jahrhundertelang, doch kann von einer systematischen Kontrolle an Landes- oder gar Binnengrenzen keine Rede sein (das machten zuletzt für die Habsburgerlande verschiedene Beiträge bei Heindl/Saurer, *Grenze und Staat 1750–1867* deutlich, siehe beispielsweise S. 349, S. 510f., S. 638–642 passim, S. 759). Erst um und nach 1800, also wenige Jahrzehnte, ehe sie für Binnengrenzen schon wieder abgeschafft wurden, begannen die entsprechenden Kontrollvorschriften offenbar zu greifen. Auch Gröbner, *Der Schein der Person*, S. 149 spricht beiläufig, bei einem Blick ins 16. Jahrhundert, von »der Durchlässigkeit offizieller Ausweispapiere und Kontrollen«. Wohl auch deshalb kommen Ausweiskontrollen an Grenzübergängen (wie diese selbst) in Reiseaufzeichnungen praktisch nicht vor. Auch Kontrollen an den Stadttoren musste man nicht wirklich fürchten, doch ist davon wenigstens gelegentlich die Rede. Die Stadtmauern waren im subjektiven Empfinden der Reisenden respaktablere Schranken denn Staatsgrenzen.

218 Also: es geht von Pleystein über Vohenstrauß nach Leuchtenberg.

219 Die modernen Namen sind: Lückenrieth(?), Wernberg-Köblitz, Hirschau, Sulzbach-Rosenberg, Hersbruck, Lauf.

220 Auf Nürnberg folgen: Neustadt an der Aisch, Langenfeld, Markt Einersheim, Iphofen, Kitzingen, Würzburg. Iphofen und Kitzingen muss der Verfasser verwechselt haben. –

Herberstein, *Autobiographie*, S. 311; Herberstein zog im Mai 1534 von Prag nach Gelnhausen.

221 Rovigo? Ebda., S. 177 (Juli 1519).

222 Man nehme nur als spätes Beispiel die wortreichen Aufzeichnungen Güntzers von 1657! Dieser herum- und heruntergekommene Handwerker weiß ausführlich von seinen Krankheiten oder seiner »melancoley« zu berichten, von allerlei Begegnungen und Gefährdungen; Natur- oder Kulturlandschaften kommen auf den rund dreihundert Druckseiten nicht vor.

223 »Insignis tilia nobis admirantibus conspecta« in Lathen, sodann »habet Northorn in aditu ante portam insignem sublimemque turrim cum visenda patulaque quercu«: Schwarzwälder, *Reisen und Reisende*, Bd. 1, Nr. 32.

224 Walther, *Ernstingers Raishuch*, S. 261 f.

225 Birken, *Ulysses*, S. 44.

226 Hale, *Travel Journal*, S. 71.

227 Neumayr, *Franckreich*, S. 23

228 Das ist spöttisch gemeint, also: diese verlassene Ebene ist natürlich, da menschenleer, nicht schön! Der Exkurs weiß auch, daß das Land »nichts traget, als wilde Roßmarin«, abseits der unfruchtbaren Ebenen gibt es – das Adjektiv ist erneut nicht beim Wort zu nehmen! – »lustige hügel«, auf denen kaum Pflanzen und keine Bachläufe begegnen: [Anonym], *Bedencken*, fol. 37.

229 Neumayr, *Franckreich*, S. 4 bzw. S. 302.

230 Coryate, *Crudities*, S. 313.

231 »Beseyet« soll vermutlich »eingesät« heißen; zit. nach Bei der Wieden, *Münchhausen*, S. 247 (diese Passage der Reiseaufzeichnung ist meines Wissens nicht publiziert; Kursivsetzungen von mir).

232 Schwarzwälder, *Reisen und Reisende*, Bd. 1, S. 343.

233 Schudt, *Italienreisen*, S. 183 stellt, wiewohl er hauptsächlich Aufzeichnungen des späten 17. und des 18. Jahrhunderts ausgewertet hat, zu Recht fest: »Die Aussprüche über die Landschaft sind verhältnismäßig selten«. Ebda., S. 174 heißt es, wieder zu Recht, dass »sich ein Empfinden für den Reiz der Umgebung erst ganz allmählich bemerkbar« gemacht habe, aber das sich anschließende Zitat aus den Aufzeichnungen des Fynes Moryson von 1592/93 ist wenig überzeugend (nämlich eben: zu früh!), hier ist ausschließlich in den üblichen Topoi vom Ackerbau die Rede (»fruitful plain of corn«, »corne and wine, and wood to burne« usw.). – Schudts Materialsammlung ist eine Fundgrube, doch nicht so sehr für die Fragestellungen dieser Arbeit. Schudt schaut seinen Reisenden bevorzugt in Museen und Biliotheken über die Schulter, Maßstab ist ihr Kunstverständnis, insbesondere fahndet er nach ihrer Kenntnis damals gerade zeitgenössischer Künstler.

234 Mortoft, *Travels through France and Italy*, S. 175 (Kursivsetzungen von mir).

235 Brosses, *Lettres familières*, S. 153: »tout le chemin est ainsi *garni* d'arbres en échiquier ou en quinconce. Il n'y a point de *décoration d'opéra* plus belle ni mieux ornée qu'une pareille campagne. Chaque arbre, couvert de feuilles de vignes, fait un dôme de pavillon [...] Cette *décoration* n'a guère moins de vingt milles de long, qui est la distance de Vicente à Padoue« (Übersetzung und Kursivsetzungen von mir).

236 »Savez-vous ce que c'est cette campagne fameuse? C'est une quantité prodigieuse et continue de petites *collines stériles, incultes, absolument désertes, tristes et horribles* au dernier point. On ne peut rien de plus *vilain*. Il fallait que Romulus fût ivre quand il songea à bâtir une ville dans un terrain aussi *laid*«: ebda., S. 391 (unfruchtbar und unkultiviert =

nicht »schön«: die das betonenden Kursivsetzungen stammen wie die freie Übersetzung von mir). Vgl. beispielsweise noch das drastische Verdikt bei Mabillon/Germain, *Museum Italicum*, Bd. 2, S. 151.

237 »Tum e Alpibus, velut e carceris tenebris, emerges in latissimos, fertilissimos, pulcherrimos campos« – so 1625 Johann Heinrich Pflaumern; aus seinem »Mercurius Italicus« zitiert Schudt, *Italienreisen*, S. 181 Anm. 36.

238 Vgl. oben Anm. 229.

239 Neumayr, *Welschland*, die Zitate: S. 3, S. 7, S. 8, S. 10.

240 Durch den Mediziner und Diplomaten Johann Hartlieb: Hartlieb, *Alexander*, die Zitate: S. 246 bzw. S. 308f.

241 Weil Reiseberichte der anhebenden Neuzeit so auffällig mit Entfernungsangaben prunken, will ich wenigstens anmerkungsweise darauf hinweisen, dass sich »Alexander« die Erde dadurch untertan macht, dass er sie quantifiziert.

242 Blumenberg, *Der Prozeß der theoretischen Neugierde*, Anm. 223 auf S. 292.

243 So darf man wohl diesen Satz übersetzen: »Altissimum regionis huius montem [...] hodierno die, sola videndi insignem loci altitudinem cupiditate ductus, ascendi«.

244 Der »Brief« vom 26. April 1336 wurde wiederholt in deutscher Übersetzung abgedruckt. Ich zitierte zuletzt aus dieser: Eppelsheimer, *Petrarca*, S. 88–98.

245 Ich übersetzte so, etwas frei, aber doch wohl sinngemäß: »Occupavit inde animum nova cogitatio atque a locis traduxit ad tempora«.

246 Ausnahmen bleiben, so weit ich sehe, ganz sporadisch. Hauser, *Schweizer Alltag*, S. 13 zitiert, ohne genaue Datumsangabe und sichtlich sprachlich modernisiert, aus dem Schreiben des Zürcher Arztes und Naturforschers Conrad Gessner von 1541 an einen Freund, in dem es heißt, er habe sich vorgenommen, von jetzt an jährlich ein oder zwei Berge zu besteigen, »die unermesslichen Gebirgsmassen« verschüfen ihm »Lust« und »Wonne«.

247 Zu den Folgen gehört, dass man nun allenthalben nach französischem Vorbild gepflasterte Chausseen anlegt, die von Wasserabzugsgräben gesäumt werden: Man muss nicht mehr hoffen, auf den gebahnten Pfaden voranzukommen (anstatt sich andere zu bahnen), die dauerhaft trassierte Straße garantiert das Durchkommen unter allen denkbaren Bedingungen.

248 So, unter Rekurs auf Arbeiten von Verkehrshistorikern, zuletzt Ahrens, *Enträumlichung*, S. 28. »Die Intensität zwischen wahrgenommener Landschaft und Reisenden verliert sich«, spekuliert Ahrens, vollends die Eisenbahn bewirke »den Wandel vom Landschaftsraum zum geographischen Raum«. Letzteres hat vor allem Wolfgang Schivelbusch wiederholt betont, vgl. beispielsweise Schivelbusch, *Geschichte der Eisenbahnreise*, S. 52f.

249 Hat man einmal untersucht, ob moderne Landwirte von schöner Natur schwärmen können? Ob sie, wenn der Stall versorgt ist, zum Wandern aufbrechen?

250 Raymond, *Romantisierung*, S. 1.

251 Rohr, *Einleitung zu der Klugheit zu leben*, S. 285 (Kursivsetzung von mir).

252 Wittgenstein, *Tractatus logico-philosophicus*, S. 5f. Vgl. sodann insbesondere Whorf, *Sprache, Denken, Wirklichkeit*. Whorf entwickelte seine Thesen im Vergleich zwischen indoeuropäischen Sprachen und der der Hopikultur, die nicht unsere »Raum-Zeit-Begriffe« kenne. Seine Aufmerksamkeit galt aber vor allem dem Fehlen unserer Zeitstufen im Hopi, hinsichtlich des Raumes bestehe zwischen indoeuropäischen Sprachen »und dem Hopi keine ausgeprägte Differenz. Wahrscheinlich ist die Auffassung des Raumes unabhängig von der Sprache im wesentlichen durch die Erfahrung bedingt«: ebda., S. 100.

Whorfs Sprachphilosophie war immer und ist umstritten, der linguistisch wenig geschulte Historiker wird sich kein Urteil anmaßen. Vgl. beispielsweise Gipper, *Untersuchungen zur Sapir-Whorf-Hypothese*, mit der weiteren Literatur.

253 Schudt, *Italienreisen*, S. 270.

254 Man kann das auch in anderen Reiseaufzeichnungen beobachten. Kunstvoll angelegte Gärten waren Sehenswürdigkeiten, vergleichbar einem berühmten Palast oder einer großen Kirche.

255 Neumayr, *Welschland*, S. 149 (Kursivsetzungen von mir).

256 Montaigne am nächsten kommen einige (wenige) Passagen bei Krafft, insbesondere ein Ausflug im Vorderen Orient – zwar zu einer für Pilger gewissermaßen obligatorischen Sehenswürdigkeit (die Tour motivierte also nicht etwa Neugierde auf neue Landschaftseindrücke), aber passim mit erstaunlich genauen Natur- und Tierbeobachtungen. Vgl. Hassler, *Reisen und Gefangenschaft Hans Ulrichs Kraffts*, S. 77 ff.

257 »On a souvent reproché au voyageur son indifférence aux beautés de la nature. On s'est étonné de la sécheresse ou brièveté de ses descriptions. Le caractère grandiose de la haute montagne ne lui arrache pas de cris d'admiration, et, pendant sa traversée des Alpes, il s'inquiète surtout des difficultés des passages«: Lazard, *Michel de Montaigne*, S. 278; Lazard hält das nicht fest, um sich von den referierten Forschungsurteilen zu distanzieren.

258 Montaigne, *Tagebuch*, S. 97. Erhellend auch, wie er den Abstieg vom Seefelder Sattel nach Innsbruck empfindet (ebda., S. 89): Betont wird Kultiviertes im Nahbereich, aber auch die Rahmung ist nicht bedrohlich, sondern gefällige Kulisse. Und das Gesamturteil über eine doch zweifelsfrei alpin geprägte Landschaft ist überaus positiv: »die wohlgefälligste Landschaft, die er je gesehen hat« (Im Originaltext: »le plus agréable paysage«, auch andere Gebirgslandschaften können »agréable« sein.)

259 Montaigne, *Tagebuch*, S. 230.

260 Vgl. auch ebda., S. 228: Lob der Ebene, »dahinter erheben sich schöne Hügel und Berge [schlampig übersetzt aus ›belles montaignes et collines‹], in denen die meisten Einwohner Landhäuser besitzen«. Solche Berge also können »belles« sein, aber es sind eben gleichsam hügelige Gärten, gelobt wird nicht schroffe Wildnis.

261 Also doch wieder Orientierung auf ein Ziel hin! Nun ist sie wohl bis zu einem gewissen Grade dem Reisen per se eingeschrieben.

262 Ebda., S. 105 f. (Kursivsetzungen von mir).

263 Um nicht missverstanden zu werden: Er stand für mich schon auf dem Mont Ventoux. Aber ob er dort Natur genoss? Die Gedichte Petrarcas muss der Historiker nicht analysieren, nennen darf er vielleicht diese Stelle: »Per alti monti e per selve aspre trovo qualche riposo: ogni abitato loco e nemico mortal de gli occhi miei«: Petrarca, *Rime e Trionfi*, S. 220. Der spätere Papst (seit 1458, als Pius II.) Enea Silvio Piccolomini pries in seinen »Commentarii« immer wieder in sehr subjektiv anmutenden Passagen die Schönheit des Orciatals.

264 Barbara Eschenburg hat das Neue so auf den Punkt gebracht: nicht mehr Ausstattung heilsgeschichtlicher Figuren mit symbolischen Requisiten, sondern »Darstellung des Raumes als eines ununterbrochenen farbigen und materiellen Zusammenhangs, in dem alle Dinge vom Standpunkt des Betrachters aus geordnet sind« – Eschenburg, *Landschaft in der deutschen Malerei*, S. 7. Die Forschungsliteratur und ihre Kontroversen zur Entstehung der Landschaftsmalerei im 14. oder doch erst im 15. Jahrhundert in den Nieder-

landen oder doch eher in Italien nennt jetzt Büttner, *Landschaftskunst im Zeitalter Bruegels*, S. 12–14 und S. 193–195.

265 Die Annahme, die Art und Weise der Raumwahrnehmung sei eine anthropologische Grundkonstante, der adäquaten Ausdruck zu verleihen früh- und hochmittelalterlichen Malern einfach die technischen Fertigkeiten gefehlt hätten, wäre mutmaßlich hybrid. Im Grunde handelt es sich bei diesem schwer taxierbaren Problem um ein Seitenstück zu meiner Frage nach etwa fehlenden »Blicken oder Worten« bei Reiseberichten – also zur Frage, ob vormodernen Reisenden schon sprachlich vorgeformte Ausdrucksmöglichkeiten für die Wiedergabe von Naturerfahrung gefehlt haben könnten. – Dass auch früh- und hochmittelalterliche Künstler grundsätzlich *befähigt* waren, räumliche Wirkungen zu erzielen oder doch wenigstens Lagebeziehungen zwischen ihren Figuren zu verdeutlichen, betonte zuletzt Pochat, *Frühmittelalterliche Ikonik*.

266 Die Literatur zu Giotto ist begreiflicherweise überbordend. Seine Pionierrolle betonte zuletzt Wertheim, *Die Himmelstür*, passim, mit Literaturhinweisen.

267 Vgl. unten S. 140ff.

268 Da Vinci, *Das Buch von der Malerei*, S. 15f.

269 Das zeigt Markowitz, *Ausblicke in die Landschaft*, passim.

270 Vgl. zu solchen Topoi beispielsweise Gruenter, *Landschaft*. Für Gruenter blieben die »Dichter [...] noch bis weit ins 18. Jahrhundert hinein im Banne« dieser Topik.

271 Raymond, *Romantisierung*, S. 12. »Erst die Literatur der Aufklärungszeit entdeckt in der Natur ein eigenwertiges ästhetisches Objekt«: Koschorke, *Die Geschichte des Horizonts*, S. 94.

272 Fielding, *Tom Jones*, S. 448f.

273 Aus dem Rahmen fällt Häutle, *Gesandtschafts-Reise*: Die einzelnen Tagesetappen werden überschrieben mit einer Meilenangabe und dem jeweils obwaltenden Wetter – »2 tagreiß mit windigen, doch truckenen wetter. 6 meil.«, »3 tagreis mit sehr windiger unnd kalter lufft. 41/2 meill.«, »4 tagreiß mit ein wenig schneewetter. 51/2 meil.« usw. Schon die Koppelung von Witterung und Reisetempo macht deutlich: Um atmosphärische Valeurs geht es hier nicht.

274 Koschorke, *Geschichte des Horizonts*, S. 129 bzw. S. 130.

275 Ich habe Reiseberichte nach meinem hauptsächlichen Untersuchungszeitraum, mit anderen Worten: seit dem ausgehenden 17. Jahrhundert nicht systematisch auf ihre Natur- und Landschaftsdarstellung hin analysiert. Jäger, *Prosa des 18. Jahrhunderts*, S. 64 spricht Reisenden »im frühen 18. Jahrhundert« durchaus ein »Landschaftsempfinden« zu, nennt aber hierfür lediglich einen Beleg, das »Diarium Itineris sui« Hermann Posts aus den Jahren 1716 bis 1718. Grosser, *Reiseliteratur*, S. 462f. beobachtet eine Hinwendung zur »Landschaft« im »letzten Drittel des 18. Jahrhunderts«. Grossers Monographie speist sich eindeutiger, als der Titel suggerieren könnte, aus Reiseberichten des 18. Jahrhunderts, und ganz besonders aus Texten des letzten Jahrhundertviertels. Die Fragen dieser Arbeit hat sich Grosser nicht gestellt, ihn interessiert einerseits die Reisepraxis des 18. Jahrhunderts, andererseits der Blick der Reisenden auf die Hofgesellschaft von Versailles und auf das Pariser Großstadtleben.

276 So aber Koschorke, *Geschichte des Horizonts*, S. 218.

277 Dieser die Philosophie der deutschen Frühaufklärung in Verse setzende, seinerzeit vielgelesene Dichter ist völlig durchdrungen vom Glauben an eine vorgegebene Harmonie der Natur, als des ebenmäßig-schönen Zeugnisses ihres Schöpfers, der in ihr erkannt werden könne. Barthold Heinrich Brockes weiß nichts von Abgründen, nicht in der menschlichen Seele, nicht draußen in ach so trefflich ineinsgefügter Natur. – Die Welt

der deutschen Aufklärung? Schlag nach bei Brockes! Bei den in ihrer Beschränktheit gleichsam durchschnittlichen Geistern lässt sich Typisches ja oft deutlicher erkennen als bei den großen Genies, deren Schöpfungen nie nur Schnittmenge zeitüblicher Trends sind.

278 Prototypisch Gellerts Leben der schwedischen Gräfin von G****: Der Ehemann der Gräfin scheint tot, eine zweite Heirat folgt und neues bürgerliches (noch von einer Aristokratin zu bekräftigendes) Glück – da taucht der totgeglaubte erste Gatte wieder auf, der zweite verzichtet sehr vernünftig, verwandelt seine »Liebe« planmäßig in »Ehrfurcht« zurück. Zu diesem 1747/48 avantgardistischen Roman: Gotthard, *Leben der schwedischen Gräfin von G****.*

279 [Anonym], *Briefe aus einer Reise durch das südliche Frankreich*, S. 59f. (Kursivsetzungen von mir).

280 Breval, *Remarks*, S. 262. Verglichen wird der Blick vom Sacro Monte bei Orta mit Landschaftsbildern des flämischen Malers Paul Bril (1554–1626).

281 [Anonym], *Die Reise nach Paris*, S. 46. Bemerkenswert ist die sprachliche Unbeholfenheit noch dieses Texts in der Charakterisierung von Natur*schön*heit!

282 Die »Rückbindung« des bürgerlichen Wanderns »an ältere und in andern sozialen Schichten angesiedelte Formen des Unterwegsseins zu Fuß [...] ist außerordentlich schwach«, konstatiert Althaus, *Bürgerliche Wanderlust*, S. 27. – Der Sammelband ist vorzüglich, enthält durchweg sehr lesenswerte Aufsätze zur Frühzeit des Freizeitwanderns, ich hebe neben dem soeben genannten noch besonders die von Wolfgang Albrecht verfassten hervor; auch die als Anhang gebotene umfangreiche Zusammenstellung von Wanderliteratur des 19. Jahrhunderts ist nützlich.

283 Unfreiwillig waren in der Frühen Neuzeit nicht nur alle »Fahrenden« zu Fuß unterwegs, auch viele der Reisenden, deren Aufzeichnungen diese Studie auswertet. Es ist natürlich ein großer Unterschied, ob man sich zu Fuß aufmacht, weil man sich Pferd oder Kutsche leider Gottes nicht leisten kann, oder weil man wandernd neue Erfahrungen sucht. Wohlhabende Reisende der Vormoderne ritten zu Pferde, seit dem 16. Jahrhundert bei weiteren Touren manchmal unter Nutzung der Postinfrastruktur. Die ersten regelmäßig (und übrigens schon mit Kutschen) befahrenen Linien kamen im 17. Jahrhundert auf. Im 18. Jahrhundert wurde das Reisen mit Hilfe regelmäßig und zu festen Tarifen verkehrender Kutschen üblich.

284 Raymond, *Romantisierung*, S. 27.

285 Heine, *Säkularausgabe*, Bd. 5, S. 29 (»Harzreise«).

286 Vgl. ebda., S. 42. Der Leser wird die Szenerie kennen: Der »Feuerball« beginnt zu versinken, das gemischte Völkchen der Betrachter wirft sich in die schon üblich gewordene Pose ergriffener Naturandacht, mit glühenden Gesichtern über gefalteten Händen, aus der immerhin auch alle einenden Stille scheinen sich die weitgreifendsten Gedanken und weitherzigsten Gefühle zu erheben, bis – einer der köstlichsten Sätze der Weltliteratur in die Feier hineinplatzt: »Während ich so in Andacht versunken stehe, höre ich, dass neben mir jemand ausruft: ›Wie ist die Natur doch im allgemeinen so schön!‹«

287 Programmatisch erklärt wohl 1838 Schwab, *Wanderungen durch Schwaben*, S. IV, er wolle nicht einfach geographische Einzelheiten aneinanderreihen, sondern »zum Erhabenen« und »zur romantischen Naturscene führen«. Ich zitiere noch Bechstein, *Wanderungen durch Thüringen*, S. 37: nach der Ersteigung von Bergen darf und soll »die Seele in dem herrlichen Landschaftsgemälde schwelgen«.

288 Vgl. zu Constable jetzt Bermingham, *John Constable.*

289 Heeringen, *Wanderungen durch Franken*, S. 6. Das Buch erschien im Rahmen einer Reihe, die ganz Deutschland (»das malerische und romantische Deutschland«) erwanderbar machen wollte, insofern meint »Vaterland« in diesen Bänden schon das Ganze der Nation, doch ohne jede ethnische Aufladung.

290 Also: um den Herzog (Galeazzo Maria, den Sohn des kurz vorher gestorbenen berühmten Kondottiere Francesco Sforza) um einen Geleitbrief zu bitten.

291 Schmeller, *Ritter-, Hof- und Pilger-Reise*, S. 192f. Autor ist der Nürnberger Gabriel Tetzel. Ich könnte viele ähnliche Passagen anführen, nur würde die Lektüre rasch ermüden: »Von Venedig aus fur mein herr auf Meisters [wohl Mestre] und zogen gen Terfus [Treviso?]. Do stunden sein pferd, die het er uber land von Pada [Padua] dahin lassen gen. Von Terfus aus ritt wir auf Kungeliun [Conegliano], Speraffol [?] und zugen auf Kärnten auf Villach zu, von Villach gen Grätz [Graz]« (ebda., S. 194). Grenzen zwischen der venezianischen Terra ferma, dem Herzogtum Kärnten und dem Herzogtum Steiermark gibt es nicht.

292 Für die 1460er Jahre müsste man präziser sagen: aragonesischen. Das Roussillon mit Perpignan wird erst im Pyrenäenfrieden von 1659 staatsrechtlich an Frankreich fallen. Freilich musste es Johann II. 1462 vorübergehend an Frankreich verpfänden. Dass in unseren Reiseaufzeichnungen keine scharfkonturierten Länderblöcke begegnen, hat eben neben seiner wahrnehmungsgeschichtlichen auch eine politik- und rechtsgeschichtliche Seite.

293 Czerwinski, *Formen von Regeneration und Genealogie im Mittelalter*, S. 58f. Vgl. ebda., S. 24: »Qualitativ verschiedene Gegenden im Raum haben notwendig scharfe Grenzen gegeneinander [das ist in unseren Reiseaufzeichnungen anders!], die kaum zu überwinden sind; und in solche isolierten Raumblöcke gelangt man nur mit einer sprunghaften Bewegung«. – Die Unschärfe der oben zitierten Zeitangabe (»frühestens im 15. Jahrhundert«) ist bezeichnend: Czerwinski stellt manche überzeugende und manche gewagte, jedenfalls viele interessante Überlegungen zur »mittelalterlichen« Raumerfahrung an, interessiert sich aber überhaupt nicht dafür, was daraus im ausgehenden Mittelalter, der Frühen Neuzeit wird. Es gibt eben einerseits den mittelalterlichen, »nicht-bürgerlichen« »Bedeutungsraum«, andererseits den modernen, »bürgerlichen«, dem »Kapitalismus« (gern zitiert Czerwinski Marx und Engels) adäquaten, quantitativ organisierten Raum, der »bedeutungslos und kalt« (ebda., S. 76) ist. Frühneuzeitliche Entwicklungsstufen dazwischen geraten nicht ins Blickfeld.

294 Zum Folgenden: Jahn, *Raumkonzepte*. Der Buchtitel ist missverständlich, Jahn untersucht Werke des ausgehenden Mittelalters, vor allem aus den Jahrzehnten vor und um 1500. – Es mag eine Erwähnung wert sein, was Claudia Brinker-von der Heyde – ohne Jahns Monographie zu kennen oder jedenfalls zu nennen – über Räume in der »Crône« Heinrichs im Türlin, im »Wigalois« und im »Iwein« zu sagen weiß: »Räume der Handlung sind in der Regel Orte, der Zwischenraum erschließt sich dagegen nahezu ausschließlich über die Bewegung. Er ist nicht im eigentlichen Sinn ›erlebter Raum‹, sondern durchquerter Raum. Unterwegs sein wird dadurch markiert als ein Dazwischen-sein von Ort zu Ort«: Brinker-von der Heyde, *Zwischenräume*, S. 207. Ebda., S. 210: »Geschlossene Raumeinheiten bilden sich trotz der topographischen Angaben nicht.« Natürlich dürfen wir fiktive, literarisch durchgeformte Texte nicht kurzschlüssig als authentische Zeugnisse mittelalterlicher Raumwahrnehmung nehmen: »In der fiktiven Literatur des Mittelalters, in der jedes Textelement bewusst gesetzt ist, wird der Raum

nicht um seiner selbst willen beschrieben. Es dominiert vielmehr eine »moralische Topographie«, eine symbolische Raumordnung« – so Witthöft, *Zum gedranc*, S. 20.

295 Vgl. Lynch, *Das Bild der Stadt*, zusammenfassend S. 107.

296 »Schritt für Schritt [...] wird dieser (vielleicht für das Mittelalter typische) inhomogene Raum im Verlauf des 15. und 16. Jahrhunderts in einen homogenen umgewandelt«: Jahn, *Raumkonzepte*, S. 347f.

297 Jahn führt unter Bezug auf eine um 1340 unternommenen Pilgerreise, die Tour des Ludolph von Sudheim, aus: »Ludolphs Beschreibung ergibt keinen zusammenhängenden, kontinuierlichen Raum«, man gewinne »aus Ludolphs Text eine Reihe unverbundener geographischer Punkte, die irgendwo im oder am Meer liegen. Die einzelnen Punkte werden in einer Art Stationenweg aneinander gereiht [...] Ein Punkt A wird beschrieben, daraufhin ein Punkt B. Die Beschreibung des Weges, und sei es auch nur durch Richtungs- oder Entfernungsangabe, unterbleibt« (Jahn, *Raumkonzepte*, S. 55). Der älteste Pilgerbericht mit passagenweise schon exakten Entfernungs- und Richtungsangaben sowie politischen Zuordnungen stamme von 1480, hier baue sich erstmals »ein durch den Reisevorgang erzeugtes räumliches Kontinuum zwischen Ausgangspunkt und Endpunkt der Reise« auf (ebda., S. 59; gemeint ist der bekannte Pilgerbericht des Nürnbergers Hans Tucher).

298 Das ist kein Vorwurf an Jahns Adresse! Es ist das Privileg des Philologen, einige wenige ausgewählte Texte nach allen Regeln der Kunst hin- und herzuwenden; der Historiker hat sich angewöhnt, nach möglichst vielen für eine Fragestellung einschlägigen Texten zu fahnden.

299 Vgl. Lemke, *Die Reisen des Marco Polo*. Es handelt sich weniger um einen Reisebericht denn um einen Vorläufer der humanistischen Kosmographien und Länderkunden, Polo bleibt nicht bei seiner eingangs skizzierten Reiseroute, sondern breitet aus, was er über die durchzogenen Länder erfahren hat (wobei auch Wunderbares Eingang findet). Soweit so etwas wie ein geographisches Weltbild überhaupt durchscheint, ist es eindeutig vormodern; ebda., S. 48 durchqueren die Reisenden »einen der vier Flüsse des Paradieses«.

300 Ebda., S. 49.

301 Ich füge an, was ich jüngst bei Brinker-von der Heyde, *Zwischenräume*, S. 207f. im Hinblick auf fiktionale Literatur fand: »Mathematisch berechnete Distanzen, welche in modernem Verständnis ganz besonders Raum konstituieren, fehlen weitgehend [...] Der Raum ist kein vermessener Raum [...] In den mittelalterlichen Romanen aber wird der zurückgelegte Weg ausschließlich über Zeiteinheiten fassbar«. Orientierung schenkten lediglich »Richtungswörter wie *dar, her* oder auch binäre Oppositionen wie z. B. links-rechts«.

302 Vgl. Langmantel, *Hans Schiltbergers Reisebuch*. Schiltberger breitet eigene Erlebnisse aus, aber auch, was er bei anderen nachgelesen hat, nicht zuletzt bei Marco Polo.

303 Einen Auszug der Reiseaufzeichnungen bietet Dussler, *Reisen und Reisende*, Bd. 1, S. 34–36.

304 Ehrmann, *Reisen nach der Ritterschaft*, Teilbd. 1, S. 31.

305 Zum Folgenden: Röhricht, *Die Jerusalemfahrt des Peter Sparnau*.

306 Verbunden werden diese Punkte lediglich durch gelegentliche Zeitangaben: »czogen wir by elff tagen« usw. »Eyn castel XIII Mill von Altologo« ist die Ausnahme zur Regel (S. 489). Auch die Rückreise über den Balkan gen Prag kennt nur Städte, keine

Entfernungen (außer sparsamen Zeitangaben: »obir vir tage weyde quome wir in eyne stad»), allerdings werden einige Länder (wie »daz keyserthum zcu Bulgerge») genannt.

307 Ebda., S. 486.

308 Zum Folgenden: Kammen, *Jörg Pfinzings Pilgerreise.*

309 Vgl. Birlinger, *Ein Pilgerbüchlein.*

310 Ich erwähne anmerkungsweise noch dieses Beispiel: Röhricht, *Jerusalemfahrt des Grafen Gaudenz von Kirchberg* (unregelmäßig Entfernungsangaben zur See, von einigen wenigen Ausnahmen – vgl. S. 109 oben – abgesehen auf Hunderter gerundet; übrigens übertrifft der in Röhrichts Einleitung als langweilig und belanglos diffamierte Bericht in der andeutungsweisen Wahrnehmung von Naturformen und im andeutungsweisen Umreißen von Flächen – Korfu auf S. 108, Morea auf S. 110 – das Gros der Pilgerberichte noch um und nach 1500).

311 Abdr.: Röhricht/Meisner, *Pilgerreisen,* S. 46–64. Den Autor zeichnete zweifelsohne ein besonderes Faible für Distanzen und Maßzahlen aus, so schritt er die Länge und Breite von Kirchen ab: ebda., S. 57 (vgl. auch die Angaben S. 60).

312 Vgl. Hänselmann, *Hans Porners Meerfahrt.*

313 Eine Auswertung aller irgendwo publizierten spätmittelalterlichen Aufzeichnungen ist in überschaubarer Zeit unmöglich. – Krüger, *Erhard Etzlaub,* S. 51f. nennt, nach zwei hochmittelalterlichen Itineraren (dem in Annalen eingefügten »Stader Itinerar« von ungefähr 1250, das vermeintlich meilengenaue Etappen von Stade nach Rom nennt, und dem Brügger Itinerar von ungefähr 1380), einige Pilgerberichte des ausgehenden Mittelalters, die genaue Routen mit Meilenangaben böten, und beginnt seine Zusammenstellung mit dem Bericht Porners. Die dann folgende Aufzeichnung, das Wallfahrtsbüchlein eines englischen Mönchs, eher Itinerar, ist rund vier Jahrzehnte jünger. Ich stieß bei meinen Sondierungen auf eine einige Jahre ältere (nämlich 1451 verfertigte, von Woldemar Harleß edierte) »Peregrinatio illustrissimi Cliviae Principis D. Joannis primi ad Terram sanctam«, die penetrant listenförmig Städte und Meilenangaben aneinanderreiht – mehr Exzerpt eines Itinerars als Reiseaufzeichnung. Gegen Ende des 15. Jahrhunderts waren Meilenangaben dann aber auch in normalen Reiseberichten schon verbreitet.

314 Also: vom französischen Toulouse nach dem damals spanischen Perpignan, der Hauptstadt des Roussillon; vom spanischen Perpignan nach dem französischen Montpellier: Roloff, *Fortunatus,* S. 49.

315 Also: Von Lissabon gen Sevilla und ans Meer; dann ins islamische Königreich Granada; von dort gen Cordoba, von Cordoba wieder gen Burgos; es folgen Zaragoza und Barcelona in Katalonien.

316 Freilich stehen unseren Reisenden keine Wunderhütchen zum Zwecke des zeitsparenden Wegzappens an einen anderen Ort zur Verfügung. Analysierte man den »Fortunatus« auf *alle* darin begegnenden Modi der Raumaneignung (was nicht das Ziel dieser historiographischen Studie sein kann), müsste man auch gleichsam altertümlichere Schichten freilegen: den quasi-Sprung über Kontinente und Meere (»saß auff« – und zwar in London! –, »rait den nächsten, so er kund, gen Famagusta zu seinem bruoder Ampedo. vnd als er kam für den schönen pallast vnd klopfet an, do ward er zu stund eingelassen«: ebda., S. 112; Ankunft und Empfang brauchen mehr Buchstaben, also Lesezeit denn die beim damaligen Reisetempo eigentlich vielmonatige Ortsveränderung), den veritablen Sprung mittels Wunderhütlein: »satzt sein huetlin auff vnd wünschet sich von ainem land zu dem anderen« (ebda., S. 134).

317 Ganz unklar scheint die antike Raumerfassung zu sein. Mich erinnert der Stand der
kartographischen Raumverzeichnung im Imperium Romanum in manchen Hinsichten
ans spätmittelalterliche Level: das dem Portolan vergleichbare Periplus, graphisch umge-
setzte Itinerare wie die tabula Peutingeriana, gewissermaßen im Vorhof einer maßstäblichen Kartographie. Doch sind alle Einzelheiten umstritten, wie zuletzt Hänger, *Strategie
im Römischen Kaiserreich* zeigte. Für Brodersen, *Terra Cognita* orientierten sich die Römer
mangels maßstabsgetreuer Karten im Großen an markanten Punkten (»landmarks«), im
Mittelbereich an Strecken. Doch existiert auch die Ansicht, die römische Kartographie
habe seit Augustus eine kohärente Erfassung des Imperium erlaubt; und die Einschätzung, es habe zwar einzelne hochentwickelte Karten in wissenschaftlicher Hand gegeben, die indes schlecht kopierbar und mangels Navigationsinstrumenten auch für die
praktische Orientierung vor Ort unbrauchbar, kurz, wenig verbreitet gewesen seien (so,
wie unsere Reisenden möglicherweise dadurch hinter dem Stand der Kartographie des
16. Jahrhunderts zurückbleiben, dass sie Itinerare kennen, aber keine Karten mitfüh-
ren?).

318 Vgl. schon oben S. 58 mit Anm. 118.

319 Leicht zugängliche, freilich vereinfachte Wiedergabe: Engel, *Großer Historischer Weltatlas*,
Bd. 2, S. 52. Links daneben das Beispiel eines Portolans (davon wird gleich die Rede
sein).

320 Abdr.: Krüger, *Erhard Etzlaub*, Anhang, Tafel IV. Das Liniennetz der Portolane ist auf
eine Windrose eingeschrumpft, genauer gesagt: auf das Zifferblatt eines Sonnenkompas-
ses, dessen Anwendung die Kartenlegende beschreibt. Für Franz Wawrik war diese Iti-
nerar-Karte die damals »wichtigste Darstellung Mitteleuropas«: Kretschmer/Derflinger/
Wawrik, *Lexikon*, Bd. C/1, S. 205. »Insgesamt wiesen die Etzlaub-Karten eine Genauig-
keit auf, die in der Folgezeit lange nicht mehr erreicht wurde«: Herkenhoff, *Kartographie
und Geographie im 15. Jahrhundert*, S. 150.

321 Erste Straßenatlanten erschienen dann 1580 und 1641 – ich füge das gleichsam im
kursorischen Ausblick noch an, will hier aber keinesfalls einen Abriss der frühneuzeitlichen Kartographiegeschichte bieten.

322 Ob Ptolemaios seiner »Geographia« schon selbst Karten hinzufügt hatte, ist bekanntlich
umstritten; doch gibt das Werk detaillierte Anweisungen, wie man Karten mittels bestimmter Projektionsarten sowie genauer Längen und Breiten anfertigen könne. Hauptsächlich aber bietet die »Geographia« lange Listen ausgewählter Orte und ihrer geographischen Koordinaten.

323 Aus dem Dankschreiben eines Spanienreisenden an einen Kartographen zitiert Büttner,
Landschaftskunst im Zeitalter Bruegels, S. 164.

324 Vgl. jetzt für Mitteleuropa ausführlich und mit der weiteren Literatur Behringer, *Reichspost*.

325 Sie florierten in der zweiten Hälfte des 16. Jahrhunderts, ursächlich fürs Aufkommen
von Meilenangaben in Reiseaufzeichnungen sind sie also gewiss nicht. Das gilt erst recht
für die im zweiten Drittel des 17. Jahrhunderts aufkommenden Postlinienkarten, die die
wichtigsten Angaben der Postitinerare visualisierten.

326 Insofern wäre jede noch so lange Belegliste unvollständig. Etwas aus dem Rahmen fällt
auch in dieser Hinsicht Häutle, *Gesandtschafts-Reise*, wo Meilenangaben zwischen den einzelnen Orten fehlen, aber die Tagesetappen, schon in der jeweiligen Überschrift, genau
quantifiziert werden, vgl. oben Anm. 273. – Wie hat man denn im 16. Jahrhundert vermessen? Mit Hilfe der »Kreisschnittmethode«: Zirkel, Dreiecke, und von irgendwoher

bezogene ungefähre Marschzeiten zwischen Punkten; die Vermessung von Straßen mit Messketten war noch selten, wiewohl seit dem 16. Jahrhundert viele Handbücher zur Vermessungskunst erschienen. Der Aufgeklärte Absolutismus des 18. Jahrhunderts liebt dann Vermessungskampagnen.

327 Röhricht, *Gaudenz von Kirchberg*, S. 108 bzw. S. 110; der Autor spricht von Korfu bzw. (»Morea«) vom Peloponnes.

328 Also: Raum als homogene, isotrope (meint: alle Stellen und alle Richtungen sind gleichwertig) Füllung eines Containers, der das Gefäß all unserer Aktionen oder, ins fürs Alltagsempfinden von Räumlichkeit zumeist hinreichende Zweidimensionale gewendet: die Bühne für unser Handeln ist.

329 Dass Hans Schiltberger vom »paradeiß« berichtet, habe ich schon erwähnt. In den eher länderkundlichen Passagen der Aufzeichnungen Marco Polos kommen diverse Wunder vor, so sei vor einigen Jahrzehnten bei Bagdad ein Berg durch die Kraft des christlichen Gebetes an einen anderen Ort versetzt worden, was ausführlich mit vielen Details erzählt wird (S. 80ff.). Andere Beispiele nennt Czerwinski, *Formen von Regeneration und Genealogie im Mittelalter*, S. 29. Dass für die vielen Pilger, die in den Nahen Osten zogen, die dortigen Städte keine topographischen, sondern durch besondere Wunder ausgezeichnete heilsgeschichtlichen Orte waren, bedarf keiner näheren Ausführung.

330 Vgl. Hale, *Travel Journal*, S. 127. Der fromme Autor belächelt diese Geschichten nicht, preist vielmehr die »favours of God and nature«.

331 Wer um die diesseitigen magischen Mittel (Steine, Kräuter, Tierklauen ...), die ihnen angemessenen Rituale, ihre Wirkungen wusste und Zugang zu den Geistern des Jenseits hatte, war (und ist, in manchen Teilen Afrikas beispielsweise) in allen voraufklärerischen Gesellschaften als Magier, Schamane, Druide oder Yogi akzeptiert: eine notwendige, wenn auch nicht hinreichende Vorbedingung der frühneuzeitlichen Hexenverfolgungen! Vgl. im knappen Überblick: Gotthard, *Blutige Spur*. Versuch der Veranschaulichung in einer Fallstudie: Gotthard, *Katharina Henot*.

332 Vgl. oben S. 117.

333 Der Zauber muss sich aber verflüchtigt haben. Der Autor dieses Buches hat vor einigen Jahren ein Abendessen im besagten, nach wie vor bestehenden Gasthaus gut überstanden. Zum Ganzen: Güntzer, *Biechlin*, S. 133, vgl. auch S. 136.

334 Arbeitete die Ästhetik den Naturwissenschaften, eine neue Wahrnehmung des Raumes neuem Denken über den Raum vor? Alexander Gosztonyi stellte sich diese Frage nicht, und der Historiker, der einmal seine einschüchternden 1418 Seiten zum naturwissenschaftlichen und philosophischen Denken über »den Raum« zu durchdringen versuchte, wird nicht mehr auf die verwegene Idee kommen, auf diesem Terrain sichere Aussagen zu wagen.

335 Auf diese Analogie (oder Kausalbeziehung?) weist Wertheim, *Himmelstür*, S. 104 hin. – Zu Wertheims Assoziation könnte passen, was der große Erwin Panofsky über den Raum in antiker Kunst geschrieben hat: »Was zwischen den Körpern übrigbleibt«, werde »künstlerisch teils durch ein bloßes Übereinander, teils durch ein noch unkontrollierbares Hintereinander zur Anschauung gebracht, und selbst da, wo die hellenistische Kunst – auf römischem Boden – bis zur Darstellung des wirklichen Interieurs oder wirklicher Landschaft vorschreitet, ist diese bereicherte und erweiterte Welt noch keine vollkommen vereinheitlichte, d. h. keine solche, innerhalb derer die Körper und ihre freiräumlichen Intervalle nur die Differenzierungen oder Modifikationen eines Continuums höherer Ordnung wären [...] die Größen nehmen im allgemeinen nach hinten zu ab, aber

diese Abnahme ist keineswegs eine stetige [...] es kommt nie zu einer einheitlichen ›Beleuchtung‹«. Schon Panofsky wies, nach Erklärungen hierfür fragend, darauf hin, dass die antiken »Raumtheorien« das »Ganze der Welt« als »etwas von Grund aus Diskontinuierliches« verstanden hätten: Panofsky, *Die Perspektive*, S. 109f.

336 Vgl. Panofsky, *Die Perspektive*, S. 117.

337 Ebda., S. 119 wird »Brunellesco« hervorgehoben, Masaccio gar nicht erwähnt. Das hat der Historiker nicht zu kommentieren. Zumal es eine recht reichhaltige kunsthistorische Literatur zur Malerei des Quattrocento gibt, ich erwähne noch: Baxandall, *Die Wirklichkeit der Bilder*.

338 Vgl. S. 124ff.

339 Es gibt eine reichhaltige Forschungsliteratur dazu. Vgl. nur exemplarisch Downs/Stea, *Kognitive Karten*, S. 32: »Alle kognitiven Karten [...] bilden diskontinuierliche Oberflächen ab. Es würde so aussehen, als ob bestimmte Bereiche der Erdoberfläche nicht existieren, wenn man Existenz als kognitiv repräsentiertes Phänomen definieren wollte.« Gerade im Zusammenhang mit der Geschichte der Malerei mag auch diese Feststellung des Autorenduos interessant sein: »Im übrigen findet man häufig, besonders bei den Zeichnungen kleiner Kinder, Verzerrungen der kognitiven Karten derart, dass die Größenverhältnisse der abgebildeten Phänomene ihre relative konnotative Bedeutung widerspiegeln.«

340 Außerdem übrigens leer und unendlich, womit wir uns in diesem Rahmen weniger beschäftigen müssen. – »Für die klassische Physik, die bei Newton einen gewissen Abschluss findet, gilt die Auffassung, dass der Raum von seinem jeweiligen Inhalt unberührt ist und dass er in allen Punkten gleichförmig ist«: Gosztonyi, *Raum*, Bd. 2, S. 1225.

341 Es ist plausibel, dass derart auch für Wunder kein Raum mehr bleibt. Der Geograph Benno Werlen konstatierte einmal: »Diese Reifikation von symbolischer Bedeutung und Raum als wirksame Entitäten«, die er als Nachhall jener Jäger- und Sammlergesellschaften interpretiert, die den von ihnen durchstreiften Regionen je besondere sakrale Eigenschaften zugesprochen hätten, »erlaubt beispielsweise keine Metrisierung des Raumes«: Werlen, *Sozialgeographie*, S. 97.

342 Ein Beispiel für unzählige, ich wähle Lüneburg: »[...] kamen nach zweyen Tagen in die Stadt Lünenburg, so den namen von Julio Caesare bekommen, der dieser Stadt, dem man sie zu ehren Heidenischer weiß bawen hat lassen, den namen geben Lunaeburgum«; »a pris son nom du temple auquel on adoroit la Lune, comme tesmoigne [sc. der damals bekannte Verfasser historischer Arbeiten] Albertus Crantzius en sa Chronique, ou il dict que ce chasteau et temple estoit en estre l'an 1060. Selon l'Histoire de Saxe elle fust bastie en ce mesme lieu durant l'Empire de Henry IV par Henry Leon [also: durch Heinrich den Löwen] l'an 1188«: Schwarzwälder, *Reisen und Reisende*, Bd. 1, S. 350 bzw. S. 421.

343 Mager, *Frankreich*, S. 138.

344 Vgl. zuletzt beispielsweise Nordman, *Des limites d'État*.

345 »Di statura, colore, e linguaggio fra se molto diverse«: so urteilt Magini, *Italia*, S. 7. Auf das Büchlein macht Schudt, *Italienreisen* aufmerksam.

346 Wortley Montagu, *Letters*, S. 402.

347 Vgl. oben S. 131f. mit Anm. 291.

348 Also: Ober-Enheim; »Kulmar« meint natürlich Colmar.

349 Herberstein, *Autobiographie*, S. 105f.

350 Also: Herberstein reist, von Perpignan kommend, nach Narbonne; dann, über die Aude, nach Béziers; dann, über den Fluss Hérault, nach Loupian; es folgen Montpellier und Nîmes; dann über die Rhône ins päpstliche Avignon; Calpentras, Malaucenne.

351 Also: Le Buis, Orpierre, Tallard, Chorges, Embrun, Briançon am Mont Genèvre. Briançon liegt, was Herberstein freilich nicht erwähnt, im Hochgebirge, nahe dem heute bekannteren Sestrière.

352 Also: Herberstein reist ins Territorium des Herzogs von Savoyen, nach Susa, die Region nennt man Piemont.

353 Also: Cassano an der Adda, Coccaglio, das schon in der venezianischen Terra ferma liegende Brescia. – Die Zitate: Herberstein, *Autobiographie*, S. 220f.

354 Also: Bar-le-Duc, Châlons-sur-Marne.

355 Also: Nevers; von dort reist Ernstinger über Moulin am Fluss Allier und über Roanne nach Lyon.

356 Walther, *Ernstingers Raisbuch*, die Zitate stehen auf den Seiten 109–111.

357 Zwischen dem Roten Ochsen und Zabern: »2m. Pfalzburg«, also Phalsbourg, »ain dorf und schloss, lotringisch. Von dannen sein wir ainen brunnen, in ainem felsen aussgehaut, auf der rechten handt fürüber passiert, darob ain wappen des bischofs von Strassburg, so den weg durch ain felsen brechen und machen lassen« (ebda., S. 256): seltene Erwähnung eines Herrschaftszeichens entlang der Route! Da der Autor auch einen besonderen Grund dafür nennt, mögen solche Markierungen wirklich rar gewesen sein – wir wissen wenig darüber.

358 Womit ich mich ausblende: ebda., S. 254–256.

359 Also: zwischen der Champagne und jener Franche Comté, jener Freigrafschaft Burgund, die staatsrechtlich nicht zu Frankreich gehörte, wohl zum Reichsverband – was unseren Reisenden aber nicht interessiert. – Alles nach Neumayr, *Franckreich*, S. 5ff.

360 Hier würde man in Osteuropa früher fündig, was ich aber nur als flüchtigen Lektüreeindruck erwähnen kann. Es gab ein Prestigegefälle von West nach Ost, das in Osteuropa zu abschätzigen Pauschalurteilen animieren konnte. Selbst ein so differenzierter Beobachter wie Samuel Kiechel konnte (schon im ausgehenden 16. Jahrhundert) behaupten: Die Russen sind »ein grob, unverständig, auch ungewandert volckh« (Prottung, *Die Reisen des Samuel Kiechel*, S. 215), sind »ein hart, grob und ongezogen gesindl«, »leben ganz schlecht in essen und trinckhen [...] ihr speys ist nun halb gebachen brott, so noch aller deügüg, ittem zwibl, sehr vül knoblach, salath und derogleichen strackhe und grobe speysen, wölche den branntwein ganz wol erfordern« (S. 118f.). Ein Vergleich der Wahrnehmung Osteuropas mit der anderer Regionen des Kontinents wäre zweifelsohne einmal reizvoll, kann hier aber nicht beiläufig geleistet werden.

361 Neumayr, *Franckreich*, S. 12f.

362 Hassler, *Reisen und Gefangenschaft Hans Ulrichs Kraffts*, S. 10f.

363 Auch Zeiller, *Itinerarium Galliae*, S. 275 erwähnt, von Lyon nach Genf ziehend, keine Umgrenzung der Eidgenossenschaft. Andere Grenzen kommen sporadisch beiläufig vor, und der länderkundliche erste Teil der Monographie (ihm folgen einige Reiserouten, die der Autor aus eigener Anschauung kennen will, so die von Lyon nach Genf, dann solche, über die er lediglich gelesen hat – weshalb ich Martin Zeiller in dieser Studie nicht zu meinen Kronzeugen erhebe) thematisiert die Umgrenzung Frankreichs kurz. Für die Gewichtung mag indes das ausführliche Sachregister aussagekräftig sein: Es kennt wohl die Betreffe »Gutschen« oder »Grotten«, aber keine »Gräntze«.

364 Birken, *Ulysses*, S. 99 (September 1660).

365 Ebda., S. 93 bzw. S. 95.

366 Zum Folgenden: Ortelius, *Theatrum*.

367 Für die Pyrenäengrenze nach wie vor lesenswert: Sahlins, *Boundaries*.

368 Ich muss zugeben, dass mein Seitenblick ziemlich punktuell ist. Die Karten französischer Regionen, die Schuler, *Weltatlas* bietet, kennen weder Grenzen zwischen französischen Provinzen noch gegenüber nichtfranzösischem Gebiet. Hingegen sind die Europakarten in den Atlanten von Willem Blaeu um 1630 schon in verschieden gefärbte Länder (darunter »Germania« und sogar »Italia«!) aufgeteilt, hier beherrschen Länderblöcke und ihre Umgrenzungen signifikant das Gesamtbild. Am Rand sind landestypische Trachten abgebildet, darunter eine der »Germani«, während hier, am Rand, die Fiktion einer »Italia« wieder aufgegeben wird, eine als »venezianisch« bezeichnete Tracht springt ein. Einen Abdruck bieten z. B. Grosjean/Kienauer, *Kartenkunst*, S. 62f.

369 Berichte über Frankreichreisen des 18. Jahrhunderts hat Grosser ausführlich ausgewertet, doch nicht nach den Fragestellungen dieser Studie: vgl. Anm. 275. Ebda., S. 458 konstatiert der Autor eine im Verlauf des 18. Jahrhunderts wachsende »Irritationsbereitschaft« der bürgerlichen unter seinen Reisenden, »die nun mehr und mehr die Spannung zwischen Vertrautem und Fremdem und damit die ›natürliche‹ Disparatheit der gesellschaftlichen Realität hervortreten ließ«.

370 Über Reiseberichte der Jahrzehnte um 1800 informiert, ganz anders als über spätmittelalterliche oder solche des 16. und 17. Jahrhunderts, eine sehr reichhaltige Literatur. Die folgenden, allesamt lesenswerten Aufsätze halfen mir dabei, rasch interessante Berichte zu finden: Kuhn, *Die Landesgrenze als Epochengrenze*; Struck, *Grenzen*; Struck, *Paradigmenwechsel*. – Attestierte Bernhard Struck 2001 dem anhebenden 19. Jahrhundert eine »Nationalisierung und Politisierung des Frankreichbildes«, verlegte er die Zäsur 2004 nach hinten, in die Zeit des Deutschen Bundes und zumal der Rheinkrise. Blickt man, wie diese Studie, von frühen Aufzeichnungen her auf jene kurz vor 1800 geschriebenen Texte, mit denen Struck seine noch späteren, in nationalen Kategorien denkenden vergleicht, merkt man, wie national aufgeladen bereits die um 1800 geschriebenen sind. Das konnte Struck mit seiner anderen Blickrichtung nicht auffallen. Anders, als Struck zu glauben scheint, bahnt sich die Nationalisierung der *mental map* von Europa nicht erst um 1800 (so Struck 2001) bzw. zwischen 1820 und 1840 an, nun freilich, zumal seit den 1840er Jahren, springt sie dem heutigen Leser geradezu in die Augen. – Wie sehr noch Reiseberichte des ausgehenden 18. Jahrhunderts in Mitteleuropa wie anderswo kleinräumige regionale Besonderheiten und Übergänge registrierten, macht andererseits dieser Aufsatz deutlich: Schmidt, *Die deutsche Provinzreise*. Wiederum dagegengesetzt: Schneider, *Revolutionserlebnis* zitiert ausgiebig aus politischer Publizistik, Kriegsberichten und »Anekdotenliteratur«, dabei wird deutlich, wie geläufig die Termini »der Franzose«, »der Deutsche«, »der gemeine französische Soldat« u. ä. zu dieser Zeit in solchen Texten bereits gewesen sind.

371 Grimm, *Bemerkungen eines Reisenden*, Bd. 1, S. 200.

372 Sander, *Beschreibung seiner Reisen*, Bd. 1, S. 23.

373 Baggesen, *Reise durch Deutschland*, S. 350.

374 Campe, *Briefe aus Paris*, S. 121f.

375 Vgl. oben S. 42 mit Anm. 54.

376 Mutzenbecher, *Bemerkungen auf einer Reise*, S. 88.

377 »Deutschland? aber wo liegt es? Ich weiß das Land nicht zu finden«: Stern, *Xenien*, Nr. 95.

378 Gutzkow, *Briefe aus Paris*, Bd. 1, S. 21. Weitere Beispiele für die Nationalisierung des Rheins bietet Struck, *Grenzen*. – Eine eigenartige Stelle bei Moser, *Nationalgeist*, S. 20 will ich wenigstens anmerkungsweise notieren: »Diese Theilung unsers Vaterlands ist so

stark, und der Unterschied, den man in dem gemeinen Leben zwischen Sachsen [sc. Norddeutschland] und dem Reich macht, mit solch seltsamen Begriffen durchwoben, dass es denen, so aus den vordern [sc. süddeutschen] Reichscraysen in die Ober- und Niedersächsische Lande reisen, nicht anders ergeht, als den Franzosen, welche bey der Rückkehr in ihr Reich nur immer fragen: wie weit sie noch an den Rhein haben? die in Gedanken alles, was jenseits Rheins liegt, schon halb zu Frankreich rechnen, und die Redensart: über den Rhein reisen, mit dem Reisen nach Deutschland vor gleichgeltend ansehen.« Hier wird der Rhein bereits als emotionale Scheidelinie bezeichnet, als er es politisch-administrativ noch gar nicht war, und das im Empfinden der Franzosen. Natürlich zielt die Gesamtaussage nicht auf die Hervorhebung einer deutschen Westgrenze: Moser klagt über die Entfremdung zwischen den (katholisch geprägten, kaisertreuen) südlichen und den (überwiegend evangelischen, »fritzischen«) nördlichen Teilen des Reiches, behauptet gerade nicht, eine deutsch-französische Grenzlinie scheide Frankreich von einem homogenen deutschen Nationalgebiet.

379 Zwischen 1792 und 1806 (oder, so man fünf und nicht nur vier Koalitionskriege zählt, 1809 – gerade der Kampf der kleinen fünften Koalition zeichnete sich durch lautstarke nationale Begleitpropaganda aus) schlossen sich immer wieder verschiedene europäische Mächte gegen den Expansionsdruck des revolutionären, dann des bonapartistischen Frankreich zusammen, zu mehr oder weniger vielgliedrigen »Koalitionen«. Diese konnten den Aufstieg Frankreichs zur europäischen Hegemonialmacht (und in diesem Rahmen die Ostexpansion des französischen Staatsgebietes an den Rhein) indes nicht wirksam abbremsen. Überblick: Gotthard, *Das Alte Reich*, S. 153.

380 *National-Zeitung der Teutschen*, Jahrgang 1796, Sp. 20. Natürlich, auch die Region, der »Stamm« wurden nun zu klein – was man sogar in Reime setzen konnte: vgl. oben S. 76 mit Anm. 30.

381 »Sie sollen ihn nicht haben, den freien deutschen Rhein, ob sie wie gier'ge Raben sich heiser danach schrein«: bekanntlich reimte so der Hilfsgerichtsschreiber Nikolaus Becker (am 18. September 1840 in der »Augsburger Allgemeinen Zeitung«) – Auftakt zu einer gar nicht unpolitischen Liederwelle. Schneckenburgers »Wacht am Rhein« (vom November 1840) dürfte der heute bekannteste Hit sein, übrigens sollen ihn die Truppen von 1870/71 besonders gern geschmettert haben: »Es braust ein Ruf wie Donnerhall, Wie Schwertgeklirr und Wogenprall: Zum Rhein, zum Rhein, zum deutschen Rhein [...] Lieb Vaterland, magst ruhig sein, Fest steht und treu die Wacht am Rhein«. – Auch auf Liedebene ließe sich unschwer eine erste Welle solcher Tiraden zur Zeit der antinapoleonischen Befreiungskriege aufzeigen. Arndt besang den Rhein als »Teutschlands Strom«, doch gerade nicht seine »Grenze«, Ludwig Uhland rief so zu nationaler Einheit und zum Rhein: »Bayern, Hessen, schlaget ein! Schwaben, Franken, vor zum Rhein!«

382 Das zeige ich an anderer Stelle: Gotthard, *Preußens deutsche Sendung*, hier S. 323–325 (Friedrich Förster, Franz Kugler).

Kapitel 4

1 Das ergibt der makroskopische Blick auf solche Texte. Interessierte meine Studie auch die oft recht detaillierte Schilderung *inner*städtischer Zustände, müsste ich, anstatt von »Punkten«, von isolierten urbanen Rauminseln sprechen.

2 Textnäher müsste man eigentlich analysieren: die Räume gehören den Orten zu.

3 Für mein Empfinden ist das eigentliche Faszinosum dieses Zeitraums (der »Hexen« folterte und Schlossanlagen um zusätzlich noch als Treppenaufgang nutzbare gestufte Zeremonialbühnen herum plante, andererseits den bürokratischen Anstaltsstaat hervorbrachte, innere wie zwischenstaatliche Politik ungemein professionalisierte) das fast unentwirrbare Ineinander von vermeintlich Fremdem und scheinbar schon ganz Vertrautem. Manche Frühneuzeitler betonen Ersteres stärker, andere die Modernisierungsleistung der Frühen Neuzeit.

4 Vgl. zu diesem Begriff oben S. 132. Ich halte die Indizien, die Mittelalterexperten für eine derartige Raumerfahrung ins Feld führten, für gewichtig, aber das letzte Wort müssen selbstverständlich Mediävisten behalten. Wie präsentiert sich Raum in Texten des Frühen Mittelalters, überhaupt vor der staufischen Klassik?

5 So formuliert es die Soziologin Martina Löw: Löw, *Raumsoziologie*, S. 130. Ebda., S. 85: »Verinselungssozialisation«. Ebda., S. 265: »verinselte Vergesellschaftung, die Raum als einzelne funktionsgebundene Inseln erfahrbar macht«. Ich trage die Begründungen der Soziologie gleich nach.

6 »Hatte die Konstruktion Isaac Newtons zur Einheit der Physik geführt, indem er ein globales Bezugssystem etablierte, so gelten seit neunzig Jahren wieder viele lokale Bezugssysteme«, konstatiert Sturm, *Wege zum Raum*, S. 135. Ebda., S. 138: »Aus der Quantenphysik folgt [...] eine Diskontinuität des Raumes«. Ich muss gestehen, dass ich solche Einschätzungen nur gläubig referieren kann.

7 Es gelang auch noch keinem Physiker oder Mathematiker, dem Verfasser dieser Zeilen – der sich einbildet, vorzügliche Physiker und Mathematiker befragt zu haben (die Auswahlausschüsse der Studienstiftung des deutschen Volkes sind ein guter Ort für solche »grenzüberschreitenden« Klärungsversuche, was einmal dankbar vermerkt werden sollte) – den Raum Einsteins, den Raum der Quantenphysik zu veranschaulichen; was entweder an diesen Räumen oder an diesem Verfasser liegen muss.

8 Oder ist das schon jüngere Vergangenheit? Ich hege den (hier nicht im Vorbeigehen zu erhärtenden) Verdacht, dass diese soziologische Lieblingsformel von »Wirtschaftswunderland« mittlerweile an diagnostischer Kraft einbüßt.

9 Andere mögliche Ursachen wurden schon ausführlich in den jeweils passenden Kontexten angesprochen: Zustand des »Reisewesens« (das Unterwegs ist noch mühselig, ja, gefahrvoll, das zu Überwindende, Abzuarbeitende, keinesfalls Genießbare); während Maler schon seit dem ausgehenden Mittelalter Landschaften abbilden oder kreieren, fehlen selbst schreibgewandten Autoren hiefür noch lang die Worte; für mittelalterliche Texte: Stand der Kartographie!

10 Seit wann ändert sich das? Ich muss gestehen, von Unterrichtsgeschichte nicht allzu viel zu verstehen. Natürlich habe ich, indes mit mäßigem Erfolg, die einschlägigen Kompendien durchforstet. Dem *Handbuch der deutschen Bildungsgeschichte* (Bd. 3, S. 204f.) kann man entnehmen, dass »die eigentliche Etablierung« von mathematischen und naturwissenschaftlichen Unterrichtsfächern an den Schulen zu »Beginn des 19. Jahrhunderts« erfolgt sei: »In den nach der Reformation in Deutschland entstandenen Formen allgemeinbildender öffentlicher Schulen [...] waren Mathematik und Naturwissenschaften faktisch nicht repräsentiert. Das gleiche gilt für die von der Gegenreformation aufgebauten Schulen.« – Dass die im Newtonschen Raum kulminierenden »neuen kosmologischen Erkenntnisse [...] seit dem Beginn des 18. Jahrhunderts in einer Vielzahl von Schriften

popularisiert wurden und erst so ein breites Publikum erreichen konnten«, vermutet Begemann, *Furcht und Angst*, S. 118.

11 Vgl. ausführlicher Kapitel 2.5.

12 Insbesondere Jean Piaget hat darüber gearbeitet, vgl. beispielsweise Piaget/Inhelder, *Die Entwicklung*. – Der russische Psychologe F. N. Schemjakin stellte schon in den 1940er Jahren ähnliche Beobachtungen an, die aber erst viel später im Westen rezipiert wurden. Wie Piaget bekam er heraus, dass sich Kinder zunächst (bei ihm aber nur bis zu einem Alter von acht Jahren) mit »route maps« ohne genaue Distanzen oder Winkel behölfen. Schemjakins Arbeiten sind schwer zugänglich und nur zum kleinsten Teil ins Englische übersetzt, ich folge hier der Zusammenfassung bei Brodersen, *Terra Cognita*, S. 46f. – Ethnologen wollen in einfachen Gegenwartsgesellschaften auch bei Erwachsenen eine entsprechende Raumorientierung vorgefunden haben, ihre *mental maps* bestünden aus Routen, nicht Flächen. Vgl. beispielsweise Blakemore, *Map-making*.

13 Calvino, *Wenn ein Reisender*, S. 253.

14 An die soeben erwähnten Untersuchungen beispielsweise Piagets zurückbindend, müsste man ergänzen: auch nachdem jene ersten Lebensjahre vorbei sind, in denen Kinder ohnehin nur »landmarks« wahrnehmen, keine Räume synthetisieren können.

15 Man merkt wieder einmal, wie sich alltagssprachlicher und wissenschaftlich sinnvoller Raumbegriff in die Quere kommen – natürlich hat diese Studie ständig mit dem Problem zu kämpfen. Was hier als »Gesamtraum« apostrophiert wird, ist im Sinne meiner wahrnehmungsgeschichtlichen Studie kein Raum. Was nicht als solcher wahrgenommen wird, ist ein mit physikalischen Instrumenten vermessbares Stück Erdoberfläche, aber eben kein Raum. Konsequent vermochte ich diesen Sprachgebrauch auch nicht durchzuhalten.

16 Zeiher/Zeiher, *Orte und Zeiten der Kinder*, S. 27.

17 Löw, *Raumsoziologie*, S. 268 spricht, unter Berufung vor allem auf nordamerikanische Untersuchungen, vom »fließend vernetzten Raum«.

18 Und zwar schon vor einem Jahrzehnt: Schulze, *Milieu und Raum*, die Zitate: S. 41, S. 50, S. 46, S. 51.

19 Harvey, *Die Postmoderne*, S. 70f., mit entsprechenden Literaturhinweisen.

20 »Sie sausten an den Reklameschildern [...] vorüber, die Buchstaben schlugen wie Blitze in ihr Gehirn. Jeder Baum am Rande zischte und schrie, aber kein reiner Ton entstand, denn der eine stürzte sich in den nächsten, in den dritten, vierten«: So erlebt der Freund der titelgebenden Romanheldin eine Autofahrt durch Berlin – Speyer, *Charlott etwas verrückt*, S. 5f.

21 Also dem proportionierenden »Raster«: Krauss, *The Optical Unconscious*, S. 21. Die Ästhetik der Moderne manifestiere sich für postmoderne Theoretiker »in einem geometrisch isotropen, orthogonalen, abstrakten und uniformen Raum, mit dem Gitter, dem Raster [...] als Grundstruktur«, resümiert Brüggemann, *Architekturen des Augenblicks*, S. 88.

22 Wiewohl nicht zentral die Malerei fokussierend, ist die Monographie von Brüggemann hierfür sehr instruktiv. Er resümiert auf S. 564, alle von ihm analysierten Texte und Bilder teilten »die Voraussetzung eines radikalen Bruchs mit dem cartesianischen Perspektivismus«.

23 Den in der Neuen Züricher Zeitung und in der Frankfurter Zeitung veröffentlichten Text druckt Brüggemann, *Architekturen des Augenblicks*, S. 281 ab.

24 Zit. nach Bering, *Raumvorstellungen*, S. 160. – Man blicke ferner nur einmal ins »Manifest des Futurismus«! Das intellektuelle Haupt des westeuropäischen Futurismus, Emilio F.

T. Marinetti, pries dort »die Schönheit der Schnelligkeit«, wofür ihm das »Rennautomo-
bil« stand, »dessen Wagenkasten mit großen Rohren bepackt sind, die Schlangen mit ex-
plosivem Atem gleichen«, »wir wollen den Mann preisen, der am Lenkrad sitzt«. Immer
wieder wird die Vergötzung der Geschwindigkeit charakteristisch mit der Berauschung
vom damals faszinierenden Großstadtleben gekoppelt, man müsse »die aggressive Bewegung, die fiebrige Schlaflosigkeit«, auch den »gefahrvollen Sprung« preisen. »In den
modernen Hauptstädten« lockten »die nächtliche Vibration der Arsenale und Zimmer-
plätze unter ihren heftigen elektrischen Monden; die gefräßigen Bahnhöfe voller fau-
chender Schlangen; die durch ihre Rauchfäden an die Wolken gehängten Fabriken«. Ich
zitiere aus der Übersetzung bei Westheim, *Künstlerbekenntnisse*, S. 203f.

25 Zit. bei Kultermann, *Die Architektur*, S. 197 Anm. 6. – Also: »Ich kann Ihnen gar nicht
sagen, wie ich dieses unschuldige Ungeheuer hasse, das im Begriff ist, die Welt, die ich
liebe, zu zerstören. Es wird die von mir geliebte Welt zerstören, die Welt, die auf eine
Betrachtungsweise auf gleicher Ebene oder des Aufblickens gegründet ist, mit anderen
Worten, die gesamte Art des Betrachtens, von der auszugehen der Künstler gelernt hat,
alle Gesetze der Perspektive, die Art, die Dinge von einem fixen Punkt auf der Erde aus
anzusehen.«

26 Einstein, *Zur Ausstellung »Abstrakter Kunst«*, S. 264.

27 Hat Heinrich Heine, dem bekanntlich die Eisenbahn den Raum »getötet« hat (vgl. oben
S. 13), auch diese Erfahrung gleichsam antizipiert? An London erinnerte er sich in den
»Englischen Fragmenten« so zurück: »Noch immer starrt in meinem Gedächtnisse dieser
steinerne Wald von Häusern und dazwischen der drängende Strom lebendiger
Menschengesichter mit all ihren bunten Leidenschaften, mit all ihrer grauenhaften Hast
der Liebe, des Hungers und des Hasses [...] diese maschinenhafte Bewegung, diese
Verdrießlichkeit der Freude selbst, dieses übertriebene London erdrückt die Phantasie
und zerreißt das Herz« – *Heines Werk*, Bd. 8, S. 207f.

28 Serres, *Atlas*, S. 78f.

Quellen und Literatur

Ungedruckte Quellen

Hauptstaatsarchiv Stuttgart:
A90A, tomi 5, 6, 8, 19, 20 und 39

Hauptstaatsarchiv Dresden:
Loc. 8762, Andere Buch Der Frey- und Reichsstädte geclagte Gravamina

Haus-Hof- und Staatsarchiv Wien:
Böhmen 63

Hessisches Staatsarchiv Darmstadt:
D4 98/1

Reiseberichte und andere gedruckte Quellen

*Vorbemerkung: Die zahlreichen Reise- und Pilgerberichte, die Hildebrand Dussler,
Herbert und Inge Schwarzwälder, Reinhold Röhricht und Heinrich Meisner in dicken
Sammelbänden zusammengestellt haben, werden im Folgenden nicht eigens angeführt.*

[Anonym], *Caluinischer Sendtbrieff An die Lutherischen..., »ausser Bremen«* 1626.
[Anonym] (Johann Philipp Spieß?), *Bedencken eines guten Eydgenossen, vber die Gespräche
   Stephans vnd Hansens*, o. O. [1632].
[Anonym], *Trewhertzige Vermahnung, Worinnen viel Denckwürdige vnd Politische
   Considerationes [...] begriffen*, o. O. 1644.
[Anonym], *Deß Königl. Frantzösischen Plenipotentiarii Memorial, Oder Klag-Schrifft [...]
   Sammt einer zweyfachen Beantwort- und Ableihnung desselbigen [...]*, Frankfurt 1673.
[Anonym], *Die rechte Reise-Kunst, Oder Anleitung, wie eine Reise mit Nutzen in die
   Frembde, absonderlich in Franckreich anzustellen*, Frankfurt 1674.

[Anonym] (Johann Friedrich Carl Grimm), *Bemerkungen eines Reisenden durch Deutschland, Frankreich, England und Holland in Briefen an seine Freunde*, Bd. 1, Altenburg 1775.

[Anonym], Briefe aus einer Reise durch das südliche Frankreich, in: *Auswahl kleiner Reisebeschreibungen und anderer statistischen und geographischen Nachrichten*, Bd. 14, Leipzig 1791, S. 32–70.

[Anonym], Die Reise nach Paris, in: *Taschenbuch zum geselligen Vergnügen für 1794*, hg. von W. G. Becker, Leipzig 1794, S. 1–80.

[Anonym] (Johann Daniel Mutzenbecher), *Bemerkungen auf einer Reise aus Norddeutschland über Frankfurt nach dem südlichen Frankreich im Jahr 1819*, Leipzig 1822.

Agrippa von Nettesheim, *Ungewissheit und Eitelkeit aller Künste und Wissenschaften* (von 1527), Ausgabe Köln 1713.

Arndt, Ernst Moritz, *Gedichte. Neue Auswahl*, Leipzig 1850.

Baggesen, Jens, *Das Labyrinth oder Reise durch Deutschland in die Schweiz 1789*, Ausgabe München 1986.

Bär, Max (Hg.), Lupold von Wedels Beschreibung seiner Reisen und Kriegserlebnisse 1561–1606, in: *Baltische Studien 45* (1895), S. 1–609.

Bechstein, Ludwig, *Wanderungen durch Thüringen*, Leipzig o. J. [wohl 1838].

Becker, Karl Wolfgang (Bearb.), *Heinrich Heine. Säkularausgabe. Werke, Briefwechsel, Lebenszeugnisse*, Bd. 5, Berlin/Paris 1970.

Becker, Rudolph Zacharias (Hg.), *National-Zeitung der Teutschen*, Gotha (»Teutschland«) 1796.

Besold, Christoph, *De natura populorum. Eiusque pro loci positu, temporisque decursu variatione [...] philosophicus discursus*, Tübingen 1619.

Bezold, Friedrich von, *Staat und Gesellschaft des Reformationszeitalters*, Leipzig/Berlin 1908.

Birken, Sigmund, *Hochfürstlicher Brandenburgischer Ulysses [...]*, Bayreuth 1668.

Birlinger, A. (Hg.), Ein Pilgerbüchlein. Reise nach Jerusalem von 1444, in: *Archiv für das Studium der neueren Sprachen und Literaturen 21* (1866), S. 301–322.

Boemus, Joannes, *Omnium Gentium Mores, Leges et Ritus [...]*, Augsburg 1520.

Breval, John, *Remarks on several parts of Europe, relating chiefly to their antiquities and history [...]*, London 1738.

Brosses, Charles de, *Lettres familières sur l'Italie*, hg. von Yvonne Bézard, Bd. 1, Paris 1931.

Burckhardt, Max (Hg.), *Jacob Burckhardt. Briefe. Vollständige und kritische Ausgabe*, Bd. 5, Basel/Stuttgart 1963.

Büsching, Anton Friedrich, *Erdbeschreibung*, Bd. 5, siebte Aufl. Hamburg 1789.

Butzbach, Johannes, *Wanderbüchlein. Chronika eines fahrenden Schülers. Aus der lateinischen Handschrift übersetzt von J. Becker*, Ndr. Neustadt an der Aisch 1984.

Campe, Joachim Heinrich, *Briefe aus Paris während der französischen Revolution geschrieben*, hg. von Helmut König, Berlin 1961.

Coccejus, Heinrich, *Iuris publici prudentia [...]*, dritte Aufl. Frankfurt an der Oder 1705.

Cochläus, Johannes, *Brevis Germaniae Descriptio (von 1512)*, hg. von Karl Langosch, Darmstadt 1960.

Coryate, Thomas, *Crudities*, Bd. 2, Ndr. [der Ausgabe von 1611] Glasgow 1905.

Droysen, Johann Gustav, *Geschichte der preußischen Politik*, Bd. 1, Berlin 1855.

Droysen, Johann Gustav, Preußen und das System der Großmächte [im August 1849 veröffentlicht als »Gutachten eines Schleswig-Holsteiners«], wiederabgedr. in: ders., *Abhandlungen zur neueren Geschichte*, Leipzig 1876, S. 135–152.

Druffel, August von (Hg.), *Briefe und Akten zur Geschichte des sechzehnten Jahrhunderts mit besonderer Rücksicht auf Bayerns Fürstenhaus*, Bd. 2, München 1880.

Dussler, Hildebrand (Hg.), *Reisen und Reisende in Bayerisch-Schwaben und seinen Randgebieten in Oberbayern, Franken, Württemberg, Vorarlberg und Tirol*, 2 Bände, Weißenhorn 1968 bzw. 1974.

Ehrmann, Gabriele (Hg.), *Georg von Ehingen, Reisen nach der Ritterschaft*. Edition, Untersuchung, Kommentar, Teilbd. 1, Göppingen 1979.

Engel, Josef (Red.), *Großer Historischer Weltatlas*, Bd. 2, zweite Aufl. München 1979.

Eppelsheimer, Hanns W. (Hg.), *Petrarca: Dichtungen, Briefe, Schriften*, Frankfurt 1980.

Ernst, Viktor (Hg.), *Briefwechsel des Herzogs Christoph von Wirtemberg*, Bd. 1, Stuttgart 1899.

Erstenberger, Andreas (»Franciscus Burgkardus«), *De Autonomia. Das ist: Von Freystellung mehrerley Religion und Glauben [...]*, zweite Aufl. München 1602.

Faber, Felix, *Eigentliche beschreibung der hin unnd wider farth zu dem Heyligen Landt [...]* Nach der ersten deutschen Ausgabe 1556 bearbeitet und neu herausgegeben, [Berlin] o. J.

Fielding, Henry, *Tom Jones*. Übersetzt von Siegfried Lang, München 1965.

Fleming, Paul, *Geist- und Weltliche Poemata Paull Flemmings*, Jena 1660.

Florack, Ruth (Hg.), *Tiefsinnige Deutsche, frivole Franzosen. Nationale Stereotype in deutscher und französischer Literatur*, Stuttgart/Weimar 2001.

Franck, Sebastian, *Weltbuch: spiegel und bildtniß des gantzen erdbodens [...]*, o. O. 1534.

Franke, Heinrich Gottlieb, Historia fatorum doctrinae de finibus sacri Romano-Germanici imperii, in: Nikolaus Hieronymus Gundling (Hg.), *De iure imperatoris et imperii [...]*, Leipzig 1732, S. 3–24.

Friedensburg, Walter (Hg.), Des italienischen Priesters Vincenzo Laurefici Reise durch Deutschland, die Niederlande und England (1613), in: *Archiv für Kultur-Geschichte 2* (1904), S. 26–38.

Friesenegger, Maurus, *Tagebuch aus dem 30jährigen Krieg*, hg. von Willibald Mathäser, München 1974.

Garber, Josef (Hg.), *Die Reisen des Felix Faber durch Tirol in den Jahren 1483 und 1484*, Innsbruck/München 1923.

[Gellert, Christian Fürchtegott], *Leben der schwedischen Gräfin von G*****, 2 Teile, Leipzig 1747/48.

Geyer, Christian (Hg.), Die Pilgerschrift Ludwigs von Eyb, in: *Archiv für Geschichte und Altertumskunde von Oberfranken 21* (1899), S. 16–52.

Goethe, Johann Wolfgang von, *Sämtliche Werke*. Jubiläumsausgabe, Bd. 4.4, Stuttgart/Berlin 1902.

Grimmelshausen, Hans Jakob Christoffel von, *Der Abentheurliche Simplicissimus Teutsch und Continuatio des abentheurlichen Simplicissimi*, hg. von Rolf Tarot, Tübingen 1967.

Güntzer, Augustin, *Kleines Biechlin von meinem gantzen Leben. Die Autobiographie eines Elsässer Kannengießers aus dem 17. Jahrhundert*, hg. von Fabian Brändle und Dominik Sieber, Köln/Weimar/Wien 2002.

Gutzkow, Karl, *Briefe aus Paris*, Bd. 1, Leipzig 1842.

Hale, J. R. (Hg.), *The Travel Journal of Antonio de Beatis. Germany, Switzerland, the Low Countries, France and Italy, 1517–1518*, London 1979.

Hänselmann, Ludwig (Hg.), Hans Porners Meerfahrt, in: *Zeitschrift des historischen Vereins für Niedersachsen 1874/75*, S. 113–156.

Harleß, W[oldemar] (Hg.), Bericht über die Pilgerfahrt Herzogs Johann I. von Cleve nach dem heiligen Lande (1450–51), in: *Zeitschrift des Bergischen Geschichtsvereins 35 (1900/1901)*, S. 125–145.

Harsdörffer, Georg Philipp, *Der Teutsche Secretarius*, Nürnberg 1674.

Hartlieb, Johann, *Alexander*, Ndr. der Ausgabe von 1473, Hildesheim/New York 1975.

Hassler, Konrad Dietrich (Hg.), *Fratris Felicis Fabri Evagatorium in terrae Sanctae, Arabiae et Egypti peregrinationem*, Bd. 1, Stuttgart 1843.

Hassler, K[onrad] D[ietrich] (Hg.), *Reisen und Gefangenschaft Hans Ulrichs Krafft's*, Stuttgart 1861.

Häutle, Christian (Hg.), *Des Bamberger Fürstbischofs Johann Gottfried von Aschhausen Gesandtschafts-Reise nach Italien und Rom 1612 und 1613*, Tübingen 1881.

Heeringen, Gustav von, *Wanderungen durch Franken*, Leipzig o. J. [wohl 1840].

Heine, Heinrich, *Das Werk in fünfzehn Teilen*, Bd. 8, Berlin o. J.

Heine, Heinrich, Lutetia. Berichte über Politik, Kunst und Volksleben, in: *Heinrich Heine. Sämtliche Schriften*, Bd. 5, hg. von Klaus Briegleb und Karl Heinz Stahl, München 1974, S. 217–548.

Herba, Giovanni da l'/Cherubinus da Stella, *Itinerario delle poste per diverse parte del mondo* [...], Rom 1563.

Herberstein, Siegmund von, Autobiographie, in: *Fontes Rerum Austriacarum. Österreichische Geschichts-Quellen. Erste Abtheilung: Scriptores*, Bd. 1, bearb. von Th. G. von Karajan, Wien 1855, S. 67–396.

Hintze, Otto, *Die Behördenorganisation und die allgemeine Staatsverwaltung Preußens im 18. Jahrhundert*, Berlin 1901.

Justus Lipsius, *Von der Bestendigkeit (De constantia)*. Faksimiledruck der deutschen Übersetzung des Andreas Viritius, Stuttgart 1965.

Kamman, J. (Hg.), Jörg Pfinzings Pilgerreise nach Jerusalem 1436, in: *Mitteilungen des Vereins für Geschichte der Stadt Nürnberg 2* (1880), S. 120–163.

Kant, Immanuel, *Werke*, Bd. 14, Ndr. Berlin 1925.

Kleinhempel, Ludwig, Hauschronik, teilweise abgedr. in: Wolfram Fischer (Hg.), *Quellen zur Geschichte des deutschen Handwerks. Selbstzeugnisse seit der Reformationszeit*, Göttingen 1957, S. 56–61.

Klenner, Samuel, Der Reisende Gerbergeselle Oder Reisebeschreibung eines auf der Wanderschaft begriffenen Weißgerbergesellens, teilweise abgedr. in: *Fischer, Quellen zur Geschichte des deutschen Handwerks*, S. 79–91.

Kluckhohn, August (Bearb.), *Deutsche Reichstagsakten*. Jüngere Reihe, Bd. 1, Gotha 1893.

Köhler, Johann David, *Kurtze und gründliche Anleitung zu der Alten und Mittlern Geographie*. Andere Auflage, Bd. 1, Nürnberg 1745.

Langmantel, Valentin (Hg.), *Hans Schiltbergers Reisebuch*, Tübingen 1885.

Lansius, Thomas (Hg.), F. A. D. W. *Consultationis de principatu inter provincias Europae Editio secunda* [...], Tübingen 1620.

Lehmann, Christoph (Hg.), *De pace religionis acta publica et originalia, Das ist: Reichs Handlungen, Schrifften und Protocollen über die Reichs-Constitution des Religion-Friedens*, Bd. 2, Frankfurt 1707.

Leibniz, Gottfried Wilhelm, Ermahnungen an die Teutsche, ihren Verstand und Sprache besser zu üben, in: *Sämtliche Schriften und Briefe*, Bd. 3, Berlin 1986, S. 792–820.

Lemke, Hans (Hg.), *Die Reisen des Venezianers Marco Polo im 13. Jahrhundert*, Hamburg 1907.

Luther, Martin, *D. Martin Luthers Werke. Kritische Gesamtausgabe*, Bd. 30.2, Weimar 1909.

Luther, Martin, *Tischreden oder Colloqvia*, Eisleben 1566.

Mabillon, Jean/Michel Germain, *Museum Italicum seu collectio veterum scriptorum e bibliothecis italicis* [...], Bd. 2, Paris 1724.

Machiavelli, Niccolò, *Discorsi. Gedanken über Politik und Staatsführung*, hg. von Rudolf Zorn, Stuttgart 1966.

Magini, Gio Antonio, *Italia [...] data in luce da Fabio suo figliuolo*, »Bononia« 1620.

Marinetti, Emilio Filippo Tommaso, Manifest des Futurismus, wiederabgedr. in: Paul Westheim (Hg.), *Künstlerbekenntnisse. Briefe/Tagebuchblätter/Betrachtungen heutiger Künstler*, Berlin [1925], S. 203f.

Marx, Karl, *Grundrisse der Kritik der Politischen Ökonomie*, Ndr. Berlin 1974.

Mohnicke, Gottlieb Christian Friedrich (Hg.), *Bartholomäi Sastrowen Herkommen, Geburt und Lauff seines gantzen Lebens [...]*, Bd. 1, Greifswald 1823.

Montagu, Mary Wortley, *Letters*, Neuausgabe London 1934.

Montaigne, Michel de, *Tagebuch der Reise nach Italien über die Schweiz und Deutschland von 1580 bis 1581*, hg. von Hans Stilett, Frankfurt 2002.

Mortoft, Francis, *His book being his travels through France and Italy 1658–1659*, hg. von Malcolm Letts, London 1925.

Moser, Friedrich Karl von, *Von dem Deutschen Nationalgeist*, Nachdruck der Ausgabe von 1766, Selb 1976.

Münster, Sebastian, *Cosmographia [...]*, Ndr. o. O. 1614.

Neuhaus, Helmut (Hg.), *Deutsche Geschichte in Quellen und Darstellung*, Bd. 5, Stuttgart 1997.

Neumayr von Ramsla, Hans Kilian, *Raise durch Welschland vnd Hispanien [...] genommen aus Herrn Johann Wilhelms Neumair von Ramßla [...] Itinerario [...]*, Leipzig 1622.

Neumayr von Ramsla, Johann Wilhelm, *Des Durchlauchtigen Hochgebornen Fürsten vnd Hern, Herrn Johann Ernsten des Jüngern, Hertzogen zu Sachsen [...] Reise In Franckreich, Engelland vnd Niederland [...]*, Leipzig 1620.

Neumayr von Ramsla, Johann Wilhelm, *Von der Neutralitet und Assistentz oder Unpartheyligkeit und Partheyligkeit in KriegsZeiten sonderbarer Tractat oder Handlung*, Erfurt 1620 (u. ö.).

Neumayr von Ramsla, Johann Wilhelm, *Von Friedes Handlungen und Verträgen in Kriegszeiten, Sonderbarer Tractat oder handlung*, Jena 1624.

Neweklowsky, Gerhard (Hg.), *Itinerarium oder Wegrayß Küniglich Mayestät potschafft gen Constantinopl zu dem Türckischen Kaiser Soleyman. Anno 1530*, Klagenfurt 1997.

Neweklowsky, Gerhard (Hg.), *Ein Disputation oder Gesprech zwayr Stalbuben*, Klagenfurt/Wien/Ljubljana/Sarajevo 1998.

Nicolai, Friedrich, *Beschreibung einer Reise durch Deutschland und die Schweiz im Jahre 1781*, Ndr. Hildesheim/Zürich/New York 1994.

Ortelius, Abraham, *Theatrum Orbis Terrarum*, ? [erstmals Antwerpen 1570; ich benützte eine schadhafte Ausgabe der Universitätsbibliothek Erlangen ohne inneren Buchtitel].

Ottenberg, Hans-Günter/Edith Zehm (Hg.), *Briefwechsel zwischen Goethe und Zelter in den Jahren 1799 bis 1832*, München 1991.

Pantaleon, Heinrich, *Teutscher Nation Heldenbuch [...]*, 3 Bände, Neuauflage [des Werks von 1570] Basel 1573.

Peters, Jan (Hg.), *Ein Söldnerleben im Dreißigjährigen Krieg. Eine Quelle zur Sozialgeschichte*, Berlin 1993.

Platter, Felix, *Tagebuch (Lebensbeschreibung) 1536–1567*, hg. von Valentin Lötscher, Basel/Stuttgart 1976.

Prottung, Hartmut (Hg.), *Die Reisen des Samuel Kiechel 1585–1589*, München 1987.

Ratzel, Friedrich, *Politische Geographie*, München 1897.

Ratzel, Friedrich, *Anthropogeographie oder Grundzüge der Anwendung der Erdkunde auf die Geschichte*, Bd. 1, zweite Aufl. Stuttgart 1899.

Ratzel, Friedrich, *Der Lebensraum. Eine biogeographische Studie*, Darmstadt 1901.

Rebmann, Georg Friedrich (»Anselmus Rabiosus der Jüngere«), *Wanderungen und Kreuzzüge durch einen Theil Deutschlands*, Altona 1793.

Rohr, Julius Bernhardt von, *Einleitung zu der Klugheit zu leben, Oder Anweisung, Wie ein Mensch zu Beförderung seiner zeitlichen Glückseeligkeit seine Actiones vernünfftig anstellen soll*. Andere und vermehrte Aufl., Leipzig 1719.

Röhricht, Reinhold/Heinrich Meisner (Hg.), *Deutsche Pilgerreisen nach dem Heiligen Lande*, Berlin 1880.

Röhricht, Reinhold/Heinrich Meisner (Hg.), *Das Reisebuch der Familie Rieter*, Tübingen 1884.

Röhricht, Reinhold (Hg.), Die Jerusalemfahrt des Peter Sparnau und Ulrich von Tennstaedt (1385), in: *Zeitschrift der Gesellschaft für Erdkunde zu Berlin 26 (1891)*, S. 479–491.

Röhricht, R[einhold] (Hg.), Jerusalemfahrt des Grafen Gaudenz von Kirchberg, Vogtes von Matsch (1470). Nach der Beschreibung seines Dieners Friedrich Steigerwalder, in: *Forschungen und Mitteilungen zur Geschichte Tirols und Vorarlbergs 11 (1905)*, S. 102–152.

Roloff, Hans-Gert (Hg.), *Fortunatus*, Stuttgart 1981.

Rott, Hans (Hg.), Itinerar Ottheinrichs von Pfalz-Neuburg, in: *Mitteilungen zur Geschichte des Heidelberger Schlosses 6 (1912)*, S. 66–153.

Sachs, Hans, *Werke*, hg. von Andreas V. Keller und Ernst Goetze, Bd. 21, Tübingen 1892.

Sander, Heinrich, *Beschreibung seiner Reisen durch Frankreich, die Niederlande, Holland, Deutschland und Italien, in Beziehung auf Menschenkenntnis, Industrie, Litteratur und Naturkunde insonderheit*, Bd. 1, Leipzig 1783.

Schloßberger, August (Hg.), *Hans Jakob Breunings von Buchenbach Relation über seine Sendung nach England im Jahr 1595*, Stuttgart 1965.

Schmeller, J. A. (Hg.), *Des böhmischen Herrn Leo's von Rozmital Ritter-, Hof- und Pilger-Reise durch die Abendlande 1465–1467. Beschrieben von zweien seiner Begleiter*, Stuttgart 1844.

Schweinichen, Hans von, *Denkwürdigkeiten*, hg. von Hermann Oesterley, Breslau 1878.

Schrattenecker, Irene (Hg.), *Anonimo Veneziano, Eine deutsche Reise Anno 1708*, o. O. 1999.

Schuler, J[osef] E[gon] (Hg.), *Der Älteste Reiseatlas der Welt*, Stuttgart 1965.

Schwab, Gustav, *Wanderungen durch Schwaben*, Leipzig o. J. [wohl 1838].

Schwarzwälder, Herbert und Inge (Hg.), *Reisen und Reisende in Nordwestdeutschland*, Bd. 1, Hildesheim 1987.

Simmel, Georg, Soziologie des Raums, in: *Jahrbuch für Gesetzgebung, Verwaltung und Volkswirtschaft im Deutschen Reich 27 (1903)*, S. 27–71.

Simmel, Georg, *Untersuchungen über die Formen der Vergesellschaftung*, hg. von Otthein Rammstedt, Frankfurt 1992.

Speyer, Wilhelm, *Charlott etwas verrückt*, Berlin 1927.

Stern, Adolf (Hg.), *Goethe-Schiller, Xenien. Aus dem Schillerschen »Musen-Almanach für das Jahr 1797« und den Xenien-Manuskripten*, zweite Aufl. Leipzig o. J.

Sternberger, Dolf/Gerhard Storz/Wilhelm E. Süskind, *Aus dem Wörterbuch des Unmenschen. Neue erweiterte Ausgabe mit Zeugnissen des Streites über die Sprachkritik*, München 1970.

Stuck, Gottlieb Heinrich, *Verzeichnis von aelteren und neuern Land- und Reisebeschreibungen*, Halle 1784.

Stuck, Gottlieb Heinrich, *Nachtrag zu seinem Verzeichnis von aelteren und neuern Land- und Reisebeschreibungen*, Halle 1785.

Suphan, Bernhard (Hg.), *Herders sämmtliche Werke*, Bd. 14, Berlin 1909.

»Talander« [sc. August Bohse], *Curieuse und Historische Reisen durch Europa [...] aus der frantzösischen Sprache in unsere Hochteutsche übersetzet*, o. O. 1697.

[Thausing, Moriz], *Dürers Briefe, Tagebücher und Reime*, Bad Honnef [1872].

Vincentz, Curt Rudolf (Hg.), *Die Goldschmiede-Chronik. Die Erlebnisse der ehrbaren Goldschmiede-Ältesten Martin und Wolfgang, auch Mag. Peters Vincentz*, Hannover [1918].

Vinci, Leonardo da, *Das Buch von der Malerei*, hg. und übersetzt von Heinrich Ludwig, Ndr. Osnabrück 1970.

Walther, Ph[ilipp] A[lexander] F[erdinand], *Hans Georg Ernstingers Raisbuch*, Stuttgart 1877.

Wandruszka, Adam (Hg.), *Nuntiaturberichte aus Deutschland*, Bd. 2.2, Graz/Köln 1953.

Warburg, Aby, *Schlangenritual. Ein Reisebericht*, hg. von Ulrich Raulff, Berlin 1988.

Wehner, Paul Matthias (Hg.), *Practicarum iuris observationum selectarum liber singularis*, zweite Aufl. Frankfurt 1624.

Wieland, Christoph Martin, *Werke*. Bd. 2, hg. von Fritz Martini und Reinhard Döhl, München 1966.

Wieland, Christoph Martin, *Meine Antworten. Aufsätze über die Französische Revolution 1789–1793*, hg. von Fritz Martini, Marbach 1983.

Wintergerst, Martin, *Reisen auf dem mittelländischen Meere, der Nordsee, nach Ceylon und nach Java 1688–1710*, Bd. 2, Ausgabe Den Haag 1932.

Wintzenberger, Daniel, *Ein Naw [sic] Reyse büchlein, von der Weitberümbten, Churfürstlichen Sechsischen Handelstad Leipzig aus [...]*, o. O. 1579.

Wittgenstein, Ludwig, *Werke*, Bd. 1, hg. von Rush Rees, Frankfurt 1963.

Wolf, Adam (Hg.), *Lukas Geizkofler und seine Selbstbiographie 1550–1620*, Wien 1873.

Wortley Montagu, Mary, *Letters*, Neuausgabe London 1934.

Zeiller, Martin, *Itinerarium Galliae, Das ist: Reysbeschreibung durch Franckreich, und Angräntzende Länder*, Straßburg/Frankfurt 1674.

Zillhardt, Gerd (Hg.), *Der Dreißigjährige Krieg in zeitgenössischer Darstellung. Hans Heberles »Zeytregister« (1618–1672)*, Diss. Tübingen, Stuttgart 1975.

Zweig, Stefan, *Die Welt von gestern. Erinnerungen eines Europäers*, Neuausgabe Frankfurt 1992.

Neuere Forschungsliteratur

Ahrens, Daniela, *Grenzen der Enträumlichung. Weltstädte, Cyberspace und transnationale Räume in der globalisierten Moderne*, Opladen 2001.

Albrecht, Christoph, Materialistischer Schuß vor den Bug der Geschichte, in: *Frankfurter Allgemeine Zeitung* vom 7. Oktober 2003 (»Neue Sachbücher«).

Albrecht, Wolfgang/Hans-Joachim Kertscher (Hg.), *Wanderzwang – Wanderlust. Formen der Raum- und Sozialerfahrung zwischen Aufklärung und Frühindustrialisierung*, Tübingen 1999.

Albright, Madeleine K. mit Bob Woodward, *Der Mächtige und der Allmächtige. Gott, Amerika und die Weltpolitik*, München 2006.

Albrow, Martin, *The Global Age. State and Society beyond Modernity*, Cambridge u. a. 1996.

Albrow, Martin, *Abschied vom Nationalstaat*, Frankfurt 1998.

Alfing, Sabine, *Hexenjagd und Zaubereiprozesse in Münster. Vom Umgang mit Sündenböcken in den Krisenzeiten des 16. und 17. Jahrhunderts*, Münster u. a. 1991.

Altmann, Hugo, *Die Reichspolitik Maximilians I. von Bayern 1613–1618*, München/Wien 1978.

Anderson, Benedict, *Die Erfindung der Nation. Zur Karriere eines folgenreichen Konzepts*, Berlin 1998.

Apel, Friedmar, Topographische Wende, in: *Frankfurter Allgemeine Zeitung* vom 20. November 2002 (Seite »Geisteswissenschaften«).

Asch, Ronald G./Heinz Duchhardt (Hg.), *Der Absolutismus – ein Mythos? Strukturwandel monarchischer Herrschaft in West- und Mitteleuropa (ca. 1550–1700)*, Köln/Weimar/Wien 1996.

Asch, Ronald G., Frage an Georg Schmidt, in: Matthias Schnettger (Hg.), *Imperium Romanum – Irregulare Corpus – Teutscher Reichs-Staat. Das Alte Reich im Verständnis der Zeitgenossen und der Historiographie*, Mainz 2002, S. 295f.

Babel, Rainer /Jean-Marie Moeglin (Hg.), *Identité régionale et conscience nationale en France et en Allemagne du moyen âge à l'époque moderne. Actes du colloque organisé par l'Université Paris*, Sigmaringen 1997.

Bagge, Sverre, Nationalism in Norway in the Middle Ages, in: Norges Forskningsråd (Hg.), *Nationale und andere Solidarstrukturen. Bericht über das 6. deutsch-norwegische Historikertreffen in Leipzig, Mai 1993*, Oslo 1994, S. 9–24.

Bagrow, Leo/Raleigh Ashley Skelton, *Meister der Kartographie*, Berlin o. J.

Baumgarten, Achim R., *Hexenwahn und Hexenverfolgung im Naheraum. Ein Beitrag zur Sozial- und Kulturgeschichte*, Frankfurt u. a. 1987.

Baxandall, Michael, *Die Wirklichkeit der Bilder. Malerei und Erfahrung im Italien des 15. Jahrhunderts*, Frankfurt 1977.

Begemann, Christian, *Furcht und Angst im Prozeß der Aufklärung. Zur Literatur und Bewußtseinsgeschichte des 18. Jahrhunderts*, Frankfurt 1987.

Behringer, Wolfgang/Constance Ott-Koptschalijski, *Der Traum vom Fliegen. Zwischen Mythos und Technik*, Frankfurt 1991.

Behringer, Wolfgang, *Im Zeichen der Merkur. Reichspost und Kommunikationsrevolution in der Frühen Neuzeit*, Göttingen 2003.

Bellabarba, Marco/Reinhard Stauber (Hg.), *Identità territoriali e cultura politica nella prima età moderna. Territoriale Identität und politische Kultur in der Frühen Neuzeit*, Bologna 1998.

Bermingham, Ann, Redesigning Nature. John Constable and the Landscape of Enclosure, in: Roger Friedland/Deirdre Boden (Hg.), *NowHere. Space, Time and Modernity*, London 1994, S. 236–256.

Bienek, Horst (Hg.), *Heimat. Neue Erkundungen eines alten Themas*, München/Wien 1985.

Bientjes, Julia, *Holland und der Holländer im Urteil deutscher Reisender (1400–1800)*, Groningen 1967.

Black, Jeremy, *Maps and History. Constructing Images of the Past*, New Haven/London 1997.

Blakemore, Michael J., From Way-finding to Map-making: The Spatial Information Fields of Aboriginal Peoples, in: *Progress in Human Geography 5 (1981)*, S. 1–24.

Blessing, Werner K., Heimat im Horizont der Konfession. Bemerkungen zu ihrer kulturellen und politischen Dimension am Beispiel Frankens, in: Katharina Weigand (Hg.), *Heimat. Konstanten und Wandel im 19./20. Jahrhundert. Vorstellungen und Wirklichkeiten*, München 1997, S. 179–209.

Blessing, Werner K./Dieter J. Weiß (Hg.), *Franken. Vorstellung und Wirklichkeit in der Geschichte*, Neustadt 2003.

Blitz, Hans-Martin, *Aus Liebe zum Vaterland. Die deutsche Nation im 18. Jahrhundert*, Hamburg 2000.

Blotevogel, Hans Heinrich, *Zentrale Orte und Raumbeziehungen in Westfalen vor der Industrialisierung (1780–1850)*, Paderborn 1975.

Blumenberg, Hans, *Der Prozeß der theoretischen Neugierde*. Erweiterte und überarbeitete Neuausgabe von »Die Legitimität der Neuzeit« dritter Teil, Frankfurt 1973.

Bogue, Allan G., *Frederick Jackson Turner*. *Strange Roads Going Down*, Norman 1998.

Bosbach, Franz, Mehrfachherrschaften im 17. Jahrhundert, in: Uta Lindgren (Hg.), *Naturwissenschaft und Technik im Barock*. *Innovation, Repräsentation, Diffusion*, Köln/Wien 1997, S. 19–35.

Bosbach, Franz, Mehrfachherrschaft – eine Organisationsform frühmoderner Herrschaft, in: Michael Kaiser/Michael Rohrschneider (Hg.), *Membra unius capitis*. *Studien zu Herrschaftsauffassungen und Regierungspraxis in Kurbrandenburg (1640–1688)*, Berlin 2005, S. 19–34.

Bourdieu, Pierre, *Die politische Ontologie Martin Heideggers*, Frankfurt 1975.

Bourdieu, Pierre, Physischer, sozialer und angeeigneter physischer Raum, in: Martin Wentz (Hg.), *Stadt-Räume*, Frankfurt/New York 1991, S. 25–34.

Brady, Thomas A./Katherine G. Brady, A »Swabian Conspiracy« at the Imperial Chamber Court (Reichskammergericht) in 1540, in: Uwe John/Josef Matzerath (Hg.), *Landesgeschichte als Herausforderung und Programm*, Stuttgart 1997, S. 317–327.

Brenner, Peter J., *Der Reisebericht in der deutschen Literatur*. *Ein Forschungsüberblick als Vorstudie zu einer Gattungsgeschichte*, Tübingen 1990.

Brincken, Anna-Dorothee von den, Mappa mundi und Chronographie, in: *Deutsches Archiv für die Erforschung des Mittelalters 24 (1968)*, S. 118–186.

Brinker-von der Heyde, Claudia, Zwischenräume: Zur Konstruktion und Funktion des handlungslosen Raums, in: Elisabeth Vavra (Hg.), *Virtuelle Räume*. *Raumwahrnehmung und Raumvorstellung im Mittelalter. Akten des 10. Symposiums des Mediävistenverbandes*, Berlin 2005, S. 203–214.

Brodersen, Kai, *Terra Cognita*. *Studien zur römischen Raumerfassung*, Hildesheim u. a. 1995.

Bruchmüller, Lydia, Virtual Reality, Cyberspace & Internet. Der Aufbruch zu einem neuen Raum- und Wirklichkeitsverständnis?, in: Paul Michel (Hg.), *Symbolik von Ort und Raum*, Bern u. a. 1997, S. 107–135.

Brüggemann, Heinz, *Architekturen des Augenblicks*. *Raum-Bilder und Bild-Räume einer urbanen Moderne in Literatur, Kunst und Architektur des 20. Jahrhunderts*, Hannover 2002.

Bünz, Enno, Das Land als Bezugsrahmen von Herrschaft, Rechtsordnung und Identitätsbildung. Überlegungen zum spätmittelalterlichen Landesbegriff, in: Matthias Werner (Hg.), *Spätmittelalterliches Landesbewußtsein in Deutschland*, Ostfildern 2005, S. 53–92.

Burgdorf, Wolfgang, Nationales Erwachen der Deutschen nach 1756. Reichisches gegen territoriales Nationalbewußtsein. Imitation eines Schweizer Vorbildes oder Inszenierung des kaiserlichen Hofes?, in: Marco Bellabarba/Reinhard Stauber (Hg.), *Identità territoriali e cultura politica nella prima età moderna. Territoriale Identität und politische Kultur in der Frühen Neuzeit*, Bologna 1998, S. 109–132.

Burghartz, Susanna, Hexenverfolgung als Frauenverfolgung? Zur Gleichsetzung von Hexen und Frauen am Beispiel der Luzerner und Lausanner Hexenprozesse des 15. und 16. Jahrhunderts, in: Claudia Opitz (Hg.), *Der Hexenstreit. Frauen in der frühneuzeitlichen Hexenverfolgung*, Freiburg/Basel/Wien 1995, S. 147–173.

Burke, Peter, *Was ist Kulturgeschichte?*, Frankfurt 2005.

Burkhardt, Johannes, Über das Recht der Frühen Neuzeit, politisch interessant zu sein. Eine Antwort an Martin Tabaczek und Paul Münch, in: *Geschichte in Wissenschaft und Unterricht 50 (1999)*, S. 748–756.

Burkhardt, Johannes, Europäischer Nachzügler oder institutioneller Vorreiter? Plädoyer für einen neuen Entwicklungsdiskurs zur konstruktiven Doppelstaatlichkeit des frühmodernen Reiches, in: Matthias Schnettger (Hg.), *Imperium Romanum – Irregulare Corpus – Teutscher Reichs-Staat. Das Alte Reich im Verständnis der Zeitgenossen und der Historiographie*, Mainz 2002, S. 297–316.

Büttner, Nils, *Die Erfindung der Landschaft. Kosmographie und Landschaftskunst im Zeitalter Bruegels*, Göttingen 2000.

Calvino, Italo, *Wenn ein Reisender in einer Winternacht*, München 1986.

Chales de Beaulieu, Anja, *Deutsche Reisende in den Niederlanden. Das Bild eines Nachbarn zwischen 1648 und 1795*, Frankfurt 2000.

Cole, Laurence, *»Für Gott, Kaiser und Vaterland« Nationale Identität der deutschsprachigen Bevölkerung Tirols 1860–1914*, Frankfurt/New York 2000.

Czerwinski, Peter, *Gegenwärtigkeit. Simultane Räume und zyklische Zeiten, Formen von Regeneration und Genealogie im Mittelalter*, München 1993.

Daniel, Ute, *Kompendium Kulturgeschichte: Theorien – Praxis – Schlüsselwörter*, vierte Aufl. Frankfurt 2004.

Dann, Otto, Begriffe und Typen des Nationalen in der frühen Neuzeit, in: Bernhard Giesen (Hg.), *Nationale und kulturelle Identität. Studien zur Entwicklung des kollektiven Bewußtseins*, Frankfurt 1991, S. 56–73.

Dann, Otto /Miroslav Hroch/Johannes Koll (Hg.), *Patriotismus und Nationsbildung am Ende des Heiligen Römischen Reiches*, Köln 2003.

Dartmann, Christoph/Marian Füssel/Stefanie Rüther (Hg.), *Raum und Konflikt. Zur symbolischen Konstituierung gesellschaftlicher Ordnung in Mittelalter und Früher Neuzeit*, Münster 2004.

Diestelkamp, Bernhard, *Das Reichskammergericht im Rechtsleben des Heiligen Römischen Reiches Deutscher Nation*, Wetzlar 1985.

Ditt, Karl, Der Wandel historischer Raumbegriffe im 20. Jahrhundert und das Beispiel Westfalen, in: *Geographische Zeitschrift 93 (2005)*, S. 45–61.

Downs, Roger M./David Stea, Kognitive Karten und Verhalten im Raum, in: Harro Schweizer (Hg.), *Sprache und Raum. Psychologische und linguistische Aspekte der Aneignung und Verarbeitung von Räumlichkeit*, Stuttgart 1985, S. 18–43.

Dreier, Horst, Wirtschaftsraum – Großraum – Lebensraum. Facetten eines belasteten Begriffs, in: ders./Hans Forkel/Klaus Laubenthal (Hg.), *Raum und Recht.* *Festschrift 600 Jahre Würzburger Juristenfakultät*, Berlin 2002, S. 47–84.

Echternkamp, Jörg, *Der Aufstieg des deutschen Nationalismus (1770–1840)*, Diss. Bielefeld, Frankfurt am Main/New York 1998.

Edelmayer, Friedrich u. a. (Hg.), *Die Geschichte des europäischen Welthandels und der wirtschaftliche Globalisierunsprozeß*, Wien 2001.

Einstein, Carl, *Werke*, Bd. 3, hg. von Marion Schmid und Liliane Meffre, Wien/Berlin 1985.

Elliot, John H., A Europe of Composite Monarchies, in: *Past & Present 137 (1992)*, S. 48–71.

Engelbrecht, Jörg, Nordrhein-Westfalen, in: Werner Künzel/Werner Rellecke (Hg.), *Geschichte der deutschen Länder. Entwicklungen und Traditionen vom Mittelalter bis zur Gegenwart*, Münster 2005, S. 255–278.

Esch, Arnold, Anschauung und Begriff. Die Bewältigung fremder Wirklichkeit durch den Vergleich in Reiseberichten des späten Mittelalters, in: *Historische Zeitschrift 253 (1991)*, S. 281–312.

Eschenburg, Barbara, *Landschaft in der deutschen Malerei. Vom späten Mittelalter bis heute*, München 1987.

Faber, Karl-Georg, Was ist eine Geschichtslandschaft?, in: *Festschrift Ludwig Petry*, Teil 1, Wiesbaden 1968, S. 1–28.

Febvre, Lucien, »Frontière« – Wort und Bedeutung, in: ders., *Das Gewissen des Historikers*, hg. von Ulrich Raulff, Berlin 1988, S. 27–38.

Fink, Gonthier-Louis, De Bouhours à Herder. La théorie française des climats et sa réception outre-Rhin, in: *Recherches Germaniques 15 (1985)*, S. 3–47.

Foucher, Michel, *L'invention des frontières*, Paris 1986.

Freitag, Werner, Landesgeschichte als Synthese – Regionalgeschichte als Methode?, in: *Westfälische Forschungen 54 (2004)*, S. 291–305.

Fried, Pankraz, Die Landeshoheits- und Grenzverhältnisse zwischen dem alten Bayern und den schwäbischen Territorien: Landeshoheitsrechte in Gemengelage, in: Erwin Riedenauer (Hg.), *Landeshoheit. Beiträge zur Entstehung, Ausformung und Typologie eines Verfassungselements des Römisch-deutschen Reiches*, München 1994, S. 61–68.

Friedeburg, Robert von, Universitas christiana und Konfessionskonflikt. Vaterland und Kirchennation in England, den Niederlanden und den protestantischen Territorien im Reich, 1570–1660, in: Klaus Bußmann/Elke Anna Werner (Hg.), *Europa im 17. Jahrhundert. Ein politischer Mythos und seine Bilder*, Wiesbaden 2004, S. 203–230.

Fuchs, Ralf-Peter, *Um die Ehre. Westfälische Beleidigungsprozesse vor dem Reichskammergericht 1525–1803*, Paderborn 1999.

Fuchs, Ralf-Peter/Winfried Schulze (Hg.), *Wahrheit, Wissen, Erinnerung. Zeugenverhörprotokolle als Quellen für soziale Wissensbestände in der Frühen Neuzeit*, Münster 2002.

Füssel, Marian/Stefanie Rüther, Einleitung, in: Christoph Dartmann/dies. (Hg.), *Raum und Konflikt. Zur symbolischen Konstituierung gesellschaftlicher Ordnung in Mittelalter und Früher Neuzeit*, Münster 2004, S. 9–18.

Garhammer, Manfred, Die Bedeutung des Raums für die regionale, nationale und globale Vergesellschaftung – zur Aktualität von Simmels Soziologie des Raums, in: Sefik Alp Bahadir (Hg.), *Kultur und Region im Zeichen der Globalisierung. Wohin treiben die Regionalkulturen?*, Neustadt 2000, S. 16–39.

Gautier Dalché, Patrick, De la liste à la carte: Limite et frontière dans la Géographie et la Cartographie de l'Occident médiéval, in: Jean-Michel Poisson (Hg.), *Frontière et peuplement dans le monde méditerranéen au moyen âge*, Rom/Madrid 1992, S. 19–31.

Geiser, Karl, Über die Haltung der Schweiz während des Schmalkaldischen Krieges, in: *Jahrbuch für Schweizerische Geschichte 22 (1897)*, S. 167–249.

Gerhard, Dietrich, Regionalismus und ständisches Wesen als ein Grundthema europäischer Geschichte, in: *Historische Zeitschrift 174 (1952)*, S. 307–337.

Gier, Helmut, Das Nebeneinander der Konfessionen nach 1555 im Spiegel von Reiseberichten aus Bayerisch Schwaben, in: Wolfgang Wüst/Georg Kreuzer/Nicola Schümann (Hg.), Der Augsburger Religionsfriede 1555. Ein Epochenereignis und seine regionale Verankerung. *Zeitschrift des Historischen Vereins für Schwaben 98 (2005)*, S. 87–106.

Giesen, Bernhard, Einleitung, in: ders. (Hg.), *Nationale und kulturelle Identität. Studien zur Entwicklung des kollektiven Bewußtseins in der Neuzeit*, Frankfurt 1991, S. 9–20.

Gipper, Helmut, *Gibt es ein sprachliches Relativitätsprinzip? Untersuchungen zur Sapir-Whorf-Hypothese*, Frankfurt 1984.

Goez, Werner, *Bayern in Deutschland, Deutschland in Europa. Mediävistische Überlegungen zur Integration in Europa*, Erlangen 1996.

Gooch, George P., *Studies in Modern History*, London 1931.

Gosztonyi, Alexander, *Der Raum. Geschichte seiner Probleme in Philosophie und Wissenschaften*, Bd. 2, Freiburg/München 1976.

Gotthard, Axel, Leben der schwedischen Gräfin von G****, in: *Deutscher Romanführer*, hg. von Imma Klemm, Stuttgart 1991, S. 135f.

Gotthard, Axel, *Konfession und Staatsräson. Die Außenpolitik Württembergs unter Herzog Johann Friedrich (1608–1628)*, Stuttgart 1992.

Gotthard, Axel, Benjamin Bouwinghausen). Wie bekommen wir die»Männer im zweiten Glied« in den Griff?, in: Helmut Altrichter (Hg.), *Persönlichkeit und Geschichte*, Erlangen/Jena 1997, S. 69–103.

Gotthard, Axel, Raum und Identität – einige Anregungen und mögliche Fragestellungen aus dem Bereich der frühen Neuzeit, in: Sefik Alp Bahadir (Hg.), *Kultur und Region im Zeichen der Globalisierung. Arbeitspapiere des Zentralinstitut für Regionalforschung*, Bd. 3, Erlangen 1998, S. 26–30.

Gotthard, Axel, Ausland oder nationaler Leitstern? Preußen, Dualismus, »Drittes Deutschland« in bayerischen Schulbüchern des 19. Jahrhunderts, in: *Zeitschrift für bayerische Landesgeschichte 62 (1999)*, S. 481–521.

Gotthard, Axel, Raum und Identität in der frühen Neuzeit. Eine Problemskizze, in: Sefik Alp Bahadir (Hg.), *Kultur und Region im Zeichen der Globalisierung. Wohin treiben die Regionalkulturen?*, Neustadt an der Aisch 2000, S. 335–368.

Gotthard, Axel, *Katharina Henot. ›Teufelsbündnerin‹ aus gutem Hause*, o. O. [«Fax-On-Demand«-Reihe »Brockhaus. Die Infothek«] 2002.

Gotthard, Axel, »Bey der Union ain directorium« Benjamin Bouwinghausen und die protestantische Aktionspartei, in: Friedrich Beiderbeck/Gregor Horstkamper/Winfried Schulze (Hg.), *Dimensionen der europäischen Außenpolitik zur Zeit der Wende vom 16. zum 17. Jahrhundert*, Berlin 2003, S. 161–186.

Gotthard, Axel, Vormoderne Lebensräume. Annäherungsversuch an die Heimaten des frühneuzeitlichen Mitteleuropäers, in: *Historische Zeitschrift 276 (2003)*, S. 37–73.

Gotthard, Axel, *Der Augsburger Religionsfrieden*, Münster 2004.

Gotthard, Axel, Preußens deutsche Sendung, in: Helmut Altrichter/Klaus Herbers/Helmut Neuhaus (Hg.), *Mythen in der Geschichte*, Freiburg 2004, S. 321–369.

Gotthard, Axel, Der Augsburger Religionsfrieden und Franken, in: Konrad Ackermann/Hermann Rumschöttel (Hg.), *Bayerische Geschichte – Landesgeschichte in Bayern. Festgabe für Alois Schmid zum 60. Geburtstag*, München 2005, S. 555–572.

Gotthard, Axel, Einleitung, in: Werner Künzel/Werner Rellecke (Hg.), *Geschichte der deutschen Länder. Entwicklungen und Traditionen vom Mittelalter bis zur Gegenwart*, Münster 2005, S. 7–33.

Gotthard, Axel, *Das Alte Reich 1495–1806*, dritte Aufl. Darmstadt 2006.

Göttmann, Frank, Das Messen des Weges zwischen Überlingen und Bodman, in: *Hegau 43/44 (1986/87)*, S. 135–153.

Göttmann, Frank, *Getreidemarkt am Bodensee. Raum – Wirtschaft – Politik – Gesellschaft (1650–1810)*, St. Katharinen 1991.

Graf, Klaus, Souabe. Identité régionale à la fin du moyen âge et à l'époque moderne, in: Rainer Babel/Jean-Marie Moeglin (Hg.), *Identité régionale et conscience nationale en France et en Allemagne du moyen âge à l'époque moderne*, Sigmaringen 1997, S. 293–303.

Graf, Klaus, Die »Schwäbische Nation« in der frühen Neuzeit, in: *Zeitschrift für Württembergische Landesgeschichte 59 (2000)*, S. 57–69.

Greverus, Ina-Maria, *Auf der Suche nach Heimat*, München 1979.

Gröbner, Valentin, *Der Schein der Person. Steckbrief, Ausweis und Kontrolle im Europa des Mittelalters*, München 2005.

Grosjean, Georges/Rudolf Kienauer, *Kartenkunst und Kartentechnik vom Altertum bis zum Barock*, Bern/Stuttgart 1970.

Grosser, Thomas, *Reiseziel Frankreich. Deutsche Reiseliteratur vom Barock bis zur Französischen Revolution*, Opladen 1989.

Großklaus, Götz, *Medien-Zeit, Medien-Raum: zum Wandel der raumzeitlichen Wahrnehmung in der Moderne*, Frankfurt 1995.

Grube, Walter, *Der Stuttgarter Landtag 1457–1959. Von den Landständen zum demokratischen Parlament*, Stuttgart 1957.

Gruenter, Rainer, Landschaft. Bemerkungen zur Wort- und Bedeutungsgeschichte, wiederabgedr. in: Alexander Ritter (Hg.), *Landschaft und Raum in der Erzählkunst*, Darmstadt 1975, S. 192–207.

Gurjewitsch, Aaron J., *Das Weltbild des mittelalterlichen Menschen*, München 1980.

Hänger, Christian, *Die Welt im Kopf. Raumbilder und Strategie im Römischen Kaiserreich*, Diss. Freiburg, Göttingen 2001.

Hansen, J[oseph], Vorwort zu: Hermann Aubin u. a. (Hg.), *Geschichte des Rheinlandes von der ältesten Zeit bis zur Gegenwart*, Bd. 1, Bonn 1922.

Harbeck, Karl-Heinz, *Die Zeitschrift für Geopolitik 1924–1944*, Diss. masch. Kiel 1963.

Harbsmeier, Michael, Reisebeschreibungen als mentalitätsgeschichtliche Quellen: Überlegungen zu einer historisch-anthropologischen Untersuchung frühneuzeitlicher deutscher Reisebeschreibungen, in: Antoni Maczak/Hans Jürgen Teuteberg (Hg.), *Reiseberichte als Quellen europäischer Kulturgeschichte. Aufgaben und Möglichkeiten der historischen Reiseforschung*, Wolfenbüttel 1982, S. 1–31.

Hardtwig, Wolfgang, Einleitung, in: ders., *Nationalismus und Bürgerkultur in Deutschland 1500–1914. Ausgewählte Aufsätze*, Göttingen 1994, S. 7–13.

Hartmann, Peter Claus, *Das Heilige Römische Reich deutscher Nation in der Neuzeit 1486–1806*, Stuttgart 2005.

Harvey, David, Die Postmoderne und die Verdichtung von Raum und Zeit, in: Andreas Kuhlmann (Hg.), *Philosophische Ansichten der Kultur der Moderne*, Frankfurt 1994, S. 48–78.

Hauser, Albert, *Was für ein Leben. Schweizer Alltag vom 15. bis 18. Jahrhundert*, Zürich 1987.

Hayes, Carlton J. H., *Essays on Nationalism*, New York 1926.

Heindl, Waltraud/Edith Saurer (Hg.), *Grenze und Staat. Paßwesen, Staatsbürgerschaft, Heimatrecht und Fremdengesetzgebung in der österreichischen Monarchie 1750–1867*, Wien 2000.

Heit, Alfred, Raum. Zum Erscheinungsbild eines geschichtlichen Grundbegriffs. In: Georg Jenal (Hg.), *Gegenwart in Vergangenheit. Beiträge zur Kultur und Geschichte der Neueren und Neuesten Zeit. Festgabe für Friedrich Prinz zu seinem 65. Geburtstag*, München 1993, S. 369–390.

Herbers, Klaus, Reiseberichte als Quellen der historischen Forschung, in: Rainer Plappert (Hg.), *Reise zur Verbotenen Stadt. Europäer unterwegs nach China. Ausstellungskatalog*, Erlangen 2004, S. 33–45.

Herbers, Klaus/Helmut Neuhaus, *Das Heilige Römische Reich. Schauplätze einer tausendjährigen Geschichte (843–1806)*, Köln/Weimar/Wien 2005.

Herkenhoff, Michael, Vom langsamen Wandel des Weltbildes: Die Entwicklung von Kartographie und Geographie im 15. Jahrhundert, in: Wolfgang Püllhorn/Peter Laub (Redd.), *Focus Behaim Globus*, Bd. 1, Nürnberg 1992, S. 143–155.

Herold, Hans-Joachim, *Markgraf Joachim Ernst von Brandenburg-Ansbach als Reichsfürst*, Göttingen 1973.

Higounet, Charles, A propos de la perception de l'espace au moyen âge, in: *Media in Francia. Recueil de mél. offert à Karl Ferdinand Werner à l'occasion de son 65e anniversaire par ses amis et collègues français*, Paris 1989, S. 257–268.

Hirschi, Caspar, *Wettkampf der Nationen. Konstruktionen einer deutschen Ehrgemeinschaft an der Wende vom Mittelalter zur Neuzeit*, Göttingen 2005.

Hirschmann, Frank G., Landesbewußtsein im Westen des Reiches? Die Niederlande, die Rheinlande und Lothringen, in: Matthias Werner (Hg.), *Spätmittelalterliches Landesbewußtsein in Deutschland*, Ostfildern 2005, S. 223–264.

Hubatsch, Walter, *Das Zeitalter des Absolutismus 1600–1789*, Braunschweig 1975.

Huizinga, Johan, *Im Bann der Geschichte. Betrachtungen und Gestaltungen*, Basel 1943.

Huizinga, Johan, Erasmus über Vaterland und Nationen, in: ders., *Geschichte und Kultur. Gesammelte Aufsätze*, hg. von Kurt Köster, Stuttgart 1954, S. 229–254.

Hunt, Lynn (Hg.), *The New Cultural History*, Berkeley u. a. 1989.

Illies, Florian, *Ortsgespräch*, München 2006.

Ipsen, Detlev, Regionale Identität. Überlegungen zum politischen Charakter einer psychosozialen Raumkategorie, in: Rolf Lindner (Hg.), *Die Wiederkehr des Regionalen. Über neue Formen kultureller Identität*, Frankfurt 1994, S. 232–254.

Irsigler, Franz, Raumerfahrung und Raumkonzepte im späten Mittelalter und in der frühen Neuzeit, in: Gerhard Brunn (Hg.), *Region und Regionsbildung in Europa. Konzeptionen der Forschung und empirische Befunde*, Baden-Baden 1995, S. 163–174.

Jacobs, Hans Haimar, Studien zur Geschichte des Vaterlandsgedankens in Renaissance und Reformation, in: *Die Welt als Geschichte 12 (1952)*, S. 85–105.

Jäger, Hans-Wolf, Landschaft in Lehrdichtung und Prosa des 18. Jahrhunderts. Drei kleine Kapitel, in: Heinke Wunderlich (Hg.), *»Landschaft« und Landschaften im achtzehnten Jahrhundert*, Heidelberg 1995, S. 51–66.

Jahn, Bernhard, *Raumkonzepte der Frühen Neuzeit. Zur Konstruktion von Wirklichkeit in Pilgerberichten, Amerikabeschreibungen und Prosaerzählungen*, Frankfurt u. a. 1993.

Jansen, Josef, *Patriotismus und Nationalethos in den Flugschriften und Friedensspielen des Dreißigjährigen Krieges*, Diss. Köln 1964.

Jaworski, Rudolf, Zur Frage vormoderner Nationalismen in Ostmitteleuropa, in: *Geschichte und Gesellschaft 5 (1979)*, S. 398–417.

Jeismann, Karl-Ernst/Peter Lundgreen (Hg.), *Handbuch der deutschen Bildungsgeschichte*, Bd. 3, München 1987.

Joachimsthaler, Jürgen, Text und Raum, in: *KulturPoetik 5 (2005)*, S. 243–255.

Jöchner, Cornelia (Hg.), *Politische Räume. Stadt und Land in der Frühneuzeit*, Berlin 2003.

John, Uwe/Josef Matzerath (Hg.), *Landesgeschichte als Herausforderung und Programm*, Stuttgart 1997.

Kampmann, Christoph, Universalismus und Staatenvielfalt. Zur europäischen Identität in der Frühen Neuzeit, in: Jörg A. Schlumberger/Peter Segl (Hg.), *Europa – aber was ist es? Aspekte seiner Identität in interdisziplinärer Sicht*, Köln 1994, S. 45–76.

Kantorowicz, Ernst H., *Die zwei Körper des Königs. Eine Studie zur politischen Theologie des Mittelalters*. Deutsche Erstausgabe, München 1990.

Karp, Hans-Jürgen, *Begriff und Wirklichkeit der Grenzen in Ostmitteleuropa während des Mittelalters. Ein Beitrag zur Entstehungsgeschichte der Grenzlinie aus dem Grenzsaum*, Köln/Wien 1972.

Kaschuba, Wolfgang, *Die Überwindung der Distanz. Zeit und Raum in der europäischen Moderne*, Frankfurt 2004.

Kießling, Rolf, Die Überwindung herrschaftlicher Grenzen durch regionale Zusammenarbeit. Ostschwaben im 15./16. Jahrhundert, in: Wolfgang Schmale/ Reinhard Stauber (Hg.), *Menschen und Grenzen in der Frühen Neuzeit*, Berlin 1998, S. 155–170.

Kluge, Alexander/Heiner Müller, *»Ich schulde der Welt einen Toten« Gespräche*, Hamburg 1995.

Köhler, Josef, *Studien zum Problem des Regionalismus im späten Mittelalter*, Diss. Würzburg 1971.

Kohn, Hans, *Die Idee des Nationalismus. Ursprung und Geschichte bis zur Französischen Revolution*, zuerst New York 1945, Heidelberg 1950.

Koht, Halvdahn, The Dawn of Nationalism in Europe, in: *American Historical Review 52 (1947)*, S. 265–280.

Komlozy, Andrea, Zwischen Heimat, Sprache und überregionalem Integrationsraum. Bestimmungsfaktoren regionaler Identität im österreichisch-tschechischen Grenzgebiet, in: Jean-Paul Lehners/Guy Schuller/Janine Goldert (Hg.), *Régions, nations, mondialisation. Aspects politiques, économiques, culturels*, Luxemburg 1996, S. 117–137.

König, René, Soziale Morphologie, in: ders. (Hg.), *Das Fischer Lexikon Soziologie*, Frankfurt 1958, S. 257–268.

Korinman, Michel, *Quand l'Allemagne pensait le monde. Grandeur et décadence d'une géopolitique*, Paris 1990.

Koschorke, Albrecht, *Die Geschichte des Horizonts. Grenze und Grenzüberschreitung in literarischen Landschaftsbildern*, Frankfurt 1990.

Koselleck, Reinhart, *Zeitschichten. Studien zur Historik*, Frankfurt 2000.

Köster, Werner, *Die Rede über den »Raum« Zur semantischen Karriere eines deutschen Konzepts*, Heidelberg 2002.

Kramer, Ferdinand, Zur Entwicklung einer Grenzregion. Der Lechrain an der bayerischen Grenze zu Schwaben, in: Wolfgang Schmale/Reinhard Stauber (Hg.), *Menschen und Grenzen in der Frühen Neuzeit*, Berlin 1998, S. 210–227.

Krattinger, Louis, *Der Begriff des Vaterlandes im republikanischen Rom*, Diss. Zürich 1944.

Krauss, Rosalind E., *The Optical Unconscious*, Cambridge/Mass. 1993.

Kretschmer, Ingrid/Johannes Derflinger/Franz Wawrik (Hg.), *Lexikon zur Geschichte der Kartographie*, Bd. C/1, Wien 1968.

Krüger, Herbert, Des Nürnberger Meisters Erhard Etzlaub älteste Straßenkarten von Deutschland, in: *Jahrbuch für fränkische Landesforschung 18 (1958)*, S. 1–286.

Kuhn, Axel, Die Landesgrenze als Epochengrenze. Grenzwahrnehmung von Migranten in der Zeit der Französischen Revolution, in: Andreas Gestrich/Marita Krauss (Hg.), *Migration und Grenze*, Stuttgart 1998, S. 49–60.

Laermann, Klaus, Raumerfahrung und Erfahrungsraum. Einige Überlegungen zu Reiseberichten aus Deutschland vom Ende des 18. Jahrhunderts, in: Hans Joachim Piechotta (Hg.), *Reise und Utopie. Zur Literatur der Spätaufklärung*, Frankfurt 1976, S. 57–97.

Lambrecht, Karen, *Hexenverfolgung und Zaubereiprozesse in den schlesischen Territorien*, Köln u. a. 1995.

Läpple, Dieter, Essay über den Raum, in: Hartmut Häußermann u. a. (Hg.), *Stadt und Raum*, Pfaffenweiler 1991, S. 157–207.

Lash, Scott /John Urry, *Economies of Signs and Space*, London/Thousand Oaks/New Delhi 1994.

Lazard, Madeleine, *Michel de Montaigne*, Paris 1993.

Lemberg, Eugen, *Geschichte des Nationalismus in Europa*, Stuttgart 1950.

Liebertz-Grün, Ursula, Nationalkultur und Gelehrtenstand um 1570. Heinrich Pantaleons Teutscher Nation Heldenbuch, in: *Euphorion 80 (1986)*, S. 115–148.

Loebenstein, Eva-Marie, *Die adelige Kavalierstour im 17. Jahrhundert – ihre Voraussetzungen und Ziele*, Diss. masch. Wien 1966.

Löffler, Ursula, Magdeburgs Weg nach Brandenburg-Preußen: Herrschaftsetablierung und -durchdringung als administrativer Prozeß, in: Michael Kaiser/Michael Rohrschneider (Hg.), *Membra unius capitis. Studien zu Herrschaftsauffassungen und Regierungspraxis in Kurbrandenburg (1640–1688)*, Berlin 2005, S. 77–98.

Löfgren, Olaf, Leben im Transit?, in: *Historische Anthropologie 3 (1995)*, S. 349–363.

Lossau, Julia/Roland Lippuner, Geographie und spatial turn, in: *Erdkunde 58 (2004)*, S. 201–211.

Löw, Martina, *Raumsoziologie*, Frankfurt 2001.

Lübbe, Hermann, *Geschichtsbegriff und Geschichtsinteresse. Analytik und Pragmatik der Historie*, Basel/Stuttgart 1977.

Luh, Jürgen, Heer und Herrschaft. Zur Rolle der Armee im Integrationsprozeß der kurbrandenburgischen Territorien, in: Michael Kaiser/Michael Rohrschneider

(Hg.), *Membra unius capitis. Studien zu Herrschaftsauffassungen und Regierungspraxis in Kurbrandenburg (1640–1688)*, Berlin 2005, S. 235–245.

Lutz, Georg, Geographie und Statistik im 18. Jahrhundert. Zu Neugliederung und Inhalten von »Fächern« im Bereich der historischen Wissenschaften, in: Mohammed Rassem/Justin Stagl (Hg.), *Statistik und Staatsbeschreibung in der Neuzeit, vornehmlich im 16.-18. Jahrhundert*, Paderborn/München/Wien/Zürich 1980, S. 249–263.

Luys, Karin, *Die Anfänge der deutschen Nationalbewegung von 1815 bis 1819*, Diss. Münster, Münster 1992.

Lynch, Kevin, *Das Bild der Stadt*, Berlin 1965.

Mager, Wolfgang, *Frankreich vom Ancien Régime zur Moderne. Wirtschafts-, Gesellschafts- und politische Institutionengeschichte 1630–1830*, Stuttgart u. a. 1980.

Marchal, Guy P., Grenzerfahrung und Raumvorstellungen, in: ders. (Hg.), *Grenzen und Raumvorstellungen (11.-20. Jh.)*, Zürich 1996, S. 11–25.

Marchal, Guy P., »Von der Stadt« und bis ins »Pfefferland« Städtische Raum- und Grenzvorstellungen in Urfehden und Verbannungsurteilen oberrheinischer und schweizerischer Städte, in: Wolfgang Schmale/Reinhard Stauber (Hg.), *Menschen und Grenzen in der Frühen Neuzeit*, Berlin 1998, S. 225–263.

Marcu, Eva, *Sixteenth Century Nationalism*, New York 1976.

Maresch, Rudolf/Niels Werber, Permanenzen des Raums, in: dies. (Hg.), *Raum Wissen Macht*, Frankfurt 2002, S. 7–30.

Markowitz, Irene, Ausblicke in die Landschaft, in: Heinke Wunderlich (Hg.), *»Landschaft« und Landschaften im achtzehnten Jahrhundert*, Heidelberg 1995, S. 121–156.

Massey, Doreen B., Spaces of Politics, in: dies. (Hg.), *Human Geography Today*, Cambridge 1999, S. 279–294.

Maurer, Michael (Hg.), *Neue Impulse der Reiseforschung*, Potsdam 1999.

Maurer, Michael, Alte Kulturgeschichte – neue Kulturgeschichte?, in: *Historische Zeitschrift 280 (2005)*, S. 281–304.

Mc Luhan, Herbert Marshall, *Die magischen Kanäle*, Düsseldorf/Wien 1968.

Medick, Hans, Grenzziehungen und die Herstellung des politisch-sozialen Raumes. Zur Begriffsgeschichte und politischen Sozialgeschichte der Grenzen der Frühen Neuzeit, in: Richard Faber/Barbara Naumann (Hg.), *Literatur der Grenze – Theorie der Grenze*, Würzburg 1995, S. 211–245.

Mertens, Dieter, Spätmittelalterliches Landesbewußtsein im Gebiet des alten Schwaben, in: Matthias Werner (Hg.), *Spätmittelalterliches Landesbewußtsein in Deutschland*, Ostfildern 2005, S. 93–156.

Merz, Johannes, *Fürst und Herrschaft. Der Herzog von Franken und seine Nachbarn 1470–1519*, München 2000.

Meyrowitz, Joshua, *No Sense of Place. The Impact of Electronic Media on Social Behaviour*, Oxford 1985.

Michel, Paul, Einleitung, in: ders. (Hg.), *Symbolik von Ort und Raum*, Bern u. a. 1997, S. VII-XXIII.

Mitrovich, Mirco, *Deutsche Reisende und Reiseberichte im 17. Jahrhundert. Ein kultur-historischer Beitrag*, Diss. Urbana 1963.

Mommsen, Wilhelm, Zur Bedeutung des Reichsgedankens, in: *Historische Zeitschrift 174 (1952)*, S. 385–415.

Mommsen, Wolfgang J., Nationalbewußtsein und Staatsverständnis der Deutschen, in: Robert Picht (Hg.), *Deutschland-Frankreich-Europa. Bilanz einer schwierigen Partnerschaft*. München/Zürich 1978, S. 30–45.

Mosebach, Martin, Sind die Deutschen noch ein Kulturvolk?, in: *Frankfurter Allgemeine Zeitung* vom 15. Februar 2006, S. 8.

Motsch, Christoph, *Grenzgesellschaft und frühmoderner Staat. Die Starostei Draheim zwischen Hinterpommern, der Neumark und Großpolen (1575–1805)*, Göttingen 2001.

Moureau, François/René Bernoulli (Hg.), *Autour du »Journal de voyage« de Montaigne (1580–1980). Actes des journées de Montaigne*, Mulhause/Bâle, 1980, Genf 1982.

Münkler, Herfried, Nation als politische Idee im frühneuzeitlichen Europa, in: Klaus Garber (Hg.), *Nation und Literatur im Europa der Frühen Neuzeit*, Tübingen 1989, S. 56–86.

Nam, Sang-Hui, *Leben und Wohnen in Raum und Zeit. Die Verknüpfung von Stadt- und Biographieforschung am Beispiel des Freiburger Stadtteils Weingarten*, Pfaffenweiler 1998.

Neuhaus, Helmut, *Das Reich in der frühen Neuzeit*, zweite Aufl. München 2003.

Neumeyer, Michael, *Heimat. Zu Geschichte und Begriff eines Phänomens*, Kiel 1992.

Nipperdey, Thomas, *Deutsche Geschichte 1800–1866. Bürgerwelt und starker Staat*, München 1994.

Noack, Ulrich, *Geist und Raum in der Geschichte. Einordnung der deutschen Geschichte in den Aufbau der Weltgeschichte*, Göttingen/Berlin/Frankfurt 1961.

Nordman, Daniel, Des limites d'État aux frontières nationales, in: Pierre Nora (Hg.), *Lieux de Mémoire*, Bd. 1, Paris 1997, S. 1125–1146.

Ortlieb, Eva, *Im Auftrag des Kaisers. Die kaiserlichen Kommissionen des Reichshofrats und die Regelung von Konflikten im Alten Reich (1637–1657)*, Köln/Weimar/Wien 2001.

Osterhammel, Jürgen, Die Wiederkehr des Raumes: Geopolitik, Geohistorie und historische Geographie, in: *Neue Politische Literatur 43 (1998)*, S. 374–397.

Overbeck, Hermann, Die funktionale Betrachtungsweise und die funktionalen Raumeinheiten in der heutigen Anthropogeographie, in: ders., *Kulturlandschaftsforschung und Landeskunde*, Heidelberg 1965, S. 21–39.

Overbeck, Hermann, Ritter-Riehl-Ratzel. Die großen Anreger zu einer historischen Landschafts- und Länderkunde Deutschlands im 19. Jahrhundert, in: ders., *Kulturlandschaftsforschung und Landeskunde*, Heidelberg 1965, S. 88–103.

Panofsky, Erwin, Die Perspektive als »symbolische Form« in: ders., *Aufsätze zu Grundfragen der Kunstwissenschaft*, hg. von Hariolf Oberer und Egon Verheyen, Berlin 1964, S. 99–167.

Peters, Jan, Das Gesetz und der Gebrauch. Zur Fremdwahrnehmung in der Mark an der Wende zum 18. Jahrhundert, in: Klaus Neitmann/Jürgen Theil (Hg.), *Die Herkunft der Brandenburger. Sozial- und mentalitätsgeschichtliche Beiträge zur Bevölkerung Brandenburgs vom hohen Mittelalter bis zum 20. Jahrhundert*, Potsdam 2001, S. 81–93.

Petritsch, Ernst D., Abenteurer oder Diplomaten? Ein Beitrag zu den diplomatischen Beziehungen Ferdinands I. mit den Osmanen, in: Martina Fuchs/Teréz Oborni/Gábor Ujváry (Hg.), *Kaiser Ferdinand I. Ein mitteleuropäischer Herrscher*, Münster 2005, S. 249–261.

Piaget, Jean/Bärbel Inhelder, *Die Entwicklung des räumlichen Denkens beim Kinde*, Stuttgart 1975.

Pietschmann, Horst, *Geschichte des atlantischen Systems, 1580–1630. Ein historischer Versuch zur Erklärung der ›Globalisierung‹ jenseits nationalgeschichtlicher Perspektiven*, Hamburg 1998.

Planhol, Xavier de/Paul Claval, *Géographie historique de la France*, Paris 1988.

Pochat, Götz, Virtuelle Raumdarstellung und frühmittelalterliche Ikonik, in: Elisabeth Vavra (Hg.), *Virtuelle Räume. Raumwahrnehmung und Raumvorstellung im Mittelalter. Akten des 10. Symposiums des Mediävistenverbandes*, Berlin 2005, S. 135–148.

Pohl, Walter, *Die Völkerwanderung. Eroberung und Integration*, Stuttgart/Berlin/Köln 2002.

Pülhorn, Wolfgang/Peter Laub (Red.), *Focus Behaim Globus*, Bd. 1, Nürnberg 1992.

Ranke, Leopold von, *Sämtliche Werke*, Bd. 28, Leipzig 1874.

Raymond, Petra, *Von der Landschaft im Kopf zur Landschaft aus Sprache. Die Romantisierung der Alpen in den Reiseschilderungen und die Literarisierung des Gebirges in der Erzählprosa der Goethezeit*, Diss. Erlangen, Tübingen 1993.

Reimann, Ernst, *Prinzenerziehung in Sachsen am Ausgange des 16. und im Anfange des 17. Jahrhunderts*, Dresden 1904.

Reuber, Paul, Writing History – Writing Geography. Zum Verhältnis von Zeit und Raum in Geschichte und Geographie, in: *Geographische Zeitschrift 93 (2005)*, S. 5–16.

Riedmann, Josef, Die Grenzen der tirolischen Landeshoheit gegenüber Venedig und den Bünden, in: Erwin Riedenauer (Hg.), *Landeshoheit. Beiträge zur Entstehung, Ausformung und Typologie eines Verfassungselements des Römisch-deutschen Reiches*, München 1994, S. 145–160.

Ritter, Wigand, Gibt es Regionen oder gibt es sie nicht?, in: Sefik Alp Bahadir (Hg.), *Kultur und Region im Zeichen der Globalisierung. Arbeitspapiere des Zentralinstituts für Regionalforschung*, Bd. 3, Erlangen 1998, S. 11–15.

Roeck, Bernd, Wirtschaftliche und soziale Voraussetzungen der Augsburger Baukunst zur Zeit des Elias Holl, in: *architectura 14 (1984)*, S. 119–138.

Rössler, Mechthild, *Wissenschaft und Lebensraum. Geographische Ostforschung im
Nationalsozialismus. Ein Beitrag zur Disziplingeschichte der Geographie*, Berlin/Ham-
burg 1990.

Rupprecht, Klaus, *Ritterschaftliche Herrschaftswahrung in Franken. Die Geschichte der von
Guttenberg im Spätmittelalter und zu Beginn der Frühen Neuzeit*, Neustadt 1994.

Rüsen, Jörn/ Gustav Schmidt (Hg.), *Gelehrtenpolitik und politische Kultur in Deutschland
1830–1930*, Bochum 1986.

Sahlins, Peter, *Boundaries. The Making of France and Spain in the Pyrenees*, Berkeley
1989.

Sammet, Gerald, *Der vermessene Planet. Bilderatlas zur Geschichte der Kartographie*,
Hamburg 1990.

Sandl, Marcus, Bauernland, Fürstenstaat, Altes Reich. Grundzüge einer Poetologie
politischer Räume im 18. Jahrhundert, in: Claudia Jöchner (Hg.), *Politische
Räume. Stadt und Land in der Frühneuzeit*, Berlin 2003, S. 145–165.

Scattola, Merio, Die Grenze der Neuzeit. Ihr Begriff in der juristischen und politischen Literatur der Antike und Frühmoderne, in: Markus Bauer (Hg.), *Die
Grenze. Begriff und Inszenierung*, Berlin 1997, S. 37–69.

Scattola, Merio, ›De finibus imperii Germanici‹. Die frühneuzeitliche Diskussion
über die Grenzen des Heiligen Römischen Reiches, in: *Zeitschrift des Instituts für
Europäische Kulturgeschichte 11 (2003)*, S. 9–70.

Schaser, Angelika, Städtische Fremdenpolitik im Deutschland der Frühen Neuzeit,
in: Alexander Demandt (Hg.), *Mit Fremden leben. Eine Kulturgeschichte von der
Antike bis zur Gegenwart*, München 1995, S. 137–157.

Schilling, Heinz, Reichs-Staat und frühneuzeitliche Nation der Deutschen oder
teilmodernisiertes Reichssystem – Überlegungen zu Charakter und Aktualität
des Reiches, in: *Historische Zeitschrift 272 (2001)*, S. 377–395.

Schilling, Heinz, Das Alte Reich – ein teilmodernisiertes System als Ergebnis der
partiellen Anpassung an die frühmoderne Staatsbildung in den Territorien und
den europäischen Nachbarländern, in: Matthias Schnettger (Hg.), *Imperium
Romanum – Irregulare Corpus – Teutscher Reichs-Staat. Das Alte Reich im Verständnis
der Zeitgenossen und der Historiographie*, Mainz 2002, S. 279–291.

Schivelbusch, Wolfgang, *Geschichte der Eisenbahnreise. Zur Industrialisierung von Raum
und Zeit im 19. Jahrhundert*, Frankfurt/Berlin/Wien 1979.

Schlechtweg-Jahn, Ralf, Virtueller Raum und höfische Literatur am Beispiel des
Tristan, in: Elisabeth Vavra (Hg.), *Virtuelle Räume. Raumwahrnehmung und
Raumvorstellung im Mittelalter*, Berlin 2005, S. 69–85.

Schleier, Hans, *Geschichte der deutschen Kulturgeschichtsschreibung*, 2 Bände, Waltrop
2003.

Schlesinger, Walter, *Die Entstehung der Landesherrschaft*, Bd. 1, Dresden 1941.

Schlögel, Karl, *Im Raume lesen wir die Zeit. Über Zivilisationsgeschichte und Geopolitik*, München/Wien 2003.

Schlögel, Karl, *Kartenlesen. Oder: Die Wiederkehr des Raumes*, Zürich 2003.

Schmale, Wolfgang/Rolf Felbinger/Günter Kastner/Josef Köstlbauer, *Studien zur europäischen Identität im 17. Jahrhundert*, Bochum 2004.

Schmidt, Aurel, *Von Raum zu Raum. Versuch über das Reisen*, Berlin 1998.

Schmidt, Burghart, Mappae Germaniae. Das Alte Reich in der kartographischen Überlieferung der Frühen Neuzeit, in: Matthias Schnettger (Hg.), *Imperium Romanum – Irregulare Corpus – Teutscher Reichs-Staat. Das Alte Reich im Verständnis der Zeitgenossen und der Historiographie*, Mainz 2002, S. 3–24.

Schmidt, Georg, *Geschichte des Alten Reiches. Staat und Nation in der Frühen Neuzeit 1495–1806*, München 1999.

Schmidt, Georg, Teutsche Kriege. Nationale Deutungsmuster und integrative Wertvorstellungen im frühneuzeitlichen Reich, in: Dieter Langewiesche/ders. (Hg.), *Föderative Nation. Deutschlandkonzepte von der Reformation bis zum Ersten Weltkrieg*, München 2000, S. 33–61.

Schmidt, Georg, Der frühneuzeitliche Reich – Sonderweg und Modell für Europa oder Staat der Deutschen Nation, in: Matthias Schnettger (Hg.), *Imperium Romanum – Irregulare Corpus – Teutscher Reichs-Staat. Das Alte Reich im Verständnis der Zeitgenossen und der Historiographie*, Mainz 2002, S. 247–276.

Schmidt, Harald, Fremde Heimat. Die deutsche Provinzreise zwischen Spätaufklärung und nationaler Romantik und das Problem der kulturellen Variation: Friedrich Nicolai, Kaspar Riesbeck und Ernst Moritz Arndt, in: Helmut Berding (Hg.), *Nationales Bewußtsein und kollektive Identität. Studien zur Entwicklung des kollektiven Bewußtseins in der Neuzeit*, Bd. 2, Frankfurt 1994, S. 394–442.

Schmölz-Häberlein, Michaela, Ehrverletzung als Strategie. Zum sozialen Kontext von Injurien in der badischen Kleinstadt Emmendingen 1650–1800, in: Mark Häberlein (Hg.), *Devianz, Widerstand und Herrschaftspraxis in der Vormoderne*, Konstanz 1999, S. 137–163.

Schmugge, Ludwig, Über »nationale« Vorurteile im Mittelalter, in: *Deutsches Archiv für Geschichte des Mittelalters 38 (1982)*, S. 439–459.

Schneider, Erich, Revolutionserlebnis und Frankreichbild zur Zeit des Ersten Koalitionskrieges (1792–1795). Ein Kapitel deutsch-französischer Begegnungen im Zeitalter der Französischen Revolution, in: *Francia 8 (1980)*, S. 277–393.

Schnell, Rüdiger, Deutsche Literatur und deutsches Nationsbewußtsein in Spätmittelalter und Früher Neuzeit, in: Joachim Ehlers (Hg.), *Ansätze und Diskontinuität deutscher Nationsbildung im Mittelalter*, Sigmaringen 1989, S. 247–319.

Schnettger, Matthias, Der Mainzer Kurfürst und Reichsitalien, in: Peter C. Hartmann/Ludolf Pelizaeus (Hg.), *Forschungen zu Kurmainz und dem Reichserzkanzler*, Frankfurt u. a. 2005, S. 53–70.

Schnier, Detlev/Sabine Schulz-Greve (Hg.), *Wanderarbeiter aus dem Eichsfeld*, Duderstadt 1990.

Schubert, Ernst, Latente Mobilität und bedingte Seßhaftigkeit im Spätmittelalter, in: *IMIS-Beiträge 20 (2002)*, S. 45–65.

Schubert, Friedrich Hermann, *Ludwig Camerarius 1573–1651. Eine Biographie*, Kallmünz 1955.

Schubert, Friedrich Hermann, *Die deutschen Reichstage in der Staatslehre der frühen Neuzeit*, Göttingen 1966.

Schudt, Ludwig, *Italienreisen im 17. und 18. Jahrhundert*, Wien/München 1959.

Schultheiß-Heinz, Sonja, *Politik in der europäischen Publizistik. Eine historische Inhaltsanalyse von Zeitungen des 17. Jahrhunderts*, Stuttgart 2004.

Schultz, Hans-Dietrich, *Die deutschsprachige Geographie von 1800 bis 1970. Ein Beitrag zur Geschichte ihrer Methodologie*, Berlin 1980.

Schulze, Gerhard, Milieu und Raum, in: Peter Noller/Walter Prigge/Klaus Ronneberger (Hg.), *Stadt-Welt. Über die Globalisierung städtischer Milieus*, Frankfurt/New York 1994, S. 40–53.

Schulze, Winfried, Der Neubeginn der deutschen Geschichtswissenschaft nach 1945: Einsichten und Absichtserklärungen der Historiker nach der Katastrophe, in: Ernst Schulin (Hg.), *Deutsche Geschichtswissenschaft nach dem Zweiten Weltkrieg (1945–1965)*, München 1989, S. 1–37.

Schunka, Alexander, *Soziales Wissen und dörfliche Welt. Herrschaft, Jagd und Naturwahrnehmung in Zeugenaussagen des Reichskammergerichts aus Nordschwaben (16.–17. Jahrhundert)*, Frankfurt u. a. 2000.

Schwarzer, Oskar, Aspekte der Raumabgrenzung und Fragen der Stabilität von Kulturräumen bzw. Wandel der Raumstrukturen durch wirtschaftliche Beziehungen, in: Sefik Alp Bahadir (Hg.), *Kultur und Region im Zeichen der Globalisierung. Arbeitspapiere des Zentralinstituts für Regionalforschung*, Bd. 3, Erlangen 1998, S. 15–18.

Schwarzmaier, Hansmartin, Politische Grenzziehung und historische Bewußtseinsbildung im deutschen Südwesten, in: *Blätter für deutsche Landesgeschichte 121 (1985)*, S. 83–114.

Seibt, Ferdinand, *Die Begründung Europas*, dritte Aufl. Frankfurt 2002.

Serres, Michel, *Atlas. Aus dem Französischen von Michael Bischoff*, Berlin 2005.

Sloterdijk, Peter, *Sphären. Makrosphärologie*, Bd. 2, Frankfurt 1999.

Soja, Edward G., Thirdspace – Die Erweiterung des geographischen Blicks, in: Hans Gebhardt/Paul Reuber/Günter Wolkersdorfer (Hg.), *Kulturgeographie. Aktuelle Ansätze und Entwicklungen*, Heidelberg/Berlin 2003, S. 269–289.

Spindler, Max (Hg.), *Handbuch der bayerischen Geschichte*, Bd. 3.1, München 1979.

Stagl, Justin, *Eine Geschichte der Neugier. Die Kunst des Reisens 1550–1800*, Wien/Köln/Weimar 2002.

Stanzel, Franz K., *Europäer. Ein imagologischer Essay*, zweite Aufl. Heidelberg 1998.

Stauber, Reinhard, »Auf der Grenzscheide des Südens und Nordens« Zur Ideengeschichte der Grenze zwischen Deutschland und Italien, in: Wolfgang Schmale/ders. (Hg.), *Menschen und Grenzen in der Frühen Neuzeit*, Berlin 1998, S. 76–115.

Stollberg-Rilinger, Barbara, *Das Heilige Römische Reich Deutscher Nation. Vom Ende des Mittelalters bis 1806*, München 2006.

Strohmeyer, Arno, Freiheit und Raum. Der Vaterlandsdiskurs des österreichischen Adels in den Konfessionskonflikten des späten 16. und frühen 17. Jahrhunderts, in: Georg Schmidt/Martin van Gelderen/Christopher Snigula (Hg.), *Kollektive Freiheitsvorstellungen im frühneuzeitlichen Europa (1400–1850)*, Frankfurt u. a. 2006, S. 363–379.

Struck, Bernhard, Von sozialer Affinität zu kultureller Differenz. Paradigmenwechsel im Frankreichbild der Neuzeit in den Augen deutscher Reisender, in: Thomas Höpel (Hg.), *Deutschlandbilder − Frankreichbilder 1700–1850. Rezeption und Abgrenzung zweier Kulturen*, Leipzig 2001, S. 119–138.

Struck, Bernhard, Vom offenen Raum zum nationalen Territorium. Grenzen in der deutschen Reiseliteratur über Polen und Frankreich um 1800, in: Arnd Bauerkämper/Hans Erich Bödeker/ders. (Hg.), *Die Welt erfahren. Reisen als kulturelle Begegnung von 1780 bis heute*, Frankfurt/New York 2004, S. 71–94.

Sturm, Gabriele, *Wege zum Raum. Methodologische Annäherungen an ein Basiskonzept raumbezogener Wissenschaften*, Opladen 2000.

Tabaczek, Martin, Wieviel tragen Superlative zum historischen Erkenntnisfortschritt bei?, in: *Geschichte in Wissenschaft und Unterricht 50 (1999)*, S. 740–747.

Thrift, Nigel, Steps to an Ecology of Place, in: Doreen B. Massey (Hg.), *Human Geography Today*, Cambridge 1999, S. 295–322.

Tome/Janry, *Spirou und Fantasio − Die Rückkehr des Z*, Hamburg 1992.

Türcke, Christoph, *Heimat. Eine Rehabilitierung*, Springe 2006.

Ulbrich, Claudia, *Shulamit und Margarete. Macht, Geschlecht und Religion in einer ländlichen Gesellschaft des 18. Jahrhunderts*, Köln/Weimar 1999.

Vargas Llosa, Mario, Heimat im Gepäck. Was »Don Quijote« uns lehrt, in: *Frankfurter Allgemeine Zeitung* vom 6. Januar 2005, S. 31.

Vavra, Elisabeth (Hg.), *Virtuelle Räume. Raumwahrnehmung und Raumvorstellung im Mittelalter*, Berlin 2005.

Virilio, Paul, *Revolutionen der Geschwindigkeit*. Aus dem Französischen von Marianne Karbe, Berlin 1993.

Virilio, Paul, *Fluchtgeschwindigkeiten. Essay*. Aus dem Französischen von Bernd Wilczek, München/Wien 1996.

Voigt, Klaus, Der Kollektor Marinus de Fregeno und seine »Descriptio provinciarum Alamanorum«, in: *Quellen und Forschungen aus italienischen Archiven und Bibliotheken 48 (1968)*, S. 148–206.

Waechter, Matthias, *Die Erfindung des amerikanischen Westens. Die Geschichte der Frontier-Debatte*, Freiburg 1996.

Wallerstein, Immanuel, *Das moderne Weltsystem*, 2 Bände, Frankfurt 1986/Wien 1998.

Weber, Wolfgang E. J., Kulturhistorische Perspektiven der Landesgeschichte, in: Johannes Burkhardt/Thomas Max Safley/Sabine Ullmann (Hg.), *Geschichte in Räumen. Festschrift für Rolf Kießling zum 65. Geburtstag*, Konstanz 2006, S. 323–343.

Wehler, Hans-Ulrich, Nationalismus und Nation in der deutschen Geschichte, in: Helmut Berding (Hg.), *Nationales Bewußtsein und kollektive Identität. Studien zur Entstehung des kollektiven Bewußtseins in der Neuzeit*, Bd. 2, Frankfurt 1994, S. 163–175.

Weibel, Peter, *Die Beschleunigung der Bilder in der Chronokratie*, Bern 1987.

Weigel, Sigrid, Zum ›topographical turn‹. Kartographie, Topographie und Raumkonzepte in den Kulturwissenschaften, in: *KulturPoetik 2 (2002)*, S. 151–165.

Weiss, Susanne, Auf der Suche nach dem Sinn. Verändert sich das Verhalten der Menschen zur Religion? Wissenschaftler untersuchen ein widersprüchliches Phänomen, in: *Handelsblatt* vom 28. Dezember 2005.

Wels, Kurt, *Die patriotischen Strömungen in der deutschen Literatur des Dreißigjährigen Krieges nebst Anhang: Das tyrtäische Lied bei Opitz und Weckherlin in ihrem gegenseitigen Abhängigkeitsverhältnis*, Diss. Greifswald 1913.

Wenders, Wim, Im Konsumzeitalter ist ausgerechnet das SEHEN aus der Mode gekommen. Gekürzte Fassung eines Vortrags im Rahmen der von der »Hubert-Burda-Stiftung« veranstalteten Vorlesungsreihe »Iconic Turn – Das neue Bild der Welt«, in: *Frankfurter Allgemeine Zeitung* vom 24. Oktober 2002, S. 39.

Wendt, Bernd-Jürgen, *Großdeutschland. Außenpolitik und Kriegsvorbereitung des Hitler-Regimes*, München 1987.

Wenzel, Harald, *Die Abenteuer der Kommunikation. Echtzeitmassenmedien und der Handlungsraum der Hochmoderne*, Weilerswist 2001.

Werlen, Benno, *Sozialgeographie alltäglicher Regionalisierungen*, Bd. 1, Stuttgart 1995.

Werner, Karl Ferdinand, Les nations et le sentiment national dans l'Europa médiévale, in: *Revue Historique 244 (1970)*, S. 285–304.

Werner, Matthias (Hg.), *Spätmittelalterliches Landesbewußtsein in Deutschland*, Ostfildern 2005.

Wertheim, Margaret, *Die Himmelstür zum Cyberspace. Eine Geschichte des Raumes von Dante zum Internet*. Aus dem Englischen von Ilse Stratmann, Zürich 2000.

Weß de Velasquez, Mechthild, »Heimat« und »regionale Identität« Zur Bedeutung des Eichsfeldes für seine Bewohner – empirische Befunde, in: Detlef Schnier/ Sabine Schulz-Greve (Hg.), *Wanderarbeiter aus dem Eichsfeld*, Duderstadt 1990, S. 323–344.

Whorf, Benjamin Lee, *Sprache, Denken, Wirklichkeit. Beiträge zur Metalinguistik und Sprachphilosophie*, Reinbek 1963.

Wiedemann, Hermann, *Montaigne und andere Reisende der Renaissance. Drei Reisetagebücher im Vergleich: Das Itinerario von de Beatis, das Journal de Voyage von Montaigne und die Crudities von Thomas Coryate*, Trier 1999.

Willoweit, Dietmar, *Rechtsgrundlagen der Territorialgewalt. Landesobrigkeit, Herrschaftsrechte und Territorium in der Rechtswissenschaft der Neuzeit*, Köln/Wien 1975.

Winn, Kai-Timo, ›Der Türke‹ und ›der Franzose‹ als Feindbilder in der Frühen Neuzeit, Magisterarbeit Erlangen 2002.

Wirth, Eugen, Franken gegen Bayern – ein nur vom Bildungsbürgertum geschürter Konflikt? Aspekte regionalen Zugehörigkeitsbewußtseins auf der Mesoebene, in: Berichte zur deutschen Landeskunde 61 (1987), S. 271–297.

Witthöft, Christiane, Symbolische Raumordnung in der Literatur. Zum gedranc als Raumkonstituente im `Frauendienst´ Ulrichs von Liechtenstein, in: Christoph Dartmann/Marian Füssel/Stefanie Rüther (Hg.), Raum und Konflikt. Zur symbolischen Konstituierung gesellschaftlicher Ordnung in Mittelalter und Früher Neuzeit, Münster 2004, S. 19–37.

Zaisberger, Friederike, »Das Land und Erzstift Salzburg«. Ein Beitrag zur Entstehung des Landes und seiner Grenzen, in: Erwin Riedenauer (Hg.), Landeshoheit. Beiträge zur Entstehung, Ausformung und Typologie eines Verfassungselements des Römisch-deutschen Reiches, München 1994, S. 213–235.

Zeiher, Hartmut J./Helga Zeiher, Orte und Zeiten der Kinder. Soziales Leben im Alltag von Großstadtkindern, Weinheim/München 1994.

Geschichte

Christopher A. Bayly
DIE GEBURT DER MODERNEN WELT
Eine Globalgeschichte 1780 – 1914
2006 · 650 Seiten · ISBN 978-3-593-38160-2

»Eine gewaltige Studie ... Bayly hat sich eine herkulische Aufgabe vorgenommen und meistert sie mit Bravour.«
Frankfurter Allgemeine Zeitung

Karl Schlögel, Frithjof Benjamin Schenk, Markus Ackeret (Hg.)
SANKT PETERSBURG
Schauplätze einer Stadtgeschichte
2007 · 440 Seiten · ISBN 978-3-593-38321-7

Lotte van de Pol
DER BÜRGER UND DIE HURE
Das sündige Gewerbe im Amsterdam der Frühen Neuzeit
2006 · 271 Seiten · ISBN 978-3-593-38209-8

Stefan Plaggenborg
EXPERIMENT MODERNE
Der sowjetische Weg
2006 · 401 Seiten · ISBN 978-3-593-38028-5

Peter Borscheid
DAS TEMPO-VIRUS
Eine Kulturgeschichte der Beschleunigung
2004 · 409 Seiten · ISBN 978-3-593-37488-8

Gerne schicken wir Ihnen aktuelle Prospekte
vertrieb@campus.de · www.campus.de

campus
Frankfurt · New York

Historische Einführungen

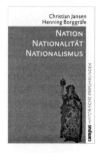

Christian Jansen, Henning Borggräfe
▶ **NATION, NATIONALITÄT, NATIONALISMUS**
Band 1 · 2007 · Ca. 192 Seiten · ISBN 978-3-593-38449-8

Gabriela Signori
▶ **WUNDER**
Band 2 · 2007 · Ca. 192 Seiten · ISBN 978-3-593-38453-5

Johannes Dillinger
▶ **HEXEN UND MAGIE**
Band 3 · 2007 · Ca. 192 Seiten · ISBN 978-3-593-38302-6

Gerne schicken wir Ihnen aktuelle Prospekte
vertrieb@campus.de · www.campus.de

campus
Frankfurt · New York